油田化学品
HSE 管理手册

中国石油天然气集团公司安全环保与节能部 编

石油工业出版社

内 容 提 要

本书介绍了油田化学品和危险化学品 HSE 管理中涉及的主要内容,包括管理者、操作者需要了解的法律法规、化学品分类、安全生产、运输、包装、仓储、使用、废弃、重大危险源、事故预防、事故应急和化学品活性的专业分析等内容。本书系统地分析、识别了油田化学品的危害、风险,并给出了主要危害控制措施和现场应急措施。

本书可作为石油行业安全管理者和油田化学品从业者的参考用书。

图书在版编目(CIP)数据

油田化学品 HSE 管理手册/中国石油天然气集团公司安全环保与节能部编. —
北京:石油工业出版社,2016.3
ISBN 978-7-5183-0259-8

Ⅰ. 油⋯
Ⅱ. 中⋯
Ⅲ. 石油企业－工业企业管理－中国－手册
Ⅳ. F426.22-62

中国版本图书馆 CIP 数据核字(2014)第 144466 号

出版发行:石油工业出版社
(北京安定门外安华里 2 区 1 号　100011)
网　　址:www.petropub.com
编辑部:(010) 64255590　图书营销中心:(010) 64523633
经　　销:全国新华书店
印　　刷:北京中石油彩色印刷有限责任公司

2016 年 3 月第 1 版　2016 年 3 月第 1 次印刷
787×1092 毫米　开本:1/16　印张:25.25
字数:642 千字

定价:72.00 元
(如出现印装质量问题,我社图书营销中心负责调换)
版权所有,翻印必究

本书编委会

主　　任：张维申
副 主 任：邱少林　任树刚　穆　剑　高养军
委　　员：于长武　郭占文　于文洋　黄山江　赵　辉　谢国忠
　　　　　刘　洋　张洪君　卢　敏　刘　杰　王兆江　孟庆海
　　　　　马凤林　郝宝田

本书编审组

主　　编：王国成　姜忠民
编写人员：李晓峰　平庆理　吴　岑　杨海涛　李宗强　朱宝军
　　　　　石伟海　李延禹　赵　鹏　唐　明　张秀慧　张　伟
　　　　　裴颖新　孙文跃　孔庆忠　沈金瑞　郑建强　王振刚
　　　　　魏　巍　王冰洁　苏　畅　闫天宇　胡丽媛　王力岩
　　　　　李　军　吕　谦　黄东淮　李瀚涛　王树全　吴　超
　　　　　陈鸣图　邵　伟　张　宏　卢　菲　杜德军　周　璐
　　　　　景希余　姚　斌　张　营　陈立新　石亚超　郑　帅
　　　　　王　苗
审核人员：李运才　韩兆辉　赵永华　邓　皓　张宏哲　罗　跃
　　　　　张晓方　梁忠波　陈乃申　丛福枝　金铁文　王宝峰
　　　　　聂远彬　张国华

前　言

油田化学品是 20 世纪 70 年代以来，随着石油工业的发展而逐步形成和完善的一类精细化工产品，广泛应用于钻井、固井、压裂酸化、采油、油井采出液处理等油田勘探开发生产的各个环节。油田勘探开发企业的化学品安全管理存在着诸多困难，主要表现在管理和产品危害识别两个方面。

管理方面主要表现在：

（1）管理涉及专业多，主要包括工程、化学、安全、环保、职业卫生、消防、应急、运输、质量、采购、标准化等；

（2）勘探生产应用环节多；

（3）使用环境复杂多变；

（4）管理和使用涉及人员多；

（5）使用地域范围广；

（6）涉及工艺程序环节多；

（7）使用人员素质差别大。

产品危害识别主要表现在：

（1）油田化学品绝大部分都是化学混合物，非单一产品，组分复杂。

（2）由于油品性质和开采工艺的不同，使油田化学品配方的针对性很强。不同油田区块、不同井深、不同生产过程所使用的油田化学品均不尽相同，导致油田勘探开发企业使用的油田化学品种类繁多、生产厂家多、产品型号多，技术标准不统一，危害性很难明显识别。

由于很多危险化学品具有易燃、易爆、有毒、易腐蚀等危害，很多事故都是因为对化学品特性和安全知识的缺乏及防范措施不到位而引起的；又往往初期处理失当，导致事故由点发展成面，给国家、企业和员工生命及财产造成重大损失。只有科学、慎重地对待那些有危险性的化学品和化学反应，不马虎大意，不蛮干，才不会出现事故；掌握和了解油田化学品的固有结构和危险性质，以及这种固有危险性质在什么物理（温度、湿度、压力、光照、浮尘、撞击、振动）和化学（与其他化学品接触或混合）条件下会发生什么样的危险，是识别和防范风险的前提条件；在此基础上，对在用油田化学品进行系统性的危险性鉴别和风险分析，针对分析出的风险制订防范和应急措施，是消除隐患的根本方法和途径。

中国石油天然气集团公司十分重视油田化学品 HSE 管理与控制工作。为了避免油田化学品生产、运输、储存、处置过程中安全、环保、职业卫生事故的发生，实现本质安全，集团公司组织有关人员编写了本书。

本书以联合国 2003 年正式推出的《全球化学品统一分类和标签制度》（GHS）和我国依据 GHS《全球化学品统一分类和标签制度》内容转化的《化学品分类和危险性公示 通则》（GB 13690—2009）、《化学品分类和标签规范》（GB 30000.2 ~ GB 30000.29）等一系列国家标准为主线编写，内容上尽量靠近实际应用技术，解决怎么办、怎么管的技术问题，而不是侧重理论；语言上尽量使用通俗易懂的语言，力求所阐述的化学品常识、专业知识及处置方法准确、实用。

本书介绍了油田化学品和危险化学品 HSE 管理中涉及的主要内容，包括管理者、操作者需要了解的法律法规、化学品分类、安全生产、运输、包装、仓储、使用、废弃、重大危险源、事故预防、事故应急和化学品活性的专业分析等内容。系统性地分析、识别了油田化学品的危害、风险，并给出了主要危害控制措施和现场应急措施。本书可供石油行业安全管理者和油田化学品从业者培训和参考使用。

本书在编写过程中参考了大量的文献和资料，由于篇幅所限，未能一一标注，在此对以上资料的作者表示衷心感谢。本书主要由姜忠民、李晓峰、石伟海、朱宝军、李宗强等整理和编写，最后由姜忠民统稿。由于时间仓促，涉及学科和内容较多，编写人员水平所限，错误之处在所难免，恳请各位领导、专家批评指正。

特别感谢项目评审组长、国家安全监管总局化学品登记中心李运才教授级高级工程师在百忙中抽出时间对本书的编写提出指导意见，国家安全监管总局化学品登记中心张宏哲博士和赵永华高级工程师对本书内容进行了审核，中国石油安全环保技术研究院和长江大学等单位的领导、专家对本书内容提出了宝贵的修改意见，在此一并表示感谢！

编　者

2015 年 2 月

目 录

1 化学品安全管理法律法规 1
  1.1 法律法规清单 1
  1.2 化学品管理部门职责和职权分工 6
2 化学品与危险化学品 9
  2.1 无机物和有机物 9
  2.2 单质、化合物和混合物 9
  2.3 化学品危险性 9
  2.4 化学品危险性的警示标签 13
  2.5 化学品危险性鉴定 16
  2.6 危险化学品目录 16
3 危险货物 19
  3.1 危险货物的定义 19
  3.2 危险货物的分类 19
  3.3 危险货物包装标志 22
4 油田化学品 23
  4.1 按用途分类 23
  4.2 油田化学品危害性 29
5 化学品安全技术说明书、安全标签和作业场所安全警示标签 31
  5.1 安全技术说明书 31
  5.2 安全标签 35
  5.3 化学品作业场所安全警示标志 51
  5.4 工作场所职业病危害警示标识 55
6 化学品危害控制与管理标准化 71
  6.1 工程技术控制 71
  6.2 管理控制 72
  6.3 危险化学品从业单位安全标准化管理 75
7 常用化学品安全生产技术与管理 89
  7.1 控制化工工艺参数的技术措施 89
  7.2 生产安全操作 90
  7.3 关键装置及要害岗位的安全管理 92
  7.4 安全检修 94
8 油田化学品包装管理 103
  8.1 危险化学品包装的分类及适用条件 103
  8.2 危险化学品包装要求 107
  8.3 常见危险化学品包装容器 108

9 油田化学品运输管理 … 112
9.1 运输工具 … 112
9.2 运输人员管理 … 113
9.3 运输过程管理 … 113
9.4 事故应急救援 … 114

10 油田化学品储存管理 … 115
10.1 仓库与周边防护距离的要求 … 115
10.2 储存危险化学品的基本要求 … 117
10.3 储存易燃易爆品的要求 … 121
10.4 储存腐蚀品的要求 … 125
10.5 储存毒害品的要求 … 127
10.6 事故应急救援 … 128

11 油田化学品使用管理 … 129
11.1 油田化学品使用要求 … 129
11.2 油田化学品使用单位职责 … 130
11.3 使用油田化学品作业人员要求 … 131

12 油田化学品废弃处置 … 132
12.1 废弃物处置的有关要求 … 132
12.2 危险废物的处置原则 … 133
12.3 危险废物处置的基本原理 … 133
12.4 危险废物的处置方法 … 134
12.5 应急处理要求 … 137

13 重大危险源管理 … 138
13.1 重大危险源管理的要求 … 138
13.2 重大危险源的辨识和评估 … 139
13.3 重大危险源登记建档 … 144
13.4 重大危险源安全管理 … 144
13.5 重大危险源应急预案 … 145

14 常见化学品危险性事故和预防控制 … 146
14.1 常见操作的危险性和预防控制 … 146
14.2 容易发生事故的化学反应 … 151
14.3 常见的易发生火灾爆炸事故的化学品 … 155
14.4 与火灾爆炸相关的一些重要概念和过程 … 160
14.5 火灾爆炸的预防措施 … 168
14.6 泄漏和聚集爆炸的预防措施 … 172
14.7 中毒的预防措施 … 173

15 危险化学品事故应急救援及应急处置 … 174
15.1 事故应急预案 … 174
15.2 危险化学品应急处置概述 … 180
15.3 危险化学品伤害的现场急救原则 … 190
15.4 事故发生时现场紧急处置的一般程序 … 191

15.5	事故应急救援的一般程序	192
15.6	隔离与公共安全	192
15.7	火灾爆炸事故的应急处置要领	193
15.8	泄漏事故的应急处置要领	199
15.9	中毒和窒息事故的处置要领	201
15.10	化学灼伤的应急处置要领	203
15.11	道路运输事故应急处置要领	204
15.12	洗消	204

附录 208
　　附录1　术语和定义 208
　　附录2　重点监管的危险化学品名录 213
　　附录3　化学品的危险类别、分类的方法标准、警示标签 216
　　附录4　《危险货物品名表》(GB 12268—2012) 239
　　附录5　GB 190—2009 的包装标志 356
　　附录6　常见危险化学品的疏散距离 363

参考文献 390

化学事故应急救援单位联系方式 391

1 化学品安全管理法律法规

化学品的安全与危害控制是安全环保工作关注的重大问题。为了加强对危险化学品的安全管理，国务院、国家安全监督管理总局和相关部委分别下发了《危险化学品安全管理条例》（国务院令第591号令，以下简称条例）、《工作场所安全使用化学品规定》、《危险化学品名录（2015版）》等一系列的法律、法规、文件；颁布了GB 6944—2012《危险货物分类和品名编号》、GB 12463—2009《危险货物运输包装通用技术条件》、GB/T 17519—2013《化学品安全技术说明书 编写指南》、GB 15258—2009《化学品安全标签编写规定》等涉及生产、运输、储存、使用、废弃物处置的多项国家标准。

为了规范企业危险化学品的安全管理，中国石油天然气集团公司下发了《中国石油天然气集团公司危险化学品安全管理办法》、《中国石油天然气集团公司重大危险源管理办法》等多个管理办法。

1.1 法律法规清单

1.1.1 国际公约

有关化学品安全管理的国际公约见表1.1。

表1.1 有关化学品安全管理的国际公约一览

序号	名 称	备 注
1	作业场所安全使用化学品公约	第170号公约（1990年）
2	作业场所安全使用化学品建议书	第177号建议书（1990年）

1.1.2 国内法律、行政法规

国内有关化学品安全管理的法律、行政法规见表1.2。

表1.2 国内有关化学品安全管理的法律、行政法规一览

序号	名 称	备 注
1	中华人民共和国安全生产法	中华人民共和国主席令第13号（2014.12.01）
2	中华人民共和国环境保护法	中华人民共和国主席令第9号（2015.01.01）

续表

序号	名称	备注
3	中华人民共和国固体废物污染环境防治法	中华人民共和国主席令第31号（2005.04.01）
4	中华人民共和国消防法	中华人民共和国主席令第6号（2009.05.01）
5	中华人民共和国职业病防治法	中华人民共和国主席令第60号（2011.12.31）
6	中华人民共和国监控化学品管理条例	国务院令第190号（1995.12.27）
7	危险废物经营许可证管理办法	中华人民共和国国务院令第408号（2004.07.01）
8	危险化学品生产企业安全生产许可证实施办法	国家安全生产监督管理总局令第41号（2011.12.1）
9	危险化学品安全管理条例	国务院令第591号（2011.03.02）
10	民用爆炸物品安全管理条例	中华人民共和国国务院令第466号（2006.09.01）
11	易制毒化学品管理条例	中华人民共和国国务院令第445号（2005.11.01）
12	安全生产许可证条例	中华人民共和国国务院令第397号（2004.01.13）
13	使用有毒物品作业场所劳动保护条例	中华人民共和国国务院令第352号（2002.05.12）
14	国务院关于进一步加强企业安全生产工作的通知	国发〔2010〕23号

1.1.3 部门规章及有关文件

国内有关化学品安全管理的部门规章及有关文件见表1.3。

表1.3 国内有关化学品安全管理的部门规章及有关文件一览

序号	名称	备注
1	危险化学品事故应急救援预案编制导则（单位版）	安监管危化字〔2004〕43号
2	危险化学品目录（2015版）	安全监管总局等十部委联发
3	生产经营单位安全培训规定	国家安全生产监督管理总局令第3号（2006.03.01，2013年9月11日更新）
4	危险化学品生产企业安全评价导则（试行）	安监管危化字〔2004〕127号
5	危险化学品经营单位安全评价导则（试行）	原国家安监局安监管二字〔2003〕38号
6	深化危险化学品安全专项整治方案	安监管危化字〔2004〕69号
7	危险化学品重大危险源监督管理暂行规定	安全监管总局令第40号（2011.12.1）
8	危险化学品建设项目安全监督管理办法	国家安全生产监督管理总局令第45号（2015年5月27日更新）
9	危险化学品生产企业安全生产许可证实施办法	国家安全生产监督管理总局令第41号（2011.08.05） 国家安全生产监督管理总局令第79号（2015年5月27日）
10	国家安全监管总局办公厅关于印发危险化学品安全生产许可文书的通知	安监总厅管三〔2012〕43号
11	道路危险货物运输管理规定	中华人民共和国交通运输部令2013年第2号

续表

序号	名称	备注
12	化学品毒性鉴定管理规范	国卫疾控发〔2015〕69号
13	危险化学品登记管理办法	国家安监总局令第53号（2012.08.01）
14	关于加强腐蚀性危险化学品购用管理的通知	安监管危化字〔2004〕164号（2004.12.21）
15	职业安全健康管理体系指导意见和职业安全健康管理体系审核规范	国家经济贸易委员会公告 第30号（2001.12.20）
16	危险化学品经营许可证管理办法	国家安全生产监督管理总局令第55号（2012.7.17）
17	水路危险货物运输规则	中华人民共和国交通部令第9号（2000.8.28）
18	中华人民共和国船舶载运危险货物安全监督管理规定	中华人民共和国交通运输部令2012年第4号（2012.05.15）
19	仓库防火安全管理规则	公安部令第6号（1990.04.10）
20	《中华人民共和国监控化学品管理条例》实施细则	化学工业部令第12号（1997.03.10）
21	工作场所安全使用化学品规定	劳部发〔1996〕423号（1996.12.20）
22	铁路危险货物运输管理规则	铁道部铁运〔2006〕79号（2006.5.18） 2008年3月第5次修订
23	新化学物质环境管理办法	环境保护部令第7号（2010.10.15）
24	化学品毒性鉴定技术规范	卫监督发〔2005〕272号（2005.10.01）
25	爆炸危险场所安全规定	劳部发〔1995〕56号
26	气瓶安全监察规定	国家质量监督检验检疫总局令第46号（2003.06.01）
27	气瓶安全监察规程	质技监局锅发〔2000〕250号
28	化学品物理危险性鉴定与分类管理办法	国家安全生产监督管理总局令第60号（2013.7.10）

1.1.4 国家标准

有关化学品安全管理的国家标准见表1.4。

表1.4 有关化学品安全管理的国家标准一览

序号	名称	备注
1	化学品安全技术说明书 内容和项目顺序	GB/T 16483—2008
2	化学品安全技术说明书编写指南	GB/T 17519—2013
3	常用化学危险品储存通则	GB 15603—1995

续表

序号	名称	备注
4	危险化学品重大危险源辨识	GB 18218—2009
5	危险货物分类和品名编号	GB 6944—2012
6	易燃易爆性商品储存养护技术条件	GB 17914—1999
7	危险化学品经营企业开业条件和技术要求	GB 18265—2000
8	危险货物命名原则	GB/T 7694—2008
9	危险货物品名表	GB 12268—2012
10	化学品安全标签编写规定	GB 15258—2009
11	化学品分类和危险性公示 通则	GB 13690—2009
12	危险货物运输包装通用技术条件	GB 12463—2009
13	危险货物包装标志	GB 190—2009
14	化学品分类和危险性象形图标识 通则	GB/T 24774—2009
15	化学品安全评定规程	GB/T 24775—2009
16	化工企业静电接地设计规程	HG/T 20675—1990
17	道路运输危险货物车辆标志	GB 13392—2005
18	腐蚀性商品储存养护技术条件	GB 17915—1999
19	毒害性商品储存养护技术条件	GB 17916—1999
20	建筑灭火器配置设计规范	GB 50140—2005
21	建筑物防雷设计规范	GB 50057—2010
22	爆炸危险环境电力装置设计规范	GB 50058—2014
23	建筑设计防火规范	GB 50016—2014
24	个体防护装备选用规范	GB/T 11651—2008
25	安全标志及其使用导则	GB 2894—2008
26	石油化工静电接地设计规范	SH 3097—2000
27	石油化工可燃气体和有毒气体检测报警设计规范	GB 50493—2009
28	生产经营单位安全生产事故应急预案编制导则	GB/T 29639—2013
29	石油化工企业设计防火规范	GB 50160—2008
30	储罐区防火堤设计规范	GB 50351—2014

续表

序号	名　称	备　注
31	工业企业设计卫生标准	GBZ 1—2010
32	工作场所有害因素职业接触限值	GBZ 2—2007
33	工作场所职业病危害警示标识	GBZ 158—2003
34	危险化学品生产单位主要负责人、安全生产管理人员培训大纲及考核标准	AQ/T 3030—2010
35	化学品分类和标签规范 第2部分：爆炸物	GB 30000.2—2013
36	化学品分类和标签规范 第3部分：易燃气体	GB 30000.3—2013
37	化学品分类和标签规范 第4部分：气溶胶	GB 30000.4—2013
38	化学品分类和标签规范 第5部分：氧化性气体	GB 30000.5—2013
39	化学品分类和标签规范 第6部分：加压气体	GB 30000.6—2013
40	化学品分类和标签规范 第7部分：易燃液体	GB 30000.7—2013
41	化学品分类和标签规范 第8部分：易燃固体	GB 30000.8—2013
42	化学品分类和标签规范 第9部分：自反应物质和混合物	GB 30000.9—2013
43	化学品分类和标签规范 第10部分：自燃液体	GB 30000.10—2013
44	化学品分类和标签规范 第11部分：自燃固体	GB 30000.11—2013
45	化学品分类和标签规范 第12部分：自热物质和混合物	GB 30000.12—2013
46	化学品分类和标签规范 第13部分：遇水放出易燃气体的物质和混合物	GB 30000.13—2013
47	化学品分类和标签规范 第14部分：氧化性液体	GB 30000.14—2013
48	化学品分类和标签规范 第15部分：氧化性固体	GB 30000.15—2013
49	化学品分类和标签规范 第16部分：有机过氧化物	GB 30000.16—2013
50	化学品分类和标签规范 第17部分：金属腐蚀物	GB 30000.17—2013
51	化学品分类和标签规范 第18部分：急性毒性	GB 30000.18—2013
52	化学品分类和标签规范 第19部分：皮肤腐蚀/刺激	GB 30000.19—2013
53	化学品分类和标签规范 第20部分：严重眼损伤/眼刺激	GB 30000.20—2013
54	化学品分类和标签规范 第21部分：呼吸道或皮肤致敏	GB 30000.21—2013
55	化学品分类和标签规范 第22部分：生殖细胞致突变性	GB 30000.22—2013
56	化学品分类和标签规范 第23部分：致癌性	GB 30000.23—2013
57	化学品分类和标签规范 第24部分：生殖毒性	GB 30000.24—2013
58	化学品分类和标签规范 第25部分：特异性靶器官毒性 一次接触	GB 30000.25—2013
59	化学品分类和标签规范 第26部分：特异性靶器官毒性 反复接触	GB 30000.26—2013

续表

序号	名　称	备　注
60	化学品分类和标签规范 第27部分：吸入危害	GB 30000.27—2013
61	化学品分类和标签规范 第28部分：对水生环境的危害	GB 30000.28—2013
62	化学品分类和标签规范 第29部分：对臭氧层的危害	GB 30000.29—2013

1.1.5　中国石油天然气集团公司及辽河油田公司规章制度

中国石油天然气集团公司及辽河油田公司有关化学品安全管理的规章制度见表1.5。

表1.5　中国石油天然气集团公司及辽河油田公司有关化学品安全管理的规章制度一览

序号	名　称	备　注
1	中国石油天然气集团公司危险化学品安全管理办法	中油质安字〔2005〕406号
2	关于加强工作场所安全使用化学品的通知	中油辽字〔2005〕120号
3	关于进一步规范油田化学品验收管理的补充规定	中油辽字〔2006〕132号
4	关于印发《辽河油田公司采购油田化学品入库质量检验管理规定》的通知	中油辽字〔2010〕153号
5	突发事件应急预案	中油辽字〔2009〕196号
6	关于印发《辽河油田公司采购油田化学品入库质量检验管理规定》的通知	中油辽字〔2010〕153号

1.2　化学品管理部门职责和职权分工

按照《条例》规定，对化学品的生产、储存、使用、经营、运输实施安全监管的有关部门，依照下列规定履行职责。

1.2.1　国家职责

（1）实行生产安全事故责任追究制度，依法追究事故责任人员的法律责任；
（2）鼓励和支持科学研究和先进技术的推广应用；
（3）表彰先进。

1.2.2　政府（各级）职责

（1）加强对安全生产工作的领导，支持、督促各部门依法履行职责，协调、解决存在的重大问题；
（2）安全生产监督管理部门实施综合监督管理，其他有关部门在各自的职责范围内对安全生产工作实施监督管理；

（3）制订、修订有关的国家标准或者行业标准；

（4）加强安全生产工作的宣传。

1.2.3　安全生产监督管理部门职责

（1）负责危险化学品安全监督管理综合工作；

（2）组织确定、公布、调整危险化学品目录；

（3）对新建、改建、扩建生产、储存危险化学品（包括使用长输管道输送危险化学品，下同）的建设项目进行安全条件审查；

（4）核发危险化学品安全生产许可证、危险化学品安全使用许可证和危险化学品经营许可证；

（5）负责危险化学品登记工作。

1.2.4　公安部门职责

负责危险化学品的公共安全管理，核发剧毒化学品购买许可证、剧毒化学品道路运输通行证，并负责危险化学品运输车辆的道路交通安全管理。

1.2.5　质量监督检验检疫部门职责

（1）负责核发危险化学品及其包装物、容器（不包括储存危险化学品的固定式大型储罐，下同）生产企业的工业产品生产许可证，并依法对其产品质量实施监督；

（2）负责对进出口危险化学品及其包装实施检验。

1.2.6　环境保护部门职责

（1）负责废弃危险化学品处置的监督管理，组织危险化学品的环境危害性鉴定和环境风险程度评估，确定实施重点环境管理的危险化学品，负责危险化学品环境管理登记和新化学物质环境管理登记；

（2）依照职责分工调查相关危险化学品环境污染事故和生态破坏事件，负责危险化学品事故现场的应急环境监测。

1.2.7　交通运输主管部门职责

负责危险化学品道路运输、水路运输的许可以及运输工具的安全管理，对危险化学品水路运输安全实施监督；负责危险化学品道路运输企业、水路运输企业驾驶人员、船员、装卸管理人员、押运人员、申报人员、集装箱装箱现场检查员的资格认定。

铁路主管部门负责危险化学品铁路运输的安全管理，负责危险化学品铁路运输承运人、托运人的资质审批及其运输工具的安全管理。

民用航空主管部门负责危险化学品航空运输以及航空运输企业及其运输工具的安全管理。

1.2.8 卫生行政部门职责

（1）负责危险化学品毒性鉴定的管理；
（2）负责组织、协调危险化学品事故受伤人员的医疗卫生救援工作。

1.2.9 工商行政管理部门职责

依据有关部门的许可证件，核发危险化学品生产、储存、经营、运输企业营业执照，查处危险化学品经营企业违法采购危险化学品的行为。

1.2.10 邮政部门职责

负责依法查处寄递危险化学品的行为。

1.2.11 负有危险化学品安全监督管理职责的部门可以采取的措施

（1）进入危险化学品作业场所实施现场检查，向有关单位和人员了解情况，查阅、复制有关文件、资料；
（2）发现危险化学品事故隐患，责令立即消除或者限期消除；
（3）对不符合法律、行政法规、规章规定或者国家标准、行业标准要求的设施、设备、装置、器材、运输工具，责令立即停止使用；
（4）经本部门主要负责人批准，查封违法生产、储存、使用、经营危险化学品的场所，扣押违法生产、储存、使用、经营、运输的危险化学品以及用于违法生产、使用、运输危险化学品的原材料、设备、运输工具；
（5）发现影响危险化学品安全的违法行为，当场予以纠正或者责令限期改正。

负有危险化学品安全监督管理职责的部门依法进行监督检查，监督检查人员不得少于2人，并应当出示执法证件；有关单位和个人对依法进行的监督检查应当予以配合，不得拒绝、阻碍。

2 化学品与危险化学品

化学品是指各种元素（也称化学元素）、由元素组成的化合物和混合物，无论是天然的还是人造的，都属于化学品。目前已在美国化学文摘服务社登记的化学品有 5300 万种，其中已作为商品上市的有 10 多万种。化学品从不同角度和出发点考虑，可以有多种分类方法，如可分为无机物和有机物两大类；也可分为单质、化合物和混合物三大类；也可根据是否具有危险性来分类。本手册重点介绍按危险性分类。需要说明的是，化学品分类并不止于上述三种分类。

2.1 无机物和有机物

无机物是无机化合物的简称，通常是指不含碳元素的化合物，少数含碳的化合物如一氧化碳、二氧化碳、碳酸盐、金属碳化物、氰化物等也属于无机物。无机物大致又可分为氧化物、酸、碱、盐等。有机物通常是指除一氧化碳、二氧化碳、碳酸盐等少数简单含碳化合物以外的其他含碳化合物。根据有机物分子中所含官能团的不同，又分为烷、烯、炔、芳香烃及醇、醛、羧酸、酯等；根据有机物分子的碳架结构，还可分成开链化合物、碳环化合物和杂环化合物三类。

2.2 单质、化合物和混合物

单质是由一种元素的原子组成的物质，如铜、铁、石墨等。与单质相对的，由两种或两种以上元素的原子所组成的物质称为化合物，如：水是由氢和氧两种元素组成的物质，碳酸钙是由碳元素、氧元素和钙元素等三种元素组成的物质。单质和化合物亦称为纯物质；混合物是由多种纯物质混合而成的，混合物没有化学式，其性质由组成混合物的具体纯物质及纯物质在混合物中所占比例而定，油田化学品大多为混合物。

2.3 化学品危险性

为了防止和减少化学品对人类的伤害和对环境的破坏，统一现行的制度，制定一套全球一致的化学品分类、标签和化学品安全技术说明书十分必要。GHS 以物理危险、健康危害和环境危害对化学品危险进行分类，共28种，见表2.1。

表2.1 化学品危害性分类

序号	理化危险	序号	理化危险
1	爆炸物	15	有机过氧化物
2	易燃气体	16	金属腐蚀物
3	气溶胶	17	急性毒性
4	氧化性气体	18	皮肤腐蚀/刺激
5	加压气体	19	严重眼损伤/眼刺激
6	易燃液体	20	呼吸道或皮肤致敏
7	易燃固体	21	生殖细胞致突变性
8	自反应物质和混合物	22	致癌性
9	自燃液体	23	生殖毒性
10	自燃固体	24	特异性靶器官毒性 一次接触
11	自热物质和混合物	25	特异性靶器官毒性 反复接触
12	遇水放出易燃气体的物质和混合物	26	吸入危害
13	氧化性液体	27	对水生环境的危害
14	氧化性固体	28	对臭氧层的危害

我国在2009年先后制定了《化学品分类和危险性公示 通则》（GB 13690—2009）、《化学品分类和标签规范》（GB 30000.2～GB 30000.29）等一系列国家标准（统称《安全规范》），将GHS的内容转化为国家标准，2011年12月1日实施的新条例即按此系列标准作为界定危险化学品的依据。

2.3.1 危险化学品的基本概念

新《条例》中规定的危险化学品，是指具有毒害、腐蚀、爆炸、燃烧、助燃等性质，对人体、设施、环境具有危害的剧毒化学品和其他化学品。危险化学品按照《安全规范》系列标准、《危险化学品目录（2015版）》及《危险化学品目录（2015版）实施指南（试行）》关于危险化学品的确定原则进行分类。

2.3.2 化学品危险性分类

2.3.2.1 物理危险

化学品物理危险是当化学品受到摩擦、撞击、震动、接触热源、日光曝晒、遇水受潮、遇性能相抵触物品等外界条件的作用，会导致燃烧、爆炸、灼伤及污染环境事故发生。共分16类。

1) 爆炸物

固体或液体物质（或这些物质的混合物），自身能够通过化学反应产生气体，其温度、压力和速度高到能对周围造成破坏，包括不放出气体的烟火物质。

2) 易燃气体

易燃气体是一种在20℃和标准压力101.3kPa时，与空气混合有一定易燃范围的气体。

3) 气溶胶

喷雾器（是任何不可重新罐装的容器，该容器用金属、玻璃或塑料制成）内装压缩、液化或加压溶解的气体（包含或不包含液体、膏剂或粉体），并配有释放装置以使内状物喷射出来，在气体中形成悬浮的固态或液态微粒或形成泡沫、膏剂或粉末或者以液态或气态形式出现。

4) 氧化性气体

氧化性气体是一般通过提供氧气，比空气更能导致或促使其他物质燃烧的任何气体。

5) 加压气体

20℃下，压力等于或大于200kPa（表压）下装入储器的气体或是液化气体、冷冻液化气体。

加压气体包括压缩气体、液化气体、溶解气体、冷冻液化气体。

6) 易燃液体

易燃液体是指闪点不高于93℃的液体。

7) 易燃固体

易燃固体是容易燃烧的固体，通过摩擦引燃或助燃的固体。

易燃固体为粉状、颗粒状或糊状物质，与火源短暂接触能容易点燃且火焰迅速蔓延。

8) 自反应物质或混合物

自反应物质或混合物是即使没有氧（空气）也容易发生激烈放热分解的热不稳定液态或固态物质或者混合物。本定义不包括根据统一分类制度分类为爆炸物、有机过氧化物或氧化物质的物质和混合物。

自反应物质或混合物如果在实验室试验中其组分容易起爆、迅速爆燃或在封闭条件下加热时显示剧烈效应，应视为具有爆炸性质。

9) 自燃液体

自燃液体是即使数量小也能在与空气接触后5min之内引燃的液体。

10) 自燃固体

自燃固体是即使数量小也能在与空气接触后5min之内引燃的固体。

11) 自热物质和混合物

自热物质是自燃液体或固体以外，与空气反应不需要能源供应就能够自己发热的固体或液体物质或混合物；这类物质或混合物与自燃液体或固体不同，因为这类物质只有数量很大（公斤级）并经过长时间（几小时或几天）才会燃烧。

12) 遇水放出易燃气体的物质或混合物

遇水放出易燃气体的物质或混合物是通过与水作用，容易具有自燃性或放出危险数量的易燃气体的固态或液态物质或混合物。

13）氧化性液体

氧化性液体是本身未必燃烧，但通常因放出氧气可能引起或促使其他物质燃烧的液体。

14）氧化性固体

氧化性固体是本身未必燃烧，但通常因放出氧气可能引起或促使其他物质燃烧的固体。

15）有机过氧化物

有机过氧化物是含有过氧键（—O—O—）结构的液态或固态有机物质，也包括含有有机过氧化物的混合物。有机过氧化物是热不稳定物质，容易放热自加速分解，对撞击或摩擦敏感。如果有机过氧化物在实验室试验中，在封闭条件下加热时组分容易爆炸、迅速爆燃或表现出剧烈效应，则可将它归为爆炸物。

16）金属腐蚀剂

通过化学作用会显著损坏或甚至毁坏金属的物质或混合物。

2.3.2.2 健康危害

健康危害主要是指人食入、吸入、经皮接触有害化学品产生的危害，这些危害可以是急性的、显性的，也可以是长期的、潜在的。共分10类。

1）急性毒性

急性毒性是指在单剂量或在24h内多剂量口服或皮肤接触一种物质，或吸入接触4h之后出现的有害效应。

2）皮肤腐蚀/刺激

皮肤腐蚀是对皮肤造成不可逆损伤，即施用试验物质达到4h后，可观察到表皮和真皮坏死。腐蚀反应的特征是溃疡、出血、有血的结痂，而且在观察期14d结束时，皮肤、完全脱发区域和结痂处由于漂白而褪色。应考虑通过组织病理学来评估可疑的病变。皮肤刺激是施用试验物质达到4h后对皮肤造成可逆损伤。

3）严重眼损伤/眼刺激

严重眼损伤是在眼前部表面施加试验物质之后，对眼部造成在施用21d内并不完全可逆的组织损伤，或严重的视觉物理衰退。

眼刺激是在眼前部表面施加试验物质之后，在眼部产生在施用21d内完全可逆的变化。

4）呼吸或皮肤过敏

（1）呼吸过敏物是吸入后会导致气管超过敏反应的物质。皮肤过敏物是皮肤接触后会导致过敏反应的物质。

（2）过敏包含两个阶段：第一个阶段是某人因接触某种变应原而引起特定免疫记忆。第二阶段是引发，即某一致敏个人因接触某种变应原而产生细胞介导或抗体介导的过敏反应。

5）生殖细胞致突变性

本危险类别涉及的主要是可能导致人类生殖细胞发生可传播给后代的突变的化学品。

6）致癌性

致癌物是指可导致癌症或增加癌症发生率的化学物质或化学物质混合物。

7）生殖毒性

生殖毒性包括对成年雄性和雌性性功能和生育能力的有害影响、对后代发育的有害影响。

8）特异性靶器官毒性——一次接触

由一次接触产生特异性的、非致死性靶器官毒性的物质，包括产生即时的和/或迟发的、可逆性和不可逆性功能损害的各种明显的健康效应。

9）特异性靶器官毒性——反复接触

由反复接触而引起特异性的、非致死性靶器官毒性的物质，包括能够引起即时的和/或迟发的、可逆性和不可逆性功能损害的各种明显的健康效应。

10）吸入危险

"吸入"是指液态或固态化学品通过口腔或鼻腔直接进入或者因呕吐间接进入气管和下呼吸系统。吸入毒性包括化学性肺炎、不同程度的肺损伤或吸入后死亡等严重急性效应。

2.3.2.3 环境危害

环境危害分成两类，即对水生环境的危害和对臭氧层的危害。

对水生环境的危害可分为急性水生毒性和慢性水生毒性，急性水生毒性是指物质对短期接触它的生物体造成伤害的固有性质，急性水生毒性可通过实验获取毒性数据，慢性水生毒性数据无成熟实验方法。

对臭氧层危害的物质是指任何至少含有一种浓度不小于0.1的被列入《蒙特利尔议定书》附件的组分的物质和混合物。

2.4 化学品危险性的警示标签

2.4.1 图形符号

为了简单、明确地传达化学品的相关危险信息，国家标准和GHS规定了表达特定危险信息的图形，也称为象形图，共计九种，见表2.2。

表 2.2 国标和 GHS 中的象形图

序号	象形图	说明
1		火焰
2		圆圈上方火焰

续表

序号	象形图	说明
3		爆炸弹
4		腐蚀
5		高压气瓶
6		骷髅和交叉骨
7		感叹号
8		环境
9		健康危害

2.4.2 象形图

象形图是由一种图形构成，它包括一个符号加上其他图形要素，如边界、背景图样或颜色，意在传达具体的信息。

GHS 使用的所有危险象形图都应是设定在某一点的方块形状，应当使用黑色图形符号加白色背景再加上红色外框（用于非出口货物也可为黑色），形状为使用 45°角的正方形，如图 2.1 所示。

在运输的有关规定中通常称为标签或标志。联合国《关于危险货物运输的建议书 规章范本》规定了运输标签的规格，包括颜色、符号、尺寸、背景对比度、补充安全信息（如危险种类）和一般格式等。运输标签的规定尺寸至少为 100mm×100mm，但非常小的包装和高压气瓶可以例外，使用较小的标签。运输标签包括标签上半部的符号。规章范本要求将运输标签印刷或附在背景有色差的包装上。图 2.2 是按照规章范本制作的典型标签，用来标识易燃液体危险。

图 2.1　危险象形图

图 2.2　《联合国规章范本》中易燃液体的象形图

注：符号—火焰，为黑色或白色；背景—红色；
下角为数字 3；最小尺寸 100mm×100mm

2.4.3 警示标签要素和配置

仅仅有了图形符号和象形图还不足以明确表达货物或化学品的危险程度和危险具体情形等重要危险信息，国标中对产品危险性警示做出了规定格式的要求，这就是警示标签。

警示标签是以规定的图形符号、信号词、危险性说明表示化学品危险信息的图形。其中信号词是指标签上用来表明危险的相对严重程度和提醒读者注意潜在危险的短语，GHS 使用"危险"和"警告"作为信号词。危险性说明是对某个危险种类或类别的说明，它们说明一种危险产品的危险性质，在情况适合时还说明其危险程度。

各种危险类别的化学品警示标签在 GB 30000.2～GB 30000.29 中做了明确的规定。各类化学品的危险类别、分类的方法标准、警示标签和标签要素的配置见附录 3。

2.5 化学品危险性鉴定

为了对危险特性尚未确定的化学品进行物理危险性鉴定与分类,2013年6月24日国家安全生产监督管理总局发布了《化学品物理危险性鉴定与分类管理办法》,自2013年9月1日起施行。

化学品物理危险性鉴定,是指依据有关国家标准或者行业标准进行测试、判定,确定化学品的燃烧、爆炸、腐蚀、助燃、自反应和遇水反应等危险特性。

化学品物理危险性分类,是指依据有关国家标准或者行业标准,对化学品物理危险性鉴定结果或者相关数据资料进行评估,确定化学品的物理危险性类别。

化学品生产、进口单位应当对本单位生产或者进口的化学品进行普查和物理危险性辨识,对符合条件的化学品向鉴定机构申请鉴定。并根据鉴定机构出具的《化学品物理危险性鉴定报告》,编制化学品物理危险性分类报告。鉴定化学品范围和鉴定内容如下:

2.5.1 鉴定化学品范围

(1) 含有一种及以上列入《危险化学品目录》(2015年版)的组分,但整体物理危险性尚未确定的化学品;

(2) 未列入《危险化学品目录》(2015年版),且物理危险性尚未确定的化学品;

(3) 以科学研究或者产品开发为目的,年产量或者使用量超过1t,且物理危险性尚未确定的化学品。

2.5.2 化学品物理危险性鉴定内容

(1) 与爆炸物、易燃气体、气溶胶、氧化性气体、加压气体、易燃液体、易燃固体、自反应物质、自燃液体、自燃固体、自热物质、遇水放出易燃气体的物质、氧化性液体、氧化性固体、有机过氧化物、金属腐蚀物等相关的物理危险性;

(2) 与化学品危险性分类相关的蒸气压、自燃温度等理化特性,以及化学稳定性和反应性等。

2.6 危险化学品目录

国务院安全生产监督管理部门会同工业和信息化、公安、环境保护、卫生、质量监督检验检疫、交通运输、铁路、民用航空、农业等10部门公布的《危险化学品目录》(2015版),于2015年5月1日起实施,《危险化学品名录》(2002版)、《剧毒化学品目录》(2002版)同时予以废止。

2.6.1 危险化学品目录确定原则

《危险化学品目录》(2015 版)根据化学品危险特性的鉴别和分类标准,从 28 类化学品 95 个危险类别中,选取了其中危险性较大的 81 个类别作为危险化学品的确定原则。14 个危险性较小的化学品,不纳入《危险化学品目录》(2015 版)管理,其中物理危险性类别 8 个、健康危害类别 4 个、环境危害类别 2 个(见表 2.3 中浅灰底色表格所示的部分)。

表 2.3 《危险化学品目录》(2015)中危险化学品确定原则

危险和危害种类		类别						
物理危险	爆炸物	不稳定爆炸物	1.1	1.2	1.3	1.4	1.5	1.6
	易燃气体	1	2	A(化学不稳定性气体)	B(化学不稳定性气体)			
	气溶胶(又称气雾剂)	1	2	3				
	氧化性气体	1						
	加压气体	压缩气体	液化气体	冷冻液化气体	溶解气体			
	易燃液体	1	2	3	4			
	易燃固体	1	2					
	自反应物质和混合物	A	B	C	D	E	F	G
	自热物质和混合物	1	2					
	自燃液体	1						
	自燃固体	1						
	遇水放出易燃气体的物质和混合物	1	2	3				
	金属腐蚀物	1						
	氧化性液体	1	2	3				
	氧化性固体	1	2	3				
	有机过氧化物	A	B	C	D	E	F	G
健康危害	急性毒性	1	2	3	4	5		
	皮肤腐蚀/刺激	1A	1B	1C	2	3		
	严重眼损伤/眼刺激	1	2A	2B				
	呼吸道或皮肤致敏	呼吸道致敏物 1A	呼吸道致敏物 1B	皮肤致敏物 1A	皮肤致敏物 1B			
	生殖细胞致突变性	1A	1B	2				
	致癌性	1A	1B	2				
	生殖毒性	1A	1B	2	附加类别(哺乳效应)			
	特异性靶器官毒性—一次接触	1	2	3				
	特异性靶器官毒性—反复接触	1	2					
	吸入危害	1	2					
环境危害	危害水生环境	急性 1	急性 2	急性 3	长期 1	长期 2	长期 3	长期 4
	危害臭氧层	1						

注:底色为 ■ 是指列入危险化学品确定原则的类别;底色为 ▨ 是指未列入危险化学品确定原则的类别。

2.6.2 危险化学品目录和危险性鉴定结果的应用原则

我国对危险化学品的管理实行目录管理制度,列入《危险化学品目录》(2015版)的危险化学品将依据国家有关法律法规采取行政许可等手段进行重点管理。

对于混合物和未列入《危险化学品目录》(2015版)的危险化学品,为了全面掌握我国境内危险化学品的危险特性,我国实行危险化学品登记制度和鉴别分类制度,企业应该根据《化学品物理危险性鉴定与分类管理办法》(国家安全生产监督管理总局令第60号)及其他相关规定进行鉴定分类,如果经鉴定分类属于危险化学品的,应该根据《危险化学品登记管理办法》(国家安全生产监督管理总局令第53号)进行危险化学品登记,从源头上全面掌握化学品的危险性,并按照危险化学品相关法规和要求进行管理,保证危险化学品的安全使用。

3 危险货物

为适应《联合国关于危险货物运输的建议书：规章范本》（UN RTDG）规定，国家发布了《危险货物分类和品名编号》（GB 6944—2012）和《危险货物品名表》（GB 12268—2012，见附录4）等标准，明确了有关化学品危险货物的定义和类别，是界定危险化学品货物的依据。通俗意义上讲，危险化学品在运输过程中被称为危险货物。

3.1 危险货物的定义

危险货物是指具有爆炸、易燃、毒害、感染、腐蚀、放射性等危险特性，在运输、储存、生产、经营、使用和处置中，容易造成人身伤亡、财产损毁或环境污染而需要特别防护的物质和物品。当某种化学品符合危险货物货物定义时，在运输等方面要遵守危险货物法规和标准的要求。

3.2 危险货物的分类

《危险货物分类和品名编号》（GB 6944—2012）将危险货物分为九类，每类可以是单质，也可以是化合物和混合物。

3.2.1 爆炸品

爆炸品是指在外界作用下（如受热、撞击等），能发生剧烈的化学反应，瞬时产生大量的气体和热量，使周围压力急骤上升，发生爆炸，对周围环境造成破坏的物品，也包括无整体爆炸危险，但具有燃烧、迸射及较小爆炸危险，或仅产生热、光、音响或烟雾等一种或几种作用的烟火物品。爆炸品可分为以下六小类：

(1) 具有整体爆炸危险的物质和物品。
(2) 具有迸射危险，但无整体爆炸危险的物质和物品。
(3) 具有燃烧危险和局部爆炸危险或局部迸射危险或这两者危险都有，但无整体爆炸危险的物质和物品。
(4) 不呈现重大爆炸危险的物质和物品。

物流过程中万一点燃或引发时，仅出现小危险的物质和物品。其影响主要限于包件本身，并预计射出的碎片不大、射程也不远，外部火烧不会引起包件内全部内装物的瞬间爆炸。

(5) 有整体爆炸危险的非常不敏感物质。

本项包括有整体爆炸危险性，但非常不敏感以致在正常运输条件下引发或由燃烧转为爆炸的可能性很小的物质。

(6) 无整体爆炸危险的极端不敏感物品。

包括仅含有极端不敏感起爆物质，并且其意外引发爆炸或传播的概率可忽略不计的物品。

3.2.2 气体

气体是指在50℃时，蒸气压力大于300kPa的物质；或20℃时在101.3kPa标准压力下完全是气态的物质。包括压缩气体、液化气体、溶解气体和冷冻液化气体、一种或多种气体与一种或多种其他类别物质的蒸气的混合物、充有气体的物品和烟雾剂。

根据气体在物流中的主要危险性分为以下三类。

3.2.2.1 易燃气体

易燃气体包括在20℃和101.3kPa条件下与空气的混合物按体积分数占13%或更少时可点燃的气体；或不论易燃下限如何，与空气混合，燃烧范围的体积分数至少为12%的气体。

3.2.2.2 非易燃无毒气体

非易燃无毒气体包括在20℃、压力不低于200kPa条件下运输或以冷冻液体状态运输的气体。这类气体本身不易燃无毒，但有些可以是窒息性气体，或能够促进其他材料燃烧的氧化性气体。

3.2.2.3 毒性气体

毒性气体包括已知对人类具有的毒性或腐蚀性强到对健康造成危害的气体；或半数致死浓度 LC_{50} 值不大于 $5000mL/m^3$，因而推定对人类具有毒性或腐蚀性的气体。

3.2.3 易燃液体

3.2.3.1 易燃液体

易燃液体是指在其闪点温度（其闭杯试验闪点不高于60℃，或其开杯试验闪点不高于65.6℃）放出易燃蒸气的液体或液体混合物，或在溶液或悬浮液中含有固体的液体。易燃液体还包括在温度等于或高于其闪点的条件下提交运输的液体，或以液态在高温条件下运输或提交运输、并在温度等于或低于最高运输温度下放出易燃蒸气的物质。

3.2.3.2 液态退敏爆炸品

液态退敏爆炸品是指溶于或悬浮于水或其他液体物质，形成同性质的液体混合物以抑制其爆炸特性的爆炸性物质。

3.2.4 易燃固体、易于自燃的物质、遇水放出易燃气体的物质

3.2.4.1 易燃固体

易燃固体包括：容易燃烧或摩擦可能引燃或助燃的固体；可能发生强烈放热反应的自反应物质；不充分稀释可能发生爆炸的固态退敏爆炸品。

3.2.4.2 易于自燃的物质

易于自燃的物质包括发火物质和自热物质。

3.2.4.3 遇水放出易燃气体的物质

遇水放出易燃气体的物质是指与水相互作用易变成自燃物质或能放出危险数量的易燃气体的物质。

3.2.5 氧化性物质和有机过氧化物

3.2.5.1 氧化性物质

氧化性物质是指本身不一定可燃，但通常因放出氧或起氧化反应可能引起或促使其他物质燃烧的物质。

3.2.5.2 有机过氧化物

有机过氧化物是指分子组成中含有过氧基的有机物质。该物质为热不稳定物质，可能发生放热的自加速分解，该类物质还可能具有以下一种或数种性质：可能发生爆炸性分解；迅速燃烧；对碰撞或摩擦敏感；与其他物质起危险反应；损害眼睛。

3.2.6 毒性物质和感染性物质

3.2.6.1 毒性物质

毒性物质是指经吞食、吸入或皮肤接触后可能造成死亡、严重受伤或健康损害的物质。包括满足下列条件之一的毒性物质（固体或液体）：

(1) 急性口服毒性：$LD_{50} \leqslant 300mg/kg$；

(2) 皮肤接触毒性和吸入毒性：$LD_{50} \leqslant 1000mg/kg$。

(3) 急性吸入粉尘和烟雾毒性：$LC_{50} \leqslant 4mg/L$；

(4) 急性吸入蒸气毒性：$LD_{50} \leqslant 500mL/m^3$，且在20℃和标准大气压力下的饱和蒸气浓度大于或等于$1/5LC_{50}$。

3.2.6.2 感染性物质

含有病原体的物质，包括生物制品、诊断样品、基因突变的微生物、生物体和其他媒介，如病毒蛋白等。感染性物质多为生物产品，一般不在企业危险化学品防控之内。

3.2.7 放射性物质

含有放射性核素且其放射性活度浓度和总活度都分别超过 GB 11806—2004《放射性物质安全运输规程》规定的限值的物质。

3.2.8 腐蚀性物质

通过化学作用使生物组织接触时会造成严重损伤、或在渗漏时会严重损害甚至毁坏其他货物或运载工具的物质。

腐蚀性物质包含与完好皮肤组织接触不超过 4h，在 14d 的观察期中发现引起皮肤全厚度损毁，或在温度 55℃时，对 S235JR+CR 型或类似型号钢或无覆盖层铝的表面均匀年腐蚀率超过 6.25mm/a 的物质。

3.2.9 杂项危险物质和物品

杂项危险物质和物品是指存在危险但不能满足其他类别定义的物质和物品。包括以微细粉尘吸入可危害健康的物质；会放出易燃气体的物质；锂电池组；救生设备；一旦发生火灾可形成二噁英的物质和物品；在高温下运输或提交运输的物质；危害环境的物质；经基因修改但不符合毒性物质或感染性物质定义的微生物和生物体；其他物质。

3.3 危险货物包装标志

《危险货物包装标志》（GB 190—2009）规定了危险货物包装标志的分类图形、尺寸、颜色和使用方法，作为生产商要按照要求在运输包装上加贴标志，对于管理人员或是用户单位使用人员要熟知图形表示的危险货物种类和危险性，以便于采取合适的防范和处置措施。

《危险货物包装标志》（GB 190—1990）中的包装标志见附录 5。

4 油田化学品

油田化学品系指用于石油、天然气的钻井、采油、集输、水处理及三次采油（EOR）等过程中使用的化学品，从用途上可以分为钻井用化学品、油气开采用化学品、水处理用化学剂、油气集输处理剂等。

4.1 按用途分类

4.1.1 钻井液处理剂

钻井用化学品是指为改善钻井液性能、完井液性能和固井水泥性能所添加的各种处理剂，具体分为钻井液处理剂（含完井液处理剂）和油井水泥处理剂两大类，其品种多，用量大。

钻井液处理剂可分为无机处理剂和有机处理剂两大类，也按使用用途分为降失水剂等9大类。

4.1.1.1 按无机处理剂与有机处理剂分类

1）无机处理剂

无机处理剂作用原理主要有四个方面：

(1) 离子交换吸附，实现黏土颗粒表面的Na离子与Ca离子交换，改善黏土造浆性能。

(2) 调整钻井液密度，起加重作用。

(3) 通过沉淀、中和、水解、络合等化学反应，除去有害离子，控制pH值，使有机处理剂变成能起溶解作用的溶解态，形成螯合物等。

(4) 其他稳定钻井液作用。

主要化学品有纯碱(Na_2CO_3)、石灰(CaO)、石膏($CaSO_4$)、氯化钙($CaCl_2$)、重晶石($BaSO_4$)、菱铁矿($FeCO_3$)、方铅矿(PbS)、石灰石($CaCO_3$)、烧碱(NaOH)、重铬酸钠($Na_2Cr_2O_7$)、水玻璃(Na_2SiO_3)、三氯化铁($FeCl_3$)、六偏磷酸钠($[Na-PO_3]_6$)、碱式碳酸锌($ZnCO_3 \cdot 2Zn(OH)_2 \cdot H_2O$)、食盐(NaCl)等。

2）有机处理剂

有机处理剂主要是起到降失水、降黏、增黏等作用，有天然的，也有人工合成的。天然的产品主要是丹宁类、纤维素类、腐殖酸类；人工合成的产品主要有天然产品丹宁类、纤维素类、腐殖酸类产品的再加工衍生物，以及完全人工聚合而成的化学品。人工合成化学品主要是大分子产品，其代表产品有丙烯酰胺、丙烯酸、丙烯腈乙烯基及其他单体的一元、二元、三元共聚物。

4.1.1.2 按使用用途分类

1）降失水剂

降失水剂又称降滤失剂，是指用来降低钻井液的滤失量，改善泥饼质量，提高钻井液稳定性的化学品。

2）增黏剂

增黏剂又称增稠剂，是指能够增加钻井液黏度和切力，提高钻井液悬浮能力的化学剂。

3）页岩抑制剂

页岩抑制剂俗称防塌剂，系指主要用来抑制页岩中所含黏土矿物的水化、膨胀、分解作用，以防止井塌的处理剂。

4）降黏剂

降黏剂又称分散剂、稀释剂，是指能够降低钻井液黏度和切力，改善钻井液流变性能的化学剂。

5）堵漏剂

堵漏剂是指在钻井过程中封堵漏失层的化学剂和材料，多用于复杂易坍塌地层。

6）润滑剂

润滑剂是指能降低钻具与井壁摩擦阻力的化学剂。

7）消泡剂

消泡剂是指能清除和抑制钻井液中泡沫的化学剂，油田钻井消泡剂是一种非硅类消泡剂。它是以天然油脂、脂肪酸酯类化合物为消泡主体材料，辅以其他助剂，经一系列合成、复配等工艺制成。适用于不同密度、不同体系的钻井液消泡，特别适用于消除高黏度、高密度、盐污染的钻井液的泡沫。

8）絮凝剂

絮凝剂是指能使钻井液中黏土颗粒聚结、沉降或适度絮凝的化学剂。

9）解卡剂

解卡剂是指用来浸泡钻具在井内被泥饼黏附的井段，以降低其摩阻系数、解除压差卡钻的化学剂。

4.1.2 油井水泥处理剂

油井水泥处理剂是指在固井作业中，为保证施工顺利和固井质量，在水泥中所添加的化学剂。

4.1.2.1 促凝剂

促进水泥浆凝固的化学剂称为促凝剂，主要有氯化钙、氯化钾、氯化钠、纯碱、水玻璃、甲酰胺和三乙醇胺等。

4.1.2.2 缓凝剂

缓凝剂就是降低水泥浆的水化速度和水化热，延长凝结时间的一种化学剂。主要成分为多羟基化合物、羟基羧酸盐及其衍生物、高糖木质素磺酸盐，因其兼有减水作用，也称缓凝减水剂。此外，一些无机盐如氯化锌、硼酸盐、各种磷酸盐也有缓凝作用。

4.1.2.3 降失水剂

降失水剂是能够降低水泥浆滤失量的化学剂，主要有固体颗粒材料和水溶性高分子聚合物。固体颗粒材料有膨润土、沥青、石灰石粉的热性树脂等；水溶性高分子聚合物主要有纤维素类、淀粉类、聚酰胺类、聚乙烯吡咯烷酮和聚乙烯醇等。

4.1.2.4 减阻剂

减阻剂又称分散剂、减水剂，一种能减少水泥浆在输送时所受阻力的化学剂，多为水溶性或油溶性的高分子聚合物。

4.1.2.5 减轻剂

减轻水泥浆密度的化学剂或材料，主要是煤粉灰、沥青粉硅酸钠、硅藻土、珍珠岩、硅酸钠等。

4.1.2.6 消泡剂

消除水泥浆中泡沫的化学剂，主要有磷酸酯类、司盘类和聚醚类等。

4.1.2.7 隔离液

隔离液也可看做是一种化学处理剂，是对水泥浆及前后两段不同液体起隔离作用并加有化学品的第三种液体。根据固井需要，可加入不同无机、有机化学品。

4.1.3 油气开采用化学品

油气田开采用化学品，可分为压裂、酸化化学品，采油用化学品和三次采油用化学品。

4.1.4 压裂酸化用化学品

压裂酸化用化学品是指压裂酸化作业过程中，为满足工艺要求，提高压裂、酸化效果所用的化学品。

4.1.4.1 稠化剂

在压裂施工中，提高水溶液黏度、降低液体滤失、悬浮和携带支撑剂的化学品，是水基压裂液的主要成分。稠化剂通常也用于油气井的酸化作业中，增加酸液黏度，使其延缓酸液与地层岩石反应的作用。稠化剂的组成多为各种天然或天然改性和合成的水溶液高分子聚合物，如胍胶及改性胍胶、纤维素及改性纤维素、PAM等。

4.1.4.2 交联剂

用于水基压裂液，与稠化剂中的大分子形成交联反应，使其联结成网状体型结构的化学品，增强压裂液悬浮和携带支撑剂能力的化学品。主要是具有络合能力的铬、钛、硼、锆等元素的无机物及有机物。

4.1.4.3 pH 调节剂

调节水基压裂液的 pH 值的化学品，可控制压裂液的交联反应，延缓交联速度，当压裂结束时利于压裂液的破胶。主要是无机和有机碱、酸及其强碱弱酸盐、强酸弱碱盐。

4.1.4.4 破胶剂

主要是用于压裂结束时破坏压裂液冻胶稳定性的化学剂。对水基压裂液主要是过氧化物、肼、酰氯等，对油基压裂液主要是醋酸盐等。

4.1.4.5 杀菌剂

为保证压裂液配制后在施工前不腐败变质而加入的杀灭细菌的化学剂。主要有醛、季铵盐、唑啉酮等。

4.1.4.6 缓蚀剂

用于酸化作业中,延缓酸液对油管、套管及其他金属材料腐蚀的化学品称为缓蚀剂,因此缓蚀剂也可以称为腐蚀抑制剂。主要有炔醇类、醛类、酮类、吡啶类、咪唑啉类、季胺盐复合物等及其衍生物和复配产品。

4.1.4.7 铁离子稳定剂

酸化作业中,尽管加入了缓蚀剂,酸液仍不可避免对油管、套管和设备产生腐蚀,也不可避免对地层中铁矿物和黏土中含铁成分进行反应,因此酸液和地层中会有数量不等的 Fe^{2+}、Fe^{3+} 离子。当酸液 pH 值上升至一定值时,产生的 $Fe(OH)_3$ 沉淀会严重堵塞地层,为此应让三价铁离子保持二价铁离子状态,或将生成的三价铁离子用化学品包裹住,使其不产生 $Fe(OH)_3$ 沉淀。铁离子稳定剂就是稳定铁离子为二价铁状态或络合状态,使其不产生 $Fe(OH)_3$ 沉淀的化学品。

常用的铁离子稳定剂为还原剂如亚硫酸等,更多使用羟基羧酸或氨基羧酸如氮川三乙酸钠盐、乙二胺四乙酸钠盐等。

压裂酸化使用的化学品,还有黏土稳定剂、酸化液、助排剂、破乳剂、降滤失剂、消泡剂等,其中黏土稳定剂、酸化液、助排剂、破乳剂与采油和原油破乳用药剂原理和组成基本相同,将在后面介绍,降滤失剂、消泡剂等与钻井液用药剂原理和组成基本相同,已在前面做了介绍。

4.1.5 采油用化学品

采油用化学品是指除酸化、压裂作业外,用于油、气、水井增产增注,解决砂、蜡、水、稠、堵等问题所用的化学剂,包括以下类型。

4.1.5.1 防砂剂(固砂剂)

油水井出砂会严重影响油水井的正常生产,用于防止油水井出砂的化学品称为防砂剂。使用时,向地层挤入一定量的化学剂充填于地层孔隙中,以达到充填和固结地层,提高地层强度的目的。主要有无机、有机阳离子聚合物桥接剂(如羟基铝、丙烯酰胺季铵盐)、树脂胶结剂(如酚醛树脂、脲醛树脂)、氯化钙、甲基硅油混合物等。防砂剂(固砂剂)状态可是液体也可以是固体。

4.1.5.2 树脂涂敷砂

用树脂涂敷在细小颗粒的石英砂表面可制成树脂涂敷砂,用来填充近井地带出砂亏空地层,并能相互交联形成人工井壁的物质。树脂可用酚醛树脂、脲醛树脂和其他树脂。

4.1.5.3 清防蜡剂、防蜡剂

用于清除井筒内已结蜡,或防止井筒结蜡的化学剂称为清防蜡剂或防蜡剂。主要由有机溶剂和表面活性剂组成,用于清蜡则有机溶剂成分多些,用于防蜡则表面活性剂成分多些。

4.1.5.4 降凝剂

降凝剂是指用于降低含蜡原油凝点,使原油保持流动性的化学剂。其原理是通过降凝剂质点的吸附改变蜡晶的结构,并使其不形成大块蜡团,最终原油中蜡不能沉积在管壁上。主要有乙烯—乙酸乙烯酯共聚物等酯类共聚物,其他还有石油磺酸钙、多乙烯多胺聚氧乙烯、聚氧丙烯醚的嵌段共聚物、聚甲基丙烯酸长链烷基酯等。

4.1.5.5 防水、堵水剂

防水、堵水剂是用于油井堵水的化学剂,分为树脂型、沉淀型、凝胶型和冻胶型堵剂,主要组成有部分水解聚丙烯酰胺、酚醛树脂、水解聚丙烯腈钠、木质素磺酸盐、聚乙烯醇、松香、水玻璃、水泥等。

4.1.5.6 调剖剂

用于调整注水井注水剖面,热采井吸汽剖面的化学品称为调剖剂。调剖剂化学组成与堵水剂相似,用于热采井时要把药剂调整为耐高温。堵水剂和调剖剂是最活跃的油田化学剂,新产品不断涌现,但仍不离树脂型、沉淀型、凝胶型和冻胶型堵剂等四大类型。

4.1.5.7 助排剂

辽河油田稠油开采采用注水蒸气的方式,大量水蒸气在井下加热油层时本身冷却为水,这些积液必须排除后油井才能正常生产。用于排除热采井积液的化学品为助排剂。助排剂主要是能够起到润湿、发泡、稳泡作用的表面活性剂。

助排剂也用于压裂酸化作业中返排压裂液和酸化液,助排剂起名正是源于帮助压裂液和酸化液的返排。

4.1.5.8 降黏剂

降低井筒中原油黏度,保持油井正常生产的化学品称为降黏剂。降黏剂主要是水溶性表面活性剂,变油包水原油为水包油原油,降低原油黏度,改变原油流动性。

4.1.5.9 黏土稳定剂

油、水井都涉及水对黏土的膨胀作用,黏土膨胀的结果缩小了地层孔隙度和喉道,降低了渗透率,使水注不进,油采不出。阻止黏土膨胀,稳定黏土颗粒使之不流动的化学剂为黏土稳定剂。

黏土稳定剂也用于压裂、酸化作业时防止黏土膨胀。

4.1.5.10 解堵剂

解除油、水井近井地带堵塞的化学品。解堵剂分为无机解堵剂和有机解堵剂,无机解堵剂主要是解除近井地带的无机物堵塞,主要是各种无机酸如盐酸、氢氟酸等;有机解堵剂主要是解决近井地带的有机物堵塞,主要是溶剂和低分子有机酸,如苯类、甲酸、乙酸等。

4.1.6 三次采油(EOR)用化学品

三次采油(EOR)用化学品是指为提高石油采收率,在三次采油(EOR)过程中所用的化学剂,实际和采油用化学剂在组成上相差不大,主要是用途有差异。包括驱油剂、碱剂、起泡剂、消泡剂、混溶剂、流度控制剂、牺牲剂、表面活性剂、增溶剂、薄膜扩展剂、稠化剂等,这类化学剂主要是表面活性剂和聚合物。

4.1.6.1 驱油剂

驱油剂可以改变注入水的黏度、流度比、扩大波及系数，提高注入水驱油效率。主要成分是聚丙烯酰胺类聚合物，并加入了少量表面活性剂。

4.1.6.2 薄膜扩展剂

薄膜扩展剂能够改变油—岩石润湿性，能够以薄膜形式楔进油—岩石间并扩展，起到剥离吸附于岩石上原油作用，其主要成分是表面活性剂。

4.1.7 集输用化学品

集输用化学品主要是联合站原油脱水用化学品，尽管品种不多，但使用量很大。

4.1.7.1 破乳剂

破乳剂是对进入联合站的原油乳状液进行破乳脱水的化学品，分为水溶性乳状液和油溶性乳状液两类。乳状液种类非常多，但都是具有两亲结构的表面活性剂，现使用的多数为大分子和高分子乳状液，主要为采用不同的起始剂（即油头）通过二嵌断、多嵌断聚醚型聚合物，根据起始剂的不同、嵌断的不同、使用时添加的溶剂不同，可配制成油溶性破乳剂和水溶性破乳剂。

4.1.7.2 预脱水剂

预脱水剂是指对联合站进站原油在未使用破乳剂前，先进行粗放脱水以减轻后段装置破乳脱水压力而使用的化学剂。

4.1.8 水处理用化学品

水处理用化学品是指油田用清水注水时用化学剂，以及用于油田注水、回用热采锅炉和达标排放的污水处理过程中用化学剂。

4.1.8.1 净水剂

净水剂是指用于污水除油、除杂质，使水质清洁的化学品，可分为无机、有机和复配型等3种产品。无机净水剂主要是氯化铝、氯化铁、除硅剂、盐酸、氢氟酸、碱、二氧化氯、明矾等；有机净水剂多数为阳离子、非离子聚丙烯酰胺；复配型为聚合氯化铝、铁，并加入一些有机净水剂。净水剂是一种总称，浮选剂、除油剂、絮凝剂都属于净水剂，只是另一种表达方式。

4.1.8.2 防垢剂（除垢剂）

防垢剂是指防止和除去水处理流程所有设备、管线水垢所使用的化学品，主要有磷酸盐、羧酸盐、马来酸酐及其共聚物。

4.1.8.3 杀菌剂

杀菌剂是指杀灭微生物，防止水处理流程设备、管线腐蚀，以及避免微生物产生的污泥对管线的堵塞所用的化学品。杀菌剂可分为氧化型杀菌剂和非氧化型杀菌剂，主要有稳定性二氧化氯、季铵盐类、异噻唑啉酮类等。

4.1.8.4 缓蚀剂

能有效阻止或降低水处理流程中金属设备、管线腐蚀速度的化学剂。无机类主要有锌盐、磷酸盐；有机类有酰胺类、咪唑啉类、醛类和直链脂肪酸等。

4.1.8.5 除氧剂

除氧剂是指除去水中溶解氧的化学品，主要是还原性的亚硫酸盐类。

4.2 油田化学品危害性

4.2.1 油田化学品危害性概述

油田化学品在石油勘探开发中占有重要地位。由于油藏条件不同，原油、水质、岩石的性能各异，所有化学品配方的针对性很强，几乎所有的油田化学品都是多组分的化学混合物，既有有害的组分又有无害的组分，而且不同油田区块、不同井深、不同生产过程所使用的油田化学品均不同，导致辽河油田用油田化学品种类繁多，生产厂家多，产品牌号多，技术标准不统一，危害性不能明显识别。

4.2.2 油田化学品危害性的分类

为了便于识别油田化学品的危害因素，按照油田化学品危险程度分成易燃易爆类、有毒类、腐蚀类、氧化剂类及其他油田化学品五大类。需要说明的是，大部分鉴定为危险化学品的油田化学品理化危险性不止一种，在防范其主要危险性的同时应注意其次要危险性产生的危害。

4.2.2.1 易燃易爆类

油田化学品中主要的易燃易爆性物质有分散防蜡剂、清防蜡剂、原油破乳剂（水溶）、原油破乳剂（油溶）、预脱水剂 LH-2、219 酚醛树脂、高温三相泡沫调剖剂、有机复合油（水）井解堵剂、防蜡降凝剂、降黏剂、高温驱油助排剂、高温固砂剂、高温降黏剂、酸化铁离子稳定剂、高温交联剂、有机复合返排剂。

易燃易爆类油田化学品大部分采用了具有易燃易爆性质的有机溶剂或组分。解堵处理剂、有机复合油（水）井解堵剂、有机复合返排剂、清防蜡剂、原油破乳剂（油溶）等采用混苯、二甲苯或者 C9 作为溶剂，磺酸盐助排剂中含有短链醇类组分，防蜡降凝剂中掺入了柴油。

易燃易爆物质的主要危害是泄漏、着火、爆炸等，次要危害是有毒。例如采用轻烃作为溶剂的解堵处理剂、清防蜡剂等，其溶剂易挥发，操作人员在作业时须谨防中毒、窒息事故的发生。

4.2.2.2 有毒类

油田化学品中主要的有毒物质有低伤害酸、解堵剂、原油破乳剂（水溶）、压裂用杀菌剂、细粉砂胶结剂、预脱水剂、反相破乳剂、原油破乳剂（油溶）、杀菌剂、防蜡剂、分散防蜡剂、杀菌剂、固体气源、破乳剂 TR-DEM-95096、高效燃油燃烧添加剂、钻井液污染综合解堵返排剂等。

用于油水井油层处理的低伤害酸、解堵剂、细粉砂胶结剂、固体气源、钻井液污染综合解堵返排剂等油田化学品组份中主要含有盐酸、氢氟酸、草酸、硼酸等有毒物质；而油水处理用预脱水剂、反相破乳剂、原油破乳剂中的有害物质为甲醇、混苯及环氧乙烷的衍生物等；杀菌剂的有毒成分主要是磷酸及其衍生物；防蜡剂、分散防蜡剂、清防蜡剂的有毒成分主要是芳烃类物质参与共聚的产物及甲醇或有机溶剂。

有毒性物质的危害主要是有毒物质泄漏和有毒化学品中毒窒息、腐蚀等。

4.2.2.3 腐蚀类

油田化学品中主要的腐蚀性物质有低伤害酸、解堵剂、高温降黏解堵剂、高温防砂剂（辅）、有机复合油（水）井解堵剂、钻井液污染综合解堵返排剂、硝酸粉末剂、聚合硫酸铁、净水剂 WT-WC/ LH- Ⅳ、复合段塞堵水调剖剂（段塞Ⅲ）、高温三相泡沫调剖剂、高温降黏剂、磺酸盐助排剂 LH-I、高温发泡助排剂、薄膜扩展剂、高温渗透分散剂、蒸汽吞吐添加剂、阻垢缓蚀剂、酸化铁离子稳定剂、酸化用胶束剂、高温破胶剂、有机硼交联剂、酸化用螯合剂、细粉砂胶结剂、树脂凝胶调剖剂、水相腐蚀抑制剂、钻井液用降黏剂、常规缓蚀剂、净水剂（有机）-2、除硅剂 A 组分、高效油水分离净化剂（二剂）、高温调剖交联剂、反相破乳剂、通用水基金属净洗剂。

大部分油田化学品具有强酸强碱性质，因而具有腐蚀性。例如酸化用胶束剂、高温破胶剂、酸化铁离子稳定剂、酸化用螯合剂是配置压裂酸化液的原料，解堵类化学品同样需要溶解目的层的黏土、岩粒等，以保证解除油层堵塞，而部分油井助排类化学品需要在碱性环境下反应才能达到助排效果，例如高温降黏剂、磺酸盐助排剂 LH-I、高温发泡助排剂、薄膜扩展剂、高温渗透分散剂、蒸汽吞吐添加剂等。

腐蚀性物质的危害主要有化学灼伤、腐蚀、中毒和窒息等。

4.2.2.4 氧化剂类

胶囊破胶剂等为氧化剂，与还原剂接触有燃烧爆炸危险，在日光下与易燃气体混合时会发生燃烧爆炸，与可燃液体作用会发生着火等。

4.2.2.5 其他油田化学品

除上述化学品以外的油田化学品统称为其他油田化学品。其中钻井液用无荧光防塌降滤失剂、钻井液用 HA 树脂、钻井液用防塌降滤失剂等均为粉末状物质，在生产、使用、运输、储存和废弃处理等过程中，与其接触的相关人员应该佩戴防护用品，注意粉尘的防护。

5 化学品安全技术说明书、安全标签和作业场所安全警示标签

5.1 安全技术说明书

化学品安全技术说明书（简称SDS），国际上称为化学品安全信息卡，是化学品生产商和经销商按法律要求向用户必须提供的化学品理化特性（如pH值、闪点、易燃度、反应活性等）、毒性、环境危害及对使用者健康（如致癌、致畸等）可能产生危害的一份综合性文件。其内容主要包括危险化学品的燃爆性能、毒性和环境危害，以及安全使用、泄漏应急处置、主要理化参数、法律法规等方面信息。《化学品安全技术说明书 内容和项目顺序》（GB/T 16483—2008）对安全技术说明书的编制、使用等做了明确规定。

5.1.1 安全技术说明书（SDS）的作用

化学品安全技术说明书为化学物质及其制品提供了有关安全、健康和环境保护方面的各种信息，并提供了有关化学品的基本知识、防护措施和应急行动等方面的资料。作为最基础的技术文件，其主要用途是传递安全信息，对不同使用人员的作用主要体现在：

(1) 对监督、管理人员，用于生产管理和人员培训；
(2) 对监测人员，用于提供监测方法；
(3) 对作业人员，为其提供与产品名称、健康影响、操作处理方法相关的信息及其他危害信息；
(4) 医疗人员，用于评估化学品接触对健康的影响，并制订处理措施。

SDS不可能将所有可能发生的危险及安全使用的注意事项全部表示出来，加之油田勘探开发作业场所环境各异，因此，SDS仅是用以提供化学品基本安全技术信息，而非产品质量的担保。

5.1.2 化学品安全技术说明书（SDS）的内容和编写指南

一种化学品应编制一份SDS。

SDS中包含的信息是与组成有关的非机密信息，其成分可以按照国家标准的规定，以不同的方式提供。供应商应向下游用户提供完整的SDS，以提供与安全、健康和环境有关的信息。供应商有责任对SDS进行更新，并向下游用户提供最新版本的SDS。SDS的下游用户在使用SDS时，还应充分考虑化学品在具体使用条件下的风险评估结果，采取必要的预防措

施。SDS 的下游用户应通过合适的途径将危险信息传递给不同作业场所的使用者，当为工作场所提出具体要求时，下游用户应考虑有关的 SDS 的综合性建议。由于 SDS 仅和某种化学品有关，它不可能考虑所有工作场所可能发生的情况，所以 SDS 仅包含了保证操作安全所必备的一部分信息。SDS 应按使用化学品工作场所控制法规总体要求，提供某一种物质或混合物有关的综合性信息。

5.1.2.1 SDS 的内容和通用形式

SDS 将按照下面 16 部分提供化学品的信息，每部分的标题、编号和前后顺序不应随意变更：（1）化学品及企业标识；（2）危险性概述；（3）成分/组成信息；（4）急救措施；（5）消防措施；（6）泄漏应急处理；（7）操作处置与储存；（8）接触控制和个体防护；（9）理化特性；（10）稳定性和反应性；（11）毒理学信息；（12）生态学信息；（13）废弃处置；（14）运输信息；（15）法规信息；（16）其他信息。

在 16 部分下面填写相关的信息，该项如果无数据，应写明无数据原因；16 部分中，除第 16 部分"其他信息"外，其余部分不能留下空项；SDS 中信息的来源一般不用详细说明；对应于 16 部分的内容应依据 16 部分的建议和要求来完成。对 16 部分可以根据内容细分出小项，与 16 部分不同的是这些小项不编号。16 部分要清楚地分开，大项标题和小项标题的排版要醒目。使用小项标题时，应按 16 部分中指定的顺序排列。

SDS 的每一页都要注明该种化学品的名称，名称应与标签上的名称一致，同时注明日期和 SDS 编号。日期是指最后修订的日期。页码中应包括总的页数，或者显示总页数的最后一页。

SDS 正文的书写应该简明、扼要、通俗易懂。推荐采用常用词语。SDS 应该使用用户可接受的语言书写。

5.1.2.2 SDS 的编写指南

为保证 SDS 中的每项内容都能使下游用户对安全、健康和环境采取必要的防护或保护措施。下面列出了 SDS 中 16 部分应包括的主要条目。未列入的条目可以根据需要追加。对于给定化学品，并非所有条目都适用，可以根据具体情况进行选择。

1) 第 1 部分——化学品及企业标识

主要标明化学品的名称，该名称应与安全标签上的名称一致，建议同时标注供应商的产品代码。

应标明供应商的名称、地址、电话号码、应急电话、传真和电子邮件地址。

该部分还应说明化学品的推荐用途和限制用途。

2) 第 2 部分——危险性概述

该部分应标明化学品主要的物理和化学危险性信息，以及对人体健康和环境影响的信息，如果该化学品存在某些特殊的危险性质，也应在此处说明。

如果已经根据 GHS 对化学品进行了危险性分类，应标明 GHS 危险性类别，同时应注明 GHS 的标签要素，如象形图或符号、防范说明，危险信息和警示词等。象形图或符号如火焰、骷髅和交叉骨可以用黑白颜色表示。GHS 分类未包括的危险性（如粉尘爆炸危险）也应在此处注明。

应注明人员接触后的主要症状及应急综述。

3) 第3部分——成分/组成信息

该部分应注明该化学品是物质还是混合物。如果是物质，应提供化学名或通用名、美国化学文摘登记号（CAS号）及其他标识符。如果某种物质按GHS分类标准分类为危险化学品，则应列明包括对该物质的危险性分类产生影响的杂质和稳定剂在内的所有危险组分的化学名或通用名，以及浓度或浓度范围。如果是混合物，不必列明所有组分。如果按GHS标准被分类为危险的组分，并且其含量超过了浓度限值，应列明该组分的名称信息、浓度或浓度范围。对已经识别出的危险组分，也应该提供被识别为危险组分的那些组分的化学名或通用名、浓度或浓度范围。

4) 第4部分——急救措施

该部分应说明必要时应采取的急救措施及应避免的行动，文字描述应该易于被受害人和（或）施救者理解。

根据不同的接触方式将信息细分为吸入、皮肤接触、眼睛接触和食入。

该部分应简要描述接触化学品后的急性和迟发效应、主要症状和对健康的主要影响，详细资料可在第11部分列明。如有必要，本部分应包括对保护施救者的忠告和对医生的特别提示，还要给出及时的医疗护理和特殊的治疗。

5) 第5部分——消防措施

该部分应说明合适的灭火方法和灭火剂，标明化学品的特别危险性（如产品是危险的易燃品），特殊灭火方法及保护消防人员特殊的防护装备。如有不合适的灭火剂也应标明。

6) 第6部分——泄漏应急处理

该部分应包括以下信息：作业人员防护措施、防护装备和应急处置程序；环境保护措施；泄漏化学品的收容、清除方法及所使用的处置材料（如果和第13部分不同，列明恢复、中和和清除方法）；提供防止发生次生危害的预防措施。

7) 第7部分——操作处置与储存

操作处置：应描述安全处置注意事项，包括防止化学品人员接触、防止发生火灾和爆炸的技术措施和提供局部或全面通风、防止形成气溶胶和粉尘的技术措施等。还应包括防止直接接触不相容物质或混合物的特殊处置注意事项。

储存：应描述安全储存的条件（适合的储存条件和不适合的储存条件）、安全技术措施、同禁配物隔离储存的措施、包装材料信息（建议的包装材料和不建议的包装材料）。

8) 第8部分——接触控制和个体防护

本部分应列明容许浓度，如职业接触限值或生物限值；减少接触的工程控制方法，该信息是对第7部分内容的进一步补充；如果可能，列明容许浓度的发布日期、数据出处、试验方法及方法来源；标明防护设备的类型和材质；列明推荐使用的个体防护设备，如呼吸系统防护、手防护、眼睛防护、皮肤和身体防护等。

化学品若只在某些特殊条件下才具有危险性，如量大、高浓度、高温、高压等，应标明这些情况下的特殊防护措施。

9）第 9 部分——理化特性

该部分应提供以下信息：化学品的外观与性状，如物态、形状和颜色；气味；pH 值，并指明浓度；熔点／凝点；沸点、初沸点和沸程；闪点；燃烧上下极限或爆炸极限；蒸气压；蒸气密度；密度／相对密度；溶解性；n-辛醇／水分配系数；自燃温度；分解温度。如果有必要，应提供下列信息：气味阈值；蒸发速率；易燃性（固体、气体）。

10）第 10 部分——稳定性和反应性

该部分应描述化学品的稳定性和在特定条件下可能发生的危险反应。应包括以下信息：应避免的条件（如静电、撞击或震动）；不相容的物质；危险的分解产物，一氧化碳、二氧化碳和水除外。

11）第 11 部分——毒理学信息

该部分应全面、简洁地描述使用者接触化学品后产生的各种毒性作用（健康影响）。应包括以下信息：急性毒性；皮肤刺激或腐蚀；眼睛刺激或腐蚀；呼吸或皮肤过敏；生殖细胞突变性；致癌性；生殖毒性；特异性靶器官毒性——一次性接触；特异性靶器官毒性——反复接触；吸入危害。

建议按照不同的接触途径（如吸入、皮肤接触、眼睛接触、食入）提供信息。

12）第 12 部分——生态学信息

该部分提供化学品的环境影响、环境行为和归宿方面的信息，如：化学品在环境中的预期行为，可能对环境造成的影响／生态毒性；持久性和降解性；潜在的生物累积性；土壤中的迁移性。

13）第 13 部分——废弃处置

该部分包括为安全和有利于环境保护而推荐的废弃处置方法信息。这些处置方法适用于化学品（残余废弃物），也适用于任何受污染的容器和包装。提醒下游用户注意当地废弃处置法规。

14）第 14 部分——运输信息

该部分包括国际运输法规规定的编号与分类信息，这些信息应根据不同的运输方式（如陆运、海运和空运）进行区分。

应包含以下信息：联合国危险货物编号（UN 号）；联合国运输名称；联合国危险性分类；包装组（如果可能）；海洋污染物（是／否）。提供使用者需要了解或遵守的其他与运输或运输工具有关的特殊防范措施。

15）第 15 部分——法规信息

该部分应标明使用本 SDS 的国家或地区中，管理该化学品的法规名称。提供与法律相关的法规信息和化学品标签信息。提醒下游用户注意当地废弃处置法规。

16）第 16 部分——其他信息

该部分应进一步提供上述各项未包括的其他重要信息。如：可以提供需要进行的专业培训、建议的用途和限制的用途等。参考文献可在本部分列出。

5.2 安全标签

安全标签是指化学品在市场上流通时，由供应者提供并附在化学品包装上用于提示接触化学品人员的一种标识，它可粘贴、挂拴或喷印在化学品的外包装或容器上。《化学品安全标签编写规定》（GB 15258—2009）对化学品安全标签的术语和定义、标签内容、制作和使用要求等做了明确要求。

5.2.1 安全标签编写

5.2.1.1 安全标签的主要内容

安全标签要素包括化学品标识、象形图、信号词、危险性说明、防范说明、应急咨询电话、供应商标识、资料参阅提示语等。各要素内容可参考 GB 30000.2～GB 30000.29 中的规定，其中防范性说明（预防措施）依据表 5.1 有关内容选取，各要素内容和格式要使用标准中的规定，一般情形不得自行制定。防范性说明（预防措施）内容见表 5.1。

表 5.1 防范性说明（预防措施）

危险类别		防范说明			
		预防	应急	储存	处置
不稳定爆炸物		使用前获得特别提示。 在明白所有安全预防之前请勿搬动。 戴防护面具。 注：生产商/供应商或主管当局列明防护设备类型。	火灾时可能爆炸。 火接近到爆炸物时切勿救火。 撤离现场。	储存…… 注：……按照地方/区域/国家/国际规章（待规定）。	处置内装物/容器…… 注：……按照地方/区域/国家/国际规章（待规定）。
爆炸物	1.1项 1.2项 1.3项	远离热源/火花/明火/热表面。禁止吸烟。 注：生产商/供应商或主管当局列明适当的点火源。 用……保持湿润。 注：……指生产商/供应商或主管当局列明适用材料。 注：如果干燥，增加爆炸危险，制造或操作程序需要干燥的情况除外（例如：硝化纤维）。 容器和接受设备接地/等势联接。 注：如爆炸物对静电敏感。 不得研磨/撞击/……/摩擦 注：生产商/供应商或主管当局列明适当处理方式。 戴防护面罩。 注：生产商/供应商或主管当局列明的防护设备类型。	火灾时，撤离现场。 火灾时可能爆炸。 火接近到爆炸物时切勿救火。	储存…… 注：……按照地方/区域/国家/国际规章（待规定）。	处置内装物/容器…… 注：……按照地方/区域/国家/国际规章（待规定）。

续表

危险类别		防范说明			
		预防	应急	储存	处置
爆炸物	1.4项	远离热源/火花/明火/热表面。禁止吸烟。 注：生产商/供应商或主管当局列明适用的点火源。 容器和接受设备接地/等势联接。 注：如果爆炸物对静电是敏感的。 避免研磨/撞击/……/摩擦。 注：……生产商/供应商或主管当局列明适当处理方式。 戴防护面罩。 注：生产商/供应商或主管当局列明的防护设备类型。	火灾时，撤离现场。 火灾时，有爆炸危险。 注：爆炸物是1.4S的弹药及其组件除外。 火势蔓延到爆炸物时，切勿灭火。 采取通常的预防，在适当的距离处灭火。 注：爆炸物是1.4S的弹药及其组件时适用。	储存…… 注：……按照地方/区域/国家/国际规章（待规定）。	处置内装物/容器…… 注：……按照地方/区域/国家/国际规章（待规定）。
	1.5项	远离热源/火花/明火/热表面。禁止吸烟。 注：生产商/供应商或主管当局列明适当的点火源。 用……保持湿润。 注：生产商/供应商或主管当局列明适当材料。 如果干燥，增加爆炸危险，制造或操作程序需要干燥的情况除外（例如，硝化纤维）。 容器和接受设备接地/等势联接。 注：如果爆炸物对静电敏感时适用。 避免研磨/撞击/……/摩擦。 注：……生产商/供应商或主管当局列明适当处理方式。 戴防护面罩。 注：生产商/供应商或主管当局列明的防护设备类型。	火灾时，撤离现场。 火灾时可能爆炸。 火接近到爆炸物时切勿救火。	储存…… 注：……按照地方/区域/国家/国际规章（待规定）。	处置内装物/容器…… 注：……按照地方/区域/国家/国际规章（待规定）。
易燃气体	1	远离热源/火花/明火/热表面。禁止吸烟。 注：生产商/供应商或主管当局规定适用的点火源。	泄漏气体着火：切勿灭火，除非漏气能够安全地制止。 除去一切点火源，如果这么做没有危险。	储存在通风良好处。	
	2	远离热源/火花/明火/热表面。禁止吸烟。 注：生产商/供应商或主管当局规定适用的点火源。	泄漏气体着火：切勿灭火，除非漏气能够安全地制止。 除去一切点火源，如果这么做没有危险。	储存在通风良好处。	
	A B	在阅读和明了所有安全措施前切勿搬动。			

续表

危险类别		防范说明			
		预防	应急	储存	处置
易燃气溶胶	1 2	远离热源/火花/明火/热表面。禁止吸烟。 注：生产商/供应商或主管当局规定适用的点火源。 切勿喷洒在明火或其他点火源上。 切勿穿孔或焚烧，即使不再使用。		防日晒。不可暴露在超过50℃/122℉的温度下。	
	3	远离热源/火花/明火/热表面。禁止吸烟。 注：生产商/供应商或主管当局规定适用的点火源。 切勿穿孔或焚烧，即使不再使用。		防日晒。不可暴露在超过50℃/122℉的温度下。	
氧化性气体	1	避开/储存处远离服装/……/可燃材料。 注：……生产商/供应商或主管当局列明的其他不相容材料。 阀门或紧固装置不得带有油脂或油剂。	火灾时，如能保证安全，设法堵塞泄漏。	存放在通风良好处。	
压力下气体	压缩气体液化气体溶解气体			防日晒。存放在通风良好处。	
	冷冻液化气体	戴防寒手套/防护面罩/防护眼镜。	用微温水化解冻伤部位不要搓擦患处。 立即求医/就诊。	存放在通风良好处。	
易燃液体	1 2 3	远离热源/火花/明火/热表面。禁止吸烟。 注：生产商/供应商或主管当局列明适当的点火源。保持容器密闭。 容器和接受设备接地/等势联接。 注：如果静电敏感材料准备用于再填装。 如果产品极易挥发，可造成周围空气危险。 使用防爆电器/通风/照明/……/设备。 注：……生产商/供应商或主管当局列明的其他设备。 只能使用不产生火花的工具。 采取防止静电放电的措施。 戴防护手套/穿防护服/戴防护眼罩/戴防护面具。 注：生产商/供应商或主管当局列明的防护设备类型。	如皮肤（或头发）接触：立即脱掉所有被污染的衣服，用水冲洗皮肤/淋浴。 火灾时，使用……灭火。 注：……生产商/供应商或主管当局列明的适当的媒介。 注：遇水可能增加危险。	储存在通风良好处。保持低温。	处置内装物/容器…… 注：……按照地方/区域/国家/国际规章（待规定）。
	4	远离火焰和热表面。禁止吸烟。 戴防护手套/戴防护眼罩/戴防护面具。 注：生产商/供应商或主管当局列明的防护设备类型。	火灾时，使用……灭火。 注：……指生产商/供应商或主管当局列明的适当的媒介。 注：遇水可能增加危险。	储存在通风良好处。保持低温。	处置内装物/容器…… 注：……按照地方/区域/国家/国际规章（待规定）。

续表

危险类别		防范说明			
		预防	应急	储存	处置
易燃固体	1 2	远离热源/火花/明火/热表面。禁止吸烟。 注：生产商/供应商或主管当局列明适当的点火源。 容器和接受设备接地/等势联接。 注：如果爆炸物对静电敏感。 使用防爆电器/通风/照明/……设备。 注：生产商/供应商或主管当局列明适当的其他设备，如果会产生粉尘。 戴防护手套/穿防护服/戴防护眼罩/戴防护面具。 注：生产商/供应商或主管当局列明的防护设备类型。	火灾时，使用……灭火。 注：……指生产商/供应商或主管当局列明的适当的媒介。 注：遇水可能增加危险。		
自反应性物质	A型	远离热源/火花/明火/热表面。禁止吸烟。 注：生产商/供应商或主管当局列明适当的点火源。 避开/储存处远离服装/……/可燃材料。 注：……生产商/供应商或主管当局列明的其他不相容材料。 只能在原容器中保存。 戴防护手套/穿防护服/戴防护眼罩/戴防护面具。 注：生产商/供应商或主管当局列明的防护设备类型。	火灾时，使用……灭火。 注：……指生产商/供应商或主管当局列明的适当的媒介。 注：遇水可能增加危险。 火灾时，撤离现场，因有爆炸危险，须远距离灭火。	储存在通风良好处。保持低温。储存温度不超过……℃。 注：指生产商/供应商或主管当局列明的温度。 远离其他材料储存。	处置内装物/容器…… 注：……按照地方/区域/国家/国际规章（待规定）。
	B型	远离热源/火花/明火/热表面。禁止吸烟。 注：生产商/供应商或主管当局列明适当的点火源。 避开/储存处远离服装/……/可燃材料。 注：……生产商/供应商或主管当局列明的其他不相容材料。 只能在原容器中保存。 戴防护手套/穿防护服/戴防护眼罩/戴防护面具。 注：生产商/供应商或主管当局列明的防护设备类型。	火灾时，使用……灭火。 注：……指生产商/供应商或主管当局列明的适当的媒介。 注：遇水可能增加危险。 火灾时，撤离现场，因有爆炸危险，须远距离灭火。	储存在通风良好处。保持低温。储存温度不超过……℃。 注：指生产商/供应商或主管当局列明的温度。 远离其他材料储存。	处置内装物/容器…… 注：……按照地方/区域/国家/国际规章（待规定）。
	C型 D型 E型 F型	远离热源/火花/明火/热表面。禁止吸烟。 注：生产商/供应商或主管当局列明适当的点火源。 避开/储存处远离服装/……/可燃材料。 注：……生产商/供应商或主管当局列明的其他不相容材料。 只能在原容器中保存。 戴防护手套/穿防护服/戴防护眼罩/戴防护面具。 注：生产商/供应商或主管当局列明的防护设备类型。	火灾时，使用……灭火。 注：……指生产商/供应商或主管当局列明的适当的媒介。 注：遇水可能增加危险。	在阴凉/通风良好处储存。 储存温度不超过……℃。 注：指生产商/供应商或主管当局列明的温度。 远离其他材料储存。	处置内装物/容器…… 注：……按照地方/区域/国家/国际规章（待规定）。

续表

危险类别		防 范 说 明			
		预防	应急	储存	处置
自燃液体	1	远离热源/火花/明火/热表面。禁止吸烟。 注：生产商/供应商或主管当局列明适当的点火源。 不得与空气接触。 戴防护手套/穿防护服/戴防护眼罩/戴防护面具。 注：生产商/供应商或主管当局列明的防护设备类型。	如果皮肤沾染：浸入冷水中/用湿绷带包扎。 火灾时，使用……灭火。 注：……指生产商/供应商或主管当局列明的适当的媒介。 遇水可能增加危险。	内装物存放在…… 注：……指生产商/供应商或主管当局列明的适当的液体或惰性气体。	
自燃固体	1	远离热源/火花/明火/热表面。禁止吸烟。 注：生产商/供应商或主管当局列明适当的点火源。 不得与空气接触。 戴防护手套/穿防护服/戴防护眼罩/戴防护面具。 注：生产商/供应商或主管当局列明的防护设备类型。	掸掉皮肤上的细小微粒。 浸入冷水中/用湿绷带包扎。 火灾时，使用……灭火。 注：……指生产商/供应商或主管当局列明的适当媒介。 遇水可能增加危险。	内装物存放在…… 注：……指生产商/供应商或主管当局列明适当的液体或惰性气体。	
自热物质	1 2	保持低温。防日光照射。 戴防护手套/穿防护服/戴防护眼罩/戴防护面具。 注：生产商/供应商或主管当局列明的防护设备类型。		垛/托盘之间留有空隙。 储存散货量大于……千克/……磅时，温度不超过……℃。 注：……指生产商/供应商或主管当局规定的质量和温度。 远离其他材料储存。	
遇水放出易燃气体的物质	1 2	不得与水接触。 在惰性气体中操作，防潮。 戴防护手套/穿防护服/戴防护眼罩/戴防护面具。 注：生产商/供应商或主管当局列明的防护设备类型。	掸掉皮肤上的细小微粒。 浸入冷水中/用湿绷带包扎。 火灾时，使用……灭火。 注：……指生产商/供应商或主管当局列明的适当媒介。 遇水可能增加危险。	存放于干燥处。 存放在密闭的容器中。	处置内装物/容器…… 注：……按照地方/区域/国家/国际规章（待规定）。

续表

危险类别		防 范 说 明			
		预防	应急	储存	处置
遇水放出易燃气体的物质	3	在惰性气体中操作。防潮。 戴防护手套/穿防护服/戴防护眼罩/戴防护面具。 注：生产商/供应商或主管当局列明的防护设备类型。	火灾时，使用……灭火。 注：……指生产商/供应商或主管当局列明的适当媒介。 遇水可能增加危险。	存放于干燥处。 存放在密闭的容器中。	处置内装物/容器…… 注：……按照地方/区域/国家/国际规章（待规定）。
氧化性液体	1	远离热源。 远离衣物和其他可燃物保存。 采取一切预防，避免与可燃物/……混合。 注：……指生产商/供应商或主管当局列明的其他不相容材料。 戴防护手套/防护眼镜/防护面罩。 注：生产商/供应商或主管当局列明的防护设备类型。 穿防火/阻燃服。	如溅到衣服上：立即用大量清水冲洗污染的衣服和皮肤，然后脱去衣服。 如果发生大火和大量材料着火：撤离现场。因有爆炸危险，应远距离灭火。 火灾时，使用……灭火。 注：……指生产商/供应商或主管当局列明的适当媒介。 遇水可能增加危险。		处置内装物/容器…… 注：……按照地方/区域/国家/国际规章（待规定）。
	2 3	远离热源。 远离衣物/……可燃物保存。 注：……指生产商/供应商或主管当局列明的其他不相容材料。 采取一切预防，避免与可燃物/……混合 注：……指生产商/供应商或主管当局列明的其他不相容材料。 戴防护手套/防护眼镜/防护面罩。 注：生产商/供应商或主管当局列明的防护设备类型。	火灾时，使用……灭火。 注：……指生产商/供应商或主管当局列明的适当媒介。 遇水可能增加危险。		处置内装物/容器…… 注：……按照地方/区域/国家/国际规章（待规定）。
氧化性固体	1	远离热源/火花/明火/热表面。禁止吸烟。 注：生产商/供应商或主管当局列明适当的点火源。 避开/储存处远离服装……/可燃材料。 注：……生产商/供应商或主管当局列明的其他不相容材料。 采取一切防范措施，避免与可燃物/……混合。 注：生产商/供应商或主管当局列明的其他不相容材料。 戴防护手套/穿防护服/戴防护眼罩/戴防护面具。 注：生产商/供应商或主管当局列明的防护设备类型。 穿防火/阻燃服装。	如沾染衣服：立即用水充分冲洗污染的衣服和皮肤，然后脱掉衣服。 如果发生大火和大量泄漏：撤离现场。因有爆炸危险，须远距离灭火。 火灾时，使用……灭火。 注：……指生产商/供应商或主管当局列明的适当媒介。 遇水可能增加危险。		处置内装物/容器…… 注：……按照地方/区域/国家/国际规章（待规定）。

续表

危险类别		防范说明			
		预防	应急	储存	处置
氧化性固体	2 3	远离热源/火花/明火/热表面。禁止吸烟。 注：生产商/供应商或主管当局列明适当的点火源。 避开/储存处远离服装/……/可燃材料。 注：……生产商/供应商或主管当局列明的其他不相容材料。 采取一切防范措施，避免与可燃物/……混合。 注：……生产商/供应商或主管当局列明的其他不相容材料。 戴防护手套/穿防护服/戴防护眼罩/戴防护面具。 注：生产商/供应商或主管当局列明的防护设备类型。	火灾时，使用……灭火。 注：……指生产商/供应商或主管当局列明的适当媒介。 遇水可能增加危险。		处置内装物/容器…… 注：……按照地方/区域/国家/国际规章（待规定）。
有机过氧化物	A型	远离热源/火花/明火/热表面。禁止吸烟。 注：生产商/供应商或主管当局列明适当的点火源。 避开/储存处远离服装/……/可燃材料。 注：……指生产商/供应商或主管当局列明的不相容材料。 只能在原容器中保存。 戴防护手套/穿防护服/戴防护眼罩/戴防护面具。 注：生产商/供应商或主管当局列明的防护设备类型。		储存温度不超过……℃。保持低温。 注：指生产商/供应商或主管当局列明的温度。 防日晒。 远离其他材料存放。	处置内装物/容器…… 注：……按照地方/区域/国家/国际规章（待规定）。
	B型	远离热源/火花/明火/热表面。禁止吸烟。 注：生产商/供应商或主管当局列明适当的点火源。 避开/储存处远离服装/……/可燃材料。 注：……指生产商/供应商或主管当局列明的不相容材料。 只能在原容器中保存。 戴防护手套/穿防护服/戴防护眼罩/戴防护面具。 注：生产商/供应商或主管当局列明的防护设备类型。		储存温度不超过……℃。保持低温。 注：指生产商/供应商或主管当局列明的温度。 防日晒。 远离其他材料存放。	处置内装物/容器…… 注：……按照地方/区域/国家/国际规章（待规定）。

续表

危险类别		防范说明			
		预防	应急	储存	处置
有机过氧化物	C型 D型 E型 F型	远离热源/火花/明火/热表面。禁止吸烟。 注：生产商/供应商或主管当局列明适当的点火源。 避开/储存处远离服装/……/可燃材料。 注：……指生产商/供应商或主管当局列明的不相容材料。 只能在原容器中保存。 戴防护手套/穿防护服/戴防护眼罩/戴防护面具。 注：生产商/供应商或主管当局列明的防护设备类型。		储存温度不超过……℃。保持低温。 注：指生产商/供应商或主管当局列明的温度。 防日晒。 远离其他材料存放。	处置内装物/容器…… 注：……按照地方/区域/国家/国际规章（待规定）。
金属腐蚀物	1	只能在原容器中存放。	吸收溢出物，防止材料损坏。	储存于抗腐蚀/……带抗腐蚀衬里的容器中。 注：……指生产商/供应商或主管当局确定的其他相容材料。	
急性毒性	1 2	严防进入眼中，接触皮肤或衣服。 作业后彻底清洗…… 注：……指生产商/供应商或主管当局列明作业后要清洗的身体部位。 使用本品时不要进食、饮水或吸烟。 戴防护手套/穿防护服。 注：生产商/供应商或主管当局列明的防护设备类型。	如进入眼睛：轻轻地用大量肥皂和水清洗。 立即呼叫解毒中心或医生。 具体治疗（见本标签上的……）。 注：……参见补充急救指示。 如建议立即采取措施，例如使用清洁剂。 立即去除/脱掉所有沾染的衣物。 沾染的衣服清洗后方可重新使用。	存放处须加锁。	处置内装物/容器…… 注：……按照地方/区域/国家/国际规章（待规定）。
	3	戴防护手套/穿防护服。 注：生产商/供应商或主管当局列明的防护设备类型。	如皮肤沾染：用大量肥皂和水清洗。 如感觉不适，立即呼叫解毒中心或医生。 具体治疗（见本标签上的……）。 注：……参见补充急救指示。 如建议立即采取措施，例如使用清洁剂。 立即去除/脱掉所有沾染的衣物。 沾染的衣服清洗后方可重新使用。	存放处须加锁。	处置内装物/容器…… 注：……按照地方/区域/国家/国际规章（待规定）。

续表

危险类别		防范说明			
		预防	应急	储存	处置
急性毒性	4	戴防护手套/穿防护服。 注：生产商/供应商或主管当局列明的防护设备类型。	如皮肤沾染：用大量肥皂和水清洗。 如感觉不适，立即呼叫解毒中心或医生。 具体治疗（见本标签上的……）。 注：……参见补充急救指示。 如建议立即采取措施，例如使用清洁剂。 沾染的衣服清洗后方可重新使用。		处置内装物/容器…… 注：……按照地方/区域/国家/国际规章（待规定）。
	5		如感觉不适，立即呼叫解毒中心或医生。		
皮肤腐蚀/刺激	1A 至 1C	不要吸入粉尘/烟雾/蒸汽/喷雾。 注：如果在使用中会出现可吸入性粉尘或烟雾微粒。 作业后彻底清洗……。 注：生产商/供应商或主管当局确定的操作后要清洗的身体部位。 戴防护手套/穿防护服/戴防护眼镜/防护面罩。 注：生产商/供应商或主管当局列明的设备类型。	如误吞咽：漱口。不要诱导呕吐。 皮肤（或头发）接触：立即去除/脱掉所有沾染的衣服。用水清洗皮肤/淋浴。 沾染的衣服须洗净后方可重新使用。 如误吸入：将受害人转移到空气新鲜处，休息，保持呼吸舒适的休息姿势。 立即呼叫解毒中心或医生。 具体治疗（见本标签上的……）。 注：……参见补充急救指示。 生产商/供应商或主管当局可能列明清洁剂。 如进入眼睛：用水小心冲洗几分钟，如带隐形眼镜并可方便地取出，取出隐形眼镜，继续冲洗。	存放处须加锁。	处置内装物/容器…… 注：……按照地方/区域/国家/国际规章（待规定）。

续表

危险类别		防 范 说 明		储存	处置
		预防	应急		
皮肤腐蚀/刺激	2	作业后彻底清洗…… 注：生产商/供应商或主管当局确定的操作后要清洗的身体部位。 戴防护手套。 注：生产商/供应商或主管当局列明的防护设备类型。	如皮肤沾染：用大量肥皂和水清洗。 注：……如果允许，制造商/供应商或主管部门应具体列明一种清洗剂，或者在某些不可使用水作为清洗剂的情形下可推荐替代清洗剂。 具体治疗（见本标签上的……）。 注：…参看附加急救指示。 注：制造商/供应商或主管部门列明一种清洗剂。 如发生皮肤刺激：求医/就诊。 脱掉所有沾染的衣服，清洗后方可重新使用。		
	3		如发生皮肤刺激：求医/就诊。		
严重眼损伤/眼刺激	1	戴防护眼镜/防护面具。 注：生产商/供应商或主管当局列明的防护设备类型。	如进入眼睛：用水小心冲洗几分钟，如带隐形眼镜并可方便地取出，取出隐形眼镜，继续冲洗。 立即呼叫解毒控制中心或医生。 注：制造商/供应商或主管部门列明适当的急诊医疗机构/人员。		
	2A	作业后彻底清洗…… 注：……指生产商/供应商或主管当局确定的作业后要清洗的身体部位。 戴防护手套。 注：生产商/供应商或主管当局列明的防护设备类型。	如进入眼睛：用水小心冲洗几分钟，如带隐形眼镜并可方便地取出，取出隐形眼镜，继续冲洗。 如果眼镜刺激：求医/就诊。		
	2B	作业后彻底清洗…… 注：……指生产商/供应商或主管当局确定的作业后要清洗的身体部位。 戴防护手套。 注：生产商/供应商或主管当局列明的防护设备类型。	如进入眼睛：用水小心冲洗几分钟，如带隐形眼镜并可方便地取出，取出隐形眼镜，继续冲洗。 如果眼镜刺激：求医/就诊。		

续表

危险类别		防范说明			
		预防	应急	储存	处置
呼吸道或皮肤致敏	1A 1B (呼吸道)	避免吸入粉尘/烟/气体/烟雾/蒸气/喷雾。 注：生产商/供应商或主管当局列明的适当的条件。 如通风不足，须戴呼吸防护装置。 注：生产商/供应商或主管当局列明设备。 使用本品时不要进食，饮水或吸烟。	如误吸入：将受害人转移到空气新鲜处，休息，保持呼吸舒适的休息姿势。 如有呼吸系统病症：呼叫解毒控制中心或医生。		处置内装物/容器…… 注：……按照地方/区域/国家/国际规章（待规定）。
	1A 1B (皮肤)	避免吸入粉尘/烟/气体/烟雾/蒸气/喷雾。 注：生产商/供应商或主管当局列明的适当的条件。 受沾染的工作服不得带出工作场地。 戴防护手套。 注：生产商/供应商或主管当局列明设备类型。	如皮肤沾染：用大量肥皂和水清洗。 如发生皮肤刺激：求医/就诊。 具体治疗（见本标签上的……）。 注：…参看附加急救指示。 注：制造商/供应商或主管部门列明一种清洗剂。 沾染的衣服清洗后方可重新使用。		处置内装物/容器…… 注：……按照地方/区域/国家/国际规章（待规定）。
生殖细胞致突变性	1 2	在使用前获取特别指示。 在读懂所有安全预防之前，切勿搬动。 戴防护手套/穿防护服/戴防护眼罩/戴防护面具。 注：生产商/供应商或主管当局列明的防护设备类型。	如果接触或有疑虑，求医/就诊。	存放处须加锁。	处置内装物/容器…… 注：……按照地方/区域/国家/国际规章（待规定）。
致癌性	1 2	在使用前取得专用说明。 在读懂所有安全防范措施之前切勿搬动。 戴防护手套/穿防护服/戴防护眼罩/戴防护面具。 注：生产商/供应商或主管当局列明的防护设备类型。	如果接触或有疑虑，求医/就诊。	存放处须加锁。	处置内装物/容器…… 注：……按照地方/区域/国家/国际规章（待规定）。
生殖毒性	1 2	在使用前取得专用说明。 在读懂所有安全防范措施之前切勿搬动。 戴防护手套/穿防护服/戴防护眼罩/戴防护面具。 注：生产商/供应商或主管当局列明的防护设备类型。	如果接触或有疑虑，求医/就诊。	存放处须加锁。	处置内装物/容器…… 注：……按照地方/区域/国家/国际规章（待规定）。
	附加的	在使用前获取特别指示。 不要吸入粉尘或烟雾。 注：如果在使用时可能产生可吸入性粉尘或烟雾微粒。 怀孕/哺乳期间避免接触。 作业后彻底清洗……。 注：……指生产商/供应商或主管当局确定作业后要清洗的身体部位。 使用本品时不要进食/饮水或吸烟。	如果接触或有疑虑，求医/就诊。		

续表

危险类别		防 范 说 明			
		预防	应急	储存	处置
特异性靶器官毒性一次接触	1	不要吸入粉尘/烟气/气体/烟雾/蒸气/喷雾。 注生产商/供应商或主管当局列明的适当的条件。 作业后彻底清洗……。 注：……指生产商/供应商或主管当局确定操作后要清洗的身体部位。 使用本品时不要进食/饮水或吸烟。	如果接触：立即呼叫解毒中心或医生。 具体治疗（见本标签上的……） 注：……参见补充急救指示。 如需立即采取措施。	存放处须加锁。	处置内装物/容器…… 注：……按照地方/区域/国家/国际规章（待规定）。
	2	不要吸入粉尘/烟气/气体/烟雾/蒸气/喷雾。 注：生产商/供应商或主管当局列明的适当的条件。 作业后彻底清洗……。 注：……指生产商/供应商或主管当局确定作业后要清洗的身体部位。 使用本品时不要进食/饮水或吸烟。	如果接触或感觉不适：呼叫解毒中心或医生。	存放处须加锁。	处置内装物/容器…… 注：……按照地方/区域/国家/国际规章（待规定）。
	3	不要吸入粉尘/烟气/气体/烟雾/蒸气/喷雾。 注：生产商/供应商或主管当局列明的适当的条件。 只能在室外或通风良好处使用。	如误吸入：将受害人转移至空气新鲜处，保持呼吸舒适的休息姿势。 如感觉不适，呼叫解毒中心或医生。	存放在通风良好的地方。 保持容器密闭。 注：如果产品极易挥发，可造成周围空气危险。 存放处须加锁。	处置内装物/容器…… 注：……按照地方/区域/国家/国际规章（待规定）。
特异性靶器官毒性反复接触	1	不要吸入粉尘/烟气/气体/烟雾/蒸气/喷雾。 注：生产商/供应商或主管当局列明的适当的条件。 作业后彻底清洗……。 注：……指生产商/供应商或主管当局确定作业后要清洗的身体部位。 使用本品时不要进食/饮水或吸烟。	如感觉不适，求医/就诊。		处置内装物/容器…… 注：……按照地方/区域/国家/国际规章（待规定）。
	2	不要吸入粉尘/烟气/气体/烟雾/蒸气/喷雾。 注：生产商/供应商或主管当局列明的适当的条件。	如感觉不适，求医/就诊。		处置内装物/容器…… 注：……按照地方/区域/国家/国际规章（待规定）。

续表

危险类别		防范说明			
		预防	应急	储存	处置
吸入危害	1 2		如误吞咽：立即呼叫解毒中心或医生。 注：制造商/供应商或主管部门列明适当的急诊医疗机构/人员。 不得诱导呕吐。	存放处须加锁。	处置内装物/容器…… 注：……按照地方/区域/国家/国际规章（待规定）。
危害水生环境——急性危险	1	避免释放到环境中。 注：如非其预定用途。	收集溢出物。		处置内装物/容器…… 注：……按照地方/区域/国家/国际规章（待规定）。
	2 3	避免释放到环境中。 注：如非其预定用途。			处置内装物/容器…… 注：……按照地方/区域/国家/国际规章（待规定）。
危害水生环境——慢性危险	1	避免释放到环境中。 注：如非其预定用途。	收集溢出物。		处置内装物/容器…… 注：……按照地方/区域/国家/国际规章（待规定）。
	2	避免释放到环境中。 注：如非其预定用途。			处置内装物/容器…… 注：……按照地方/区域/国家/国际规章（待规定）。
对臭氧层的危害	1				有关回收和循环使用的资料，请征询制造商/供应商

5.2.1.2 危险性的排序原则

当某种化学品具有两种及两种以上的危险性时，《化学品安全标签编写规定》（GB 15258—2009）规定了安全标签中象形图、信号词、危险性说明的先后顺序。产品的理化危险象形图的先后顺序是根据《危险货物品名表》（GB 12268—2012）中的主次危险性确定的，未列入《危险货物品名表》（GB 12268—2012）的化学品，以下危险性类别的危险性总是主危险：爆炸物、易燃气体、易燃气溶胶、氧化性气体、高压气体、自反应物质和混合物、发火物质、有机过氧化物。信号词的先后顺序：存在多种危险性时，若在安全标签上选用了信号词"危险"，则不应出现信号词"警告"。危险性说明是按物理危险、健康危害、环境危害的顺序排列的。

5.2.2 安全标签样例

图 5.1、图 5.2 和图 5.3 给出了 GB 15258—2009《化学品安全标签编写规定》和 GB 15258—1999《化学品安全标签编写规定》样例，以便使用单位和人员更好的进行对比和识别新旧版本的差别。

化学品名称　A组分：40%；B组分：60%

危　险　

极易燃液体和蒸气，食入致死，对水生生物毒性非常大

【预防措施】
- 远离热源、火花、明火、热表面。使用不产生火花的工具作业。
- 保持容器密闭。
- 采取防止静电措施，容器和接收设备接地、连接。
- 使用防爆电器、通气、照明及其他设备。
- 戴防护手套、防护眼镜、防护面罩。
- 操作后彻底清洗身体接触部位。
- 作业场所不得进食、饮水或吸烟。
- 禁止排入环境。

【事故响应】
- 如皮肤（或头发）接触：立即脱掉所有被污染的衣服。用水冲洗皮肤、淋浴。
- 食入：催吐，立即就医。
- 收集泄漏物。
- 火灾时，使用干粉、泡沫、二氧化碳灭火。

【安全储存】
- 在阴凉、通风良好处储存。
- 上锁保管。

【废弃处置】
- 本品或其容器采用焚烧法处置。

请参阅化学品安全技术说明书

供应商：××××××××××××××× 　　电话：××××××
地　址：××××××××××××××× 　　邮编：××××××
化学事故应急咨询电话：××××××

图 5.1　GB 15258—2009 版安全标签样例

5 化学品安全技术说明书、安全标签和作业场所安全警示标签

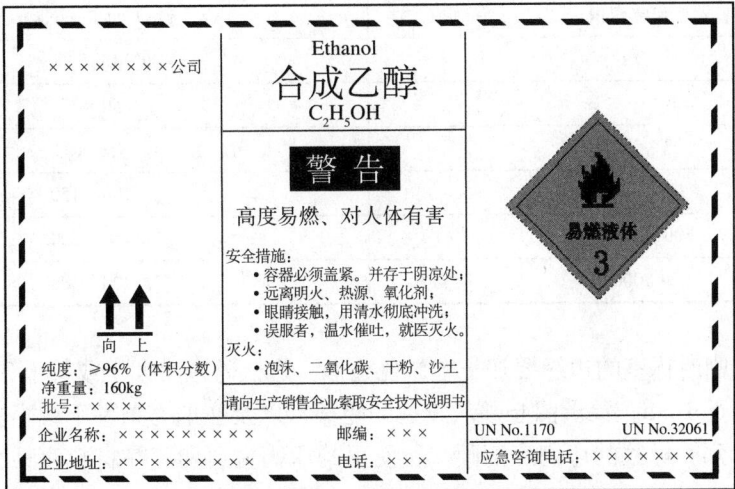

图 5.2　GB15258—2009 版简化标签

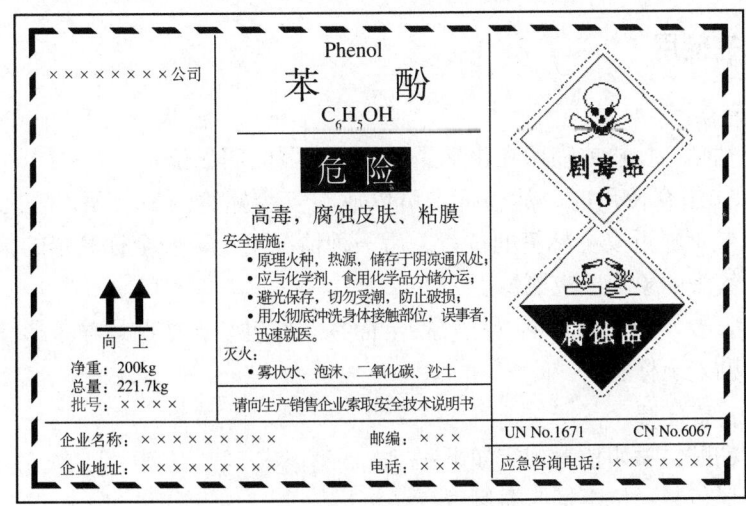

图 5.3　GB15258—1999 版安全标签样例

《化学品安全标签编写规定》(GB 15258—2009)与1999版本相比,分类体系发生了变化,标签要素及编写要求变化较大,使用"象形图"替代了1999版中规定的"标志"。

5.2.3 安全标签制作

标签正文应使用简捷、明了、易于理解、规范的汉字表述,也可以同时使用少数民族文字或外文,各要素相同的含义应用相同的文字或图形表示。当某种化学品有新的信息发现时,标签应及时修订。

标签内象形图的颜色根据 GB 30000.2 ~ GB 30000.29 的规定执行,一般使用黑色图形符号加白色背景,方块边框为红色。正文应使用与底色反差明显的颜色,一般采用黑白色。若在国内使用,方块边框可以为黑色。

对不同容量的容器或包装,标签最低尺寸见表 5.2。

表 5.2 安全标签最低尺寸表

容器或包装容积,L	标签尺寸,mm×mm
≤ 0.1	便用简化标签
> 0.1 ~ ≤ 3	50 × 75
> 3 ~ ≤ 50	75 × 100
> 50 ~ ≤ 500	100 × 150
> 500 ~ ≤ 1000	150 × 200
> 1000	200 × 300

安全标签印刷时标签的边缘要加一个黑色边框,边框外应留大于或等于3mm的空白,边框宽度大于或等于1mm。象形图必须从较远的距离,以及在烟雾条件下或容器部分模糊不清的条件下也能看到。标签的印刷应清晰,所使用的印刷材料和胶黏材料应具有耐用性和防水性。

5.2.4 安全标签使用

5.2.4.1 使用方法

安全标签应粘贴、挂栓或喷印在化学品包装或容器的明显位置。

当与运输标志组合使用时,运输标志可以放在安全标签的另一面,将之与其他信息分开,也可放在包装上靠近安全标签的位置。后一种情况下,若安全标签中的象形图与运输标志重复,安全标签中的象形图应删掉。

对组合容器,要求内包装加贴(挂)安全标签。外包装上加贴运输象形图,如果不需要运输标志可以加贴安全标签。

5.2.4.2 安全标签位置

安全标签的粘贴、喷印位置规定如下:
(1) 桶、瓶形包装:位于桶、瓶侧身;
(2) 箱状包装:位于包装端面或侧面明显处;

(3) 袋、捆包装：位于包装明显处。

5.2.4.3 安全标签使用注意事项

安全标签的粘贴、挂栓或喷印应牢固，保证在运输、储存期间不脱落，不损坏。安全标签应由生产企业在货物出厂前粘贴、挂栓或喷印。若要改换包装，则由改换包装单位重新粘贴、挂栓或喷印标签。

盛装危险化学品的容器或包装，在经过处理并确认其危险性完全消除之后，方可撕下安全标签，否则不能撕下相应的标签。

5.3 化学品作业场所安全警示标志

5.3.1 标志要素

化学品作业场所安全警示标志以文字和图形符号组合的型式，表示化学品在工作场所所具的危险性和安全注意事项。标志要素包括化学品标识、理化特性、危险象形图、警示词、危险性说明、防范说明、防护用品说明、资料参阅提示语以及报警电话等。

5.3.2 标志内容

5.3.2.1 化学品标识

化学品作业场所安全警示标志应列明化学品的中文化学名称或通用名称，以及美国化学文摘号（CAS号）。化学品标识要求醒目、清晰，位于标志的上方。名称应与化学品安全技术说明书中的名称一致。

5.3.2.2 理化特性

根据危险化学品的危险特性，列出的相应的理化数据，包括闪点、爆炸极限、密度、挥发性等。

5.3.2.3 危险象形图

采用 GB 30000.2 ~ GB 30000.29 规定的危险象形图，表 5.3 列出了 9 种危险象形图对应的危险性类别。

表 5.3 9 种危险象形图

危险象形图			
该图形对应的危险性类别	爆炸物，类别 1~3； 自反应物质，A、B 型； 有机过氧化物，A、B 型	压力下气体	氧化性气体； 氧化性液体； 氧化性固体

续表

危险象形图	🔥	🧪	☠️
该图形对应的危险性类别	易燃气体，类别1； 易燃气溶胶； 易燃液体，类别1～3； 易燃固体； 自反应物质，B～F型； 自热物质； 自燃液体； 自燃物体； 有机过氧化物，B～F型； 遇水放出易燃气体的物质	金属腐蚀物； 皮肤腐蚀/刺激，类别1； 严重眼损伤/眼睛刺激，类别1	急性毒性，类别1～3
危险象形图	❗	👤	🌳
该图形对应的危险性类别	急性毒性，类别4； 皮肤腐蚀/刺激，类别2； 严重眼损伤/眼睛刺激，类别2A； 皮肤过敏	呼吸过敏； 生殖细胞突变性； 致癌性； 生殖毒性； 特异性靶器官毒性一次接触； 特异性靶器官毒性反复接触； 吸入危害	对水环境的危害，急性类别1，慢性类别1、2

5.3.2.4 警示词

根据化学品的危险程度和类别，用"危险"、"警告"两个词分别进行危害程度的警示。根据 GB 30000.2～GB 30000.29 选择不同类别危险化学品的警示词。警示词位于化学品名称的下方，要求醒目、清晰。

5.3.2.5 危险性说明

简要概述化学品的危险特性。根据 GB 30000.2～GB 30000.29 选择不同类别危险化学品的危险性说明，要求醒目、清晰。

5.3.2.6 防范说明

表述化学品在处置、搬运、储存和使用作业中所应注意的事项和发生意外时简单有效的救护措施等，要求内容简明扼要、重点突出。该部分应包括安全预防措施、意外情况（如泄漏、人员接触或火灾等）的处理、安全储存措施及废弃处置等内容。防范说明按 GB 15258—2009《化学品安全标签编写规定》的规定表述。

5.3.2.7 防护用品说明

个体防护用品使用防护象形图来表示。根据作业场所化学品的危险特性，单独或组合使用防护象形图。防护象形图按 GB 2894—2008《安全标志及其使用导则》指示标志的规定选择。

5.3.2.8 资料参阅提示语

提示参阅化学品安全技术说明书。

5.3.2.9 报警电话

填写发生危险化学品事故后的报警电话。

5.3.2.10 危险信息先后排序

当化学品具有两种及两种以上的危险性时，作业场所安全警示标志的象形图、警示词、危险性说明的先后顺序按 GB 15258—2009 的规定执行。

5.3.3 标志样例

化学品作业场所安全警示标志样例见图 5.4。

苯
CAS号：71-43-2

危 险

极易燃液体和蒸气！
食入有害！
引起皮肤刺激！
引起严重眼睛刺激！
怀疑可致遗传性缺陷！
可致癌！
对水生生物有毒！

【理化特性】
无色透明液体；闪点-11°C；爆炸上限8%，爆炸下限1.2%；密度比水轻，比空气重，易挥发。

【预防措施】
远离热源/火花/明火/热表面。—禁止吸烟。保持容器密闭。采取防止静电措施，容器和接收设备接地/连接。使用防爆电器/通风/照明/设备，只能使用不产生火花的工具。得到专门指导后操作。在阅读并了解所有安全预防措施之前，切勿操作。按要求使用个体防护装备，戴防护手套/防护眼镜/防护面罩。避免吸入烟气/气体/烟雾/蒸气/喷雾。操作后彻底清洗，操作现场不得进食、饮水或吸烟。禁止排入环境。

【事故响应】
火灾时使用泡沫、干粉、二氧化碳、砂土灭火。如接触或有担心，感觉不适，就医。脱去被污染的衣服，洗净后方可重新使用。如皮肤（或头发）接触时，立即脱掉所有被污染的衣服。用大量肥皂水和水冲洗皮肤/淋浴。如发生皮肤刺激，就医。如果食入：立即呼叫中毒控制中心或就医。不要催吐。如接触眼睛：用水细心冲洗数分钟。如戴隐形眼镜并可方便地取出，取出隐形眼镜，继续冲洗。如果眼睛刺激持续：就医。

【安全贮存】
在阴凉通风处储存，保持容器密闭，上锁保管。

【废弃处置】
本品/容器的处置推荐使用焚烧法。

【个体防护用品】

请参阅化学品安全技术说明书
报警电话：**

图 5.4 化学品作业场所安全警示标志样例

5.3.4 标志制作

5.3.4.1 编写
化学品作业场所安全警示标志应保持与化学品安全技术说明书的信息一致，要不断补充信息资料，若发现新的危险性，及时做出更新。

5.3.4.2 颜色
危险象形图的颜色根据 GB 30000.2 ～ GB 30000.29 的规定执行，一般使用黑色符号加白色背景，方块边框为红色。警示词应使用黄色，搭配黑色对比底色。正文应使用与底色反差明显的颜色，一般采用黑白色。

5.3.4.3 字体
化学品标识、警示词、危险性说明以及标题宜使用黑体，其他内容宜使用宋体。字体要求醒目、清晰。

5.3.4.4 标志大小
通常情况下，横版标志的大小不宜小于 80 cm×60 cm，竖版标志的大小不宜小于 60 cm×90 cm。

5.3.4.5 印制
（1）化学品作业场所安全警示标志的制作应清晰、醒目，应在边缘加一个黄黑相间条纹的边框，边框宽度大于等于 3 mm。

（2）采用坚固耐用、不锈蚀的不燃材料制作，有触电危险的作业场所使用绝缘材料，有易燃易爆物质的场所使用防静电材料。

5.3.5 标志应用

5.3.5.1 设置的位置
在作业场所的出入口、外墙壁或反应容器、管道旁等醒目位置设置警示标志。

5.3.5.2 设置方式
化学品作业场所安全警示标志设置方式分附着式、悬挂式和柱式三种。悬挂式和附着式应稳固不倾斜，柱式应与支架牢固地联接在一起。

5.3.5.3 设置高度
设置的高度，应尽量与人眼的视线高度相一致。悬挂式和柱式的下缘距地面的高度不宜小于 1.5m。

5.3.5.4 注意事项
（1）化学品作业场所安全警示标志应设在与安全有关的醒目处，并使进入作业场所的人员看见后，有足够的时间来注意它所表示的内容。

（2）化学品作业场所安全警示标志不应设在门、窗、架等可移动的物体上。标志前不得放置妨碍认读的障碍物。

（3）标志的平面与视线夹角应接近 90°，观察者位于最大观察距离时，最小夹角不低于 75°。

5.4 工作场所职业病危害警示标识

根据《中华人民共和国职业病防治法》和《使用有毒物品作业场所劳动保护条例》卫生部制定《工作场所职业病危害警示标识》(GBZ 158—2003),规范在工作场所设置的可以使劳动者对职业病危害产生警觉,并采取相应防护措施的图形标识、警示线、警示语句和文字。图形标识可与相应的警示语句配合使用,图形、警示语句和文字设置在作业场所入口处或作业场所的显著位置。

5.4.1 警示语句

警示语句是一组表示禁止、警告、指令、提示或描述工作场所职业病危害的词语。警示语句可单独使用,也可与图形标识组合使用。根据工作场所职业病危险的实际状况进行选用。除以上基本警示语句外,在特殊情况下,可自行编制适当的警示语句。警示语句既可单独使用,又可组合使用,也可构成完整的句子。基本警示语句见表5.4。

表 5.4 基本警示语句表

编号	语句内容	编号	语句内容
1	禁止入内	17	戴防护手套
2	禁止停留	18	穿防护鞋
3	禁止启动	19	穿防护服
4	当心中毒	20	注意通风
5	当心腐蚀	21	左行紧急出口
6	当心感染	22	右行紧急出口
7	当心弧光	23	直行紧急出口
8	当心电离辐射	24	急救站
9	注意防尘	25	救援电话
10	注意高温	26	刺激眼睛
11	有毒气体	27	遇湿具有刺激性
12	噪声有害	28	刺激性
13	戴防护镜	29	刺激皮肤
14	戴防毒面具	30	腐蚀性
15	戴防尘口罩	31	遇湿具有腐蚀性
16	戴护耳器	32	窒息性

续表

编号	语句内容	编号	语句内容
33	剧毒	45	当心灼伤
34	高毒	46	强氧化性
35	有毒	47	当心中暑
36	有毒有害	48	佩戴呼吸防护器
37	遇湿分解放出有毒气体	49	戴防护面具
38	当心有毒气体	50	戴防溅面具
39	接触可引起伤害	51	佩戴射线防护用品
40	皮肤接触可对健康产生危害	52	未经许可，不许入内
41	对健康有害	53	不得靠近
42	接触可引起伤害和死亡	54	不得越过此线
43	麻醉作用	55	泄险区
44	当心眼损伤	56	不得触摸

5.4.2 安全色含义

红色——表示禁止和阻止的意思。
蓝色——表示指令，要求人们必须遵守的规定。
黄色——表示提醒人们注意。
绿色——表示给人们提供允许、安全的信息。

5.4.3 图形标识

图形标识分为禁止标识、警告标识、指令标识和提示标识，基本几何图形式样、颜色及含义见表5.5。

表5.5 图形式样、颜色及含义

图形	含义	安全色	背景色	标识图色
圆环加斜线	禁止	红色	白色	黑色

续表

图形	含义	安全色	背景色	标识图色
圆	指令	蓝色	白色	白色
等边三角形	警告	黄色	黑色	黑色
正方形和长方形	提示	绿色	白色	白色
正方形和长方形	组合框或附加提示信息	白色或标识的颜色	黑色或标识对应的对比色	标识的颜色

（1）禁止标识——禁止不安全行为的图形，如"禁止入内"标识。

禁止标识按下列格式进行设计，如图 5.5 所示。

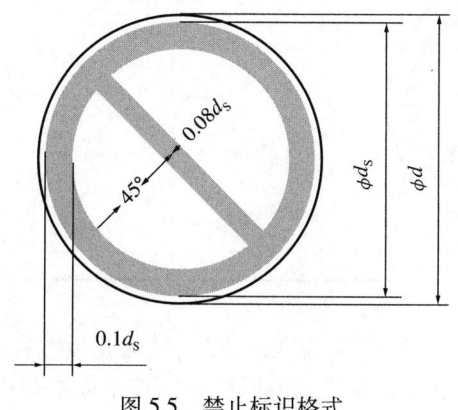

图 5.5　禁止标识格式

禁止标识的基本形式如下：
①背景：白色；
②圆圈带和斜杠：红色；
③标识图：黑色；
④外圈：白色；
⑤安全色至少应覆盖总面积的35%。
具体禁止标识见表5.6。

表5.6 禁止标识表

编号	名称及图形符号	标识种类	设置范围和地点
1	禁止入内	H	可能引起职业病危害的工作场所入口处或泄险区周边，如：高毒物品作业场所、放射工作场所等；或可能产生职业病危害的设备发生故障时；或维护、检修存在有毒物品的生产装置时，根据现场实际情况设置
2	禁止停留	H	在特殊情况下，对劳动者具有直接危害的作业场所
3	禁止启动	J	可能引起职业病危害的设备暂停使用或维修时，如设备检修、更换零件等，设置在该设备附近

(2) 警告标识——提醒对周围环境需要注意，以避免可能发生危险的图形，如"当心中毒"标识。警告标识的基本形式是等边三角形边框，按下列格式进行设计，如图5.6所示。

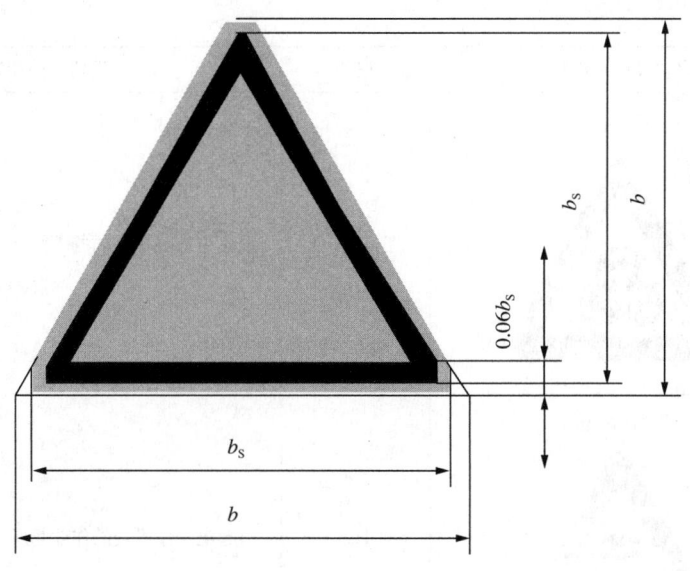

图 5.6 警告标识格式

警告标识的基本形式如下：
①背景：黄色；
②三角形内带：黑色；
③标识图：黑色；
④三角形外圈：黄或白色；
⑤安全色至少应覆盖总面积的 50%。
具体警告标识见表 5.7。

表 5.7 警告标识

编号	名称及图形编号	标识种类	设置范围和地点
4	当心中毒	H.J	使用有毒物品作业场所
5	当心腐蚀	H.J	存在腐蚀物质的作业场所

续表

编号	名称及图形编号	标识种类	设置范围和地点
6	当心感染	H.J	存在生物性职业病危害因素的作业场所
7	当心弧光	H.J	引起电光性眼炎的作业场所
8	当心电离辐射	H.J	产生电离辐射危害的作业场所
9	注意防尘	H.J	产生粉尘的作业场所
10	注意高温	H.J	高温作业场所

(3) 指令标识——强制做出某种动作或采用防范措施的图形,如"戴防毒面具"标识,指令标识按下列模式进行设计,如图 5.7 所示。

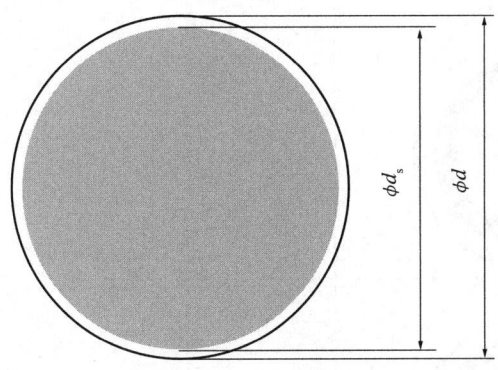

图 5.7 指令标识模式

指令标识的基本形式如下:
①背景:蓝色;
②标识图:白色;
③外圈:白色;
④安全色至少应覆盖总面积的 50%。
具体指令标识见表 5.8。

表 5.8 指令标识表

序号	名称及图形符号	标识种类	设置范围和地点
13	戴防护镜	H.J	对眼睛有危害的作业场所
14	戴防毒面具	H.J	可能产生职业中毒的作业场所

续表

序号	名称及图形符号	标识种类	设置范围和地点
15	带防尘口罩	H.J	粉尘浓度超过国家标准的作业场所
16	戴护耳器	H.J	噪声超过国家标准的作业场所
17	戴防护手套	H.J	需对手部进行保护的作业场所
18	穿防护鞋	H.J	需对脚部进行保护的作业场所
19	穿防护服	H.J	具有放射、高温及其他需穿防护服的作业场所

续表

序号	名称及图形符号	标识种类	设置范围和地点
20	注意通风	HJ	存在有毒物品和粉尘等需要进行通风处理的作业场所

(4) 提示标识——提供相关安全信息的图形,如"救援电话"标识,提示标识按下列格式进行设计,如图 5.8 所示。

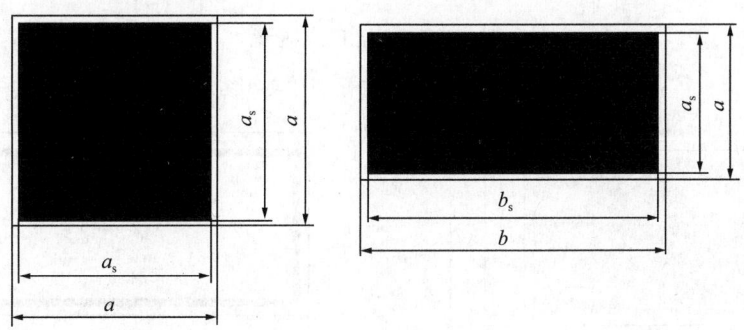

图 5.8 提示标识格式

提示标识的基本形式如下:
①背景:绿色;
②标识图:白色;
③外圈:白色;
④安全色(绿色)至少应覆盖总面积的 50%。
(5) 提示标识、方向标识和文字组合。
提示标识、方向标识和文字组合按以下方式设立,方向提示标识在说明方向时应设附加提示标识。"出口"字体用楷体,如图 5.9 所示。
(6) 附加提示标识。
附加提示标识格式如图 5.10 所示。
(7) 组合标识的编排。
组合标识的编排按以下位置设立,如图 5.11 所示。
(8) 多重标识。
多重标识的基本形式如图 5.12 所示。

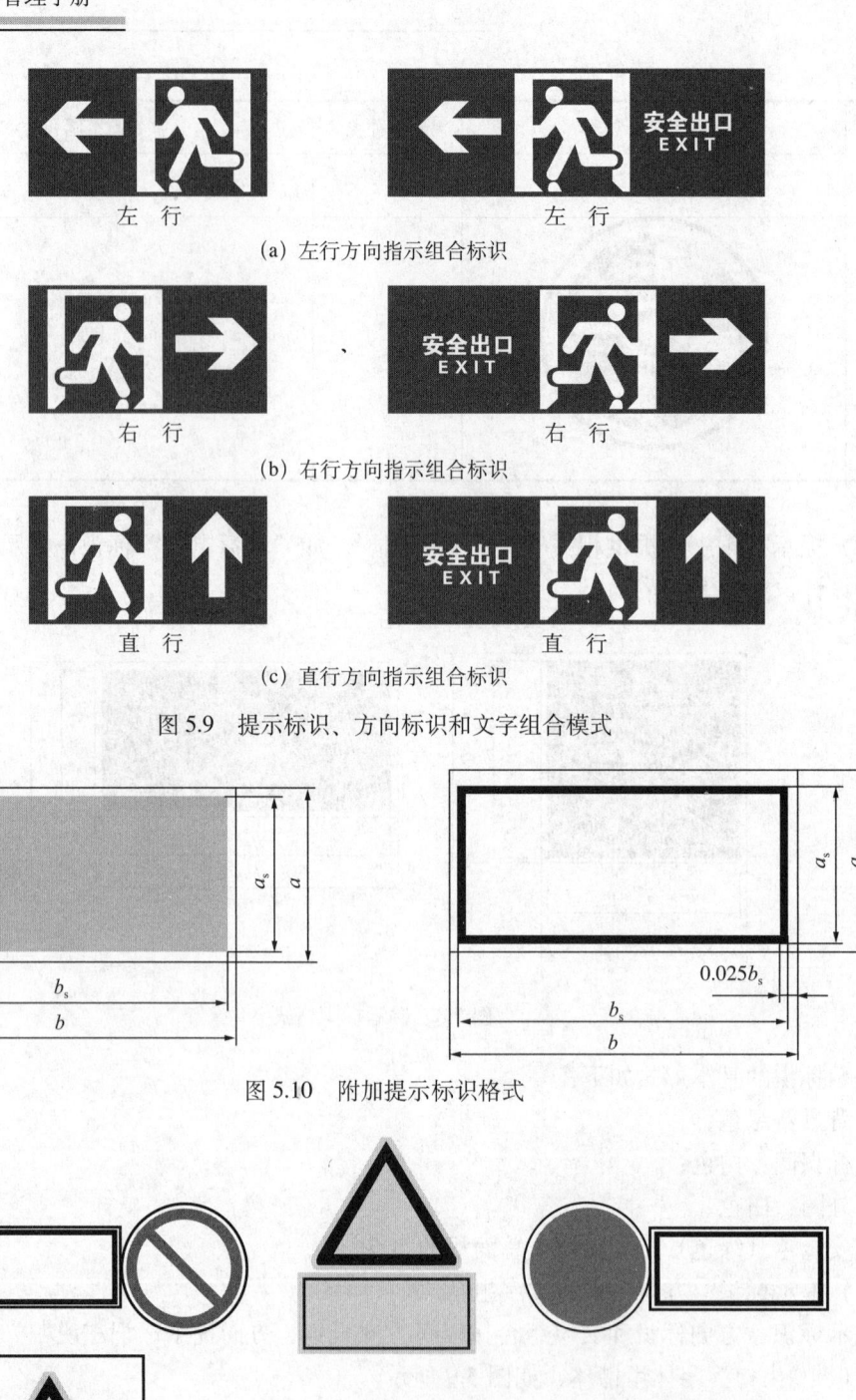

(a) 左行方向指示组合标识

(b) 右行方向指示组合标识

(c) 直行方向指示组合标识

图 5.9 提示标识、方向标识和文字组合模式

图 5.10 附加提示标识格式

图 5.11 组合标识的编排

图 5.12 多重标识的基本形式

(9) 图形标识的设置位置分类。

① 环境信息标识（H）：所提供的信息涉及较大区域的图形标识。

② 局部信息标识（J）：所提供的信息只涉及某地点，甚至某个设备或邮件的图形标识，见表5.9。

表 5.9 图形标识的设置位置和种类

编号	名称及图形符号	标识种类	设置范围和地点
21	左行紧急出口	H.J	安全疏散的紧急出口处，通向紧急出口的通道处
22	右行紧急出口	H.J	安全疏散的紧急出口处，紧急出口的通道处

续表

编号	名称及图形符号	标识种类	设置范围和地点
23	直行紧急出口	H.J	安全疏散的紧急出口处，紧急出口的通道处
24	急救站	H.J	用人单位设立的紧急医学救助场所
25	救援电话	H.J	救援电话附近

5.4.4 警示线

警示线是界定和分隔危险区域的标识线，分为红色、黄色和绿色三种。按照需要，警示线可喷涂在地面或制成色带设置。

警示线分为黄色警示线、红色警示线和绿色警示线。警示线和设置见表 5.10。

表 5.10 警示线和设置

编号	名称	设置范围和地点
26	红色警示线	高毒物品作业场所，放射作业场所、紧邻事故危害源周边
27	黄色警示线	一般有毒物品作业场所、紧邻事故危害区域的周边
28	绿色警示线	事故现场救援区域的周边

5.4.5 警示标识设置和使用

5.4.5.1 警示标识和设置高度

除警示线外,警示标识设置的高度,尽量与人眼的视线高度相一致,悬挂式和柱式的环境信息警示标识的下缘距地面的高度不宜小于2m;局部信息警示标识的设置高度以视具体情况确定。

5.4.5.2 使用警示标识的要求

(1) 警示标识设在与职业病危险工作场所有关的醒目位置,并有足够的时间来注意它所表示的内容。

(2) 警示标识不设在门、窗等可移动的物体上。警示标识前不得放置妨碍认读的障碍物。

(3) 警示标识(不包括警示线)的平面与视线夹角应接近90°,观察者位于最大观察距离时,最小夹角应不低于75°。

(4) 警示标识设置的位置应具有良好的照明条件。

(5) 警示标识(不包括警示线)的固定方式分附着式、悬挂式和柱式三种。悬挂式和附着式的固定要稳固不倾斜,柱式的警示标识和支架应牢固地连接在一起。

(6) 警示标识的其他要求。

警示标识(不包括警示线)要有衬边。除警告标识边框用黄色勾边外,其余全部用白色将边框勾一窄边,即为警示标识的衬边。衬边宽度为标识边长或直径的0.025倍。

(7) 警示识标的材质。

警示标识(不包括警示线)采用坚固耐用的材料制作,一般不宜使用易变形、变质或易燃的材料。有触电危险的作业场所使用绝缘材料。

可能产生职业病危害的设备、化学品、放射性同位素和含放射性物质的材料产品包装上,可直接粘贴、印刷或者喷涂警示标识。

(8) 警示标识(不包括警示线)表面质量。

除上述要求外,标识牌图形要清楚,光滑、无孔洞和影响使用的任何缺陷。

(9) 警示标识牌(不包括警示线)的尺寸,见表5.11。

表5.11 警示标识牌(不包括警示线)的尺寸

型号	观察距离	圆形标识的外直径	三角形标识外边长	正方形标识外边长	长方形附加提示标识(长×宽)
1	0~2.5	0.070	0.088	0.063	0.126×0.063
2	2.5~4.0	0.110	0.140	0.100	0.200×0.100
3	4.0~6.3	0.175	0.220	0.160	0.320×0.160
4	6.3~10.0	0.280	0.350	0.250	0.500×0.250
5	10.0~16.0	0.450	0.560	0.400	0.800×0.400
6	16.0~25.0	0.700	0.880	0.630	1.260×0.630
7	25.0~40.0	1.110	1.400	1.000	2.000×1.000

注:(1) 允许有±3%的误差。
(2) 在特殊情况下,警示标识牌的尺寸可适当调整。

(10) 警示标识牌的尺寸。

设在固定场所的警示线宽度为10cm，警示线可用涂料制作。临时警示线宽度为10cm，可用纤维等材料制作。

(11) 颜色。

警示标识所用的颜色要符合 GB 2893—2008《安全色》规定的颜色。

(12) 检查与维修。

警示标识每半年至少检查一次，如发现有破损、变形、褪色等不符合要求时要及时修整或更换，具体见 GB 2894—2008《安全标志及其使用导则》。

5.4.6 有毒物品作业岗位职业病危害告知卡

《有毒物品作业岗位职业病危害告知卡》（简称"告知卡"）是针对某一职业病危害因素，告知劳动者危害后果及其防护措施的提示卡；根据实际需要，由各类图形标识和文字组合成《有毒物品作业岗位职业病危害告知卡》，告知卡设置在使用有毒物品作业岗位的醒目位置。

5.4.6.1 告知卡的主要内容

告知卡包括有毒物品的通用提示栏、有毒物品名称、健康危害、警告标识、指令标识、应急处理和理化特性等内容。

1) 通用提示栏

在告知卡的最上边一栏用红底白字标明"有毒物品，对人体有害，请注意防护"等作为通用提示。

2) 有毒物品名称

用中文标明有毒物品的名称。名称要醒目清晰，位于告知卡的左上方，可能时应提供英文名称。

3) 健康危害

简要表述职业病危害因素对人体健康的危害后果，包括急、慢性危害和特殊危害。此项目位于告知卡的中上部位。

4) 警告标识

在名称的正下方，设置相应的警示语句或警告标识，有多种危害时，可设置多重警告标识或警示语句。

5) 应急处理

简要表述发生急性中毒时的应急救治与预防措施。

6) 指令标识

用警示语句或指令标识表示要采取的职业病危害防护措施。

7) 理化特性

简要表述有毒物品理化、燃烧和爆炸危险等特性。

8) 救援电话

设立用于在发生意外泄漏或者其他可能引起职业病危险情况下的紧急求助电话，便于组织相应力量进行救援工作。

9）职业卫生咨询电话

为劳动者设立的提供职业病危害防范知识和建议的咨询电话。

图 5.13 为有毒物品作业岗位职业病危害告知卡示例。

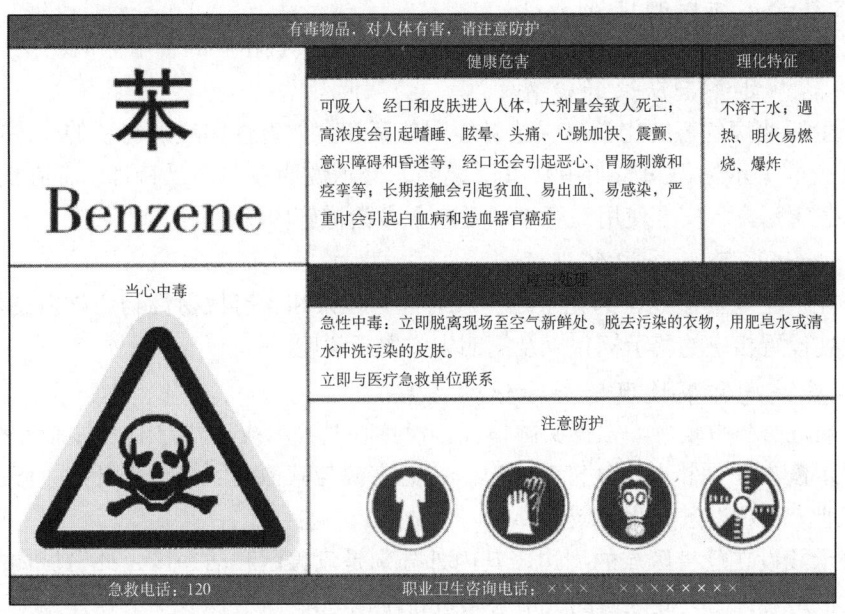

图 5.13　有毒物品作业岗位职业病危害告知卡示例

5.4.6.2　使用有毒物品作业场所警示标识的设置

在使用有毒物品作业场所入口或作业场所的显著位置，根据需要，设置"当心中毒"或者"当心有毒气体"警告标识，"戴防毒面具"、"穿防护服"、"注意通风"等指令标识和"紧急出口"、"救援电话"等提示标识。

依据《高毒物品目录》，在使用高毒物品作业岗位醒目位置设置《告知卡》。

在高毒物品作业场所，设置红色警示线。在一般有毒物品作业场所，设置黄色警示线。警示线设在使用有毒作业场所外缘不少于 30cm 处。

在高毒物品作业场所应急撤离通道设置紧急出口提示标识。在泄险区启用时，设置"禁止入内"、"禁止停留"警示标识，并加注必要的警示语句。

可能产生职业病危害的设备发生故障时，或者维修、检修存在有毒物品的生产装置时，根据现场实际情况设置"禁止启动"或"禁止入内"警示标识，可加注必要的警示语句。

5.4.6.3　其他职业病危害工作场所警示标识的设置

在产生粉尘的作业场所设置"注意防尘"警告标识和"戴防尘口罩"指令标识。

在可能产生职业性灼伤和腐蚀的作业场所，设置"当心腐蚀"警告标识和"穿防护服"、"戴防护手套"、"穿防护鞋"等指令标识。

在产生噪声的作业场所，设置"噪声有害"警告标识和"戴护耳器"指令标识。

在高温作业场所，设置"注意高温"警告标识。

在可引起电光性眼炎的作业场所，设置"当心弧光"警告标识和"戴防护镜"指令标识。

存在生物性职业病危害因素的作业场所，设置"当心感染"警告标识和相应的指令标识。

存在放射性同位素和使用放射性装置的作业场所，设置"当心电离辐射"警告标识和相应的指令标识。

5.4.6.4 设备警示标识的设置

在可能产生职业病危害的设备上或其前方醒目位置设置相应的警示标识。

5.4.6.5 产品包装警示标识的设置

可能产生职业病危害的化学品、放射性同位素和含放射性物质的材料的，产品包装要设置醒目的相应的警示标识和简明中文警示说明。警示说明载明产品特性、存在的有害因素、可能产生的危害后果，安全使用注意事项及应急救治措施内容。

5.4.6.6 储存场所警示标识的设置

储存可能产生职业病危害的化学品、放射性同位素和含有放射性物质材料的场所，在入口处和存放处设置相应的警示标识以及简明中文警示说明。

5.4.6.7 职业病危害事故现场警示线的设置

在职业病危害事故现场，根据实际情况，设置临时警示线，划分出不同功能区。

红色警示线设在紧邻事故危害源周边。将危害源与其他的区域分隔开来，限佩戴相应防护用具的专业人员可以进入此区域。

黄色警示线设在危害区域的周边，其内外分别是危害区和洁净区，此区域内的人员要佩戴适当的防护用具，出入此区域的人员必须进行洗消处理。

绿色警示线设在救援区域的周边，将救援人员与公众隔离开来。患者的抢救治疗、指挥机构设在此区内。

6 化学品危害控制与管理标准化

化学品的危害控制一般分为工程技术控制和管理控制。工程技术控制是通过采取适当的措施，消除或降低工作场所的危害，防止工人在正常作业时受到有害物质的侵害；管理控制是指按照法律和标准建立起来的管理程序和措施，是预防作业场所中化学品危害的一个重要方面。

按国家法律法规要求，对化学品使用、储存、运输等各环节形成标准的规范化管理体系，称为标准化管理。

6.1 工程技术控制

工程技术是控制化学品危害最直接、最有效的方法，其目的是通过采取相应的措施消除工作场所中化学品的危害或尽可能降低其危害程度，以免危害作业人员，污染环境。采取的主要措施是替代、变更工艺、隔离、通风、个体防护和卫生。

6.1.1 替代

选用无害或危害性小的化学品替代已有的有毒有害化学品是消除化学品危害最根本的方法。例如，辽河油田某些区块原油含蜡高，采油生产过程中需要大量的分散防蜡剂。新开发研制的的水基分散防蜡剂在某些区块替代了原来的油基分散防蜡剂，将闪点指标提高到61℃以上，在保证生产效果的同时降低了化学品HSE风险。

6.1.2 变更工艺

虽然替代作为操作控制的首选方案很有效，但是目前可供选择的替代品往往是很有限的，特别是因技术和经济方面的原因，不可避免地要生产、使用危险化学品，这时可考虑变更工艺。

6.1.3 隔离

隔离是指采用物理的方式将化学品暴露源与作业人员隔离开的方式。最常用的隔离方法是将生产或使用的化学品用设备完全封闭起来，使作业人员在操作中不接触化学品。隔离是控制化学品直接接触危害的有效措施。

6.1.4 通风

通风是最有效的控制作业场所中的有害气体、蒸气或粉尘的措施。借助于有效的通风，使气体、蒸气或粉尘的浓度低于最高容许浓度。通风分局部通风和全面通风两种。对于点式扩散源，可使用局部通风，使用局部通风时，污染源应处于通风罩控制范围内。对于面式扩散源，要使用全面通风，亦称稀释通风，其原理是向作业场所提供新鲜空气，抽出污染空气，从而稀释降低有害气体、蒸气或粉尘浓度。

6.1.5　个人防护和卫生

为了减少毒性暴露，作业人员需要从自身进行防护。在无法将作业场所中有害化学品的浓度降低到最高容许浓度以下时，作业人员就必须使用合适的个体防护用品。个体防护用品既不能降低工作场所中有害化学品的浓度，也不能消除工作场所的有害化学品，而只是一道阻止有害物进入人体的屏障。个体防护用品本身的失效就意味着保护屏障的消失，因此个体防护不能被视为控制危害的主要手段，而只能作为一种辅助性措施。

6.1.5.1　呼吸防护品

佩戴空气呼吸器、自给式呼吸器、氧气呼吸器、过滤式防毒面具（半、全面罩）、防尘口罩等呼吸防护品可防止毒物从呼吸器官侵入。

6.1.5.2　其他个体防护用品

为了防止由于化学品的飞溅，以及化学粉尘、烟、雾、蒸气等所导致的眼睛和皮肤伤害，也需要根据具体情况选择相应的防护用品或护具。

6.1.5.3　作业人员个人卫生

作业人员养成良好的卫生习惯也是消除和降低化学品危害的一种有效方法。保持个人卫生的基本原则是：遵守安全操作规程并使用适当的防护用品；不直接接触能引起过敏的化学品；工作结束后，淋浴更衣。注意个人清洁卫生；时刻注意防止自我污染，尤其在清洗或更换工作服时更要注意；在衣服口袋里不装被污染的东西，如抹布、工具等；防护用品要分放、分洗；定期检查身体。

6.2　管理控制

管理控制是指按照法律和标准建立起来的管理程序和措施，是预防作业场所中化学品危害的一个重要方面。管理控制主要包括危害识别、安全标签、安全技术说明书、安全储存、安全运输、安全处理与使用、废物处理、接触监测、医学监督和培训教育等。

管理控制的目的是通过危害识别、登记注册、安全教育、使用安全标签和安全技术说明书等手段对化学品实行全过程管理，以杜绝或减少事故的发生。

6.2.1　登记

登记是化学品安全管理最重要的一个环节。申请登记的单位应当根据国家有关法规、《化学品安全技术说明书　内容和项目顺序》（GB/T 16483—2008）和《化学品安全标签编写规定》（GB 15258—2009），填写《危险化学品登记申请表》，向本地区危险化学品登记管理机构办理登记手续。

6.2.2 风险和分类管理

风险和分类管理实际上就是根据某一化学品的理化、燃爆、毒性、环境影响数据确定其是否是危险化学品，主要应依据《化学品分类和危险性公示 通则》（GB 13690—2009）、《危险货物品名表》（GB 12268—2012）和《危险货物分类和品名编号》（GB 6944—2012）进行危险性分类，并制定相关的预防措施和应急措施。对于企业来说，最有效的手段就是要把好新引入化学品关。

新引入化学品的控制措施主要有以下几个方面：
（1）企业应建立程序对新引入化学品危害进行控制，确保其安全使用；
（2）必须对供应商提供的 SDS 进行审核，确保与产品的危险性符合；
（3）必须依据 SDS 对其危害进行辨识、评价，依据评价结果建立操作规程和应急措施；
（4）员工严禁接触和使用没有获得批准的新引入化学品。
（5）非专业人士不可接触或试用供应商提供演示或介绍的新化学品实物，除非已建立 SDS 并获得企业批准。

6.2.3 安全标签和警示标志管理

安全标签是用简单、明了、易于理解的文字、图形表述有关化学品的危险特性及安全处置注意事项。安全标签的作用是警示能接触到此化学品的人员。根据使用场合，安全标签分为产品安全标签和作业场所警示标签。作业场所警示标签又分为安全警示标签和健康警示标签。安全标签的范围应涵盖制造或作业使用的所有化学品，包括但不限于：
（1）原材料、成品材料、中间品、副产品、废料等；
（2）维护保养用化学品和工业清洗制剂；
（3）工作场所采用非常规的方式使用清洗剂、油脂及人员消耗的材料。

按照 GB 2894—2008《安全标志及其使用导则》在易燃、易爆、有毒有害等危险场所的醒目位置设置符合规定的安全标志；在重大危险源现场设置明显的安全警示标志；在厂内道路设置限速、限高、禁行等标志；在检维修、施工、吊装等作业现场设置警戒区域和安全标志，在检修现场的坑、井、洼、沟、陡坡等场所设置围栏和警示灯；在可能产生严重职业病危害作业岗位的醒目位置，按照 GBZ 158—2003《工作场所职业病危害警示标识》设置职业病危害警示标识，同时设置告知牌，告知产生职业病危害的种类、后果、预防及应急救治措施、作业场所职业病危害因素检测结果等；在生产区域设置风向标。

6.2.4 安全技术说明书（SDS）使用要求

化学品生产方要提供 SDS，对于化学品使用方要检查 SDS，并将 SDS 随化学品的转移而转移，要使每一个接触化学品的环节人员均知道、熟悉、使用 SDS，保护员工免受化学品危害，保护公众和环境。

6.2.4.1 SDS 对不同使用人员的作用
（1）对监督、管理人员，用于生产管理和人员培训；

（2）对监测人员，用于提供监测方法；

（3）对作业人员，为其提供与产品名称、健康影响、操作处理方法相关的信息及其他危害信息；

（4）医疗人员，用于评估化学品接触对健康的影响，并制定处理措施。

6.2.4.2 SDS 的获取

（1）所用员工应了解获得 SDS 的途径，并能够方便地获得 SDS；

（2）向员工提供的 SDS，视工作需要可以是完整的，也可以是员工最需要的部分内容；

（3）HSE 部门、应急人员、医疗人员等专业人员能够获得全部 SDS；

（4）当工作中使用新引入化学品时，应告知所有相关人员并进行培训；

（5）以电子文档形式保存的 SDS 应有书面备份，以备计算机出现故障时应急使用。

6.2.4.3 生产工作场所 SDS 的配备

生产工作场所使用或制造的所有化学品都应有 SDS，包括但不限于：

（1）制造或作业使用的所有化学品，涵盖试验装置或新工艺开发（如原材料、成品材料、中间品、副产品、废料和水处理制剂）；

（2）窒息性气体，如氮气、氩气等；

（3）维护保养用化学品和工业清洗制剂；

（4）工作场所采用非常规的方式使用清洗剂、油脂及人员消耗的材料，也应包含在内。

6.2.4.4 人员的 SDS 培训

要对化学品物流中涉及的所有人员进行 SDS 培训，具体如下：

（1）应确保所有相关人员能够获得所在区域的全面、完整的化学品危害信息。

（2）所有人员在进入工作场所前，必须接受相关的化学品危害及防护措施培训。

（3）企业应结合生产情况，编制化学品危害培训方案，对员工开展培训。

（4）企业应定期对有可能接触到化学品的所有员工进行培训，培训包括但不限于以下内容：

①如何阅读 SDS；

②告知区域内可能接触到的危害性化学品；

③识别工作场所化学品标识；

④工作场所内危害性化学品可能泄漏的辨识方法，如设备监测、目视、嗅味等；

⑤经常性使用或暴露于不同危害性化学品中对健康的危害；

⑦个人防护装备的使用；

⑧与化学品危害有关的应急程序。

6.2.5 安全教育

安全教育是化学品安全管理的一个重要组成部分。其目的是通过培训使作业人员能正确使用安全标签和安全技术说明书，了解所使用的化学品的燃烧爆炸危害、健康危害和环境危害；掌握必要的应急处理方法和自救、互救措施；掌握个体防护用品的选择、使用、维护和保养；掌握特定设备和材料如急救、消防、溅出和泄漏控制设备的使用，使化学品的管理人员和接触化学品的作业人员能正确认识化学品的危害，自觉遵守规章制度和操作规程，从主观上预防和控制化学品危害。

6.3 危险化学品从业单位安全标准化管理

危险化学品从业单位安全标准化管理是采用系统化的理念实现安全管理的长效机制。《国务院关于进一步加强安全生产工作的决定》（国发〔2004〕2号，简称《决定》）指出，要"制定和颁布重点行业、领域安全生产技术规范和安全生产质量工作标准，在全国所有工矿、商贸、交通运输、建筑施工等企业普遍开展安全质量标准化活动。企业生产流程的各环节、各岗位要建立严格的安全生产质量责任制。生产经营活动和行为必须符合安全生产有关法律法规和安全生产技术规范的要求，做到规范化和标准化"。国家有关部门2008年发布了《危险化学品从业单位安全标准化通用规范》（AQ 3013—2008），适用于危险化学品生产、使用、储存企业及有危险化学品储存设施的经营企业，明确了开展安全标准化的总体原则、过程和要求等相关内容。国家安全监管总局根据《企业安全生产标准化基本规范》（AQ/T 9006—2010）和《危险化学品从业单位安全生产标准化通用规范》（AQ 3013—2008）的要求，制定了《危险化学品从业单位安全生产标准化评审标准》（简称《评审标准》）是考核危险化学品企业安全生产标准化工作水平的统一标准。

6.3.1 危险化学品安全标准化管理原则

（1）采用计划（P）、实施（D）、检查（C）、改进（A）动态循环、持续改进的管理模式。

（2）企业应结合自身特点，依据《危险化学品从业单位安全生产标准化通用规范》（AQ 3013—2008）要求，开展安全标准化。

（3）安全标准化的建设，应当以危险、有害因素辨识和风险评价为基础，树立任何事故都是可以预防的理念，与企业其他方面的管理有机地结合起来，注重科学性、规范性和系统性。

（4）安全标准化的实施，应体现全员、全过程、全方位、全天候的安全监督管理原则，通过有效方式实现信息的交流和沟通，不断提高安全意识和安全管理水平。

（5）安全标准化采取企业自主管理，安全标准化考核机构考评、政府安全生产监督管理部门监督的管理模式，持续改进企业的安全绩效，实现安全生产长效机制。

6.3.2 安全标准化实施

安全标准化的建立过程，包括初始评审、策划、培训、实施、自评、改进与提高等6个阶段。

（1）初始评审阶段：依据法律法规及本规范要求，对企业安全管理现状进行初始评估，了解企业安全管理现状、业务流程、组织机构等基本管理信息，发现差距。

（2）策划阶段：根据相关法律法规及本规范的要求，针对初始评审的结果，确定建立安全标准化方案，包括资源配置、进度、分工等；进行风险分析；识别和获取适用的安全生产法律法规、标准及其他要求；完善安全生产规章制度、安全操作规程、台账、档案、记录等；确定企业安全生产方针和目标。

（3）培训阶段：对全体从业人员进行安全标准化相关内容培训。

（4）实施阶段：根据策划结果，落实安全标准化的各项要求。

（5）自评阶段：应对安全标准化的实施情况进行检查和评价，发现问题，找出差距，提出完善措施。

（6）改进与提高阶段：根据自评的结果，改进安全标准化管理，不断提高安全标准化实施水平和安全绩效。

6.3.3 安全标准化的主要内容

6.3.3.1 负责人与职责

企业主要负责人是本单位安全生产的第一责任人，全面负责安全生产工作，落实安全生产基础和基层工作；组织实施安全标准化，建设企业安全文化；作出明确的、公开的、文件化的安全承诺，并确保安全承诺转变为必需的资源支持；定期组织召开安全生产委员会（简称安委会）或领导小组会议。

6.3.3.2 方针目标

坚持"安全第一，预防为主，综合治理"的安全生产方针。主要负责人应依据国家法律法规，结合企业实际，组织制定文件化的安全生产方针和目标；签订各级组织的安全目标责任书，确定量化的年度安全工作目标，并予以考核；各级组织应制订年度安全工作计划，以保证年度安全工作目标的有效完成。安全生产方针和目标应满足以下要求：

（1）形成文件，并得到所有从业人员的贯彻和实施；

（2）符合或严于相关法律法规的要求；

（3）与企业的职业安全健康风险相适应；

（4）目标予以量化；

（5）公众易于获得。

6.3.3.3 机构设置

设置安委会或领导小组，设置安全生产管理部门或配备专职安全生产管理人员，并按规定配备注册安全工程师；应根据生产经营规模大小，设置相应的管理部门；应建立、健全从安委会或领导小组到基层班组的安全生产管理网络。

6.3.3.4 职责

制定安委会或领导小组和管理部门的安全职责；主要负责人、各级管理人员和从业人员的安全职责；建立安全责任考核机制，对各级管理部门、管理人员及从业人员安全职责的履行情况和安全生产责任制的实现情况进行定期考核，予以奖惩。

6.3.3.5 安全生产投入及工伤保险

依据国家、当地政府的有关安全生产费用提取规定，自行提取安全生产费用，专项用于安全生产；按照规定的安全生产费用使用范围，合理使用安全生产费用，建立安全生产费用台账；依法参加工伤社会保险，为从业人员缴纳工伤保险费。

6.3.3.6 风险管理

（1）范围与评价方法。

组织制定风险评价管理制度，明确风险评价的目的、范围和准则；企业风险评价的范围应包括：

①规划、设计和建设、投产、运行等阶段；

②常规和非常规活动；

③事故及潜在的紧急情况；

④所有进入作业场所人员的活动；

⑤原材料、产品的运输和使用过程；

⑥作业场所的设施、设备、车辆、安全防护用品；

⑦丢弃、废弃、拆除与处置；

⑧企业周围环境；

⑨气候、地震及其他自然灾害等。

（2）企业可根据需要，选择科学、有效、可行的风险评价方法。常用的评价方法有：

①工作危害分析（JHA）；

②安全检查表分析（SCL）；

③预危险性分析（PHA）；

④危险与可操作性分析（HAZOP）；

⑤失效模式与影响分析（FMEA）；

⑥故障树分析（FTA）；

⑦事件树分析（ETA）；

⑧作业条件危险性分析（LEC）等方法。

（3）企业应依据以下内容制定风险评价准则：

①有关安全生产法律、法规；

②设计规范、技术标准；

③企业的安全管理标准、技术标准；

④企业的安全生产方针和目标等。

6.3.3.7 风险评价

依据风险评价准则，选定合适的评价方法，定期和及时对作业活动和设备设施进行危险、有害因素识别和风险评价。企业在进行风险评价时，应从影响人、财产和环境等三个方面的可能性和严重程度分析；企业各级管理人员应参与风险评价工作，鼓励从业人员积极参与风险评价和风险控制。

6.3.3.8 风险控制

根据风险评价结果及经营运行情况等，确定不可接受的风险，制定并落实控制措施，将风险尤其是重大风险控制在可以接受的程度。应将风险评价的结果及所采取的控制措施对从业人员进行宣传、培训，使其熟悉工作岗位和作业环境中存在的危险、有害因素，掌握、落实应采取的控制措施。

6.3.3.9 隐患治理

对风险评价出的隐患项目，下达隐患治理通知，限期治理，做到定治理措施、定负责人、定资金来源、定治理期限。企业应建立隐患治理台账。企业无力解决的重大事故隐患，除采取有效防范措施外，应书面向企业直接主管部门和当地政府报告。对不具备整改条件的重大事故隐患，必须采取防范措施，并纳入计划，限期解决或停产。

对确定的重大隐患项目建立档案，档案内容应包括：
（1）评价报告与技术结论；
（2）评审意见；
（3）隐患治理方案，包括资金概预算情况等；
（4）治理时间表和责任人；
（5）竣工验收报告。

6.3.3.10 重大危险源

按照 GB 18218—2009《危险化学品重大危害源辨识》辨识并确定重大危险源，建立重大危险源档案；按照有关规定对重大危险源设置安全监控报警系统，定期对重大危险源进行安全评估，对重大危险源的设备、设施定期检查、检验，并做好记录；

制定重大危险源应急救援预案，配备必要的救援器材、装备，每年至少进行 1 次重大危险源应急救援预案演练；应将重大危险源及相关安全措施、应急措施报送当地县级以上人民政府安全生产监督管理部门和有关部门备案；重大危险源的防护距离应满足国家标准或规定，不符合国家标准或规定的，应采取切实可行的防范措施，并在规定期限内进行整改。

6.3.3.11 风险信息更新

适时组织风险评价工作，识别与生产经营活动有关的危险、有害因素和隐患，定期评审或检查风险评价结果和风险控制效果。应在下列情形发生时及时进行风险评价：
（1）新的或变更的法律法规或其他要求；
（2）操作条件变化或工艺改变；
（3）技术改造项目；
（4）有对事件、事故或其他信息的新认识；
（5）组织机构发生大的调整。

6.3.3.12 法律法规与管理制度

1) 法律法规

建立识别和获取适用的安全生产法律、法规、标准及其他要求管理制度，明确责任部门，确定获取渠道、方式和时机，及时识别和获取，定期更新；将适用的安全生产法律、法规、标准及其他要求及时对从业人员进行宣传和培训，提高从业人员的守法意识，规范安全生产行为，并传达给相关方。

2) 符合性评价

每年至少 1 次对适用的安全生产法律、法规、标准及其他要求的执行情况进行符合性评价，消除违规现象和行为。

3) 安全生产规章制度

制定健全的安全生产规章制度，并将安全生产规章制度发放到有关的工作岗位，规章制度至少包括下列内容：

(1) 安全生产职责；

(2) 识别和获取适用的安全生产法律法规、标准及其他要求；

(3) 安全生产会议管理；

(4) 安全生产费用；

(5) 安全生产奖惩管理；

(6) 管理制度评审和修订；

(7) 安全培训教育；

(8) 特种作业人员管理；

(9) 管理部门、基层班组安全活动管理；

(10) 风险评价；

(11) 隐患治理；

(12) 重大危险源管理；

(13) 变更管理；

(14) 事故管理；

(15) 防火、防爆管理，包括禁烟管理；

(16) 消防管理；

(17) 仓库、罐区安全管理；

(18) 关键装置、重点部位安全管理；

(19) 生产设施管理，包括安全设施、特种设备等管理；

(20) 监视和测量设备管理；

(21) 安全作业管理，包括动火作业、进入受限空间作业、临时用电作业、高处作业、起重吊装作业、破土作业、断路作业、设备检维修作业、高温作业、抽堵盲板作业管理等；

(22) 危险化学品安全管理，包括剧毒化学品安全管理及危险化学品储存、出入库、运输、装卸等；

(23) 检维修管理；

(24) 生产设施拆除和报废管理；

(25) 承包商管理；

(26) 供应商管理；

(27) 职业卫生管理，包括防尘、防毒管理；

(28) 劳动防护用品（具）和保健品管理；

(29) 作业场所职业危害因素检测管理；

(30) 应急救援管理；

(31) 安全检查管理；

(32) 自评等。

4) 操作规程

根据生产工艺、技术、设备设施特点和原材料、辅助材料、产品的危险性，编制操作规程，并发放到相关岗位；企业应在新工艺、新技术、新装置、新产品投产或投用前，组织编制新的操作规程。

5) 修订

明确评审和修订安全生产规章制度和操作规程的时机和频次，定期进行评审和修订，确保其有效性和适用性；组织相关管理人员、技术人员、操作人员和工会代表参加安全生产规章制度和操作规程评审和修订，注明生效日期，保证使用最新有效版本的安全生产规章制度和操作规程，并及时组织相关管理人员和操作人员培训学习修订后的安全生产规章制度和操作规程。在发生以下情况时，应及时对相关的规章制度或操作规程进行评审、修订：

(1) 当国家安全生产法律、法规、规程、标准废止、修订或新颁布时；
(2) 当企业归属、体制、规模发生重大变化时；
(3) 当生产设施新建、扩建、改建时；
(4) 当工艺、技术路线和装置设备发生变更时；
(5) 当上级安全监督部门提出相关整改意见时；
(6) 当安全检查、风险评价过程中发现涉及到规章制度层面的问题时；
(7) 当分析重大事故和重复事故原因，发现制度性因素时；
(8) 其他相关事项。

6.3.3.13 培训教育

1) 培训教育管理

严格执行安全培训教育制度，依据国家、地方及行业规定和岗位需要，制定适宜的安全培训教育目标和要求。根据不断变化的实际情况和培训目标，定期识别安全培训教育需求，制定并实施安全培训教育计划；保证安全培训教育所需人员、资金和设施；建立从业人员安全培训教育档案。

培训教育计划变更时，应记录变更情况；培训教育主管部门应对培训教育效果进行评价；确立终身教育的观念和全员培训的目标，对在岗的从业人员进行经常性安全培训教育。

2) 管理人员培训教育

主要负责人和安全生产管理人员应接受专门的安全培训教育，经安全生产监管部门对其安全生产知识和管理能力考核合格，取得安全资格证书后方可任职，并按规定参加每年再培训；其他管理人员，包括管理部门负责人和基层单位负责人、专业工程技术人员的安全培训教育由企业相关部门组织，经考核合格后方可任职。

3) 从业人员培训教育

对从业人员进行安全培训教育，并经考核合格后方可上岗。从业人员每年应接受再培训，再培训时间不得少于国家或地方政府规定学时；特种作业人员应按有关规定参加安全培训教育，取得特种作业操作证，方可上岗作业，并定期复审；从事危险化学品运输的驾驶员、船员、押运人员，必须经所在地设区的市级人民政府交通部门考核合格（船员经海事管理机构考核合格），取得从业资格证，方可上岗作业；在新工艺、新技术、新装置、新产品投产前，对有关人员进行专门培训，经考核合格后，方可上岗。

4) 新从业人员培训教育

对新从业人员进行厂级、车间（工段）级、班组级安全培训教育，经考核合格后，方可上岗，安全培训教育时间不得少于国家或地方政府规定学时。

5) 其他人员培训教育

从业人员转岗、脱离岗位一年以上（含一年）者，应进行车间（工段）、班组级安全培训教育，经考核合格后，方可上岗；对外来参观、学习等人员进行有关安全规定及安全注意事项的培训教育；对承包商的作业人员进行入厂安全培训教育，经考核合格发放入厂证，保存安全培训教育记录；进入作业现场前，作业现场所在基层单位应对施工单位的作业人员进行进入现场前安全培训教育，保存安全培训教育记录。

6) 日常安全教育

管理部门、班组应按照月度安全活动计划开展安全活动和基本功训练；班组安全活动每月不少于2次，每次活动时间不少于1学时，班组安全活动应有负责人、有计划、有内容、有记录，企业负责人应每月至少参加1次班组安全活动，基层单位负责人及其管理人员应每月至少参加2次班组安全活动；管理部门安全活动每月不少于1次，每次活动时间不少于2学时；安全生产管理部门或专职安全生产管理人员应每月至少1次对安全活动记录进行检查并签字，并结合安全生产实际，制定管理部门、班组月度安全活动计划，规定活动形式、内容和要求。

6.3.3.14 生产设施及工艺安全

1) 生产设施建设

应确保建设项目安全设施与建设项目的主体工程同时设计、同时施工、同时投入生产和使用；按照安全许可有关规定，对项目的设立阶段、设计阶段、试生产阶段和竣工验收阶段规范管理；对项目的施工过程实施有效安全监督，保证施工过程处于有序管理状态；建设过程中的变更应严格执行变更管理规定，履行变更程序，对变更全过程进行风险管理；尽量采用先进的、安全性能可靠的新技术、新工艺、新设备和新材料。

2) 安全设施

严格执行安全设施管理制度，建立安全设施台账；有专人负责管理，定期检查和维护保养，编入设备检维修计划，定期检维修；安全设施不得随意拆除、挪用或弃置不用，因检维修拆除的，检维修完毕后应立即复原；对监视和测量设备进行规范管理，建立监视和测量设备台账，定期进行校准和维护，并保存校准和维护活动的记录。应确保安全设施配备符合国家有关规定和标准，做到：

(1) 按照 SH 3063—1999《石油化工企业可燃气体和有毒气体检测报警设计规范（附条文说明）》在易燃、易爆、有毒区域设置固定式可燃气体和/或有毒气体的检测报警设施，报警信号应发送至工艺装置、储运设施等控制室或操作室；

(2) 按照 GB 50351—2005《储罐区防火堤设计规范》在可燃液体罐区设置防火堤，在酸、碱罐区设置围堤并进行防腐处理；

(3) 按照 SH 3097—2000《石油化工静电接地设计规范》在输送易燃物料的设备、管道安装防静电设施；

(4) 按照 GB 50057—2010《建筑物防雷设计规范》在厂区安装防雷设施；

(5) 按照 GB 50016—2006《建筑设计防火规范》、GB 50140—2005《建筑灭火器配置设计规范》配置消防设施与器材；

(6) 按照 GB 50058—1992《爆炸和火灾危险环境电力装置设计规范》设置电力装置；

(7) 按照 GB/T 11651—2008《个体防护装备选用规范》配备个体防护设施；

(8) 厂房、库房建筑应符合 GB 50016—2006《建筑设计防火规范》、GB 50160—2008《石油化工企业设计防火规范》；

(9) 在工艺装置上可能引起火灾、爆炸的部位设置超温、超压等检测仪表、声和/或光报警和安全联锁装置等设施。

3）特种设备

按照《特种设备安全监察条例》管理规定，对特种设备进行规范管理，建立特种设备台账和档案；投入使用前或者投入使用后 30 日内，企业应当向直辖市或者设区的市特种设备监督管理部门登记注册；对在用特种设备进行经常性日常维护保养，至少每月进行 1 次检查，对在用特种设备及安全附件、安全保护装置、测量调控装置及有关附属仪器仪表进行定期校验、检修，并保存记录；在特种设备检验合格有效期届满前 1 个月向特种设备检验检测机构提出定期检验要求，未经定期检验或者检验不合格的特种设备，不得继续使用。企业应将安全检验合格标志置于或者附着于特种设备的显著位置。

特种设备存在严重事故隐患，无改造、维修价值，或者超过安全技术规范规定使用年限，应及时予以报废，并向原登记的特种设备监督管理部门办理注销。

4）工艺安全

操作人员应掌握工艺安全信息，主要包括：化学品危险性信息：物理特性、化学特性（包括反应活性、腐蚀性、热和化学稳定性等）、毒性和职业接触限值；工艺信息：流程图、化学反应过程、最大储存量、工艺参数（如压力、温度、流量）和安全上下限值；设备信息：设备材料、设备和管道图纸、电气类别、调节阀系统和安全设施（如报警器、联锁等）。

应保证下列设备设施运行安全可靠、完整：压力容器和压力管道（包括管件和阀门）、泄压和排空系统、紧急停车系统、监控和报警系统、联锁系统；各类动设备（包括备用设备）等。

应对工艺过程进行风险分析，主要包括：工艺过程中的危险性、工作场所潜在事故发生因素；控制失效的影响；人为因素等。

生产装置开车前应组织检查，进行安全条件确认。安全条件应满足下列要求：现场工艺和设备符合设计规范，系统气密测试、设施空运转调试合格，操作规程和应急预案已制，编制并落实了装置开车方案，操作人员培训合格，各种危险已消除或控制。

生产装置停车应满足要求，主要包括：编制停车方案、操作人员能够按停车方案和操作规程进行操作。

生产装置紧急情况处理应遵守的要求，主要包括：发现或发生紧急情况，应按照不伤害人员为原则，妥善处理，同时向有关方面报告；工艺及机电设备等发生异常情况时，采取适当的措施，并通知有关岗位协调处理，必要时，按程序紧急停车。

生产装置泄压系统或排空系统排放的危险化学品应引至安全地点并得到妥善处理。

操作人员应严格执行操作规程，对工艺参数运行出现的偏离情况及时分析，保证工艺参数控制不超出安全限值，偏差及时得到纠正。

5）关键装置及重点部位

加强对关键装置、重点部位安全管理，实行企业领导干部联系点管理机制，联系人应每月至少到联系点进行一次安全活动，活动形式包括参加基层班组安全活动、安全检查、督促治理事故隐患、安全工作指示等。

对所负责的关键装置、重点部位负有安全监督与指导责任，包括：

(1) 指导联系点实现安全生产；
(2) 监督安全生产方针、政策、法规、制度的执行和落实；
(3) 定期检查安全生产中存在的问题；
(4) 督促隐患项目治理；
(5) 监督事故处理原则的落实；
(6) 解决影响安全生产的突出问题等。

建立关键装置、重点部位档案，建立企业、管理部门、基层单位及班组监控机制，明确各级组织、各专业的职责，定期进行监督检查，并形成记录。

制定关键装置、重点部位应急预案，至少每半年进行一次演练，确保关键装置、重点部位的操作、检修、仪表、电气等人员能够识别和及时处理各种事件及事故。

关键装置、重点部位为重大危险源时，还应按重大危险源有关规定执行。

6）检维修

严格执行检维修管理制度，实行日常检维修和定期检维修管理，制订年度综合检维修计划，落实"五定"，即定检修方案、定检修人员、定安全措施、定检修质量、定检修进度原则。进行检维修作业时，应执行下列程序：

(1) 检维修前：
①进行危险、有害因素识别；
②编制检维修方案；
③办理工艺、设备设施交付检维修手续；
④对检维修人员进行安全培训教育；
⑤对安全控制措施进行确认；
⑥为检维修作业人员配备适当的劳动保护用品；
⑦办理各种作业许可证；
⑧对检维修现场进行安全检查。
(2) 检维修后：办理检维修交付生产手续。

7）拆除和报废

严格执行生产设施拆除和报废管理制度。拆除作业前，拆除作业负责人应与需拆除设施的主管部门和使用单位共同到现场进行对接,作业人员进行危险、有害因素识别,制定拆除计划或方案,办理拆除设施交接手续。

凡需拆除的容器、设备和管道,应先清洗干净,分析、验收合格后方可进行拆除作业;欲报废的容器、设备和管道内仍存有危险化学品的,应清洗干净,分析、验收合格后,方可报废处置。

6.3.3.15 作业安全

1) 作业许可

对下列危险性作业活动实施作业许可管理,严格履行审批手续,各种作业许可证中应有危险、有害因素识别和安全措施内容:

(1) 动火作业;
(2) 受限空间作业;
(3) 抽堵盲板作业;
(4) 高处作业;
(5) 吊装作业;
(6) 临时用电作业;
(7) 动土作业;
(8) 断路作业。

2) 警示标志

见第 6 章相关内容。

3) 作业环节

在危险性作业活动作业前进行危险、有害因素识别,制定控制措施;在作业现场配备相应的安全防护用品(具)及消防设施与器材,规范现场人员作业行为;作业活动的负责人应严格按照规定要求科学指挥;作业人员应严格执行操作规程,不违章作业,不违反劳动纪律;作业人员在进行相关规定的作业活动时,应持相应的作业许可证作业;作业活动监护人员应具备基本救护技能和作业现场的应急处理能力,持相应作业许可证进行监护作业,作业过程中不得离开监护岗位;应保持作业环境整洁;同一作业区域内有两个以上承包商进行生产经营活动,可能危及对方生产安全时,应组织并监督承包商之间签订安全生产协议,明确各自的安全生产管理职责和应当采取的安全措施,并指定专职安全生产管理人员进行安全检查与协调;办理机动车辆进入生产装置区、罐区现场相关手续,机动车辆应佩戴标准阻火器、按指定线路行驶。

严格执行危险化学品储存、出入库安全管理制度。危险化学品应储存在专用仓库、专用场地或者专用储存室(统称"专用仓库")内,并按照相关技术标准规定的储存方法、储存数量和安全距离,实行隔离、隔开、分离储存,禁止将危险化学品与禁忌物品混合储存;危险化学品专用仓库应当符合相关技术标准对安全、消防的要求,设置明显标志,并由专人管理;危险化学品出入库应当进行核查登记,并定期检查;剧毒化学品必须在专用仓库单独存放,实行双人收发、双人保管制度。企业应将储存剧毒化学品的数量、地点以及管理人员的情况,报当地公安部门和安全生产监督管理部门备案；严格执行危险化学品运输、装卸安全管理制度，规范运输、装卸人员行为。

4）承包商与供应商

对承包商资格预审、选择、开工前准备、作业过程监督、表现评价、续用等过程进行管理，建立合格承包商名录和档案，企业应与选用的承包商签订安全协议书，严格执行承包商管理制度；

对供应商资格预审、选用和续用等过程进行管理，并定期识别与采购有关的风险，严格执行供应商管理制度。

5）变更

对变更过程产生的风险进行分析和控制，严格执行变更管理制度，履行下列变更程序：

(1) 变更申请：按要求填写变更申请表，由专人进行管理；

(2) 变更审批：变更申请表应逐级上报主管部门，并按管理权限报主管领导审批；

(3) 变更实施：变更批准后，由主管部门负责实施。不经过审查和批准，任何临时性的变更都不得超过原批准范围和期限；

(4) 变更验收：变更实施结束后，变更主管部门应对变更的实施情况进行验收，形成报告，并及时将变更结果通知相关部门和有关人员。

6.3.3.16 产品安全与危害告知

1）危险化学品档案

对所有危险化学品，包括产品、原料和中间产品进行普查，建立危险化学品档案，包括：

(1) 名称，包括别名、英文名等；

(2) 存放、生产、使用地点；

(3) 数量；

(4) 危险性分类、危规号、包装类别、登记号；

(5) 安全技术说明书与安全标签。

2）化学品分类

企业应按照国家有关规定对其产品、所有中间产品进行分类，并将分类结果汇入危险化学品档案。

3）化学品安全技术说明书和安全标签

见第 6 章相关内容。

4）化学事故应急咨询服务电话

生产企业应设立 24h 应急咨询服务固定电话，有专业人员值班并负责相关应急咨询。没有条件设立应急咨询服务电话的，应委托危险化学品专业应急机构作为应急咨询服务代理。

5）危险化学品登记

按照有关规定对危险化学品进行登记。

6）危害告知

企业应以适当、有效的方式对从业人员及相关方进行宣传，使其了解生产过程中危险化学品的危险特性、活性危害、禁配物等，以及采取的预防及应急处理措施。

6.3.3.17 职业危害

1) 职业危害申报

企业如存在法定职业病目录所列的职业危害因素，应按照国家有关规定，及时、如实向当地安全生产监督管理部门申报，接受其监督。

2) 作业场所职业危害管理

制定职业危害防治计划和实施方案，建立、健全职业卫生档案和从业人员健康监护档案；作业场所应符合GBZ 1—2010《工业企业设计卫生标准》、GBZ 2.1—2007《工作场所有害因素职业接触限值 第1部分：化学有害因素》和GBZ 2.2—2007《工作场所有害因素职业接触限值 第2部分：物理因素》；确保使用有毒物品作业场所与生活区分开，作业场所不得住人；应将有害作业与无害作业分开，高毒作业场所与其他作业场所隔离；在可能发生急性职业损伤的有毒有害作业场所按规定设置报警设施、冲洗设施、防护急救器具专柜，设置应急撤离通道和必要的泄险区，定期检查，并记录。

严格执行生产作业场所职业危害因素检测管理制度，定期对作业场所进行检测，在检测点设置标识牌，告知检测结果，并将检测结果存入职业卫生档案；不得安排上岗前未经职业健康检查的从业人员从事接触职业病危害的作业；不得安排有职业禁忌的从业人员从事禁忌作业。

3) 劳动防护用品

应根据接触危害的种类、强度，为从业人员提供符合国家标准或行业标准的个体防护用品和器具，并监督、教育从业人员正确佩戴、使用；各种防护器具应定点存放在安全、方便的地方，并有专人负责保管、检查，定期校验和维护，每次校验后应记录、铅封。

应建立职业卫生防护设施及个体防护用品管理台账，加强对劳动防护用品使用情况的检查监督，凡不按规定使用劳动防护用品者不得上岗作业。

6.3.3.18 事故与应急

1) 事故报告

明确事故报告程序。发生生产安全事故后，事故现场有关人员除立即采取应急措施外，应按辽河油田公司规定和程序报告本单位负责人及有关部门。负责人接到事故报告后，应当于1h内向事故发生地县级以上人民政府安全生产监督管理部门和负有安全生产监督管理职责的有关部门报告；在事故报告后出现新情况时，应按有关规定及时补报。

2) 抢险与救护

发生生产安全事故后，应迅速启动应急救援预案，企业负责人直接指挥，积极组织抢救，妥善处理，以防止事故的蔓延扩大，减少人员伤亡和财产损失。安全、技术、设备、动力、生产、消防、保卫等部门应协助做好现场抢救和警戒工作，保护事故现场。

发生有害物大量外泄事故或火灾爆炸事故应设警戒线；抢救人员应佩戴好相应的防护器具，对伤亡人员及时进行抢救处理。

3) 事故调查和处理

发生生产安全事故后，应积极配合各级人民政府组织的事故调查，负责人和有关人员在事故调查期间不得擅离职守，应当随时接受事故调查组的询问，如实提供有关情况；未造成人员伤亡的一般事故，企业应按规定成立事故调查组组织调查，按时提交事故调查报告；企业应建立事故档案和事故管理台账。

落实事故整改和预防措施，防止事故再次发生。整改和预防措施应包括工程技术措施、培训教育措施和管理措施。

4）应急指挥与救援系统

按照应急预案的分工和职责运行。

5）应急救援器材

按国家有关规定，配备足够的应急救援器材，并保持完好；建立应急通信网络，保证应急通信网络的畅通；为有毒有害岗位配备救援器材柜，放置必要的防护救护器材，进行经常性的维护保养并记录，保证其处于完好状态。

6）应急救援预案与演练

应按照AQ/T 9002—2006《生产经营单位安全生产事故应急预案编制导则》，根据风险评价的结果，针对潜在事件和突发事故，制定相应的事故应急救援预案；将应急救援预案报当地安全生产监督管理部门和有关部门备案，并通报当地应急协作单位，建立应急联动机制。

组织从业人员进行应急救援预案的培训，定期演练，评价演练效果，评价应急救援预案的充分性和有效性，并形成记录；定期评审应急救援预案，尤其在潜在事件和突发事故发生后。

6.3.3.19 检查与自评

1）安全检查

严格执行安全检查管理制度，定期或不定期进行安全检查，保证安全标准化有效实施。安全检查应有明确的目的、要求、内容和计划；各种安全检查均应编制安全检查表，安全检查表应包括检查项目、检查内容、检查标准或依据、检查结果等内容；各种安全检查表应作为企业有效文件，并在实际应用中不断完善。

2）安全检查形式与内容

根据安全检查计划，开展综合性检查、专业性检查、季节性检查、日常检查和节假日检查；各种安全检查均应按相应的安全检查表逐项检查，建立安全检查台账，并与责任制挂钩。安全检查形式和内容应满足：

（1）综合性检查应由相应级别的负责人负责组织，以落实岗位安全责任制为重点，各专业共同参与的全面安全检查。厂级综合性安全检查每季度不少于1次，车间级综合性安全检查每月不少于1次。

（2）专业检查分别由各专业部门的负责人组织本系统人员进行，主要是对锅炉、压力容器、危险物品、电气装置、机械设备、构建筑物、安全装置、防火防爆、防尘防毒、监测仪器等进行专业检查。专业检查每半年不少于1次。

（3）季节性检查由各业务部门的负责人组织本系统相关人员进行，是根据当地各季节特点对防火防爆、防雨防汛、防雷电、防暑降温、防风及防冻保暖工作等进行预防性季节检查。

（4）日常检查分岗位操作人员巡回检查和管理人员日常检查。岗位操作人员应认真履行岗位安全生产责任制，进行交接班检查和班中巡回检查，各级管理人员应在各自的业务范围内进行日常检查。

(5) 节假日检查主要是对节假日前安全、保卫、消防、生产物资准备、备用设备、应急预案等方面进行的检查。

3) 整改

对安全检查所查出的问题进行原因分析，制定整改措施，落实整改时间、责任人，并对整改情况进行验证，保存相应记录；各种检查的主管部门应对各级组织和人员检查出的问题和整改情况定期进行检查。

4) 自评

应每年至少 1 次对安全标准化运行进行自评，提出进一步完善安全标准化的计划和措施。

7 常用化学品安全生产技术与管理

要实现化学品生产的安全，既要靠管理、提高人员素质，更重要的是要掌握安全生产技术。安全生产技术包括很宽泛的内容，主要有防火防爆、电气、工艺过程、装置等内容，这里主要介绍与化学生产有关的操作。

7.1 控制化工工艺参数的技术措施

控制化工工艺参数，即控制反应温度、压力、液位、控制投料的速度、配比、顺序及原材料的纯度和副反应等。工艺参数失控，不但破坏了平稳的生产过程，还常常是导致火灾爆炸事故的重要原因，所以严格控制工艺参数，使之处于安全限度之内，是化工装置防止发生火灾爆炸事故的根本措施之一。

7.1.1 温度控制

温度是化工生产中的主要控制参数之一，不同的化学反应过程都有其最适宜的反应温度。准确控制反应温度不但对保证产品质量、降低能耗有重要意义，也是防火防爆所必需的。温度过高，可能引起反应失控发生冲料或爆炸；也可能引起反应物分解燃烧、爆炸；或由于液化气体介质和低沸点液体介质急剧蒸发，造成超压爆炸。温度过低，则有时会因反应速度减慢或停滞造成反应物积聚，一旦温度正常时，往往会因未反应物料过多而发生剧烈反应引起爆炸。温度过低还可能使某些物料冻结，造成管路堵塞或破裂，致使易燃物料泄漏引起燃烧、爆炸。

准确控制反应温度的基本措施是及时的从反应装置中移去反应热。做到正确选择和维护换热设备，正确选择和使用传热介质，防止搅拌中断。

7.1.2 压力控制

压力是化工生产的基本参数之一。在化工生产中，为达到加速化学反应，提高平衡转化率等目的，经常采用加压或负压操作。化工生产所使用的塔、釜、器、罐等大部分是压力容器。然而，加压或负压是造成火灾爆炸事故的重要原因之一。例如，加压能够强化可燃物料的化学活性，扩大燃爆极限范围；久受高压作用的设备容易脱碳、变形、渗漏，以至破裂和爆炸；处于高压的可燃气体介质从设备、系统连接薄弱处（如焊接处或法兰、螺栓、螺纹连接处甚至因腐蚀穿孔处等）泄漏，还会由于急剧喷出或静电而导致火灾爆炸等。反之，压力过低，会使设备变形。在负压操作系统，空气容易从外部渗入，与设备、系统内的可燃物料形成爆炸性混合物而导致燃烧、爆炸。

因此，为了确保安全生产，不因压力失控造成事故，除了要求受压系统中的所有设备、管道必须按照设计要求，保证其耐压强度、气密性，有安全阀等泄压设施外；还必须装设灵敏、准确、可靠的测量压力的仪表——压力计。而且要按照设计压力或最高工作压力及有关规定，正确选用、安装和使用压力计，并在生产运行期间保持完好。

7.1.3 进料控制

化工生产中，投料的速度、配比和顺序将影响反应进行的速率、反应的放热速率和反应产物的生成等。按照工艺规程，正确控制投料的速度、配比和顺序是安全生产的必然要求。

进料控制的关键因素主要包括进料速度、进料温度、进料配比、进料顺序等。对于放热反应，进料速度不能超过设备的散热能力，否则物料温度将会急剧升高，引起物料的分解，有可能造成爆炸事故。进料速度过低，部分物料可能因温度过低，反应不完全而积聚。一旦达到反应温度时，就有可能使反应加剧进行，因温度、压力急剧升高而产生爆炸。进料温度过高，可能造成反应失控而发生事故；进料温度过低，情况与进料速度过低相似。投入物料配比十分重要，需精心控制，例如能形成爆炸混合物的生产，添加催化剂的生产等。有些生产过程，进料顺序颠倒亦可能发生爆炸。

7.1.4 控制原料纯度

许多化学反应，由于反应物料中危险杂质的增加导致副反应、过反应的发生而引起燃烧、爆炸。化工生产原料和成品的质量及包装的标准化是保证生产安全的重要条件。

原料中某种杂质含量过高，生产过程中易发生燃烧爆炸；循环使用的反应原料气中，如果其中有害杂质气体不清除干净，在循环过程中就会越积越多，最终导致爆炸；若反应进行的不完全，使成品中含有大量未反应的半成品，或发生过反应，生成不稳定的或化学活性较高的过反应物，均可能导致严重事故。

需要说明的是，温度、压力、进料量与进料温度、原料纯度等工艺参数，甚至是一些看起来"较不重要"的工艺参数都是互相影响的，有时是"牵一发而动全身"，所以对任何一项工艺参数都要认真对待，不能"掉以轻心"。

7.2 生产安全操作

7.2.1 生产岗位安全操作

生产岗位安全操作对于保证生产安全是至关重要的，其要点如下：

（1）必须严格执行工艺技术规程，遵守工艺纪律，做到"平稳运行"。为此，在操作中要注意将主要几项工艺参数指标严格控制在要求的范围之内，不得擅自违反，更不得擅自修改。

（2）必须严格执行安全操作规程。安全操作规程是生产经验的总结，安全操作规程是保证安全生产、保护职工免受伤害的根本，必须严格遵守，不允许任何人以任何借口违反。

（3）控制溢料和漏料，严防"跑、冒、滴、漏"。可燃物料泄漏导致火灾爆炸事故的案例并不少见。造成漏料的原因很多，有设备系统缺陷、故障造成的；有技术方面的原因；有维护、管理方面的原因；也有人为操作方面的原因。对于已经投产运行的生产装置，预防漏料的关键是严禁超量、超温、超压操作；防止误操作；加强设备系统的维护保养；加强巡回检查，对"跑、冒、滴、漏"现象，做到早发现、早处置。"物料泄漏率"的高低，在一定程度上反映了单位生产管理和安全管理的水平。

（4）不得随便拆除安全附件和安全联锁装置，不准随意切断声、光报警等信号。安全附件是将机械设备的危险部位与人体隔开，防止发生人身伤害的设施；安全联锁装置是当出现危险状态时，强制某些部件或元件联动，以保证安全的设施；报警设施是运用声、光、色、味等信号，提出警告以引起人们注意、采取措施、避免危险。不允许任何人以任何借口拆除。

（5）正确穿戴和使用个体防护用品。穿戴、使用个体防护用品是保护职工安全、健康的最后一道防线。每个职工应严格按照规定要求正确穿戴使用。

（6）严格安全纪律，禁止无关人员进入操作岗位和动用生产设备、设施和工具。

（7）正确判断和处理异常情况，紧急情况下，应先处理后报告（包括停止一切检修作业，通知无关人员撤离现场等）。

7.2.2 开车安全操作及管理

（1）正常开车执行岗位操作法。

（2）较大系统开车必须编制开车方案。

（3）开车前应严格下列各项检查（包括应急事故救援预案），并严格执行。

①检修的项目是否全部按计划完成，是否有漏项。

②要求进行测厚、探伤等检查的项目，是否按规定完成了；检修的质量是否符合规定。

③确保水、电、汽（气）符合开车要求，各种原料、材料、辅助材料的供应齐备。

④确认阀门开闭状态及盲板抽堵情况，保证装置流程畅通，且各种机电设备及电器仪表等均处在完好状态。

⑤确保保温、保压及清洗的设备符合开车要求，必要时应重新置换、清洗和分析，使之合格。

⑥确保安全、消防设施完好，通信联络畅通，并通知消防、医疗卫生等有关部门。

⑦其他有关事项。

各项检查合格后，按规定办理开车操作票。投料前必须进行分析验证。

（4）危险性较大的生产装置开车，相关部门人员应到现场。消防车、救护车处于应急状态。

（5）开车过程中应严格按开车方案中的步骤进行，严格遵守升降温、升降压和加减负荷的幅度（速率）要求。

（6）开车过程中要严密注意工艺的变化和设备的运行情况，发现异常现象应及时处理，情况紧急时应终止开车，严禁强行开车。

（7）开车过程中应保持与有关岗位和部门之间的联络。

(8) 必要时停止一切检修作业，无关人员不准进入开车现场。

7.2.3 停车安全操作及管理

化工装置在停车过程中，要进行降温、降压、降低进料量，一直到切断原料的进料。组织不好、指挥不当或联系不周、操作事物都容易发生事故。

（1）正常停车按岗位操作法执行。

（2）较大系统停车必须编制停车方案，应严格按停车方案中的步骤进行。

（3）系统降压、降温必须按要求的速率、按先高压后低压的顺序进行。凡必须保温、保压的设备（容器），停车后要按时记录压力、温度的变化。

（4）大型传动设备的停车，必须先停主机、后停辅机。

（5）设备（容器）卸压时，应对周围环境进行检查确认。要注意易燃、易爆、有毒等危险化学物品的排放和扩散，防止造成事故。

（6）装置停车时，应尽可能倒空设备及管道内的液体物料，并送出装置，但不得就地排放或排入下水道中。可燃、有毒气体应排至火炬烧掉。

（7）冬季停车后，要采取防冻保温措施，注意低位、死角及水、蒸汽管线、阀门、疏水器和保温伴管的情况，防止冻坏设备。

7.2.4 紧急处理

（1）发现或发生紧急情况，必须先尽最大努力妥善处理，防止事态扩大，避免人员伤亡，并及时向有关方面报告。

（2）工艺及机电设备等发生异常情况时，应迅速采取措施，并通知有关岗位协调处理。必要时，按步骤紧急停车。

（3）发生停电、停水、停气（汽）时，必须采取措施，防止系统超温、超压、跑料及机电设备的损坏。

（4）发生爆炸、着火、大量泄漏等事故时，应首先切断气（物料）源，同时迅速通知相关岗位采取措施，并立即向上级报告。

7.3 关键装置及要害岗位的安全管理

7.3.1 关键装置、要害（重点）部位安全管理

为了避免发生重大、特大生产事故，保障生产和职工生命安全，需要加强本单位关键装置、要害（重点）部位的安全管理。

（1）制定本单位的关键装置、要害（重点）部位安全管理制度。原则是对其实行严格的动态管理和监控。

（2）在对本单位进行全面安全评价的基础之上，确定本单位的关键装置、要害（重点）

部位，并建档、备案。

(3) 根据管理需要，可以按照其危险程度分级管理和监控。

(4) 职能部门的监控要求。工艺、技术、机动、仪表、电气等有关部门按照"安全生产责任制"的要求，对关键部位的安全运行实施监控管理。按照本单位的规定，定期进行专业安全检查，具体要求如下：

①各项工艺指标必须符合"安全操作规程"和"工艺卡片"的要求，不得超温、超压、超负荷运行。

②各类动、静设备必须达到完好标准，静密封点泄漏率小于规定指标。压力容器及其安全附件齐全好用，符合《压力容器安全监察规程》。对关键机组实行"特级维护"，制定"特护管理规定"，并严格执行。

③仪表管理符合有关规定，仪表完好率、使用率及自控率均达到有关规定要求。仪表联锁不得随意摘除，严格执行"联锁摘除管理规定"。

④各类安全设施、消防设备等按照规定配备齐全，灵敏好用，符合有关规程或规定的要求；消防通道畅通。

(5) 关键装置所在车间应确定关键部位的安全监控危险点，必要时，应绘制危险点分布图。并按照规定进行检查、监督，对查出的隐患和问题，应及时整改或采取有效防范措施。车间无法处置时应及时报告上级有关部门。

(6) 班组应严格执行巡回检查制度，应严格遵守工艺、操作、劳动纪律和"安全操作规程"。发现险情、隐患应及时报告，并主动处理存在问题。

(7) 岗位操作人员必须经培训、考核合格后，持证上岗。

(8) 根据本单位实际需要和可能，设置关键装置专职安全工程师。

(9) 必须制定和完善关键装置、要害（重点）部位各种应急处理预案，并及时修订、补充在有关操作规程中。按照规定，定期进行处理预案的实际演练。

7.3.2 生产要害岗位管理

(1) 凡是易燃、易爆、危险性较大的岗位，易燃、易爆、剧毒、放射性物品的仓库，贵重机械、精密仪器场所，以及生产过程中具有重大影响的关键岗位，都属于生产要害岗位。

(2) 要害岗位应由保卫（防火）安全和生产技术部门共同认定，经厂长（经理）审批，并报上级有关部门备案。

(3) 要害岗位人员必须具备较高的安全意识和较好的技术素质，并由企业劳资、保卫、安全部门与车间共同审定。

(4) 编制要害岗位毒物信息卡和重大事故应急救援预案，并定期组织有关单位、人员演习，提高处置突发事故的能力。

(5) 应建立、健全严格的要害岗位管理制度。凡外来人员，必须经厂主管部门审批，并在专人陪同下经登记后方可进入要害岗位。

(6) 要害岗位施工、检修时必须编制严密的安全防范措施，并到保卫、安全部门备案。施工、检修现场要设监护人，做好安全保卫工作。

7.4 安全检修

化工生产具有高温、高压、腐蚀性强等特点,因而化工设备、管道、阀件、仪表等在运行中易于受到腐蚀和磨损。为了维持正常生产,必须加强对它们的维护、保养、检测和维修。

化工生产的危险性决定了化工检修的危险性。化工设备和管道中有很多残存的易燃易爆、有毒有害、有腐蚀性的物质,而化工检修又离不开动火、进罐作业,稍有疏忽就会发生火灾爆炸、中毒和化学灼伤等事故。

7.4.1 安全检修的管理

化工厂检修的安全管理工作要贯穿检修的全过程,包括检修前的准备、装置的停车、检修,直至开车的全过程。

不论是大修还是小修,计划内检修还是计划外检修,都必须严格遵守检修工作的各项规章制度。其他的管理工作还包括以下4点。

7.4.1.1 组织领导

中修和大修应成立检修指挥系统,负责检修计划、调度、安排人力、物力、运输及安全工作。在各级检修指挥机构中要设立安全组。各车间负责安全的负责人及安全员与厂指挥部安全组构成安全联络网(小修也要指定专人负责安全工作)。

各级安全机构负责对安全规章制度的宣传、教育、监督和检查,办理动火、动土及检修许可证。

7.4.1.2 检修计划的制定

在化工生产中,特别是大型石油化工联合企业中,各个生产装置之间,甚至厂与厂之间,是一个有机整体,它们相互制约,紧密联系。一个装置的开停车必然要影响其他装置的生产,因此大检修必须要有一个全盘计划。在检修计划中,根据生产工艺过程及公用工程之间的相互关联,规定各装置先后停车的顺序;停水、停气、停电的具体时间;什么时间灭火炬,什么时间点火炬等。还要明确规定各个装置的检修时间和检修项目的进度,以及开车顺序。一般都要画出检修计划图(鱼刺图)。在计划图中标明检修期间的各项作业内容,便于对检修工作的管理。

7.4.1.3 安全教育

化工厂的检修不但有化工操作人员参加,还有大量的检修人员参加。对参加检修的各类人员,都必须进行安全教育,并经考试合格后才能准许参加检修。

安全教育的内容包括化工厂检修的安全制度和检修现场必须遵守的有关规定,包括:
(1)停工检修的有关规定;
(2)进入设备作业的有关规定;
(3)用火的有关规定;

(4) 动土的有关规定；

(5) 科学文明检修的有关规定等。

7.4.1.4 安全检查

安全检查包括对检修项目的检查、检修机具的检查和检修现场的巡回检查。

检修所用的机具，特别是起重机具、电焊设备、手持电动工具等，都要进行安全检查，检查合格后由主管部门审查并发给合格证。合格证贴在设备醒目处，以便安全检查人员现场检查。未有检查合格证的设备、机具不准进入检修现场和使用。

在检修过程中，要组织安全检查人员到现场巡回检查，发现问题及时纠正、解决。如有严重违章者安全检查人员有权令其停止作业。

7.4.3 安全检修中的特殊作业

检修过程中，以下四类作业需要特别加强管理。

7.4.3.1 动火作业

1) 动火作业

在化工厂里，凡是动用明火或存在可能产生火种作业的区域都属于动火作业范围。例如存在焊接、切割、喷灯加热、熬沥青、烘炒砂石、凿水泥基础、打墙眼、电气设备的耐压试验、打砂、砂轮作业、金属器具的撞击等作业。

凡在禁火区从事上述高温或易产生火花的作业，都要办理动火证手续，落实安全动火措施。

2) 禁火区与动火区的划分

在生产正常或不正常情况下都有可能形成爆炸性混合物的场所和存在易燃、可燃物质的场所都应划为禁火区。在禁火区内，根据发生火灾、爆炸危险性的大小、所在场所的重要性及一旦发生火灾爆炸事故可能造成的危害大小，划分为一般危险区和危险区两类。在不同的区域内动火，其安全管理制度有所不同。

在化工企业里，为了正常的设备维修需要，在禁火区外，可在符合安全条件的地域设立固定动火区，在固定动火区内可进行动火作业。

设立固定动火区的条件是：

(1) 固定动火区距可燃、易爆物质的堆场、仓库、储罐及设备的距离应符合防火规范的规定。

(2) 在任何气象条件下，固定动火区域内的可燃气体含量在允许范围以内。生产装置在正常运行时，可燃气体应扩散不到动火区内。

(3) 动火区若设在室内，应与防爆区隔开，不准有门窗串通。允许开的窗、门都要向外开，各种通道必须畅通。

(4) 固定动火区周围不得存放易燃易爆及其他可燃物质。少量的有盖桶装电石、乙炔气瓶等在采取可靠措施后，可以存放。

(5) 固定动火区应备有适用的、足够数量的灭火器材。

(6) 动火区要有明显的标志。

3) 置换动火的安全措施

在化工装置检修中，置换动火作业的工作量很大，动火安全也列为检修的首要安全问题。主要安全措施如下：

（1）在禁火区内动火，各级动火前都应通过相应的审批权限进行审查批准，办理动火证（用火证），认真填写动火地点、时间、范围、用火方案、安全措施、现场监护人等项目。

（2）动火前应与动火设备所在车间、与该设备有管道连通的车间、安全部门、消防部门等进行联系，并根据情况采取必要的措施。

（3）在动火点周围 10m 以内应停止其他用火工作，并清除易燃物或将易燃物移到安全场所；电焊机二次回路线及气焊设备的乙炔皮管要远离易燃物，防止操作时因线路发生火花或乙炔皮管漏气而起火。

（4）动火现场准备好适用的、足够数量的灭火器具，附近消防龙头要灵活好用；必要时，消防人员和消防车到现场做好准备。

（5）动火人员必须持证操作。应严格遵守安全用火制度，做到"三不动火"；即没有经过批准不动火，防火监护人不在场不动火，防火措施不落实不动火。

（6）安全隔离措施。在生产、储存、输送可燃物料的系统、设备、容器及管道上动火时，最重要的一项防火安全措施是一定要将动火部位与系统、设备、容器及管道中其他部分进行隔离。

如上所述，在化工装置检修中，通常采用盲板将欲焊补的容器和管道与其他部分隔离。

（7）动火分析。动火时，为确保安全，必须严格控制容器和管道内或用火部位周围的可燃气（蒸气）浓度。为此，必须进行动火分析，即动火前半小时从容器内外的不同地点取混合样品进行分析化验，合格后才能用火。有条件的，在用火过程中，还要用仪表监视。如果用火中断半小时以上，应重做动火分析。

从理论上，只要可燃气浓度小于爆炸下限，用火时就不会发生燃烧爆炸事故，但考虑到用火分析取样的代表性，分析误差及现有测试分析仪器的灵敏度，应留有足够的安全裕度。

（8）动火结束后应清理现场、熄灭余火，切断动火作业所用的电源。

4) 带压不置换动火

在计划外检修中，有时需要实施带压不置换动火。

在未经置换而带有一定压力的可燃性气体的设备或管道上动火，只要严格控制设备和管道内介质中的氧含量，使之无法形成爆炸混合气，是不会引起爆炸的。通常在正压下点燃外泄可燃气时，只会燃烧，不会爆炸。实际上，一些单位在抢修可燃气的设备和管道方面，积累了很多经验，在焊接中应注意以下 4 个环节。

（1）正压操作。在整个动火作业过程中，设备和管道须保持稳定的正压，压力的大小以不使喷火太猛又不易造成回火为原则。

（2）含氧量的控制。在带压不置换动火系统中，必须保证氧含量低于 1%（环氧乙烷除外）。当含氧量高于 1%时，应立即停止动火作业。

（3）焊接之前应首先测定壁厚，以确定合理的抢修方案。其次是对现场环境进行分析，当有有毒气体时，抢修人员须戴上防毒面具。现场应准备轴流风机。若在高处作业，应搭好不燃性的作业平台，准备好灭火机具及安全撤离道路。

(4) 动火作业前先将准备补焊的钢板覆盖在预定的部位，焊工点燃外泄可燃气体，开始补焊。焊接过程中可用轴流风机吹风以控制火焰喷燃的方向，为作业提供有利的工作环境。一旦设备、管道压力或含氧量超过允许条件，应立即停止作业。

整个作业期间，监护人、抢救人员及医务人员都不得离开现场。

7.4.3.2 动土作业

1) 动土作业的危险性

检修中，有时需要进行动土作业。在化工厂里，地下埋有动力、通信和仪表等不同规格的电缆，各种管道纵横交错，还有很多地下设施（如阀门井），它们是化工厂的地下动脉。在化工厂里进行动土作业（如挖土、打桩）及排放大量污水、重载运输、重物堆放等都可能影响到地下设施的安全。如果没有一套完整的管理办法，在不明了地下设施的情况下随意作业，势必会发生挖断管道、刨穿电缆、地下设施塌方毁坏等事故，不仅会造成停产，还有可能造成人身伤亡。

2) 动土证制度

凡是在化工厂内进行动土作业（包括重型物资的堆放和运输）的单位，在作业前应持施工图纸及施工项目批准手续等有关资料，到有关部门申办动土证。动土证上应写明施工项目、施工时间、地点、联系人等。

施工中如需破坏厂区道路，除动土主管部门签署意见外，还须请安全部门、保卫部门（主管道路交通）等单位会签。安全部门在签署意见后，应通知消防部门，以免在执行消防任务时因道路施工而延误时间。

施工单位应按批准的动土证，在规定的时间、地点、按图纸施工。在施工中必须遵守注意事项。施工完毕应将竣工资料交与管理部门，以保持化工厂地下设施资料的完整和准确。

3) 动土作业的注意事项

(1) 动土作业如在接近地下电缆、管道及埋设物的附近施工时，不准使用大型机器挖土，手工作业时也要小心，以免损坏地下设施。当地下设施情况复杂时，应与有关单位联系，配合作业。在挖掘时发现事先未预料到的地下设施或出现异常情况时，应立即停止施工，并报告有关部门处理。

(2) 施工单位不得任意改变动土证上批准的各项内容及施工图纸。如需变更，须按变更后的图纸资料，重新申办动土证。

(3) 在禁火区或生产危险性较大的地域内动土时，生产部门应派人监护，施工中出现异常情况时，施工人员应听从监护人员的指挥。

(4) 开挖没有边坡的沟、坑、池等必须根据挖掘的深度设置支撑物，注意排水。如发现土壤有可能坍塌或滑动裂缝时，应及时撤离人员，在采取妥善措施后，方可继续施工。

(5) 挖掘的沟、坑、池等和破坏的道路，应设置围栏和标志，夜间设红灯，防止行人和车辆坠落。

(6) 在规定以外的场地堆放荷重在 $5t/m^2$ 以上的重物或在正规道路以外的厂区内运输重型物资，资重在 3t 以上（包括运输工具）者，均应办理动土手续。

7.4.3.3 进入设备作业

1) 进入设备作业的内容

凡是进入塔、釜、槽、罐、炉、器、烟囱、料仓、地坑或其他闭塞场所内进行作业者均为进入设备作业。

化工检修中进入设备作业很多,其危险性也很大。因为这类设备或设施内可能存在残存的有毒有害物质和易燃易爆物质,也可能存在令人窒息的物质,在施工中可能发生着火、爆炸、中毒和窒息事故。此外,有些设备或设施内有各种转动装置和电气照明系统,如果检修前没有彻底分离和切断电源,或者由于电器系统的误动作,会发生搅伤、触电等事故。因此,必须对进入设备作业实行特殊的安全管理,以避免意外事故的发生。

2) 进入设备作业证制度

进入设备作业前,必须办理进入设备作业证。进入设备作业证由生产单位签发,由该单位的主要负责人签署。

生产单位在对设备进行置换、清洗并进行可靠的隔离后,进行设备内可燃气体分析和氧含量分析。有电动和照明设备时,必须切断电源,并挂上"有人检修、禁止合闸"的牌子。检修人员有经审批签字进入设备作业证及由分析人员签字的分析合格单,才能进入设备内作业。检修人员必须按进入设备作业证上的规定进行作业。在进入设备内作业期间,生产单位和施工单位应有专人进行监护和救护。在该设备外明显部位应挂上"设备内有人作业"的牌子。

3) 进入设备内作业的注意事项

(1) 要进入检修的设备必须与其他设备和管道进行可靠地隔离,绝不允许其他系统中的介质进入检修设备。

(2) 设备内气体分析包括可燃气体的爆炸极限分析、氧含量的分析和有毒气体分析。在作业过程中要不断地取样分析,发现异常情况,应立即停止作业。

(3) 设备外的监护,设备内有人作业时,必须指派两人以上的监护人。监护人应了解该设备的生产情况及介质的性质。发现异常应立即令其停止作业,并应立即召集救护人员,设法将设备内人员救出,进行抢救。

(4) 设备内使用的照明及电动工具必须符合安全电压标准:在干燥设备内作业使用的电压 $\leqslant 36V$;在潮湿环境或密封性好的金属容器内作业使用的电压 $\leqslant 12V$;若有可燃物存在,使用的机具、照明器械应符合防爆要求。

在设备内进行电焊作业时,人要在绝缘板上作业。

(5) 进入设备人员在进入设备前应清理随身携带的物品,禁止将与作业无关的物品带入设备内。其携带的工具、材料等要登记。作业结束后应将工具、材料、垫片和手套等杂物清理干净,防止遗漏在设备内。经检修单位和生产单位共同检查,确认设备内无人员和杂物后,方可上法兰加封。

(6) 进入设备作业的人员,一次作业的时间不宜过长,应组织轮换,防止体力消耗过大而发生危险。

7.4.3.4 高处作业

1）高处作业的范围

在离地面垂直距离 2m 以上位置的作业或虽在 2m 以下，但在作业地段坡度大于 45°的斜坡下面，或附近有坑、井和有风雪袭击、机械振动的地方，以及有转动机械或有堆放物易伤人的地段作业，均属高处作业，都应按照高处作业规定执行。

2）高处作业的安全规定

（1）高处作业人员须经体格检查，身体患有高、低血压、心脏病、贫血病、癫痫病、精神病、习惯性抽筋等疾病和身体不适、精神不振的人员都不应从事登高作业。

（2）高处作业用的脚手架、吊栏、手动葫芦必须按有关规定架设。严禁用吊装机械载人。在高处作业用的工具、材料、应设法用机械或吊绳传送，不可投掷。

高空作业下方应设置安全围栏、安全护体或安全网等。高空作业人员必须戴好安全帽，系好安全带。安全带的挂钩应固定在牢固的物体上，以防止坠落。

（3）高处作业时，一般不应垂直交叉作业，凡因工序原因必须上下同时作业时，必须采取防范措施。

（4）遇有六级以上强风或其他恶劣天气时，应停止露天高空作业。夜间作业须有足够的照明。

（5）在易散发有毒气体的厂房、设备上方施工时，要设专人监护。如发现有有毒气体排放时，应立即停止作业。

（6）高处作业附近有架空电线时，应根据其电压等级与电线保持规定的安全距离（电压 ≤110kV 时，安全距离为 2m；电压为 220kV 时，安全距离为 3m；电压为 330kV 时，安全距离为 4m）。机具不得触及电线，防止触电。

（7）严禁不采取任何安全措施就直接站在石棉瓦、油毡等易碎裂材料的屋顶上作业。应在这类结构的显眼地点挂上警告牌，以防止误登。若必须在此类结构上作业时，应架设木板等措施，以防止坠落。

（8）在酸/碱、废液、有毒和易燃物料等危险化学品罐的上方从事高空作业时，需要采取防止危险化学品危害的措施。

7.4.4 检修前装置的安全停车与处理

化工装置在停车过程中，要进行降温、降压、降低进料量，一直到切断原料的进料，以及进行设备倒空、吹扫、置换等工作。停车和吹扫置换工作进行的好坏，直接关系到装置的安全检修。组织不好、指挥不当或联系不周、操作失误都容易发生事故。因此，装置的停车和处理对于安全检修工作有着特殊的意义。

7.4.4.1 停车前的准备工作

停车前的准备工作包括编写停车方案、做好检修期间的劳动组织及分工及进行检修动员等。

7.4.4.2 停车操作

严格按照停车方案进行有秩序的停车。在停车操作中应注意以下 5 点：

（1）把握好降温、降量的速度。在停车过程中，降温、降量的速度不宜过快，尤其在高温条件下。

（2）开关阀门的操作一般要缓慢进行。

（3）加热炉的停炉操作，应按工艺规程中规定的降温曲线进行，并注意炉膛各处降温的均匀性。

加热炉未全部熄灭或炉膛温度很高时，有引燃可燃气体的危险性。此时装置不得进行排空和低点排放凝液，以免有可燃气体飘进炉膛引起爆炸。

（4）高温真空设备的停车，必须先破真空，待设备内的介质温度降到自燃点以下后，方可与大气相通，以防空气进入引起介质的燃爆。

（5）装置停车时，设备及管道内的液体物料应尽可能倒空，送出装置。应采取相应措施，不得就地排放或排入下水道中。可燃、有毒气体应排至火炬烧掉。

7.4.4.3 抽堵盲板

化工生产，特别是大型石油化工联合企业，厂际之间、装置之间、设备与设备之间都有管道相连通。停车检修的设备必须与运行系统或有物料系统进行隔离，而这种隔离只靠阀门是不行的。最保险的办法是将与检修设备相连的管道用盲板隔离，装置开车前再将盲板抽掉。抽堵盲板工作既有很大的危险性，又有较复杂的技术性，必须由熟悉生产工艺的人员负责，严加管理。抽堵盲板应注意以下5点：

（1）根据装置的检修计划，制订抽堵盲板流程图。对需要抽堵的盲板要统一编号，注明抽堵盲板的部位和盲板的规格，并指定专人负责作业和现场监护。

（2）要根据管道的口径、系统压力及介质的特性，制造有足够强度的盲板。盲板应留有手柄，便于抽堵和检查。

（3）盲板的位置应加在有物料来源的阀门后部法兰处，盲板两侧均应有垫片，并用螺栓把紧，以保持其严密性。

（4）抽堵盲板时，要采取必要的安全措施。如高处作业要搭设脚手架，系安全带；当系统中存在有毒气体时要佩戴防毒面具等；若系统中有易燃易爆介质，抽堵盲板作业时，应采取有效的防火防爆措施。

（5）做好抽堵盲板的检查登记工作。应有专人对抽堵的盲板分别逐一进行登记，并对照抽堵盲板的流程图进行检查，防止漏堵或漏抽。

7.4.4.4 置换、吹扫和清洗

为了保证检修动火和罐内作业的安全，检修前要对设备内的易燃易爆、有毒气体进行置换；对易燃、有毒液体要在倒空后，用惰性气体吹扫；对积附在器壁上的易燃、有毒介质的残渣、油垢或沉积物要进行认真的清理，必要时要进行人工刮铲、热水煮洗等；对酸碱等腐蚀性液体及经过酸洗或碱洗过的设备，则应进行中和处理。

1）置换

对易燃、有毒气体的置换，大多采用水蒸气、氮气等惰性气体为置换介质，也可采用注水排气法，将易燃、有毒气体排出。对用惰性气体置换过的设备，若需进罐作业，还必须用空气将惰性气体置换掉，以防止窒息。根据置换和被置换介质相对密度的不同，选择确定置

换和被置换介质的进出口和取样部位。用注水排气法置换气体时,一定要保证设备内充满水,以确保将被置换气体全部排出。

置换出的易燃、有毒气体,应排至火炬或安全场所。

置换后应对设备内的气体进行分析,测验易燃易爆气体的浓度和含氧量,至合格为止:氧含量≥18%,可燃气体含量≤0.2%(体积)。

2)吹扫

对设备和管道内没有排净的易燃有毒液体,一般采用以水蒸气或惰性气体进行吹扫的方法来清除,这种方法也称为扫线。扫线作业应该根据停车方案中规定的扫线流程图,按管段号和设备位号逐一进行,并填写登记表。在登记表上注明管段号、设备位号、吹扫压力、进气点、排放点和负责人等。

扫线结束时应先关闭物料阀,再停气,以防止管路系统介质倒回。

设备和管道吹扫完毕并分析合格后,应及时加盲板与运行系统隔离。

3)清洗

对置换和吹扫都无法清除的油垢和沉积物,应用水蒸气、热水、溶剂、洗涤剂或酸、碱来清洗,有的还需人工铲除。这些油垢和残渣如铲除不彻底,即使在动火前分析设备内可燃气体含量合格,动火时由于油垢、残渣受热分解出易燃气体,也可能导致着火爆炸。清洗的方法如下:

(1)水洗。水洗适用于对水溶性物质的清洗。

(2)水煮。冷水难溶的物质可加满水后用水蒸气煮。此法可以把吸附在垫圈中的物料清洗干净,防止垫圈中的吸附物在动火时受热挥发,造成燃爆。

搪玻璃设备不可用碱液清洗。金属设备也应注意减少腐蚀。

(3)水蒸气冲。对不溶于水、常温下不易汽化的黏稠物料,可以用水蒸气冲的办法进行清洗。

水蒸气冲过的设备还应用热水煮洗。

(4)化学清洗。对设备、管道内不溶于水的油垢、水垢、铁锈及盐类沉积物,可用化学清洗的方法除去。常用的方法有碱洗法及酸洗法,有些物料的残渣可用溶剂(例如乙醇、甲醇等)清洗。

7.4.4.5 其他

按停车方案在完成了装置的停车、倒空物料、中和、置换、清洗和可靠地隔离等工作后,装置停车即告完成。在转入装置检修之前还应对地面、明沟内的油污进行清理,封闭全装置的下水井盖和地漏。

对于有传动设备或其他有电源的设备,检修前必须切断一切电源,并在开关处挂上标志牌。

对要实施检修的区域或重要部位,应设置安全界标或栅栏,并有专人负责监护,非检修人员不得入内。

操作人员与检修人员要做好交接和配合。设备停车并经操作人员进行物料倒空、吹扫等处理,经分析合格后方可交检修人员进行检修。在检修过程中动火、动土、罐内作业等均应按有关规定进行，操作人员要积极配合。

7.4.5 检修后装置的开车

7.4.5.1 开车前的准备

在检修作业结束前，检修负责人应会同生产人员和安全检查员进行一次安全检查。检查的内容包括如下几点：

（1）检修的项目是否全部按计划完成，是否有漏项。

（2）要求进行测厚、探伤等检查的项目，是否按规定完成了；检修的质量是否符合规定。

（3）检查设备及管道内是否有人、工具、手套等杂物遗留，在确认无误后，才能封盖设备，恢复设备上的防护装置。

（4）检查检修现场是否做到"工完、料净、场地清"和所有的通道是否都畅通。

（5）对检修换下来的带有有毒有害物质的旧设备、管线等杂物，要有专人负责进行安全处理，以防后患。

（6）有污染的工业垃圾是否在指定的地点销毁或堆放。

7.4.5.2 试车验收

在检修项目全部完成和设备及管线复位后，要组织生产人员和检修人员共同参加试车和验收工作。根据规定分别进行耐压试验、气密试验、试运转、调试、负荷试车和验收工作。在试车和验收前应做好下列检查工作：

（1）盲板要按要求进行抽堵，并做好核实工作。

（2）各种阀门要正确就位，开关动作灵活好用，并核实是否在正确的开关状态。

（3）检查各种管件、仪表、孔板等是否齐全，是否正确复位。

（4）检查电动机及传动机械是否按原样接线，冷却及润滑系统是否恢复正常，安全装置是否齐全，报警系统是否好用。

各项检查无误后方可试车。试车合格后，按规定办理验收手续，并有齐全的验收资料，其中包括安装记录、缺陷记录、试验记录（如耐压、气密试验、空载试验、负荷试验等），以及主要零部件的探伤报告和更换清单。

试车合格、验收完毕后，在正式投产前应拆除临时电源及检修用的各种临时设施，拆除排水沟、井的封盖物。

7.4.5.3 装置开车

装置的开车必须严格执行开车的操作规程（或开车方案）。在接受易燃易爆物料之前，设备和管道必须进行气体置换。将排放系统与火炬连通并点燃火炬。接受物料应缓慢进行。注意排凝，防止管线及设备的冲击、振动。接受水蒸气加热时，要先预热、放水，逐步升温升压。各种加热炉必须按程序点火，严格按升温曲线升温。

开车正常后检修人员才能撤离。厂有关部门要组织生产和检修人员全面验收，整理资料，归档备查。

8 油田化学品包装管理

化学品包装是化学品储运安全的基础。为了加强危险化学品的包装管理，国家制定了一系列相关法律、法规和标准，《危险化学品安全管理条列》对危险化学品包装的定点、使用和监督检查都作了具体规定；国家经贸委颁布实施《危险化学品包装物、容器定点生产管理办法》，对危险化学品包装物、容器定点企业的基本条件、申请申报的材料、审批、监督管理和违规处罚做了详细规定，以切实加强危险化学品包装物、容器生产的管理，保证危险化学品包装物、容器的质量，保证危险化学品储存、搬运、运输和使用安全。

8.1 危险化学品包装的分类及适用条件

8.1.1 危险化学品包装的分类

除第1类、第2类、第7类、5.2项和6.2项物质，以及4.1项自反应物质以外的物质，根据其危险程度，划分为三个包装类别：
(1) Ⅰ类包装：具有高度危险性的物质；
(2) Ⅱ类包装：具有中等危险性的物质；
(3) Ⅲ类包装：具有轻度危险性的物质。

8.1.2 第3类易燃液体包装类别的划分及适用条件

易燃液体的包装类别根据表8.1中的内点（闭杯）和初沸点确定。

表8.1 易燃性划分的危险类别表

包装类别	闪点（闭杯）	初沸点
Ⅰ	—	≤35℃
Ⅱ	<23℃	>35℃
Ⅲ	≥23℃和≤60℃	>35℃

(1) 闪点低于23℃的黏性物质，例如色漆、瓷釉、喷漆、清漆、黏合剂和抛光剂等，可按照联合国《关于危险货物运输的建议书 试验和标准手册》（第5修订版）第三部分第32.3小节规定的程序，根据下列内容划入Ⅲ类包装。

(2) 闪点低于23℃的黏性易燃液体，例如油漆、瓷釉、喷漆、清漆、黏合剂和抛光剂等，如符合下列条件则划入Ⅲ类包装：

①在溶剂分离试验中，清澈的溶剂分离层少于3%；
②混合物或任何分离溶剂都不符合6.1项或第8类的标准。
（3）由于在高温下进行运输而被划分为易燃液体的物质，划入Ⅲ类包装。
（4）具有下列性质的黏性物质：
①闪点在23～60℃之间；
②无毒性、腐蚀性或环境危险；
③含硝化纤维素不超过20%，而且硝化纤维素按干重含氮不超过12.6%；
④装在容量小于450L的贮器内。
（5）如符合下列条件即不受本标准的约束（空运除外）：
①在溶剂分离试验（见GB/T 21624—2008《危险品 易燃黏性液体溶剂分离试验方法》）中，溶剂分离层的高度小于总高度的3%；
②在用直径6mm的喷嘴进行的黏度试验（见《试验和标准手册》第三部分32.4.3小节）中，满足下列条件之一：
a. 流过时间大于或等于60s；
b. 流过时间大于或等于40s，且黏性物质含有不超过60%的第3类物质。

8.1.3 第4类易燃固体、易于自燃的物质、遇水放出易燃气体的危险货物包装类别的划分及适用条件

除4.1项的自反应物质以外，第4类危险货物的包装类别根据易燃固体、易于自燃的物质和遇水放出易燃气体的物质的危险特性划分为Ⅰ～Ⅲ类。

8.1.3.1 Ⅰ类包装

（1）所有发火固体和发火液体应划入Ⅰ类包装；
（2）任何物质如在环境温度下遇水发生剧烈反应并且所产生的气体通常显示自燃的倾向，或在环境温度下遇水容易起反应，释放易燃气体的速度大于或等于每千克物质每分钟释放10L，应划为Ⅰ类包装。

8.1.3.2 Ⅱ类包装

（1）易于燃烧的固体（金属粉除外），在根据《试验和标准手册》第三部分第33.3.1小节所述的试验方法进行试验时，如燃烧时间小于45s并且火焰通过湿润段，应划为Ⅱ类包装；
（2）金属或金属合金粉末，如反应段在5min以内蔓延到试样的全部长度，应划入Ⅱ类包装；
（3）根据《试验和标准手册》第三部分第33.3.1.6小节所述的试验方法进行试验时，用25mm试验立方体在140℃下做试验时取得肯定结果的自热物质，应划入Ⅱ类包装；
（4）任何物质如在环境温度下遇水容易起反应，释放易燃气体的最大速度大于或等于每千克物质每小时释放20L，并且不符合Ⅰ类包装的标准，应划入Ⅱ类包装。

8.1.3.3 Ⅲ类包装

（1）易于燃烧的固体（金属粉末除外），在根据《试验和标准手册》第三部分第33.3.1小节所述的试验方法进行试验时，如燃烧时间小于45s并且湿润段阻止火焰传播至少4min，

应划入Ⅲ类包装；

（2）金属粉如反应段在大于 5min 但小于 10min 内蔓延到试样的全部长度，应划入Ⅲ类包装；

（3）根据《试验和标准手册》第三部分第 33.3.1.6 小节所述的试验方法进行试验时，自热物质如符合下列条件应划入Ⅲ类包装：

①用 100mm 试验立方体在 140℃下做试验时取得肯定结果，用 25mm 试验立方体在 140℃下做试验时取得否定结果，并且该物质将装在体积大于 $3m^3$ 的包件内运输；

②用 100mm 试验立方体在 140℃下做试验时取得肯定结果，用 25mm 试验立方体在 140℃下做试验时取得否定结果，用 100mm 试验立方体在 120℃下做试验时取得肯定结果，并且该物质将装在体积大于 450L 的包件内运输；

③用 100mm 试验立方体在 140℃下做试验时取得肯定结果，用 25mm 试验立方体在 140℃下做试验时取得否定结果，并且用 100mm 试验立方体在 100℃下做试验时取得肯定结果。

（4）任何物质如在环境温度下遇水反应缓慢，释放易燃气体的最大速度大于或等于每千克物质每小时释放 1L，并且不符合Ⅰ类、Ⅱ类包装的标准，应划入Ⅲ类包装。

8.1.4　第 5 类氧化性物质和有机过氧化物包装类别的划分及适用条件

第 5.1 项氧化性物质根据氧化性固体和氧化性液体的危险性划分包装类别。

8.1.4.1　氧化性固体

氧化性固体按照 GB/T 21617—2008《危险品　固体氧化性试验方法》所述的试验程序和下列标准划定包装类别。

1）Ⅰ类包装

该物质样品与纤维素之比为按质量 4∶1 或 1∶1 的混合物进行试验时，显示的平均燃烧时间小于溴酸钾与纤维素之比按质量 3∶2 的混合物的平均燃烧时间。

2）Ⅱ类包装

该物质样品与纤维素之比为按质量 4∶1 或 1∶1 的混合物进行试验时，显示的平均燃烧时间等于或小于溴酸钾与纤维素之比按质量 2∶3 的混合物的平均燃烧时间，并且不满足Ⅰ类包装的标准；

3）Ⅲ类包装

该物质样品与纤维素之比为按质量 4∶1 或 1∶1 的混合物进行试验时，显示的平均燃烧时间等于或小于溴酸钾与纤维素之比按质量 3∶7 的混合物的平均燃烧时间，并且不满足Ⅰ类包装和Ⅱ类包装的标准；

4）非 5.1 项

该物质样品与纤维素之比为按质量 4∶1 或 1∶1 的混合物进行试验时，都不发火并燃烧，或显示的平均燃烧时间大于溴酸钾与纤维素之比按质量 3∶7 的混合物的平均燃烧时间。

8.1.4.2　氧化性液体

氧化性液体按照 GB/T 21620—2008《危险品　液体氧化性试验方法》所述的试验程序和下列标准划定包装类别。

1) Ⅰ类包装

该物质与纤维素之比按质量 1∶1 的混合物进行试验时,自发着火,或该物质与纤维素之比按质量 1∶1 的混合物的平均压力上升时间小于 50% 高氯酸与纤维素之比按质量 1∶1 的混合物的平均压力上升时间。

2) Ⅱ类包装

该物质与纤维素之比按质量 1∶1 的混合物进行试验时,显示的压力上升小于或等于 40% 氯酸钠水溶液与纤维素之比为按质量 1∶1 的混合物的平均压力上升时间,并且未满足Ⅰ类包装的标准。

3) Ⅲ类包装

该物质与纤维素之比按质量 1∶1 的混合物进行试验时,显示的压力上升小于或等于 65% 硝酸水溶液与纤维素之比为按质量 1∶1 的混合物的平均压力上升时间,并且未满足Ⅰ类包装和Ⅱ类包装的标准。

4) 非 5.1 项

该物质与纤维素之比按质量 1∶1 的混合物进行试验时,显示的压力上升小于 2070kPa(表压);或显示的平均压力上升时间大于 65% 硝酸水溶液与纤维素之比按质量 1∶1 的混合物的平均压力上升时间。

8.1.5 第 6 类毒性物质和感染性物质危险货物包装类别的划及适用条件

6.1 项物质(包括农药),按其毒性程度划入三个包装类别:

——Ⅰ类包装:具有非常剧烈毒性危险的物质及制剂;
——Ⅱ类包装:具有严重毒性危险的物质及制剂;
——Ⅲ类包装:具有较低毒性危险的物质及制剂。

在确定包装类别时,以动物试验所得经口摄入、经皮接触和吸入粉尘、烟雾或蒸气试验数据作为根据。同时,还应考虑人类意外中毒事故的经验,及个别物质具有的特殊性质,例如液态、高挥发性、任何特殊的渗透可能性和特殊生物一种物质通过两种或更多的试验方式所显示的毒性程度不同时,应以试验所表明的危险性最大者为准。

表 8.2 有毒性蒸气的液体包装类别分类

包装类别	经口毒性 LD_{50},mg/kg	经皮接触毒性 LD_{50},mg/kg	吸入粉尘和烟雾毒性 LD_{50},mg/L
Ⅰ	≤5.0	≤50	≤0.2
Ⅱ	>5.0 和≤50	>50 和≤200	>0.2 和≤2.0
Ⅲ	>50 和≤300	>200 和≤1000	>2.0 和≤4.0

(1) 催泪性毒气物质,即使其毒性数据相当于Ⅲ类包装的数值,也应划入Ⅱ类包装。

(2) 表中吸入粉尘和烟雾毒性标准以吸入 1h 的 LC_{50} 数据为基准,应优先使用该数据。但如果仅有 4h 吸入粉尘和烟雾的 LC_{50} 数据,则 4 倍的 LC_{50}(4h)数值可等效于 LC_{50}(1h)数值。

(3) 符合第 8 类标准、并且吸入粉尘和烟雾毒性(LC_{50})属于Ⅰ类包装的物质,只有在经口摄入或经皮接触毒性至少是Ⅰ类或Ⅱ类包装时才被认可划入6.1项。否则酌情划入第8类。

(4) 有毒蒸气的液体包装类别的划分。

有毒蒸气的液体应划入下列包装类别，其中"V"为在20℃和标准大气压力下的饱和蒸气浓度，以 mL/m^3（挥发度）表示：

① Ⅰ类包装：$V \geqslant 10LC_{50}$ 且 $LC_{50} \leqslant 1000$ mL/m^3；

② Ⅱ类包装：$V \geqslant LC_{50}$ 且 $LC_{50} \leqslant 3000$ mL/m^3，并且不符合Ⅰ类包装的标准；

③ Ⅲ类包装：$V \geqslant 1/5LC_{50}$ 且 $LC_{50} \leqslant 5000$ mL/m^3，并且不符合Ⅰ类包装或Ⅱ类包装的标准（催泪性毒气物质，即使其毒性数据相当于Ⅲ类包装的数值，也应划入Ⅱ类包装）。

吸入蒸气毒性标准以吸入1h的LC_{50}数据为基准，应优先使用该数据。但如果仅有4h吸入蒸气的LC_{50}数据，则2倍的LC_{50}（4h）数值可等效于LC_{50}（1h）数值。

8.1.6 第8类腐蚀性物质危险货物包装类别的划分及适用条件

根据毒性物质的危险程度划定三个包装类别：

——Ⅰ类包装：非常危险的物质和制剂；

——Ⅱ类包装：显示中等危险性的物质和制剂；

——Ⅲ类包装：显示轻度危险性的物质和制剂。

符合第8类标准并且吸入粉尘和烟雾毒性（LC_{50}）为Ⅰ类包装、但经口摄入或经皮接触毒性仅为Ⅲ类包装或更小的物质或制剂应划入第8类。

(1) Ⅰ类包装：使完好皮肤组织在暴露3min或少于3min之后开始的最多14d观察期内全厚度毁损的物质。

(2) Ⅱ类包装：使完好皮肤组织在暴露3min但不超过60min之后开始的最多14d观察期内全厚度毁损的物质。

(3) Ⅲ类包装：

①使完好皮肤组织在暴露超过60min但不超过4h之后开始的最多14d观察期内全厚度毁损的物质；

②被判定不引起完好皮肤组织全厚度毁损，但在55℃试验温度下，对S235JR+CR型或类似型号钢或非复合型铝的表面腐蚀率超过6.25mm/a的物质（如对钢或铝进行的第一个试验表明，接受试验的物质具有腐蚀性，则无须再对另一金属进行试验）。

8.2 危险化学品包装要求

(1) 运输包装应结构合理，具有足够强度，防护性能好。包装的材质、型式、规格、方法和内装货物重量应与所装危险化学品的性质和用途相适应，便于装卸、运输和储存。

(2) 包装质量良好，其构造和封闭形式应能承受正常运输条件下的各种作业风险，不应因温度、湿度或压力的变化而发生任何渗（撒）漏，表面清洁，不允许黏附有害的危险物质。

(3) 包装与内装物直接接触部分，必要时应有内涂层或进行防护处理，包装材质不得与内装物发生化学反应而形成危险产物或导致削弱包装强度。

（4）内容器应予固定。如内容器易碎且盛装易撒漏货物，应使用与内装物性质相适应的衬垫材料或吸附材料衬垫妥实。

（5）盛装液体的容器，应能经受在正常运输条件下产生的内部压力。灌装时应留有足够的膨胀余量（预留容积），除另有规定外，并应保证其在55℃时，内装液体不致完全充满容器。

（6）运输包装封口应根据内装物性质采用严密封口、液密封口或气密封口。

（7）盛装需浸湿或加有稳定剂的物质时，其容器封闭形式应能有效地保证内装液体（水、溶剂和稳定剂）的百分比，在储运期间保持在规定的范围内。

（8）运输包装有降压装置时，其排气孔设计和安装应能防止内装物泄露和外界杂质进入，排出的气体量不应造成危险和污染环境。

（9）复合包装的内容器和外包装应紧密贴合，外包装不应有擦伤内容器的凸出物。

（10）盛装爆炸品的包装，要满足下列的附加要求：

①盛装液体爆炸品容器的封闭形式，应具有防止渗漏的双重保护。

②除内包装能充分防止爆炸品与金属物接触外，铁钉和其他没有防护涂料的金属部件不得穿透外包装。

③双重卷边接合的钢桶，金属桶或以金属做衬里的包装箱，应能防止爆炸物进入隙缝。钢桶或铝桶的封闭装置必须有合适的垫圈。

④包装内的爆炸物质和物品，包括内容器，必须衬垫妥实，在运输中不得发生危险性移动。

⑤盛装有对外部电磁辐射敏感的电引发装置的爆炸物品，包装应具备防止所装物品受外部电磁辐射源影响的功能。

（11）包装容器基本结构应符合 GB/T 9174—2008《一般货物运输包装通用技术条件》的规定。

不同的包装容器，除应满足包装的通用技术要求外，还要根据其自身的特点，满足各自的安全要求。

常用的包装容器材料有钢、铝、木材、各种纤维板、塑料、编织材料、多层纸、金属（钢、铝除外）、玻璃、陶瓷及柳条、竹篾等，其中作为危险化学品包装容器的材质，钢、铝、塑料、玻璃、陶瓷等用得较多。容器的形状也多为桶、箱、罐、瓶、坛等。在选取危险化学品容器的材质和形状时，应充分考虑所包装的危险化学品的特性，例如腐蚀性、反应活性、毒性、氧化性和包装物要求的包装条件，例如压力、温湿度、光线等，同时要求选取的包装材质和所形成的容器要有足够的强度，在搬运、堆叠、震动、碰撞中不能出现破坏而造成包装物的外泄。

8.3 常见危险化学品包装容器

危险化学品包装物、容器是根据危险化学品的特性，按照有关法规、标准专门设计制造的，用于盛装危险化学品的桶、罐、瓶、箱、袋等包装物和容器。

8.3.1 金属包装

8.3.1.1 钢（铁）桶

（1）桶端应采用焊接或双重机械卷边，卷边内均匀填涂封缝胶。桶身接缝，除盛装固体或40L(包括40L)的液体桶可采用焊接或机械接缝处，其余均应焊接。

（2）桶的两端凸缘应采用机械接缝或焊接，也可使用加强箍。

（3）桶身应有足够的刚度，容积大于60L的桶，桶身应有两道模压外凸筋，或两道与桶身不相连的钢质滚箍套在桶身上，使其不得移动。滚箍采用焊接固定时，不允许点焊，滚箍焊缝与桶身焊缝不得重叠。

（4）最大容积为450L。

（5）最大净重为400kg。

8.3.1.2 铝桶

（1）制桶材料应选用纯度至少为99%的铝，或具有抗腐蚀和合适机械强度的铝合金。

（2）桶全部接缝必须采用焊接，如有凸边接缝应与桶不相连的予以加强。

（3）容积大于60L的桶，至少有两个与桶身不相连的金属滚箍在桶身上，使其不得移动。滚箍采用焊接固定时，不允许点焊，滚箍焊缝与桶身焊缝不得重叠。

（4）最大容积为450L。

（5）最大净重为400kg。

8.3.1.3 钢罐

（1）钢罐两端的接应焊接或双重机械卷边。40L以上的抽身接缝应采用焊接；40L以下（包括40L）的罐身接缝可采用焊接或双重机械卷边。

（2）封闭装置应采用合适的类型，在正常运输条件下保持紧固。

（3）最大净重为400kg。

8.3.1.4 钢箱

（1）箱体一般应采用焊接或铆接。花格型箱如采用双重卷边接合，应防止内装进入接缝的凹槽处。

（2）封闭装置应采用合适的类型，在正常运输条件下保持紧固。

（3）最大净重为400kg。

8.3.2 木质包装

8.3.2.1 胶合板桶

（1）胶合板所用材料应质量良好，板层之间应用抗水黏合剂按交叉纹理黏接，经干燥处理，不得有降低其预定效能的缺陷。

（2）桶身至少用三合板制造。若使用胶合板以外的材料制造桶端，其质量应与胶合板等效。

（3）桶身内缘应有衬肩。桶盖的衬层应牢固地固定在桶盖上，并能有效地防止内装物撒漏。

(4) 桶身两端应用钢带加强。必要时桶端应用十字形木撑予以加固。

(5) 最大容积为250L。

(6) 最大净重为400kg。

8.3.2.2 木琵琶桶

(1) 所用木材应质量良好，无节子、裂缝、腐朽、边材或其他可能降低木桶预定用途效能的缺陷。

(2) 桶身应用若干道加强应选用质量良好的材料制造，桶端应紧密地镶在桶身端槽内。

(3) 最大容积为250L。

(4) 最大净重为400kg。

8.3.2.3 天然木箱

(1) 箱体应有容积和用途相适应的加强条档和加强带。箱顶和箱底可由抗水的再生木板、硬质纤维板、塑料板或其他合适的材料制成。

(2) 满版型木箱各部位应为一块板或与一块板等效的材料组成。平板榫接、搭接、槽舌接或者在每个接合处至少用两个波纹金属扣件对头连接等，均可视作与一块板等效的材料。

(3) 最大净重400kg。

8.3.3 纸质包装

8.3.3.1 纸袋

(1) 袋的材料应选用质量良好的多层牛皮或牛皮纸等效的纸制成，并具有足够强度和韧性。

(2) 袋的接缝和封口应牢固、密封性能好，并在正常运输条件下保持其效能。

(3) 最大净重为50kg。

8.3.3.2 硬纸板桶

(1) 桶身应用多层牛皮纸黏接压制成的硬纸板制成。桶身外表面应涂有抗水能力良好的防护层。

(2) 桶端若采用与桶身相同材料制造，也可用其他等效材料制造。

(3) 桶端与桶身的结合处应用钢带卷边压制压接合。

(4) 最大容量为450L。

(5) 最大净重400kg。

8.3.3.3 硬纸板箱、瓦楞纸箱、钙塑板箱

(1) 硬纸板箱或钙塑板箱应有一定抗水能力。硬纸板箱、瓦楞纸箱、钙塑板箱应具有一定的弯曲性能，切割、折割时应无裂缝，装配时无破裂或表皮断裂或过度弯曲，板层之间黏接牢固。

(2) 箱体结合处，应用胶带粘贴、搭接胶合，或者搭接并用钢钉或U形钉钉合。搭接处应有适当的重叠。如封口采用胶合或胶带粘贴，应使用抗水胶合剂。

(3) 钙塑板箱外部表层应具有防滑性能。

（4）最大净重为 400kg。

8.3.4 塑料包装

8.3.4.1 塑料袋

（1）袋的材料应用质量良好的塑料制成，接缝和封口应牢固、密封性能好，有足够强度，并在正常运输条件下能保持其效能。

（2）最大净重为 50kg。

8.3.4.2 塑料桶、塑料罐

（1）所用材料能承受正常运输条件下的磨损、撞击、温度、光照及老化作用的影响。

（2）材料内可加入合适的紫外线防护剂，但应与桶（罐）内装物性质相容，并在使用期内保持其效能。用于其他用途的添加剂，不得对包装材料的化学和物理性质产生有害作用。

（3）桶（罐）身任何一点厚度均应与桶（罐）的容积、用途和每一点可能受到的压力相适应。

（4）最大容积：塑料桶为 450L；塑料罐为 60L。

（5）最大净重：塑料桶为 400kg；塑料罐为 120kg。

8.3.5 陶瓷包装

（1）包装应有足够厚度，容器壁厚均匀，无气泡或砂眼。

（2）陶、瓷容器外部表面不得有明显的剥落和影响其能效的缺陷。

（3）最大容积为 32L，最大净重为 50kg。

9 油田化学品运输管理

油田化学品的运输，尤其是危险品的运输一旦出现事故，便可造成人员伤亡、财产损失和环境污染等严重后果。为此，要从以下几方面加强对油田化学品的运输管理。

9.1 运输工具

9.1.1 运输设备

（1）化学品的道路运输应按照《汽车运输危险货物规则》和《道路危险货物运输管理规定》的相关规定运输，从事化学品运营的单位要具备专门的装运危险化学品的车辆，应按照《道路货物运输及站场管理规定》中有关车辆管理的规定，维护、检测、使用和管理专用车辆，确保专用车辆具有良好的安全性能。

（2）承运危险化学品的车辆必须符合《道路运输危险货物车辆标志》等国家标准，技术状况应当达到一级车辆技术等级指标，所配载的槽罐及其他容器符合《危险化学品安全管理条例》的有关规定。

（3）配备有与运输的危险性质相适应的安全防护、环境保护和消防设施等。

（4）运输剧毒、爆炸、易燃、放射性危险货物的，应当具备罐式车辆或厢式车辆、专用容器，车辆应当安装行驶记录仪或定位系统。

（5）必须保证所装货物不发生"跑、冒、滴、漏"，并在阀门口装置积漏器。

（6）严禁与禁配物混装混运，起运时包装要完整，装载应稳妥。运输过程中要确保容器不泄漏、不倒塌、不坠落、不损坏。运输途中应防曝晒、防雨淋、防高温。

（7）铁路和水路运输应符合《铁路危险货物运输管理规则》和《水路危险货物运输规则》相关规定。

9.1.2 装卸设备

各种装卸机械、工具要有足够的安全系数，装卸易燃、易爆危险货物的机械和工具，必须有消除产生火花的措施。危险货物的库、场或装卸现场，应配备必要的消防设施，运输、装卸危险货物的单位，必须配备必要的劳动防护用品和现场急救用品。进行危险货物装卸操作时，必须穿戴相应的防护用品，并采取相应的人身肌体保护措施。

9.2 运输人员管理

（1）危险化学品道路运输企业、水路运输企业应当配备专职安全管理人员。

（2）危险化学品道路运输企业、水路运输企业的驾驶人员、船员、装卸管理人员、押运人员、申报人员、集装箱装箱现场检查员应当经交通运输主管部门考核合格，取得从业资格。具体办法由国务院交通运输主管部门制定。

（3）运输危险化学品的驾驶人员、船员、装卸管理人员、押运人员、申报人员、集装箱装箱现场检查员，应当了解所运输的危险化学品的危险特性及其包装物、容器的使用要求和出现危险情况时的应急处置方法。

9.3 运输过程管理

（1）危险化学品道路运输企业、水路运输企业应当加强安全生产管理，配备专职安全管理人员，制定突发事件应急预案，严格落实各项安全制度。通过道路运输危险化学品，必须配备押运人员，并保证所运输的危险化学品处于押运人员的监控之下。运输危险化学品途中因住宿或者发生影响正常运输的情况，需要较长时间停车的，驾驶人员、押运人员应当采取相应的安全防范措施；运输剧毒化学品或者易制爆危险化学品的，还应当向当地公安机关报告。

（2）运输危险化学品，应当根据危险化学品的危险特性采取相应的安全防护措施，并配备必要的防护用品和应急救援器材。用于运输危险化学品的槽罐及其他容器应当封口严密，能够防止危险化学品在运输过程中因温度、湿度或者压力的变化发生渗漏、洒漏；槽罐及其他容器的溢流和泄压装置应当设置准确、起闭灵活。运输危险化学品的驾驶人员、船员、装卸管理人员、押运人员、申报人员、集装箱装箱现场检查员，应当了解所运输的危险化学品的危险特性及其包装物、容器的使用要求和出现危险情况时的应急处置方法。

（3）危险化学品在运输中包装应牢固，各类危险化学品包装应符合《危险货物运输包装通用技术条件》（GB 12463—2009）的规定。

（4）通过道路运输危险化学品的，应当按照运输车辆的核定载质量装载危险化学品，不得超载。危险化学品运输车辆应当符合国家标准要求的安全技术条件，并按照国家有关规定定期进行安全技术检验。危险化学品运输车辆应当悬挂或者喷涂符合国家标准要求的警示标志。

（5）剧毒化学品、易制爆危险化学品在道路运输途中丢失、被盗、被抢或者出现流散、泄漏等情况的，驾驶人员、押运人员应当立即采取相应的警示措施和安全措施，并向当地公安机关报告。公安机关接到报告后，应当根据实际情况立即向安全生产监督管理部门、环境保护主管部门、卫生主管部门通报。有关部门应当采取必要的应急处置措施。

9.4 事故应急救援

针对油田使用的化学品,各部门组织编写相关危险品的应急救援预案并进行危险化学品事故应急救援演练,增强危险化学品运输应急处置能力同时提升从业人员危险化学品事故应急救援能力。

有关事故应急救援的知识参见第 15 章。

10 油田化学品储存管理

油田化学品储存是指产品在离开生产领域而尚未进入消费领域之前，在流通过程中形成的停留。生产、经营、储存、使用油田化学品的企业都存在油田化学品安全储存的问题。油田化学品，尤其是危险化学品储存不当，就会造成重大事故，国家不断加强了对储存的监管力度，并制定了有关危险化学品储存标准，从而对规范危险化学品的储存起到监督作用。

10.1 仓库与周边防护距离的要求

仓库的周边防护距离是为了减轻事故损失而规定的。当危险化学品仓库发生事故时，由于有防护距离存在，能够避免或减少对周边相邻工厂、建筑物等的破坏，从而降低事故造成的损失。如果防护间距离达不到防火间距的要求，一旦发生事故，不但会给本单位造成损失，还可能波及到临近单位甚至居民区。甲类仓库之间及其与其他建筑、明火或散发火花地点、铁路、道路等的防火间距不应小于表 10.1 的要求，与架空电力线的最小水平距离应不小于 1.5 倍杆高。

表 10.1 甲类仓库之间及其与其他建筑、明火或散发火花地点、铁路等的防火间距　　单位：m

名　　称		甲类仓库（储量，t）			
		甲类储存物品第 3、4 项		甲类储存物品第 1、2、5、6 项	
		≤ 5	> 5	≤ 10	> 10
高层民用建筑、重要公共建筑		50			
裙房、其他民用建筑、明火或散发火花地点		30	40	25	30
甲类仓库		20			
厂房和乙、丙、丁、戊类仓库	一、二级	15	20	12	15
	三级	20	25	15	20
	四级	25	30	20	25
电力系统电压为 35～500kV 且每台变压器容量在 10MV·A 的室外变、配电站，工业企业的变压器总油量大于 5t 的室外降压变电站		30	40	25	30
厂外铁路线中心线		40			
厂内铁路线中心线		30			
厂外道路路边		20			
厂内道路路边	主要	10			
	次要	5			

生产的火灾危险性应根据生产中使用或产生的物质性质及其数量等因素,分为甲、乙、丙、丁、戊类,其中甲类应符合表 10.2 的规定。

表 10.2 生产的火灾危险性分类

分类	使用或产生下列物质生产的火灾危险性特征
甲	(1) 闪点小于 28℃ 的液体; (2) 爆炸下限小于 10% 的气体; (3) 常温下能自行分解或在空气中氧化能导致迅速自燃或爆炸的物质; (4) 常温下受到水或空气中水蒸气的作用,能产生可燃气体并引起燃烧或爆炸的物质; (5) 遇酸、受热、撞击、摩擦、催化以及遇有机物或硫磺等易燃的无机物,极易引起燃烧或爆炸的强氧化剂; (6) 受撞击、摩擦或与氧化剂、有机物接触时能引起燃烧或爆炸的物质; (7) 在密闭设备内操作温度不小于物质本身自燃点的生产
乙	(1) 闪点不小于 28℃,但小于 60℃ 的液体; (2) 爆炸下限不小于 10% 的气体; (3) 不属于甲类的氧化剂; (4) 不属于甲类的易燃固体; (5) 助燃气体; (6) 能与空气形成爆炸性混合物的浮游状态的粉尘、纤维、闪点不小于 60℃ 的液体雾滴
丙	(1) 闪点不小于 60℃ 的液体; (2) 可燃固体
丁	(1) 对不燃烧物质进行加工,并在高温或熔化状态下经常产生强辐射热、火花或火焰的生产; (2) 利用气体、液体、固体作为燃料或气体、液体进行燃烧作其他用的各种生产; (3) 常温下使用或加工难燃烧物质的生产
戊	常温下使用或加工不燃烧物资的生产

乙、丙、丁、戊类仓库之间及其与民用建筑之间的防火间距,不应小于表 10.3 的要求。

表 10.3 乙、丙、丁、戊类仓库之间及与民用建筑的防火间距   单位:m

名称			乙类仓库			丙类仓库			丁、戊类仓库		
			单、多层		高层	单、多层		高层	单、多层		高层
			一、二级	三级	一、二级	一、二级	三级	一、二级	一、二级	三级	四级	一、二级
乙、丙、丁、戊类仓库	单、多层	一、二级	10	12	13	10	12	14	13	10	12	14	13
		三级	12	14	15	12	14	16	15	12	14	16	15
		四级	14	16	17	14	16	18	17	14	16	18	17
	高层	一、二级	13	15	13	13	15	17	13	13	15	17	13
民用建筑	裙房、单、多层	一、二级	25			10	12	14	13	10	12	14	13
		三级	25			12	14	16	15	12	14	16	15
		四级	25			14	16	18	17	14	16	18	17

续表

名称			乙类仓库		丙类仓库			丁、戊类仓库		
			单、多层	高层	单、多层		高层	单、多层		高层
			一、二级	三级	一、二级	一、二级	三级	四级	一、二级	三级	四级	一、二级
民用建筑	高层	一类	50		20	20	25	25	20	15	18	15
		二类	50		15	20	20	15	13	15	15	13

注：(1) 单、多层戊类仓库之间的防火间距，可按本表减少 2m。
(2) 两座仓库的相邻外墙均为防火墙时，防火间距可以减小，但丙类仓库，不应小于 6m；丁、戊类仓库，不应小于 4m。两座仓库相邻较高一面外墙为防火墙，且占地面积不大于 6000m² 时，其防火间距不限。
(3) 除乙类第 6 项物品外的乙类仓库，与民用建筑的防火间距不宜小于 25m，与重要公共建筑的防火间距不应小于 50m，与铁路、道路等的防火间距不宜小于表 10.1 中甲类仓库与铁路、道路等防火间距。

10.2 储存危险化学品的基本要求

10.2.1 人员要求

危险化学品单位应当具备法律、行政法规规定和国家标准、行业标准要求的安全条件，建立、健全安全管理规章制度和岗位安全责任制度，对从业人员进行安全教育、法制教育和岗位技术培训。从业人员应当接受教育和培训，考核合格后上岗作业；对有资格要求的岗位，应当配备依法取得相应资格的人员。

《危险化学品经营企业开业条件和技术要求》规定，危险化学品经营企业的法定代表人或经理应经过国家授权部门的专业培训，取得合格证书方能从事经营活动。

危险化学品仓库的保管员应经过岗前和定期培训，危险化学品仓库应设有专职或兼职的危险化学品养护员，负责危险化学品的技术养护、管理和监测工作。

10.2.2 储存要求

（1）危险化学品必须储存在经省、自治区、直辖市人民政府经济贸易管理部门或者设区的市级人民政府负责危险化学品安全监督管理综合工作的部门审查批准的危险化学品仓库中。未经批准不得随意设置危险化学品储存仓库，储存危险化学品必须遵照国家法律、法规和其他有关的规定。

（2）生产、储存剧毒化学品或者国务院公安部门规定的可用于制造爆炸物品的危险化学品（简称易制爆危险化学品）的单位，应当如实记录其生产、储存的剧毒化学品、易制爆危险化学品的数量、流向，并采取必要的安全防范措施，防止剧毒化学品、易制爆危险化学品丢失或者被盗；发现剧毒化学品、易制爆危险化学品丢失或者被盗的，应当立即向当地公安机关报告。

生产、储存剧毒化学品、易制爆危险化学品的单位，应当设置治安保卫机构，配备专职治安保卫人员。

（3）危险化学品应当储存在专用仓库、专用场地或者专用储存室（统称专用仓库）内，并由专人负责管理；剧毒化学品及储存数量构成重大危险源的其他危险化学品，应当在专用仓库内单独存放，并实行双人收发、双人保管制度。

危险化学品的储存方式、方法及储存数量应当符合国家标准或者国家有关规定。

（4）危险化学品专用仓库应当符合国家标准、行业标准的要求，并设置明显的标志。储存剧毒化学品、易制爆危险化学品的专用仓库，应当按照国家有关规定设置相应的技术防范设施。

储存危险化学品的单位应当对其危险化学品专用仓库的安全设施、设备定期进行检测、检验。

（5）《常用化学危险品储存通则》(GB 15603—1995) 规定：储存的危险化学品应有明显的标志，标志应符合《化学品分类和危险性公示 通则》(GB 136901—2009) 的规定。

同一区域储存两种和两种以上不同级别的危险化学品时，应按最高等级危险物品的性能标志。

（6）《常用化学危险品储存通则》(GB 15603—1995) 规定：储存危险化学品的仓库必须配备有专业知识的技术人员，其仓库及场所应设专人管理，管理人员必须配备可靠的个人安全防护用品。

（7）危险化学品露天堆放，应符合防火、防爆的安全要求，爆炸物品、一级易燃物品、遇湿燃烧物品、剧毒物品不得露天堆放。

（8）储存方式：按照《常用化学危险品储存通则》(GB 15603—1995) 规定，根据危险化学品品种特性，实施隔离储存、隔开储存、分离储存。根据危险品性能分区、分类、分库储存。

（9）各类危险品不得与禁忌物料混合储存，灭火方法不同的危险化学品不能同库储存。

（10）爆炸物品不准和其他类物品同储，必须单独隔离限量储存。黑色火药类、爆炸性化合物分别专库储藏。

（11）易燃气体、不燃气体和有毒气体分别专库储藏，见《易燃易爆性商品储藏养护技术条件》(GB 17914—2013)。

（12）易燃液体、遇湿易燃物品、易燃固体不得与氧化剂混合储存，具有还原性的氧化剂应单独存放。

甲醇、乙醇、丙酮等应专库储存。

发乳剂 H 与酸或酸性物品分别储藏；硝酸纤维素酯、安全火柴、红磷及硫化磷、铝粉等金属粉类应分别储藏。

自燃物品：黄磷，烃基金属化合物，浸动、植物油制品须分别专库储藏。

遇湿易燃物品专库储藏。

一、二级无机氧化剂与一、二级有机氧化剂必须分别储藏，但硝酸铵、氯酸盐类、高锰酸盐、亚硝酸盐、过氧化钠、过氧化氢等必须分别专库储藏。

（13）有毒物品应储存在阴凉、通风、干燥的场所，不要露天存放，不要接近酸类物质。

不同种类毒害品要分开存放，危险程度和灭火方法不同的要分开存放，性质相抵的禁止同库混存。

剧毒品应专库储存或存放在彼此间隔的单间内，执行"五双"制度（双人验收、双人保管、双人发货、双把锁、双本账），安装防盗报警装置。

(14) 腐蚀性物品，包装必须严密，不允许泄漏，严禁与液化气体和其他物品共存。

(15) 储存危险化学品的建筑物、区域内严禁吸烟和使用明火。

(16) 危险化学品单位应当制定本单位事故应急救援预案，配备应急救援人员和必要的应急救援器材、设备，并定期组织演练。

危险化学品事故应急救援预案应当报上一级负责危险化学品安全监督管理综合工作的部门备案。

10.2.3 储存安排和储存限量

(1) 危险化学品储存安排取决于危险化学品分类、分项、容器类型、储存方式和消防的要求。

(2) 储存量及储存安排见表 10.4。

表 10.4 储存量及储存安排表

	露天储存	隔离储存	隔开储存	分离储存
平均单位面积储存量, t/m²	1.0～1.5	0.5	0.7	0.7
单一储存区最大储量, t	2000～2400	200～300	200～300	400～600
垛距限制, m		0.3～0.5	0.3～0.5	0.3～0.5
通道宽度, m	4～6	1～2	1～2	5
墙距宽度, m		0.3～0.5	0.3～0.5	0.3～0.5
与禁忌品距离, m	10	不得同库储存	不得同库储存	7～10

(3) 遇火、遇热、遇潮能引起燃烧、爆炸或发生化学反应，产生有毒气体的危险化学品不得在露天或潮湿、积水的建筑物中储存。

(4) 受日光照射能发生化学反应引起燃烧、爆炸、分解、化合或能产生有毒气体的危险化学品应储存在一级建筑物中，其包装应采取避光措施。

(5) 爆炸物品不准和其他类物品同储，必须单独隔离限量储存。

(6) 压缩气体和液化气体必须与爆炸物品、氧化剂、易燃物品、自燃物品、腐蚀性物品隔离储存。易燃气体不得与助燃气体、剧毒气体同储；氧气不得和油脂混合储存，盛装液化气体的容器，属压力容器的，必须有压力表、安全阀、紧急切断装置，并定期检查，不得超装。

(7) 易燃液体、遇湿易燃物品、易燃固体不得与氧化剂混合储存、具有还原性的氧化剂应单独存放。

(8) 有毒物品应储存在阴凉、通风、干燥的场所，不要露天存放，不要接近酸类物质。

(9) 腐蚀性物品，包装必须严密，不允许泄漏，严禁与液化气体和其他物品共存。

10.2.4 危险化学品出入库管理

10.2.4.1 危险化学品入库

(1) 储存危险化学品的仓库，必须建立严格的出入库管理制度。

储存危险化学品的单位应当建立危险化学品出入库核查、登记制度。

对剧毒化学品及储存数量构成重大危险源的其他危险化学品，储存单位应当将其储存数量、储存地点及管理人员的情况，报所在地县级人民政府安全生产监督管理部门（在港区内储存的，报港口行政管理部门）和公安机关备案。

（2）危险化学品出入库前均应按合同进行检查验收、登记，验收包括以下内容：

①商品数量。

②包装。危险化学品的包装应当符合法律、行政法规、规章的规定，以及国家标准、行业标准的要求。

③危险标志（包括安全技术说明书和安全标签）。经核对后方可入库、出库，当商品性质未弄清时不准入库。

（3）进入化学危险品储存区域的人员、机动车辆和作业车辆，必须采取防火措施。

（4）装卸、搬运化学危险品时应按有关规定进行，做到轻装、轻卸。严禁摔、碰、撞击、拖拉、倾倒和滚动。

（5）装卸对人身有毒害及腐蚀性的物品时，操作人员应根据危险性，穿戴相应的防护用品。

（6）不得用同一车辆运输互为禁忌的物料。

（7）修补、换装、清扫、装卸易燃易爆物料时，应使用不产生火花的铜制、合金制或其他工具。

10.2.4.2 危险化学品养护

（1）危险化学品入库时，应严格检验商品质量、数量、包装情况、有无泄漏。

（2）危险化学品入库后应根据商品的特性采取适当的养护措施，在储存期内，定期检查，做到一日两检，并做好检查记录。如发现其品质变化、包装破损、渗漏、稳定剂短缺等，应及时处理。

（3）库房温度、湿度应严格控制、经常检查，发现变化及时调整。

10.2.4.3 出库

按生产日期或批号顺序先后出库。

10.2.4.4 库房日常管理

（1）进入危险化学品储存区域的人员、机动车辆和作业车辆，必须采取防火措施。

进入危险化学品库区的机动车辆应安装防火罩。机动车装卸货物后，不准在库区、库房、货场内停放和修理。

汽车、拖拉机不准进入易燃易爆类物品库房。进入易燃易爆类物品库房的电瓶车、铲车应是防爆型的；进入可燃固体物品库房的电瓶车、铲车，应装有防止火花溅出的安全装置。

（2）装卸、搬运危险化学品时应按照有关规定进行，做到轻装、轻卸。严禁摔、碰、撞击、拖拉、倾倒和滚动。

（3）装卸对人体有毒害及腐蚀性的物品时，操作人员应根据危险条件，穿戴相应的防护用品。

装卸毒害品的人员应具有操作毒品的一般知识。操作时轻拿轻放，不得碰撞、倒置，防止包装破损商品外溢。作业人员应佩戴手套和相应的防毒口罩或面具，穿防护服。

作业中不得饮食，不得用手擦嘴、脸、眼睛。每次作业完毕，应及时用肥皂（或专用洗涤剂）洗净面部、手部，用清水漱口，防护用具应及时清洗，集中存放。

装卸腐蚀品的人员应穿工作服、戴护目镜、胶手套、胶皮围裙等必需的防护用具。操作时，应轻搬轻放，严禁背负肩扛，防止摩擦、振动和撞击。

（4）装卸易燃易爆物料时，装卸人员应穿工作服、戴手套、口罩等必需的防护用具，操作中应轻搬轻放，防止摩擦和撞击。

装卸易燃液体需穿防静电工作服。禁止穿带铁钉的鞋。大桶不得在水泥地面滚动。桶装各种氧化剂不得在水泥地面滚动。

各项操作不得使用沾染异物和能产生火花的机具，作业现场须远离热源和火源。

（5）各类危险化学品分装、改装、开箱（桶）检查等应在库房外进行。

（6）不得用同一个车辆运输互为禁忌的物料，包括库内搬倒。

10.2.5 消防措施

（1）根据危险化学品特性和仓库条件，必须配置相应的消防设备、设施和灭火药剂。并配备经过培训的兼职或专职消防人员。

危险化学品仓库应根据经营规模的大小设置、配备足够的消防设施和器材，应有消防水池、消防管网和消防栓等消防水源设施。大型危险物品仓库应设有专职消防队，并配有消防车。消防器材应当设置在明显和便于取用的地点，周围不准放物品和杂物。仓库的消防设施、器材应当用专人管理、负责检查、保养、更新和添置，确保完好有效。对于各种消防设施、器材严禁圈占、埋压和挪用。

（2）储存危险化学品的建筑物内应根据仓库条件安装自动监测和火灾报警系统。

（3）储存危险化学品的建筑物内，如条件允许，应安装灭火喷淋系统（遇水燃烧危险化学品，不可用水扑救的火灾除外）。

（4）危险化学品储存企业应设有安全保卫组织。危险化学品仓库应有专职或义务消防、警卫队伍。无论专职还是义务消防、警卫队伍都应制定灭火预案并经常进行消防演练。

10.3 储存易燃易爆品的要求

10.3.1 库房要求

（1）库房的建筑应符合 GB 50016—2014《建筑设计防火规范》中 3.2 的规定，耐火等级不低于二级。

（2）应干燥、易于通风、密闭和避光，并应安装避雷装置；库房内可能散发（或泄漏）可燃气体、可燃蒸气的场所应安装可燃气体检测报警装置。

（3）各类商品依据性质和灭火方法的不同，应严格分区、分类和分库存放。

（4）易爆性商品应储存于一级轻顶耐火建筑的库房内。

（5）低、中闪点液体、一级易燃固体、自燃物品、压缩气体和液化气体类应储存于一级耐火建筑的库房内。

（6）遇湿易燃商品、氧化剂和有机过氧化物应储存于一、二级耐火建筑的库房内。

(7) 二级易燃固体、高闪点液体应储存于耐火等级不低于二级的库房内。
(8) 易燃气体不应与助燃气体同库储存。
(9) 根据各类化学品的不同性质、库房条件、灭火方法等进行严格的分区分类和分库存放。国家标准中给出了化学危险物品混存性能毒抵表见表10.5。

10.3.2 安全要求

(1) 化学品应避免阳光直射、远离火源、热源、电源，无产生火花的环境。
(2) 除按 GB 17914—2013《易燃易爆性商品储存养护技术条件》中附录 A 的规定分类储存外，以下品种应专库储存。
①爆炸品：黑色火药类、爆炸性化合物分别专库储存。
②压缩气体和液化气体：易燃气体、不燃气体和有毒气体分别专库储存。
③易燃液体可同库储存；但灭火方法不同的商品应专库储存。
④易燃固体可同库储存；但发泡剂 H 与酸或酸性物品分别储存。
⑤硝酸纤维素酯、安全火柴、红磷及硫化磷、铝粉等金属粉类应分别储存。
⑥自燃物品：黄磷、烃基金属化合物、浸动、植物油的制品须分别专库储存。
⑦遇湿易燃物品专库储存。
⑧氧化剂和有机过氧化物，一、二级无机氧化剂与一、二级有机氧化剂必须分别储存；氯酸盐类、高锰酸盐、亚硝酸盐、过氧化钠、过氧化氢等应分别专库储存。

10.3.3 环境要求

(1) 库房周围无杂草和易燃物。
(2) 库房内地面无漏撒化学品，保持地面与货垛清洁卫生。
(3) 温度和湿度要求，各类化学品适宜储存的温度、湿度见表10.6。

10.3.4 堆垛

10.3.4.1 方法

(1) 根据库房条件，商品性质和包装形态采取适当的堆码和垫底方法。
(2) 各种商品不应直接落地存放，应垫高15cm以上。遇湿易燃物品、易吸潮溶化和吸潮分解的商品应适当增加下垫高度。
(3) 各种商品应码行列式压缝货垛，做到牢固、整齐、美观，使出入库方便。

10.3.4.2 堆垛间距

(1) 主通道大于等于 180cm；
(2) 支通道大于等于 80cm；
(3) 墙距大于等于 30cm；
(4) 柱距大于等于 10cm；
(5) 垛距大于等于 10cm；
(6) 顶距大于等于 50cm。

表 10.5 化学危险物品混存性能互抵表

类别		爆炸性物品				氧化剂				压缩气体和液化气体				自燃物品		遇水燃烧物品		易燃液体		易燃固体		毒性物品				腐蚀性物品				放射性物品
		点火器材	起爆器材	爆炸及爆炸性药品	其他爆炸品	一级无机	一级有机	二级无机	二级有机	剧毒	易燃	助燃	不燃	一级	二级	一级	二级	一级	二级	一级	二级	剧毒无机	剧毒有机	有毒无机	有毒有机	酸性无机	酸性有机	碱性无机	碱性有机	
爆炸性物品	点火器材	○	○	○	○	×	×	×	×	×	×	×	×	×	×	×	×	×	×	×	×	×	×	×	×	×	×	×	×	
	起爆器材	○		×	×	×	×	×	×	×	×	×	×	×	×	×	×	×	×	×	×	×	×	×	×	×	×	×	×	
	爆炸及爆炸性药品	○	×		×	×	×	×	×	×	×	×	×	×	×	×	×	×	×	×	×	×	×	×	×	×	×	×	×	
	其他爆炸品	○	×	×		×	×	×	×	×	×	×	×	×	×	×	×	×	×	×	×	×	×	×	×	×	×	×	×	
氧化剂	一级无机						①	×	○	×	×	×	×	分	分	×	×	×	×	×	×	×	×	×	×	×	×	×	×	
	一级有机					①		○	×	○	×	×	×	消		×	×	×	×	×	×	×	×	×	×	×	×	×	×	
	二级无机					×	○		②	×	×	×	×	分	分	×	×	×	×	×	×	×	×	×	×	×	×	×	×	
	二级有机					○	×	②		×	×	×	×	分	分	×	×	×	×	×	×	×	×	×	×	×	×	×	×	
压缩气体和液化气体(液氨和液氯有抵触)	剧毒					×	○	×	×		○	○	○	×	×	×	×	×	×	×	×	×	×	×	×	×	×	×	×	
	易燃					×	×	×	×	○		×	○	×	×	×	×	×	×	×	×	×	×	×	×	×	×	×	×	
	助燃					×	×	×	×	○	×		○	×	×	×	×	×	×	×	×	×	×	×	×	×	×	×	×	
	不燃					×	×	×	×	○	○	○		×	×	×	×	×	消	×	×	×	×	×	×	×	×	×	×	
自燃物品	一级					分	消	分	分	×	×	×	×		○	×	×	×	×	×	×	×	×	×	×	×	×	×	×	
	二级					分		分	分	×	×	×	×	○		×	×	×	×	×	×	×	×	×	×	×	×	×	×	
遇水燃烧物品	一级					×	×	×	×	×	×	×	×	×	×		○	×	×	×	×	×	×	×	×	×	×	×	×	
	二级					×	×	×	×	×	×	×	×	×	×	○		×	×	×	×	×	×	×	×	×	×	×	×	
易燃液体	一级					×	×	×	×	×	×	×	×	×	×	×	×		○											
	二级					×	×	×	×	×	×	×	×	×	×	×	×	○												

注：○表示可以混存；×表示不可混存；消表示应分开存放并设消防设施；分表示分开存放。

续表

类别		爆炸性物品				氧化剂				压缩气体和液化气体				自燃物品		遇水燃烧物品		易燃液体		易燃固体		毒性物品				腐蚀性物品				放射性物品
		点火器材	起爆器材	爆炸及爆炸性药品	其他爆炸品	一级无机	一级有机	二级无机	二级有机	剧毒	易燃	助燃	不燃	一级	二级	一级	二级	一级	二级	一级	二级	剧毒无机	剧毒有机	有毒无机	有毒有机	酸性无机	酸性有机	碱性无机	碱性有机	
易燃固体	一级	×	×	×	×	×	×	×	×	×	分	分	分	×	×	×	×	消	消	○	○	○	○	○	○					
	二级	×	×	×	×	×	×	×	×	×	分	分	分	×	×	×	×	消	消	○	○	○	○	○	○					
毒害性物品	剧毒无机	×	×	×	×	×	×	×	×	×	分	分	分	分	分	分	分	分	分	分	分									
	剧毒有机	×	×	×	×	×	分	×	分	×	分	分	分	分	分	分	分	分	分	分	分									
	有毒无机	×	×	×	×	分	分	分	分	分	消	消	消	分	分	分	分	消	消	分	分									
	有毒有机	×	×	×	×	分	消	分	消	分	消	消	消	分	分	分	分	消	消	分	分									
腐蚀性物品	酸性无机	×	×	×	×																						○			
	酸性有机	×	×	×	×																					○	×			
	碱性无机	×	×	×	×																					×	×	○	○	
	碱性有机	×	×	×	×																					×	×	○	○	
放射性物品		×	×	×	×																									○

注："○"表示可以混存；
"×"表示不可以混存；
"分"指应按化学危险品的分类进行分区分类储存。如果物品不多或岗位不够时，因其性能并不互相抵触，也可以混存。
"消"指两种物品性能并不互相抵触，但消防扑救方法不同，条件许可时最好分储。
"①"说明过氧化钠等不宜和无机酸化剂混存。
"②"说明具有还原性的亚硝酸钠等盐类，不宜和其他无机氧化剂混存。
凡混存物品，货架与货架之间，必须留有1m以上的距离，并要求包装容器完整，不使两种物品发生接触。

表 10.6　各类化学品适宜储存的温度、湿度要求

类　别	品　名	温度,℃	相对湿度,%	备　注
爆炸品	黑火药、化合物	≤32	≤80	
	水作稳定剂的	≥1	<80	
压缩气体和液化气体	易燃、不燃、有毒	≤30		
易燃液体	低闪点	≤29		
	中高闪点	≤37		
易燃固体	易燃固体	≤35		
	硝酸纤维素酯	≤25	≤80	
	安全火柴	≤35	≤80	
	红磷、硫化磷、铝粉	≤35	<80	
自燃物品	黄磷	>1		
	烃基金属化合物	≤30	≤80	
	含油制品	≤32	≤80	
遇湿易燃物品	遇湿易燃物品	≤32	≤75	
氧化剂和有机过氧化物	氧化剂和有机过氧化物	≤30	≤80	
	过氧化钠、镁、钙等	≤30	≤75	
	硝酸锌、钙、镁等	≤28	≤75	袋装
	硝酸铵、亚硝酸钠	≤30	≤75	袋装
	盐的水溶液	>1		
	结晶硝酸锰	<25		
	过氧化苯甲酰	2~25		含稳定剂
	过氧化丁酮等有机氧化剂	≤25		

10.4　储存腐蚀品的要求

10.4.1　库房要求

（1）应阴凉、干燥、通风、避光。应经过防腐蚀、防渗处理，库房的建筑应符合 GB 50046—2008《工业建筑防腐蚀设计规范》的规定。

（2）储存发烟硝酸、溴素、高氯酸的库房应干燥通风，耐火要求应符合 GB 50016—2014《建筑设计防火规范》的规定，耐火等级不低于二级。

(3) 溴氢酸、碘氢酸应避光储存，溴素应专库储存。

(4) 如果是货棚、露天货场储存，货棚应干燥卫生，露天货场应防潮防水。

10.4.2 安全要求

(1) 腐蚀性商品避免阳光直射、曝晒，远离热源、电源、火源，库房建筑及各种设备应符合 GB 50016—2014《建筑设计防火规范》的规定。

(2) 腐蚀性商品应按不同类别、性质、危险程度、灭火方法等分区分类储存，性质和消防施救方法相抵的不应同库储存，见表 10.5。

(3) 应在库区设置洗眼器等应急处置设施。

10.4.3 环境卫生要求

(1) 库房应保持清洁。

(2) 库区内的杂物、易燃物应及时清理，排水保持畅通。

10.4.4 温度和湿度要求

温度和湿度条件应符合表 10.7 的规定。

表 10.7 储存腐蚀品的温度和湿度要求

类别	主要品种	适宜温度,℃	适宜相对湿度,%
酸性腐蚀品	发烟硫酸、亚硫酸	0～30	≤80
	硝酸、盐酸及氢卤酸、氟硅（硼）酸、氯化硫、磷酸等	≤30	≤80
	磺酰氯、氯化亚砜、氧氯化磷、氯磺酸、溴乙酰、三氯化磷等多卤化物	≤30	≤75
	发烟硝酸	≤25	≤80
	溴素、溴水	0～28	
	甲酸、乙酸、乙酸酐等有机酸类	≤32	≤80
碱性腐蚀品	氢氧化钾（钠）、硫化钾（钠）	≤30	≤80
其他腐蚀品	甲醛溶液	10～30	

10.4.5 堆垛

商品堆垛要符合"安全、方便"的原则，便于堆码、检查和消防扑救。充分利用仓容，货垛整齐美观。

10.4.5.1 堆垛方法

(1) 库房、货棚或露天货场储存的商品，货垛下应有隔潮设施，库房的隔潮设施一般不低于 15cm，货场不低于 30cm。

（2）根据商品性质、包装规格采用适当的堆垛方法，要求货垛整齐，堆码牢固，数量准确，禁止倒置。

（3）按出厂先后或批号分别堆垛。

10.4.5.2　堆垛高度

（1）大铁桶液体立码，固体平放，一般不超过3m；

（2）大箱（内装坛、桶）1.5m；

（3）化学试剂木箱2～3m；

（4）袋装3～3.5m。

10.4.5.3　堆垛间距

（1）主通道大于等于180cm；

（2）支通道大于等于80cm；

（3）墙距大于等于30cm；

（4）柱距大于等于10cm；

（5）垛距大于等于10cm；

（6）顶距大于等于50cm。

10.5　储存毒害品的要求

10.5.1　库房要求

（1）库房结构完整、干燥、通风良好。机械通风排毒要有必要的安全防护措施。

（2）库房耐火等级不低于二级。

10.5.2　安全要求

（1）仓库应远离居民区和水源。

（2）化学品避免阳光直射、曝晒，远离热源、电源、火源，库内在固定方便的地方配备与毒害品性质适应的消防器材、报警装置和急救药箱。

（3）不同种类毒品要分开存放，危险程度和灭火方法不同的要分开存放，性质相抵的禁止同库混存。

（4）剧毒品应专库储存或存放在彼此间隔的单间内，需安装防盗报警器，库门装双锁。

10.5.3　环境卫生要求

库区和库房内要经常保持整洁。对散落的毒品、易燃、可燃物品和库区的杂草及时清除。用过的工作服、手套等服务器具必须放在库外安全地点，妥善保管或及时处理。更换储存毒品品种时，要将库房清扫干净。

10.5.4 温度和湿度的要求

库区温度不超过35℃为宜，易挥发的毒品应控制在32℃下，相对湿度应在85%以下，对于易潮解的毒品应控制在80%以下。

10.5.5 堆垛

商品堆垛要符合安全、方便的原则，便于堆码、检查和消防扑救，苫垫物料要专用。

10.5.5.1 堆垛方法

(1) 商品不得就地堆码，货垛下应有隔潮设施，垛底一般不低于15cm。
(2) 一般可堆成大垛，挥发性液体毒品不宜堆大垛，可堆成行列式。要求货垛牢固、整齐、美观，垛高不超过3m。

10.5.5.2 堆垛间距

(1) 主通道大于等于180cm；
(2) 支通道大于等于80cm；
(3) 墙距大于等于30cm；
(4) 柱距大于等于10cm；
(5) 垛距大于等于10cm；
(6) 顶距大于等于50cm；

10.6 事故应急救援

规划化学品储存区域时应考虑风险最小化和便于事故应急快速反应等因素，储存区域应安装紧急冲淋设施和配备消防器材和防漫溢设施。各部门组织编写相关危险品的应急救援预案并进行危险化学品事故应急救援演练，提升危险化学品事故应急救援能力。有关事故应急救援的知识参见第15章。

11 油田化学品使用管理

由于化学品普遍具有易燃易爆、有毒有害的特性,因此在化学品的使用过程中,需要加强安全管理,并采取积极的技术措施,防止化学品对作业人员及其他人员的伤害。

为了加强对化学品(尤其是危险化学品)使用的安全管理,预防事故的发生,《中华人民共和国安全生产法》、《中华人民共和国职业病防治法》、《危险化学品安全管理条例》、《工作场所安全使用化学品规定》、《使用有毒物品作业场所劳动保护条例》(国务院令第 352 号)等法律法规,都对使用化学品及危险化学品的安全管理作了规定。

11.1 油田化学品使用要求

(1)使用危险化学品的单位,其使用条件(包括工艺)应当符合法律、行政法规的规定和国家标准、行业标准的要求,并根据所使用的危险化学品的种类、危险特性及使用量和使用方式,建立、健全使用危险化学品的安全管理规章制度和安全操作规程,保证危险化学品的安全使用。

(2)使用危险化学品从事生产并且使用量达到规定数量的化工企业(属于危险化学品生产企业的除外,下同),应当依照本条例的规定取得危险化学品安全使用许可证。

(3)使用危险化学品的单位,应当根据危险化学品的种类和危险特性,在作业场所设置相应的监测、监控、通风、防晒、调温、防火、灭火、防爆、泄压、防毒、中和、防潮、防雷、防静电、防腐、防泄漏及防护围堤或者隔离操作等安全设施、设备,并按照国家标准、行业标准或者国家有关规定对安全设施、设备进行经常性维护、保养,保证安全设施、设备的正常使用。应当在其作业场所和安全设施、设备上设置明显的安全警示标志。

(4)使用危险化学品的单位,应当在其作业场所设置通信、报警装置,并保证处于适用状态。

(5)使用危险化学品的企业,应当委托具备国家规定的资质条件的机构,对本企业的安全生产条件每 3 年进行一次安全评价,提出安全评价报告。

(6)使用剧毒化学品或者国务院公安部门规定的可用于制造爆炸物品的危险化学品(简称易制爆危险化学品)的单位,应当如实记录其生产、储存的剧毒化学品、易制爆危险化学品的数量、流向,并采取必要的安全防范措施,防止剧毒化学品、易制爆危险化学品丢失或者被盗;发现剧毒化学品、易制爆危险化学品丢失或者被盗的,应当立即向当地公安机关报告。

(7)使用危险化学品的单位转产、停产、停业或者解散的,应当采取有效措施,及时妥善处置其危险化学品生产装置、储存设施及库存的危险化学品,不得丢弃危险化学品;处置方案应当报所在地县级人民政府安全生产监督管理部门、工业和信息化主管部门、环境保护主管部门和公安机关备案。

(8) 从事使用有毒物品作业的用人单位应当使用符合国家标准的有毒物品，不得在作业场所使用国家明令禁止使用的有毒物品或者使用不符合国家标准的有毒物品。用人单位应当尽可能使用无毒物品；需要使用有毒物品的，应当优先选择使用低毒物品。

(9) 用人单位应当依照《使用有毒物品作业场所劳动保护条例》和其他有关法律、行政法规的规定，采取有效的防护措施，预防职业中毒事故的发生，依法参加工伤保险，保障劳动者的生命安全和身体健康。

(10) 禁止使用童工。用人单位不得安排未成年人和孕期、哺乳期的女职工从事使用有毒物品的作业。

(11) 用人单位的使用有毒物品作业场所，除应当符合职业病防治法规定的职业卫生要求外，还必须符合下列要求：

①作业场所与生活场所分开，作业场所不得住人。
②有害作业与无害作业分开，高毒作业场所与其他作业场所隔离。
③设置有效的通风装置；可能突然泄漏大量有毒物品或者易造成急性中毒的作业场所，设置自动报警装置和事故通风设施。
④高毒作业场所设置应急撤离通道和必要的泄险区。

(12) 从事使用高毒物品作业的用人单位，应当配备应急救援人员和必要的应急救援器材、设备，制定事故应急救援预案，并根据实际情况变化对应急救援预案适时进行修订，定期组织演练。

(13) 用人单位应当依照职业病防治法的有关规定，采取有效的职业卫生防护管理措施，加强劳动过程中的防护与管理。

(14) 用人单位应当与劳动者订立劳动合同，将工作过程中可能产生的职业中毒危害及其后果、职业中毒危害防护措施和待遇等如实告知劳动者，并在劳动合同中写明，不得隐瞒或者欺骗。

(15) 用人单位应当对劳动者进行上岗前的职业卫生培训和在岗期间的定期职业卫生培训，普及有关职业卫生知识，督促劳动者遵守有关法律、法规和操作规程，指导劳动者正确使用职业中毒危害防护设备和个人使用的职业中毒危害防护用品。劳动者经培训考核合格，方可上岗作业。

(16) 用人单位应当为从事使用有毒物品作业的劳动者提供符合国家职业卫生标准的防护用品，并确保劳动者正确使用。

(17) 用人单位维护、检修存在高毒物品的生产装置，必须事先制定维护、检修方案，明确职业中毒危害防护措施，确保维护、检修人员的生命安全和身体健康。

11.2 油田化学品使用单位职责

(1) 应将危险化学品的有关安全卫生资料向员工公开，教育员工识别安全标签、了解安全技术说明书、掌握必须的应急处理方法和自救措施，并经常对员工进行工作场所安全使用危险化学品的教育和培训。

（2）所使用的危险化学品应有标识、安全标签，并向操作人员提供安全技术说明书；在危险化学品工作场所应设有急救设施，并提供应急处理的方法。

（3）购进危险化学品时，必须核对包装（容器）上的安全标签；安全标签若脱落或损坏，经检查确认后应补贴。需要将危险化学品转移或分装到其他容器时，应标明其内容，并在转移或分装后的容器上加贴安全标签；盛装危险化学品的容器在未净化处理前，不得更换原安全标签。

（4）对工作场所使用危险化学品产生的危害应定期进行检测和评估，对检测和评估结果应建立档案。作业人员接触的危险化学品浓度不得高于国家规定的标准；暂时没有规定的，使用单位应在保证安全作业的情况下使用。

（5）使用单位应通过下列方法，消防、减少和控制工作场所危险化学品产生的危害：选用无毒或低毒的化学代替品；选用可将危害消除或减少到最低程度的技术；采用能消除或降低危害的工程控制措施；采用能减少或消除危害的作业制度和作业时间；采用其他的劳动安全卫生措施。

（6）对盛装、输送、储存危险化学品的设备，采用颜色、标牌、标签等形式，标明其危险性。对盛装危险化学品的废旧容器应按国家有关规定清除化学废料和清洗。

11.3 使用油田化学品作业人员要求

（1）必须严格遵守使用危险化学品的安全操作规程。

（2）在使用危险化学品之前，必须仔细阅读危险化学品安全技术说明书，尤其是有关安全注意事项和应急处理方面的内容。

（3）按照工厂和安全技术说明书的要求穿戴好个人防护用品，不能直接接触会引起过敏和会经皮肤吸收引起中毒的危险化学品。

（4）使用作业时要精神集中，严禁打闹嬉戏。

12　油田化学品废弃处置

油田化学品下脚料、废弃物不但具有可燃性、腐蚀性、反应性、传染性、放射性及侵出毒性、急性毒性等直接危害,还会在土壤、水体、大气等自然环境中迁移、滞留、转化,污染土壤、水体、大气等人类赖以生存的生态环境,甚至可能在外界环境作用下发生物理、化学反应产生新的危险特性。因此,油田化学品废弃物安全处理是危险化学品安全管理和安全技术中不可忽视的重要环节,必须依照《中华人民共和国固体废弃物污染环境防治法》、《作业场所安全使用化学品公约》、《危险化学品安全管理条例》、《工作场所安全使用化学品的规定》和《危险废物填埋污染控制标准》等国家、地方有关法规,对不能再利用的化学物质进行无害化、安全处理。

12.1　废弃物处置的有关要求

12.1.1　《中华人民共和国安全生产法》的有关规定

生产、经营、运输、储存、使用危险物品或者处置废弃危险物品的,由有关主管部门依照有关法律、法规的规定和国家标准或者行业标准审批并实施监督管理。

生产经营单位生产、经营、运输、储存、使用危险物品或者处置废弃危险物品,必须执行有关法律、法规和国家标准或者行业标准,建立专门的安全管理制度,采取可靠的安全措施,接受有关主管部门依法实施的监督管理。

12.1.2　《中华人民共和国刑法》的有关规定

违反国家规定,向土地、水体、大气排放、倾倒或者处置有放射性的废物、含传染病病原体的废物、有毒物质或者其他危险废物,造成重大环境污染事故,致使公私财产遭受重大损失或者人身伤亡的严重后果的,处三年以下有期徒刑或者拘役,并处或者单位罚金;后果特别严重的,处三年以上七年以下有期徒刑,并处罚金。

12.1.3　《危险化学品安全管理条例》的有关规定

废弃危险化学品的处置,依照有关环境保护的法律、行政法规和国家有关规定执行。

环境保护主管部门负责废弃危险化学品处置的监督管理。

12.2 危险废物的处置原则

危险废物的最终安全处置，必须遵循以下原则：
(1) 区别对待、分类处置、严格管制危险废物和放射性废物。

根据不同废物的危害程度与特性，区别对待，分类管理。对具有特别严重危害性质的危险废物，处置上应比一般废物更为严格并实行特殊控制。这样，既能有效地控制主要危害，又能降低处置费用。

(2) 集中处置原则。

《中华人民共和国固体废物污染环境防治法》把推行危险废物的集中处置，作为防治危险废物污染的重要措施和原则。对危险废物实行集中处置，不仅可以节约人力、物力、财力，有利于监督管理，也是有效控制乃至消除危险废物污染危害的重要形式和主要的技术手段。

(3) 无害化处置原则。

危险废物最终处置的基本原则，是合理地、最大限度地将危害废物与生物圈相隔离，减少有毒有害物质释放进入环境的速度和总量，将其在长期处置过程中对人类和环境的影响减至最小程度。

12.3 危险废物处置的基本原理

危险废物的处置，在设计上采用三道防护屏障组成的多重屏障原理。
(1) 废物的屏障系统。根据填埋的危险废物的性质进行预处理，包括固化或惰性化处理，以减轻废物的毒性或减少渗滤液中有害物质的浓度。
(2) 密封屏障系统。利用人为的工程措施将废物封闭，使废物渗滤液难于突破密封屏障，向外溢出。其密封效果取决于密封材料品质、设计水平和施工质量保证。
(3) 地质屏障系统。地质屏障系统包括场地的地质基础、外围和区域综合地质技术条件。

地质屏障的防护作用大小，取决于地质介质对污染物质的阻滞性能和污染物质在地质介质中的降解性能。良好的地质屏障应达到下述要求：

①土壤和岩层较厚、密度高、均质性好、渗透性低，含有对污染物吸附能力强的矿物成分；

②与地表水和地下水的联系较少，可减少地下水的人浸量和渗滤液进入地下水的渗流量；

③从长远上，能避免或降低污染物质的释出速度。

地质屏障系统决定"废物屏障系统"和"密封屏障系统"的基本结构。如果经查明地质屏障系统性质优良，对废物有足够强的防护能力，则可简化这两道屏障系统的技术措施。所以地质屏障系统制约了固体废物处置场的工程安全和投资力度。

12.4 危险废物的处置方法

废弃危险化学品处理所采用的方法包括物理技术、化学技术、生物技术及其混合技术。部分废弃化学品虽然所含的有毒有害化学品浓度高,常会杀死微生物,但有时仍适宜用生物法处理,由于部分废弃危险化学品的有毒有害性质,生物处理技术应用范围受到了一定的限制。固化/稳定化技术可以将危险废物变成高度不溶性的稳定物质。

12.4.1 物理处理技术

废弃危险化学品在最终处置之前可以用多种不同的处理技术进行处理,其目的都是改变其物理化学性质,如减容、固定有毒成分和解毒等。处理某种废物应选用何种最佳的实用方法取决于许多因素,这些因素包括处理或处置装置的有效性及适用性、安全标准和成本等因素。例如,可燃性有机溶剂通常是有毒的,其蒸气与空气混合时会发生爆炸,这种废液大多可以回收,实际上经常是在其产生源时就应进行回收。如果遇到不能回收的场合,燃烧常常是最合适的处置方法。不可燃的有机溶剂包括由有毒的氯代烃类脱脂剂及油化剥离剂组成的油脂状废弃物,它们虽然是不可燃的,但实际上最佳处置方法是在特殊的高温焚烧炉中添加柴油或其他合适的辅助燃料进行焚烧,焚烧炉配备有洗涤设备,以去除焚烧所产生的氯化氢等有毒有害气体。物理处理技术是通过浓缩或相变化改变危险废物的形态,使之成为便于运输、储存、利用或处置的形态。

物理处理技术涉及的方法包括固化、沉降、分选、吸附、萃取等,主要作为对废物进行资源回收或最终处置前的预处理。

12.4.1.1 固化技术

固化法或者固定法,是将废物转化成不溶性的坚硬物料,通常用作填埋处理前的预处理,将废弃物与各种反应剂混合,转化成一种水泥状产物。如玻璃制造、木材防腐、皮革及毛皮处理等工艺都会产生含砷废物,砷及其化合物具有毒性。因此,其工业加工及处理过程需广泛地加以控制。最理想的处置方法是回收,但在某些场合不能回收时,通常是在最严格的安全措施下将各种含砷废物进行包裹处理,对于大量含砷废物,将废物装入混凝土箱中是符合要求的。

12.4.1.2 沉降技术

沉降是依靠重力从液体中除去悬浮固体的过程。沉降用于去除相对密度大于液体的悬浮颗粒,只要悬浮物质是可沉降的,可使用包括絮凝剂/凝聚剂在内的化学助剂,使沉降效率得到提高。由于沉降操作比较方便,因而沉降技术用途广泛,几乎可应用于一切含悬浮固体的废水处理,也可以方便地组合成更复杂的处理系统作为预处理或后处理方法,如在化学处理的沉淀法中也通常要用沉降技术。

12.4.1.3 萃取技术

溶剂萃取,也称液—液萃取,即溶液与对杂质有更高亲和力的另一种互不相溶的液体相接触,使其中某种成分分离出来的过程。这种分离可以是由于两种溶剂之间溶解度不同或是发生了某种化学反应的结果。

12.4.2 化学处理技术

化学处理技术是将危险废弃物通过化学反应，转化成无毒无害的化学成分，或者将其中的有毒有害成分从废弃物中转化分离出来，或者降低其毒害危险性。化学处理技术应用最为广泛、最为有效，如氰化物是一种常见的有毒物质，可以是液态或者固态的，可以用比较简单的方法将氰化物转化成无毒无害的其他物质，这样需要处置的废弃物就大大减少。含氰化物的液体废弃物可用化学氧化法处理。存在铬酸盐的废弃物可将六价铬还原成毒性低得多的三价铬。常用的化学处理技术包括化学沉淀法、氧化法、还原法、中和法、焚烧法等。

12.4.2.1 化学沉淀法

在处理含有有毒有害的重金属化合物的废弃化学品时，可先将其溶解加入氢氧化物、硫化物等沉淀剂，将其中的有毒有害阳离子从液相中沉淀或过滤分离出来；如果能沉降但效果不好时，可通过加入絮凝剂加快沉淀作用。所生成的氢氧化物或硫化物沉淀还可通过煅烧、氧化、酸化等方法对其中的重金属回收利用，实现变废为宝的目的。

12.4.2.2 氧化法

通过加入氧化剂，使废弃化学品的有毒有害成分转化为无毒或低毒的物质。常用的氧化剂有过氧化氢、高锰酸钾、氯化物（如次氯酸盐）、臭氧等。如过氧化氢可在很大的温度和浓度范围内用来氧化酚类、氰化物类、硫化物及金属离子；高锰酸钾是一种较强的氧化剂，可与醛类、硫醇类、酚类及不饱和酸类反应，高锰酸钾的还原态是二氧化锰，二氧化锰可用过滤法除去。高锰酸钾主要用于分解酚类化合物，它使酚的芳环结构裂开生成直链脂肪族分子，然后将脂肪族分子氧化成二氧化碳和水；次氯酸盐常被用于处理氰化物，将氰离子氧化成无害的物质，次氯酸盐也能氧化酚类化合物，但若反应过程控制不当会生成有毒的氯酚类，所以此方法通常不被利用；臭氧对处理酚类比较有效，其氧化能力比过氧化氢大，而且没有选择性，因此可以氧化许多物质。其处理低浓度酚类废弃物时，通常的做法是将酚类化合物氧化成有毒但容易降解的有机中间化合物。臭氧处理的最大优点是净化率高，不产生二次污染，但因臭氧的制备能耗大、成本高，同时臭氧的运输储存相对比较困难，因此应用较少，尤其是对中、高浓度的废水处理一般先使用其他方法进行处置。

12.4.2.3 还原法

当废弃化学品具有氧化性时，可用还原法对其进行无害化或减害化处理。如铬酸是一种广泛用于金属表面处理及镀铬过程的有腐蚀性的有毒有害化学品，六价铬有很强的毒害性。铬酸在化学上可被还原成三价铬状态。三价铬不但毒害性能降低，而且它的许多化合物的溶解性很小，可在后继的处理过程中转化为沉淀从而得到分离和回收。许多化学品均可作为有效的还原剂，如二氧化硫、亚硫酸盐类、酸式亚硫酸盐类及亚铁盐类等。

12.4.2.4 中和法

中和是将酸性或碱性废液的pH值调至接近中性的过程，应根据废弃物的特性及后处理步骤或用途来选择合适的中和方法。

化学工业生产大量的酸、碱性废液可用中和法处理。许多金属处理过程生产大量酸性废液,废液中含有如铁、锌、铜、钡、镍、铬、锡及铅等金属,这类废液腐蚀性极强,在它们的腐蚀性造成危害的场合,需要将其中和。消石灰是便宜又实用的碱性物质,因此常被选用来处理大量废酸,中和所产生的石膏可过滤后进行填埋。碱性废液组成甚至比酸性废液复杂,在处理时回收有用物质也要困难得多,其中除废黏土、催化剂、金属氢氧化物这些固体物质外,可能还有酚类、环烷酸盐、磺酸盐、氰化物、重金属、脂肪类、油类、焦油状物质、天然或合成树脂类。在需要加酸中和时,最常用的有硫酸及盐酸,硫酸会生成较多的不溶性沉淀物,因此生产的残渣会比加盐酸时多,其优点是成本较低。

12.4.2.5 焚烧法

焚烧是一种高温热处理技术,即以一定的过剩空气与被处理的有机废弃物在焚烧炉内进行氧化燃烧反应,废弃物中的有毒有害物质在高温下因氧化、热解而破坏,是一种可同时实现废弃物的减量化、无害化、资源化的处置技术。焚烧的主要目的是尽可能破坏废弃物的化学组成结构,使被焚烧的物质变为无害和最大限度地减容,并尽量减少新的污染物质产生,避免造成二次污染。

废弃物的焚烧和其他处理方式相比,具有下列四个优点:减量,可以减少废弃物的体积和质量;消毒,可以去除有毒有机物、可燃性致癌物或感染性病理废物;二次污染程度低,而且由于质量大幅减少,残渣经最终处置后所生产的长期性后遗危害及污染低;能量回收,可以利用产生的水蒸气,供制造过程供热或发电所用。

焚烧法不但可以处置固定废弃物,还可以处置液体危险废弃物和气体危险废弃物。焚烧适宜处置有机成分多、热值高的废弃物,当处理可燃有机物组分很少的废弃物时,需要补加大量的燃料,这会使运行费用增高。不适合焚烧的废弃物包括易爆炸的废弃物和放射性废弃物。对于低放射性废弃物,只要严格控制放射性同位素的排放量,也可以安全地焚烧,但焚烧过程不能降低放射量。

12.4.3 固化/稳定化技术

早在20世纪50年代初期,欧美等工业发达国家就开始研究用水泥固化和沥青固化的方法处理放射性废物,后来又研究出针对高放射性废物的玻璃固化与塑料固化技术。目前,这些方法已被许多国家采用,并积累了大量的经验。危险废物固化/稳定化处理的目的是使危险废物中的所有污染组分呈现化学惰性或被包容起来,以便运输、利用和处置。固化/稳定化既可以是危险废物的一个单独的处理过程,也可以是最终处理前的一个预处理过程。

固化稳定化技术已经被广泛地应用于危险废物管理中,它主要被应用于以下几方面:

(1) 对具有毒性或强反应性等危险性质的废弃物进行处理,可使其满足填埋处置的要求。例如,在填埋处置液态或膏状的危险废弃物时,必须使用物理或化学方法进行固化,使其即使在很大的压力下或者在降雨的淋溶下也不至于扩散污染。

(2) 其他处理过程所产生的残渣的无害化处理,例如废弃物焚烧产生的飞灰。焚烧过程可以有效地破坏有机毒性物质,而且有很好的减容效果,但与此同时,也必然会在飞灰里富集某些化学成分,甚至会富集放射性物质。

(3) 对土壤进行去污。在大量土壤被有机或者无机有毒有害物质污染时,需要借助稳定化技术或其他方式使土壤得以恢复。与其他方法（例如封闭与隔离）相比，稳定化技术的作用相对持久，在大量土地遭受较低程度的污染时，稳定化尤其有效。因为在大多数情况下，填埋、焚烧等方法所必需的开挖、运输、装卸等操作会引起污染土壤的飞扬和其中污染物的挥发而导致二次污染，而且通常开挖、运输比填埋、焚烧成本要高得多。

在一般情况下，稳定化过程是选用某种适当的添加剂与废弃物混合，以降低废弃物的毒性和减小污染物自废弃物到生态系统的迁移率。因而它是一种将污染物全部或部分地固定于作为支持介质的黏结剂或其他形式的添加剂上的方法。目前所采用的各种固化稳定化方法往往只能适用于处理一种或几种类型的危险废物。根据固体基材及固化过程，目前常用的固化稳定化方法主要包括水泥固化、塑性材料固化、熔融固化（玻璃化）、有机聚合物固化、自胶结固化、陶瓷固化等。

12.5 应急处理要求

产生、收集、储存、运输、利用、处置危险废物的单位，应当制定在发生意外事故时采取的应急措施和防范措施，并向油田公司环境保护管理部门报告。

因发生事故或者其他突发性事件，造成危险废物严重污染环境、威胁居民生命财产安全时，必须立即采取措施消除或者减轻对环境的污染危害，及时通报可能受到污染危害的单位和居民，并向油田公司环境保护管理部门报告。

13 重大危险源管理

重大危险源是指长期地或临时地生产、加工、使用或储存危险化学品,且危险化学品的数量等于或超过临界量的单元。

重大危险源一旦发生事故,往往是群死、群伤的火灾、爆炸、中毒等灾难性事故。为了加强危险化学品重大危险源的安全监督管理,防止和减少危险化学品事故的发生,保障人民群众生命财产安全,根据《中华人民共和国安全生产法》(简称《安全生产法》)和《危险化学品安全管理条例》等有关法律、行政法规,国家安全生产监督管理总局于 2011 年 7 月 22 日审议通过了《危险化学品重大危险源监督管理暂行规定》(国家安全生产监督管理总局第 40 号令),该规定自 2011 年 12 月 1 日起实施。

13.1 重大危险源管理的要求

《安全生产法》明确规定经营单位对重大危险源应当登记建档,进行定期检测、评估、监控,并制定应急预案,告知从业人员和相关人员在紧急情况下应当采取的应急措施。生产经营单位应当按照国家有关规定将本单位重大危险源及有关安全措施、应急措施报安全生产监督管理部门和有关部门备案。

《危险化学品安全管理条例》规定危险化学品生产装置或者储存数量构成重大危险源的危险化学品储存设施(运输工具加油站、加气站除外),与人员密集场所、公共设施、饮用水源、水厂及水源保护区、车站、码头、机场以及通信干线、通信枢纽、铁路线路、道路交通干线、水路交通干线、地铁风亭及地铁站出入口、基本农田保护区、基本草原、畜禽遗传资源保护区、畜禽规模化养殖场(养殖小区)、渔业水域及种子、种畜禽、水产苗种生产基地、河流、湖泊、风景名胜区、自然保护区、军事禁区、军事管理区的距离,必须符合国家有关规定。生产、储存危险化学品的企业,应当委托具备国家规定的资质条件的机构,对本企业的安全生产条件每 3 年进行一次安全评价,提出安全评价报告。安全评价报告的内容应当包括对安全生产条件存在的问题进行整改的方案。危险化学品应当储存在专用仓库、专用场地或者专用储存室(统称专用仓库)内,并由专人负责管理;剧毒化学品及储存数量构成重大危险源的其他危险化学品,应当在专用仓库内单独存放,并实行双人收发、双人保管制度。危险化学品的储存方式、方法及储存数量应当符合国家标准或者国家有关规定。

13.2 重大危险源的辨识和评估

13.2.1 重大危险源的辨识

单元内存在危险化学品的数量等于或超过《危险化学品重大危险源辨识》(GB 18218—2009)规定的临界量,即被定为重大危险源。单元内存在的危险化学品的数量根据处理危险化学品种类的多少区分为以下两种情况:

(1) 单元内存在的危险化学品为单一品种,则该危险化学品的数量即为单元内危险化学品的总量,若等于或超过相应的临界量,则定为重大危险源。

(2) 单元内存在的危险化学品为多品种时,则按下式计算,若满足下式,则定为重大危险源:

$$q_1/Q_1 + q_2/Q_2 + \cdots + q_n/Q_n \geqslant 1$$

式中 $q_1, q_2, \cdots, q_n$——每种危险化学品实际存在量,t;

$Q_1, Q_2, \cdots, Q_n$——与各危险化学品相对应的临界量,t。

对于危险化学品临界量的确定方法如下:

(1) 在表 13.1 范围内的危险化学品,其临界量按表 13.1 确定。

(2) 未在表 13.1 范围内的危险化学品,依据其危险性,按表 13.2 确定临界量;若一种危险化学品具有多种危险性,按其中最低的临界量确定。

表 13.1 危险化学品名称及其临界量

序号	类别	危险化学品名称和说明	临界量,t
1	爆炸品	叠氮化钡	0.5
2		叠氮化铝	0.5
3		雷酸汞	0.5
4		三硝基苯甲醚	5
5		三硝基甲苯	5
6		硝化甘油	1
7		硝化纤维素	10
8		硝酸铵(含可燃物>0.2%)	5
9	易燃气体	丁二烯	5
10		二甲醚	50
11		甲烷、天然气	50

续表

序号	类别	危险化学品名称和说明	临界量，t
12	易燃气体	氯乙烯	50
13		氢	5
14		液化石油气（含丙烷、丁烷）	50
15		一甲胺	5
16		乙炔	1
17		乙烯	50
18	毒性气体	氨	10
19		二氟化氧	1
20		二氧化氮	1
21		二氧化硫	20
22		氟	1
23		光气	0.3
24		环氧乙烷	10
25		甲醛（含量>90%）	5
26		磷化氢	1
27		硫化氢	5
28		氯化氢	20
29		氯	5
30		煤气（CO和CO与H_2、CH_4的混合物等）	20
31		砷化三氢（胂）	1
32		锑化氢	1
33		硒化氢	1
34		溴甲烷	10
35	易燃液体	苯	50
36		苯乙烯	500
37		丙酮	500
38		丙烯腈	50
39		二硫化碳	50

续表

序号	类别	危险化学品名称和说明	临界量,t
40	易燃液体	环己烷	500
41		环氧丙烷	10
42		甲苯	500
43		甲醇	500
44		汽油	200
45		乙醇	500
46		乙醚	10
47		乙酸乙酯	500
48		正己烷	500
49	易于自燃的物质	黄磷	50
50		烷基铝	1
51		戊硼烷	1
52	与水放出易燃气体的物质	电石	100
53		钾	1
54		钠	10
55	氧化性物质	发烟硫酸	100
56		过氧化钾	20
57		过氧化钠	20
58		氯酸钾	100
59		氯酸钠	100
60		硝酸（发红烟的）	20
61		硝酸（发红烟的除外，含硝酸>70%）	100
62		硝酸铵（含可燃物≤0.2%）	300
63		硝酸铵基化肥	1000
64	有机过氧化物	过氧乙酸（含量≥60%）	10
65		过氧化钾乙酮（含量≥60%）	10
66	毒性物质	丙酮合氰化氢	20
67		丙烯醛	20

续表

序号	类　别	危险化学品名称和说明	临界量，t
68	毒性物质	氟化氢	1
69		环氧氯丙烷（3-氯-1,2 环氧丙烷）	20
70		环氧溴丙烷（表溴醇）	20
71		甲苯二异氰酸酯	100
72		氯化硫	1
73		氰化氢	1
74		二氧化硫	75
75		烯丙胺	20
76		溴	20
77		乙撑亚胺	20
78		异氰酸甲酯	0.75

表 13.2　未在表 13.1 中列举的危险化学品类别及其临界量

类　别	危险性分类及说明	临界量，t
爆炸品	1.1A 项爆炸品	1
	除 1.1A 项外的其他 1.1 项爆炸品	10
	除 1.1 项外的其他爆炸品	50
气体	易燃气体；危险性属于 2.1 项的气体	10
	氧化性气体；危险性属于 2.3 项 非易燃无毒气体且次要危险性为 5 类的气体	200
	剧毒气体； 危险性属于 2.3 项且急性毒性为类别 1 的毒性气体	5
	有毒气体；危险性属于 2.3 项的其他毒性气体	50
易燃液体	极易燃液体；沸点≤35℃且闪点＜0℃的液体； 保存温度一直在其沸点以上的易燃液体	10
	高度易燃液体；闪点＜23℃的液体（不包括极易燃液体）；液态退敏爆炸品	1000
	易燃液体；23℃≤闪点＜61℃的液体	5000
易燃固体	危险性属于 4.1 项且包装为 I 类的物质	200

续表

类　　别	危险性分类及说明	临界量，t
易于自燃的物质	危险性属于 4.2 项且包装为 Ⅰ 或 Ⅱ 类的物质	200
遇水放出易燃气体的物质	危险性属于 4.3 项且包装为 Ⅰ 类的物质	200
氧化性物质	危险性属于 5.1 项且包装为 Ⅰ 类的物质	50
氧化性物质	危险性属于 5.1 项且包装为 Ⅱ 或 Ⅲ 类的物质	200
有机过氧化物	危险性属于 5.2 项的物质	50
毒性物质	危险性属于 6.1 项且急性毒性为类别 Ⅰ 的物质	50
毒性物质	危险性属于 6.1 项且急性毒性为类别 Ⅱ 的物质	500

注：以上危险化学品危险性类别及包装类别依据 GB 12268—2012 确定，急性毒性类别依据 GB 20592—2006 确定。

国家安全监管总局对现行《危险化学品目录》（2015 版）中的 2828 余种危险化学品进行了筛选，编制了《首批重点监管的危险化学品名录》（附录 2）。

13.2.2　重大危险源的评估

根据危险物质及其临界量进行重大危险源辨识后，危险化学品单位应当对重大危险源进行安全评估并确定重大危险源等级。

13.2.2.1　重大危险源分级

根据其危险程度，分为一级、二级、三级和四级，其中一级为最高级别。采用单元内各种危险化学品实际存在（在线）量与其在《危险化学品重大危险源辨识》（GB 18218—2009）中规定的临界量比值，经校正系数校正后的比值之和 R 作为分级指标。

危险化学品重大危险源级别和 R 值的对应关系见表 13.3。

表 13.3　危险化学品重大危险源级别和 R 值的对应关系

危险化学品重大危险源级别	R 值
一级	$R \geqslant 100$
二级	$100 > R \geqslant 50$
三级	$50 > R \geqslant 10$
四级	$R < 10$

重大危险源有下列情形之一的，应当委托具有相应资质的安全评价机构，按照有关标准的规定采用定量风险评价方法进行安全评估，确定个人和社会风险值：

（1）构成一级或者二级重大危险源，且毒性气体实际存在（在线）量与其在《危险化学品重大危险源辨识》（GB 18218—2009）中规定的临界量比值之和大于或等于 1 的；

（2）构成一级重大危险源，且爆炸品或液化易燃气体实际存在（在线）量与其在《危险化学品重大危险源辨识》中规定的临界量比值之和大于或等于 1 的。

13.2.2.2 重大危险源评估报告

重大危险源安全评估报告应当客观公正、数据准确、内容完整、结论明确、措施可行，并包括下列内容：

(1) 评估的主要依据；
(2) 重大危险源的基本情况；
(3) 事故发生的可能性及危害程度；
(4) 个人风险和社会风险值（仅适用定量风险评价方法）；
(5) 可能受事故影响的周边场所、人员情况；
(6) 重大危险源辨识、分级的符合性分析；
(7) 安全管理措施、安全技术和监控措施；
(8) 事故应急措施；
(9) 评估结论与建议。

13.3　重大危险源登记建档

生产经营单位对重大危险源应当登记建档，重大危险源档案应包括以下内容：

(1) 辨识、分级记录；
(2) 重大危险源基本特征表；
(3) 涉及的所有化学品安全技术说明书；
(4) 区域位置图、平面布置图、工艺流程图和主要设备一览表；
(5) 重大危险源安全管理规章制度及安全操作规程；
(6) 安全监测监控系统、措施说明、检测、检验结果；
(7) 重大危险源事故应急预案、评审意见、演练计划和评估报告；
(8) 安全评估报告或者安全评价报告；
(9) 重大危险源关键装置、重点部位的责任人、责任机构名称；
(10) 重大危险源场所安全警示标志的设置情况；
(11) 其他文件、资料。

13.4　重大危险源安全管理

(1) 危险化学品单位应当建立完善重大危险源安全管理规章制度和安全操作规程，并采取有效措施保证其得到执行。

(2) 危险化学品单位应当根据构成重大危险源的危险化学品种类、数量、生产、使用工艺（方式）或者相关设备、设施等实际情况，按照以下要求建立健全安全监测监控体系，完善控制措施。

①重大危险源配备温度、压力、液位、流量、组分等信息的不间断采集和监测系统以及可燃气体和有毒有害气体泄漏检测报警装置,并具备信息远传、连续记录、事故预警、信息存储等功能;一级或者二级重大危险源,具备紧急停车功能。记录的电子数据的保存时间不少于30天。

②重大危险源的化工生产装置装备满足安全生产要求的自动化控制系统;一级或者二级重大危险源,装备紧急停车系统。

③对重大危险源中的毒性气体、剧毒液体和易燃气体等重点设施,设置紧急切断装置;毒性气体的设施,设置泄漏物紧急处置装置。涉及毒性气体、液化气体、剧毒液体的一级或者二级重大危险源,配备独立的安全仪表系统(SIS)。

④重大危险源中储存剧毒物质的场所或者设施,设置视频监控系统。

⑤安全监测监控系统符合国家标准或者行业标准的规定。

(3) 危险化学品单位应当按照国家有关规定,定期对重大危险源的安全设施和安全监测监控系统进行检测、检验,并进行经常性维护、保养,保证重大危险源的安全设施和安全监测监控系统有效、可靠运行。维护、保养、检测应当作好记录,并由有关人员签字。

(4) 危险化学品单位应当明确重大危险源中关键装置、重点部位的责任人或者责任机构,并对重大危险源的安全生产状况进行定期检查,及时采取措施消除事故隐患。事故隐患难以立即排除的,应当及时制定治理方案,落实整改措施、责任、资金、时限和预案。

(5) 危险化学品单位应当对重大危险源的管理和操作岗位人员进行安全操作技能培训,使其了解重大危险源的危险特性,熟悉重大危险源安全管理规章制度和安全操作规程,掌握本岗位的安全操作技能和应急措施。

(6) 危险化学品单位应当在重大危险源所在场所设置明显的安全警示标志,写明紧急情况下的应急处置办法。

13.5 重大危险源应急预案

危险化学品单位应当依法制定重大危险源事故应急预案,建立应急救援组织或者配备应急救援人员,配备必要的防护装备及应急救援器材、设备、物资,并保障其完好和方便使用。应当将重大危险源可能发生的事故后果和应急措施等信息,以适当方式告知可能受影响的单位、区域及人员。

对存在吸入性有毒、有害气体的重大危险源,危险化学品单位应当配备便携式浓度检测设备、空气呼吸器、化学防护服、堵漏器材等应急器材和设备;涉及剧毒气体的重大危险源,还应当配备两套以上(含两套)气密型化学防护服;涉及易燃易爆气体或者易燃液体蒸气的重大危险源,还应当配备一定数量的便携式可燃气体检测设备。

危险化学品单位对重大危险源专项应急预案,每年至少进行一次应急预案演练;对重大危险源现场处置方案,每半年至少进行一次应急预案演练。

14 常见化学品危险性事故和预防控制

本章主要介绍常见的一些化工生产与化学反应的操作与控制,并列出化工生产过程中化学品火灾爆炸、泄漏与中毒等危险事故的预防措施。

14.1 常见操作的危险性和预防控制

在下面一些操作中,随着活性物质的被浓缩,所含能量相对集中,其危险性有可能增加,因此也应加以注意。

14.1.1 非均相分离

化工生产中的原料、半成品、排放的废物等大多为混合物,为了加工得到纯度较高的产品及环保的需要等,常常要对混合物进行分离。混合物可分为均相(混合)物系和非均相(混合)物系。非均相物系中,有一相处于分散状态,称为分散相,如雾中的小水滴、烟尘中的尘粒、悬浮液中的固体颗粒、乳浊液中分散成小液滴的液相;另一相处于连续状态,称为连续相(或分散介质),如雾和烟尘中的气相、悬浮液中的液相、乳浊液中处于连续状态的液相。从有毒有害物质处理的角度,非均相分离过程就是这些物质的净化过程、吸收过程或浓缩分离过程。工业生产中多采用机械方法对两相进行分离,常见的有沉降分离、过滤分离、静电分离和湿洗分离等,此外,还有音波除尘和热除尘等方法。

过滤过程安全措施:若加压过滤时伴随散发易燃、易爆、有害气体,应采用密闭过滤机,并应用压缩空气或惰性气体保持压力,取滤渣时,应先释放压力。在存在火灾、爆炸危险的工艺中,不宜采用离心过滤机,宜采用转鼓式或带式等真空过滤机。如必须采用离心过滤机时,应严格控制电动机安装质量,安装限速装置,注意不要选择临界速度操作。离心过滤机应注意选材和焊接质量,转鼓、外壳、盖子及底座等应用韧性金属制造。

14.1.2 加热及传热

传热在化工生产过程中的应用主要有创造并维持化学反应、单元操作过程需要的温度条件。

热量传递有热传导、热对流和热辐射三种基本方式。实际上,传热过程往往不是以某种传热方式单独出现,而是以两种或三种传热方式的组合。化工生产中的换热通常在两流体之间进行,换热的目的是将工艺流体加热(汽化),或是将工艺流体冷却(冷凝)。

加热过程安全分析:加热过程危险性较大。装置加热方法一般为水蒸气或热水加热、载热体加热及电加热等。采用水蒸气或热水加热时，应定期检查水蒸气夹套和管道的耐压强度，并应装设压力计和安全阀。与水会发生反应的物料，不宜采用水蒸气或热水加热。采用充油夹套加热时，需将加热炉门与反应设备用砖墙隔绝，或将加热炉设于车间外面。油循环系统应严格密闭，不准热油泄漏。

为了提高电感加热设备的安全可靠程度，可采用较大截面的导线，以防过负荷；采用防潮、防腐蚀、耐高温的绝缘，增加绝缘层厚度。添加绝缘保护层等措施。电感应线圈应密封起来，防止与可燃物接触。电加热器的电炉丝与被加热设备的器壁之间应有良好的绝缘，以防短路引起电火花，将器壁击穿，使设备内的易燃物质或漏出的气体和蒸气发生燃烧或爆炸。在加热或烘干易燃物质，以及受热能挥发可燃气体或蒸气的物质，应采用封闭式电加热器。电加热器不能安放在易燃物质附近。

在采用直接用火加热工艺过程时，加热炉门与加热设备间应用砖墙完全隔离，避免厂房内存在明火。加热锅内残渣应经常清除以免局部过热引起锅底破裂。以煤粉为燃料时，料斗应保持一定存量，不许倒空，避免空气进入，防止煤粉爆炸；制粉系统应安装爆破片。以气体、液体为燃料时，点火前应吹扫炉膛，排除积存的爆炸性混合气体，防止点火时发生爆炸。当加热温度接近或超过物料的自燃点时，应采用惰性气体保护。

14.1.3　蒸馏及精馏

化工生产中常常要将混合物进行分离，以实现产品的提纯和回收或原料的精制。对于均相液体混合物，最常用的分离方法是蒸馏。要实现混合液的高纯度分离，需采用精馏操作。

蒸馏过程危险性分析：在常压蒸馏中应注意易燃液体的蒸馏热源不能采用明火，而采用水蒸气或过热水蒸气加热较安全。蒸馏腐蚀性液体，应防止塔壁、塔盘腐蚀，造成易燃液体或蒸气逸出，遇明火或灼热的炉壁而产生燃烧。蒸馏自燃点很低的液体，应注意蒸馏系统的密闭，防止因高温泄漏遇空气自燃。对于高温的蒸馏系统，应防止冷却水突然漏入塔内，这将会使水迅速汽化，塔内压力突然增高而将物料冲出或发生爆炸。启动前应将塔内和水蒸气管道内的冷凝水放空，然后使用。在常压蒸馏过程中，还应注意防止管道、阀门被凝点较高的物质凝结堵塞，导致塔内压力升高而引起爆炸。在用直接火加热蒸馏高沸点物料时（如苯二甲酸酐），应防止产生自燃点很低的树脂油状物遇空气而自燃。同时，应防止蒸干，使残渣焦化结垢，引起局部过热而着火爆炸。油焦和残渣应经常清除。冷凝系统的冷却水或冷冻盐水不能中断，否则未冷凝的易燃蒸气逸出使局部吸收系统温度增高，或窜出遇明火而引燃。

真空蒸馏（减压蒸馏）是一种比较安全的蒸馏方法。对于沸点较高、在高温下蒸馏时能引起分解、爆炸和聚合的物质，采用真空蒸馏较为合适。如硝基甲苯在高温下分解爆炸、苯乙烯在高温下易聚合，类似这类物质的蒸馏必须采用真空蒸馏的方法以降低流体的沸点，借以降低蒸馏的温度，确保其安全。

14.1.4　气体吸收与解吸

气体吸收按溶质与溶剂是否发生显著的化学反应，可分为物理吸收和化学吸收；按被吸收组分的不同，可分为单组分吸收和多组分吸收；按吸收体系（主要是液相）的温度是否显著变化,可分为等温吸收和非等温吸收。在选择吸收剂时,应注意溶解度、选择性、挥发度、黏度。工业生产中使用的吸收塔的主要类型有板式塔、填料塔、湍球塔、喷洒塔和喷射式吸收器等。

解吸又称脱吸,是脱除吸收剂中已被吸收的溶质,而使溶质从液相逸出到气相的过程。在生产中解吸过程用来获得所需较纯的气体溶质,使溶剂得以再生,返回吸收塔循环使用。工业上常采用的解吸方法有加热解吸、减压解吸、在惰性气体中解吸、精馏方法。

14.1.5 干燥

干燥按其热量供给湿物料的方式,可分为传导干燥、对流干燥、辐射干燥和介电加热干燥。干燥按操作压强可分为常压干燥和减压干燥;按操作方式可分为间歇式干燥与连续式干燥。常用的干燥设备有厢式干燥器,转筒干燥器、气流干燥器、沸腾床干燥器、喷雾干燥器。为防止火灾、爆炸、中毒事故的发生,干燥过程要采取以下安全措施:

(1) 当干燥物料中含有自燃点很低或含有其他有害杂质时必须在烘干前彻底清除掉,干燥室内也不得放置容易自燃的物质。

(2) 干燥室与生产车间应用防火墙隔绝,并安装良好的通风设备,电气设备应防爆或将开关安装在室外。在干燥室或干燥箱内操作时,应防止可燃的干燥物直接接触热源,以免引起燃烧。

(3) 干燥易燃易爆物质,应采用水蒸气加热的真空干燥箱,当烘干结束后,去除真空时,一定要等到温度降低后才能放进空气;对易燃易爆物质采用流速较大的热空气干燥时,排气用的设备和电动机应采用防爆的;在用电烘箱烘烤能够蒸发易燃蒸气的物质时,电炉丝应完全封闭,箱上应加防爆门;利用烟道气直接加热可燃物时,在滚筒或干燥器上应安装防爆片,以防烟道气混入一氧化碳而引起爆炸。

(4) 间歇式干燥,物料大部分靠人力输送,热源采用热空气自然循环或鼓风机强制循环,温度较难控制,易造成局部过热,引起物料分解造成火灾或爆炸。因此,在干燥过程中,应严格控制温度。

14.1.6 蒸发

蒸发按其采用的压力可以为常压蒸发、加压蒸发和减压蒸发(真空蒸发)。按其蒸发所需热量的利用次数可分为单效蒸发和多效蒸发。蒸发过程要注意以下问题:

(1) 蒸发器的选择应考虑蒸发溶液的性质,如溶液的黏度、发泡性、腐蚀性、热敏性,以及是否容易结垢、结晶等情况。

(2) 在蒸发操作中,管内壁出现结垢现象是不可避免的,尤其当处理易结晶和腐蚀性物料时,使传热量下降。在这些蒸发操作中,一方面应定期停车清洗、除垢;另一方面改进蒸发器的结构,如把蒸发器的加热管加工光滑些,使污垢不易生成,即使生成也易清洗,提高溶液循环的速度,从而可降低污垢生成的速度。

14.1.7 结晶

结晶是固体物质以晶体状态从蒸气、溶液或熔融物中析出的过程。结晶是一个重要的化工单元操作，主要用于制备产品与中间产品、获得高纯度的纯净固体物料。

结晶过程常采用搅拌装置。搅动液体使之发生某种方式的循环流动，从而使物料混合均匀或促使物理、化学过程加速操作。

结晶过程的搅拌器要注意以下安全问题：

(1) 当结晶设备内存在易燃液体蒸气和空气的爆炸性混合物时，要防止产生静电，避免火灾和爆炸事故的发生。

(2) 避免搅拌轴的填料函漏油，因为填料函中的油漏入反应器会发生危险。例如硝化反应时，反应器内有浓硝酸，如有润滑油漏入，则油在浓硝酸的作用下氧化发热，使反应物料温度升高，可能发生冲料和燃烧爆炸。当反应器内有强氧化剂存在时，也有类似危险。

(3) 对于危险易燃物料不得中途停止搅拌。因为搅拌停止时，物料不能充分混匀，反应不良，且大量积聚；而当搅拌恢复时，则大量未反应的物料迅速混合，反应剧烈，往往造成冲料，有燃烧、爆炸危险。如因故障而导致搅拌停止时，应立即停止加料，迅速冷却；恢复搅拌时，必须待温度平稳、反应正常后方可续加料，恢复正常操作。

(4) 搅拌器应定期维修，严防搅拌器断落造成物料混合不匀，最后突然反应而发生猛烈冲料，甚至爆炸起火，搅拌器应灵活，防止卡死引起电动机温升过高而起火。搅拌器应有足够的机械强度，以防止因变形而与反应器器壁摩擦造成事故。

14.1.8 萃取

萃取时，溶剂的选择是萃取操作的关键，萃取剂的性质决定了萃取过程的危险性大小和特点。萃取剂的选择性、物理性质（密度、界面张力、黏度）、化学性质（稳定性、热稳定性和抗氧化稳定性）、萃取剂回收的难易和萃取的安全问题（毒性、易燃性、易爆性）是选择萃取剂时需要特别考虑的问题。工业生产中所采用的萃取流程有多种，主要有单级和多级之分。

萃取设备的主要性能是能为两液相提供充分混合与充分分离的条件，使两液相之间具有很大的接触面积，这种界面通常是将一种液相分散在另一种液相中所形成，两相流体在萃取设备内以逆流流动方式进行操作。萃取的设备有填料萃取塔、筛板萃取塔、转盘萃取塔、往复振动筛板塔和脉冲萃取塔。

14.1.9 制冷

冷却与冷凝的主要区别在于被冷却的物料是否发生相的改变，若发生相变则成为冷凝，否则，如无相变只是温度降低则为冷却。冷却、冷凝操作在化工生产中十分重要，它不仅涉及生产，而且也严重影响防火安全，反应设备和物料由于未能及时得到应有的冷却或冷凝，常是导致火灾、爆炸的原因。在工业生产过程中，蒸气、气体的液化，某些组分的低温分离，以及某些物品的输送、储存等，常需将物料降到比水或周围空气更低的温度，这种操作称为冷冻或制冷。

冷冻操作的实质是利用冷冻剂自身通过压缩—冷却—蒸发（或节流、膨胀）的循环过程，不断地由被冷冻物体取出热量（一般通过冷载体盐水溶液传递热量），并传给高温物质（水或空气），以使被冷冻物体温度降低。一般说来，冷冻程度与冷冻操作技术有关，凡冷冻范围在-100℃以内的称为冷冻；而在-100～-200℃或更低的，则称为深度冷冻或简称深冷。

冷却（凝）及冷冻过程的危险控制要点如下：

(1) 应根据被冷却物料的温度、压力、理化性质及所要求冷却的工艺条件，正确选用冷却设备和冷却剂。忌水物料的冷却不宜采用水做冷却剂，必需时应采取特别措施。

(2) 应严格注意冷却设备的密闭性，防止物料进入冷却剂中或冷却剂进入物料中。

(3) 冷却操作过程中，冷却介质不能中断，否则会造成积热，使反应异常，系统温度、压力升高，引起火灾或爆炸。因此，冷却介质温度控制最好采用自动调节装置。

(4) 开车前，首先应清除冷凝器中的积液；开车时，应先通入冷却介质，然后通入高温物料；停车时，应先停物料，后停冷却系统。

(5) 为保证不凝可燃气体安全排空，可充氮进行保护。

(6) 高凝点物料，冷却后易变得黏稠或凝固，在冷却时要注意控制温度，防止物料卡住搅拌器或堵塞设备及管道。

14.1.10 筛分及过滤

14.1.10.1 筛分

在工业生产中，为满足生产工艺的要求，常常需将固体原料、产品进行筛选，以选取符合工艺要求的粒度，这一操作过程称为筛分。筛分分为人工筛分和机械筛分。筛分所用的设备称为筛子，通过筛网孔眼控制物料的粒度。按筛网的形状可分为转动式和平板式两类。

筛分过程的危险控制要点是，在筛分可燃物时，应采取防碰撞打火和消除静电措施，防止因碰撞和静电引起粉尘爆炸和火灾事故。

14.1.10.2 过滤

过滤是使悬浮液在重力、真空、加压及离心的作用下，通过细孔物体，将固体悬浮微粒截留进行分离的操作。按操作方法，过滤分为间歇过滤和连续过滤两种；按推动力，过滤分为重力过滤、加压过滤、真空过滤和离心过滤。过滤采用的设备为过滤机。

14.1.11 物料输送

在工业生产过程中，经常需要将各种原材料、中间体、产品及副产品和废弃物，由前一个工序输往后一个工序，由一个车间输往另一个车间，或输往储运地点，这些输送过程就是物料输送。

(1) 气流输送系统除本身会产生故障之外，最大的问题是系统的堵塞和由静电引起的粉尘爆炸。

粉料气流输送系统应保持良好的严密性。其管道材料应选择导电性材料并有良好的接地，如采用绝缘材料管道，则管外应采取接地措施。输送速度不应超过该物料允许的流速，粉料不要堆积管内，要及时清理管壁。

(2) 用各种泵类输送易燃可燃液体时，流速过快能产生静电积累，其管内流速不应超过安全速度。

(3) 输送有爆炸性或燃烧性物料时，要采用氮、二氧化碳等惰性气体代替空气，以防造成燃烧或爆炸。

(4) 输送可燃气体物料的管道应经常保持正压，防止空气进入，并根据实际需要安装逆止阀、水封和阻火器等安全装置。

14.2 容易发生事故的化学反应

一般来说，只要慎重地对待那些认为有危险性的化学物品和化学反应，不马虎大意，不蛮干，是不大会出现事故的，很多事故是由于开始时考虑不周而引起的。专家学者对能引起事故而又难以预测的化学反应进行了总结，具体如下。

14.2.1 氧化反应

绝大多数氧化反应都是放热反应。这些反应很多是易燃易爆物质与空气或氧气参加，其物料配比接近爆炸下限。尚若配比及反应温度控制失调，即能发生爆炸燃烧。如氨氧化制硝酸、甲苯氧化制苯甲酸、乙烯氧化制环氧乙烷等。

14.2.1.1 氧化的火灾危险性

(1) 氧化反应需要加热，但反应过程又是放热反应，特别是催化气相反应，一般都是在 250～600℃ 的高温下进行，这些反应热如不及时移去，将会使温度迅速升高甚至发生爆炸。

(2) 有的氧化，如氨、乙烯和甲醇蒸气在空中的氧化，其物料配比接近于爆炸下限，倘若配比失调，温度控制不当，极易爆炸起火。

(3) 被氧化的物质大部分是易燃易爆物质。如乙烯氧化制取环氧乙烷中，乙烯是易燃气体，爆炸极限为 2.7%～34%，自燃点为 450℃；甲苯氧化制取苯甲酸中，甲苯是易燃液体，其蒸气易与空气形成爆炸性混合物，爆炸极限为 1.2%～7%；甲醇氧化制取甲醛中，甲醇是易燃液体，其蒸气与空气的爆炸极限为 6%～36.5%。

(4) 氧化剂具有很大的火灾危险性。如氯酸钾，高锰酸钾、铬酸酐等都属于氧化剂，如遇高温或受撞击、摩擦以及与有机物、酸类接触，皆能引起着火爆炸；有机过氧化物不仅具有很强的氧化性，而且大部分是易燃物质，有的对温度特别敏感，遇高温则爆炸。

(5) 氧化产品有些也具有火灾危险性。如环氧乙烷是可燃气体；硝酸虽是腐蚀性物品，但也是强氧化剂；含 36.7% 的甲醛水溶液是易燃液体，其蒸气的爆炸极限为 7.7%～73%。另外，某些氧化过程中还可能生成危险性较大的过氧化物，如乙醛氧化生产醋酸的过程中有醋酸生成，过醋酸是有机过氧化物，性质极度不稳定，受高温、摩擦或撞击便会分解或燃烧。

14.2.1.2 氧化过程的防火措施

(1) 氧化过程中如以空气或氧气作氧化剂时，反应物料的配比(可燃气体和空气的混合比例)应严格控制在爆炸范围之外。空气进入反应器之前，应经过气体净化装置，消除空气中的灰尘、水汽、油污及可使催化剂活性降低或中毒的杂质，以保持催化剂的活性，减少着火和爆炸的危险。

（2）氧化反应接触器有卧式和立式两种，内部填装有催化剂。一般多采用立式，因为这种形式催化剂装卸方便，而且安全。在催化氧化过程中，对于放热反应，应控制适宜的温度、流量，防止超温、超压和混合气处于爆炸范围之内。

（3）为了防止接触器在万一发生爆炸或着火时危及人身和设备安全，在反应器前和管道上应安装阻火器，以阻止火焰蔓延，防止回火，使着火不致影响其他系统。为了防止接触器发生爆炸，接触器应有泄压装置，并尽可能采用自动控制或调节以及报警联锁装置。

（4）使用硝酸、高锰酸钾等氧化剂时，要严格控制加料速度，防止多加、错加，固体氧化剂应粉碎后使用，最好呈溶液状态使用，反应中要不间断搅拌，严格控制反应温度，决不许超过被氧化物质的自燃点。

（5）使用氧化剂氧化无机物时，如使用氯酸钾氧化生成铁蓝颜料，应控制产品烘干温度不超过其着火点，在烘干之前应用清水洗涤产品，将氧化剂彻底除净，以防止未完全反应的氯酸钾引起已烘干的物料起火。有些有机化合物的氧化，特别是在高温下的氧化，在设备及管道内可能产生焦状物，应及时清除，以防自燃。

（6）氧化反应使用的原料及产品，应按有关危险品的管理规定，采取相应的防火措施，如隔离存放、远离火源、避免高温和日晒、防止摩擦和撞击等。如是电介质的易燃液体或气体，应安装导除静电的接地装置。

（7）在设备系统中宜设置氮气、水蒸气灭火装置，以便能及时扑灭火灾。

14.2.2 还原反应

如硝基苯在盐酸溶液中被铁粉还原成苯胺、邻硝基苯甲醚在碱性溶液中被锌粉还原成邻氨基苯甲醚、使用保险粉、硼氢化钾、氢化锂铝等还原剂进行还原等。

还原过程的危险性分析及防火要求如下：

（1）无论是利用初生态还原，还是用催化剂把氢气活化后还原，都有氢气存在(氢气的爆炸极限为4%～75%)，特别是催化加氢还原，大都在加热、加压条件下进行，如果操作失误或因设备缺陷有氢气泄漏，极易与空气形成爆炸性混合物，如遇着火源即会爆炸。所以，在操作过程中要严格控制温度、压力和流量；车间内的电气设备必须符合防爆要求。电线及电线接线盒不宜在车间顶部敷设安装；厂房通风要好，应采用轻质屋顶、设置天窗或风帽，以使氢气及时逸出；反应中产生的氢气可用排气管导出车间屋顶，并高于屋脊2m以上，经过阻火器向外排放；加压反应的设备应配备安全阀，反应中产生压力的设备要装设爆破片；安装氢气检测和报警装置。

（2）还原反应中所使用的催化剂雷氏镍吸潮后在空气中有自燃危险，即使没有着火源存在，也能使氢气和空气的混合物引燃形成着火爆炸。因此，当用它们来活化氢气进行还原反应时，必须先用氮气置换反应器内的全部空气，并经过测定证实含氧量降到标准后，才可通入氢气；反应结束后应先用氮气把反应器内的氢气置换干净，才可打开孔盖出料，以免外界空气与反应器内的氢气相遇，在雷氏镍自燃的情况下发生着火爆炸，雷氏镍应当储存于酒精中，钯碳回收时应用酒精及清水充分洗涤，过滤抽真空时不得抽得太干，以免氧化着火。

（3）固体还原剂保险粉、硼氢化钾、氢化铝锂等都是遇湿易燃危险品，其中保险粉遇水发热，在潮湿空气中能分解析出硫，硫蒸气受热具有自燃的危险，且保险粉本身受热到190℃也有分解爆炸的危险；硼氢化钾（钠）在潮湿空气中能自燃，遇水或酸即分解放出大量氢气，同时产生高热，可使氢气着火而引起爆炸事故；氢化锂铝是遇湿危险的还原剂，务必要妥善保管，防止受潮。保险粉用于溶解使用时，要严格控制温度，可以在开动搅拌的情况下，将保险粉分批加入水中，待溶解后再与有机物接触反应；当使用硼氢化钠（钾）作还原剂时，在工艺过程中调解酸、碱度时要特别注意，防止加酸过快、过多；当使用氢化铝锂作还原剂时，要特别注意，必须在氮气保护下使用，平时浸没于煤油中储存。前面所述的还原剂，遇氧化剂会猛烈发生反应，产生大量热量，具有着火爆炸的危险，故不得与氧化剂混存。

（4）还原反应的中间体，特别是硝基化合物还原反应的中间体，亦有一定的火灾危险，例如，在邻硝基苯甲醚还原为邻氨基苯甲醚的过程中，产生氧化偶氮苯甲醚，该中间体受热到150℃能自燃。苯胺在生产中如果反应条件控制不好，可生成爆炸危险性很大的环己胺。所以在反应操作中一定要严格控制各种反应参数和反应条件。

（5）开展技术革新，研究采用危险性小、还原效率高的新型还原剂代替火灾危险性大的还原剂。例如采用硫化钠代替铁粉还原，可以避免氢气产生，同时还可消除铁泥堆积的问题。

14.2.3 聚合反应

将若干个分子结合为一个较大的组成相同而相对分子质量较高的化合物的反应过程为聚合。如氯乙烯聚合生产聚氯乙烯塑料、丁二烯聚合生产顺丁橡胶和丁苯橡胶等。聚合按照反应类型可分为加成聚合和缩合聚合两大类；按照聚合方式又可分为本体聚合、悬浮聚合、溶液聚合、乳液聚合和缩合聚合五种。

14.2.3.1 本体聚合

本体聚合是在没有其他介质的情况下（如乙烯的高压聚合、甲醛的聚合等），用浸在冷却剂中的管式聚合釜（或在聚合釜中设盘管、列管冷却）进行的一种聚合方法。这种聚合方法往往由于聚合热不易传导散出而导致危险。例如在高压聚乙烯生产中，每聚合1kg乙烯会放出3.8MJ的热量，倘若这些热量未能及时移去，则每聚合1%的乙烯，即可使釜内温度升高12～13℃，待升高到一定温度时，就会使乙烯分解，强烈放热，有发生暴聚的危险。一旦发生暴聚，则设备堵塞，压力骤增，极易发生爆炸。

14.2.3.2 溶液聚合

溶液聚合是选择一种溶剂，使单体溶成均相体系，加入催化剂或引发剂后，生成聚合物的一种聚合方法。这种聚合方法在聚合和分离过程中，易燃溶剂容易挥发和产生静电火花。

14.2.3.3 悬浮聚合

悬浮聚合是用水作分散介质的聚合方法。它是利用有机分散剂或无机分散剂，把不溶于水的液态单体，连同溶在单体中的引发剂经过强烈搅拌，打碎成小珠状，分散在水中成为悬浮液，在极细的单位小珠液滴（直径为0.1μm）中进行聚合，因此又称为珠状聚合。这种聚合方法在整个聚合过程中，如果没有严格控制工艺条件，致使设备运转不正常，则易出现溢料，如若溢料，则水分蒸发后未聚合的单体和引发剂遇火源极易引发着火或爆炸事故。

14.2.3.4 乳液聚合

乳液聚合是在机械强烈搅拌或超声波振动下，利用乳化剂使液态单体分散在水中（珠滴直径 0.001～0.01μm），引发剂则溶在水里而进行聚合的一种方法。这种聚合方法常用无机过氧化物（如过氧化氢）作引发剂，如若过氧化物在介质（水）中配比不当，温度太高，反应速度过快，会发生冲料，同时在聚合过程中还会产生可燃气体。

14.2.3.5 缩合聚合

缩合聚合也称缩聚反应，是具有两个或两个以上功能团的单体相互缩合，并析出小分子副产物而形成聚合物的聚合反应。缩合聚合是吸热反应，但由于温度过高，也会导致系统的压力增加，甚至引起爆裂，泄漏出易燃易爆的单体。

人们业已知道，二异丙醚、二乙烯基乙炔、偏二氯乙烯、氨基钠、氨基钾等，在储存时容易被空气氧化生成爆炸性的过氧化物。在储存、使用、丢弃这些容易生成过氧化物的物质时，必须十分注意。有乙醚等生成的有机过氧化物，其蒸气压低而难以蒸发，在蒸馏乙醚时就应将其浓缩。又由于此时处于与易燃性的乙醚邻近或共存，所以过氧化物的着火有可能引起重大事故。

14.2.4 与热介质的反应

热交换用的热介质可以用水、植物油、硅油、高沸点有机溶液、熔融盐、熔融金属等。如果所用的热介质管道上有孔隙，反应混合物与热介质即可混合。一般来说，这种事故的几率不大，因而人们往往不怎么注意。然而，一旦由此引起事故时，则会造成很大的损失。另外，反应物中若混入了有毒的热介质，或者由于酸中混入了水，使设备的腐蚀增大，等等，这些都会引起能量危险以外的物质危险。

硝酸盐和亚硝酸盐的混合物是常用的热介质。但是，这类混合物也是一种强氧化剂。由于使用时的温度较高，所以一旦混入还原性物质或可燃物时，就会发生激烈的反应。由这类混合物所引起的事故有：与水蒸气作用的爆炸，与镁作用的爆炸，以及与有机物或氰化物作用的爆炸反应等。

在预测热介质与反应混合物混合会出现某种危险时，应考虑以下几点：

（1）尽可能使用不产生混合危险的热介质。

（2）在使用中注意，防止管道产生孔隙。例如，可将管道的材料片浸泡在反应混合物中和热介质中，定期的检查腐蚀及材料劣化的程度。对管道定期进行气压试验，判断是否有孔。

（3）管道有了孔时，也可以通过增加管道内外压差的办法来防止发生危险性物质混合。另外，建立能迅速查找管道是否有孔的检测方法也是很重要的。

14.2.5 与测量仪表所用液体的反应

也有测量仪表所用的液体系统内存在的活性物质发生反应而导致事故的问题。例如，氧气或氯气等强氧化剂与测量仪器内所用的液体反应，会导致液体的性能劣化，或引起薄膜爆轰。因此，要认真了解高活性的物质所采用的管道材料和仪表中所用液体的性质，以便选用与活性物质相容性好的材料。

14.2.6 与设备材料的反应

所用装置的材料与化学物质反应可能生成危险物。苦味酸本身尽管是一种爆炸性物质，但感度不太高，不像普通高感度物质那样难以处理。然而苦味酸的重金属盐对冲击或摩擦是非常敏感的，因此不能用铅容器来处理苦味酸。同样，乙炔铜对热和机械的刺激来说，也是一种敏感的爆炸物，为此也不能用铜容器来处理乙炔。

叠氮化钠加热时会发生热分解，但其分解不太激烈，倘若变成迭氮化铅，就成为典型的起爆药，遇热或冲击就会发生爆轰。但是，在合成和使用时充分注意，也是可以安然无恙的。除了日本以外，其他一些国家广泛应用叠氮化铅作为雷管的起爆。如果一旦形成叠氮化铜，就更加敏感了，要想达到安全使用叠氮化铜是极其困难的。因此，迭氮化钠和迭氮化钡等比较安全的物质，一定要避免与铜制品和铅制品相互接触。

14.2.7 用错原料产生的反应

在使用化学物质的事故中，有许多是用错了物质而引起的。熔融盐是硝酸钠、硝酸钾及亚硝酸钠混合配成的，将这些原料从试剂瓶中取用时很少会用错，但是，在工厂等地方进行试验时，现场使用的物质往往是从仓库中领取的，这时容易引起差错。例如，混入有机物的物质在加热过程中就会引起放热反应，倘若处置不当，甚至还会发生爆炸。一般说来，使用的物质中包含有氧化剂等危险物质时，就应格外仔细地检查一下所用各个物质是否正确。

即使在研究室里，因品名标签等不清楚，也可能错用危险物、不安定物质、氧化剂、毒物和腐蚀性物质等，一定要牢固地贴好明显的标签，放到指定的地方，以免搞错。对于那些内容物不详、不常使用的危险物一定要及时进行销毁，不要放在室内。

使用代用的氧化剂也是非常危险的。例如用高锰酸钾代替重铬酸钾就是很危险的，因为前者能量放出速度快，更容易发生能量危险。错以氯酸钾代替硝酸钾使用，就会生成非常危险的物质。

14.2.8 泄漏的物料与绝热材料产生的反应

泄漏的活性物质与绝热材料接触也可能发生反应而导致事故。由于绝热材料的绝热性能良好，所以一旦内部发生放热反应时，热量积蓄在内部，使温度上升，容易引起热爆炸或自燃。有机绝热材料浸渍了液氧或其他氧化剂就非常危险。即使是无机的不燃性绝热材料浸渍了不安定的物质，也会增加其危险性。对于液氮或液氢等所用的绝热材料，不能使它同时吸收或凝缩氧及臭氧等氧化性物质和烃类等可燃物。

14.3 常见的易发生火灾爆炸事故的化学品

通常具有一定的结构和活性特性，下面给出这些化学品结构、官能团和原理简要说明。但是并不是说凡是分子中具备下表结构的都一定有火灾爆炸性，只是以前的经验告诉我们发生的比例较高,遇有符合表中结构的化学品,最好认真阅读相关资料,并向专业人士请教。

14.3.1 爆炸性化学物质

爆炸性物质大都有特定的化学结构和官能团(表14.1),如分子中含有复建或高比例及局部富集的氧和氮元素等。具有这些结构和官能团的化学品在较低的温度下就可以开始反应,放出大量的热量使温度上升,有可能导致火灾和爆炸。

表14.1 爆炸性化学品所具有的原子团

结构图	物资类别
$-C\equiv C-$	乙炔及乙炔衍生物
$-C\equiv C-M$	乙炔金属化合物
$-C\equiv C-X$	卤代乙炔衍生物
$>CN_2$	重氮化合物
$-C-N=N-C$	偶氮化合物
$-N_3$	有机叠氮化合物(酰基、卤代、非金属、有机物)
$-N_3-M$	叠氮金属化合物
$-N=N-N=N-$	高氮化合物、四唑(四氮杂茂)
$>C-O-O-H$	过氧酸、烷基过氧化氢
$>C-O-O-C<$	过氧过物、过氧酸酯
$-O-O-M$	金属过氧化物
$-O-O-$ 非金属	非金属过氧化物
$>C-N_2^+S^-$	硫代重氮盐及其衍生物
H_2N-NH_2	肼

续表

结构图	物资类别
B—H	硼烷
M—X X—M (芳环)	卤代芳烃金属化合物
N—X	卤代叠氮化物、N-卤化物、N-卤化亚胺
—O—X	卤素氧化物（烷基高氯酸盐、氯酸盐、卤氧化物、次氯酸盐、高氯酸、高氯化物）
N—O—	氮氧化物
—C≡N	氰化物

14.3.2 易形成过氧化物的化学结构

含有—O—O—基团的过氧化物具有爆炸危险性。但有些物质其本身不是过氧化物，而分子中存在某种结构，在放置时接触空气中的氧气，形成了含有—O—O—基团的过氧化物，使得在操作处置时，发生过氧化物的分解而造成事故。下列结构易形成过氧化物，见表14.2。

表14.2　空气中易形成过氧化物的结构

结构图	物质类别
C(—O—)(H)	缩醛类、醚类、环氧化合物
(H₂C)(H₂C)CH—	异丙基化合物
C=C—C—H	烯丙基化合物

续表

结构图	物质类别
C=C—C(X)(H)	卤代烯类
C=C—H	乙烯基化合物（单体、酯、醚类）
C=C—C=C	共轭二烯类
C=C—C≡C	乙烯乙炔类
—C=C—H（苯环）	异丙基苯类、苯乙烯类
—C(=O)H	醛类
—C(=O)—N—C—	N-烷基酰胺、N-烷基脲、内酰胺类
碱金属	碱金属、特别是钾碱金属的烷氧及酰胺物有机金属化合物

这些结构的主要特点是具有弱的单键、双键以及易被氧化的碱金属。具有这种结构的化合物，在储存中往往会形成过氧化物，如：1,3-环戊二烯遇氧气会生成多聚体和单聚体过氧化物，这些过氧化物接触到火焰会发生强烈的爆炸；同时，双烯烃或乙炔衍生物与强氧化物

接触会发生爆炸，因此在处理这类化合物时，一定要有防范措施，以防发生事故。一般情况下这类化合物中加有抗氧剂，以破坏过氧化物的生成。

14.3.3 氧化性物质

两种物质混合或接触时产生的危害绝大多数与氧化性物质有关，这类物质包括氯酸盐类、高氯酸盐类、溴酸盐、过氧化物、硝酸、硝酸盐类、亚硝酸盐、高锰酸盐、铬酸盐类、氧化氮，以及氟、氯、溴和氧。该类物质结构特征为：

(1) 具有很强获取电子能力的氯或氮高氧化物无机酸盐。
(2) 含有—O—O—基团的有机或无机过氧化物。
(3) 卤素、氧等。

由于氧化性物质是获取电子者，具有较高的电位势，内在潜能大，表现出了很高的化学性和不稳定性。如某些氧化性物质具有爆炸性，在受到外界影响时，会发生爆炸性分解。在混触反应中，表现出了极大的反应性。强氧化性物质与绝大多数物质都是禁配的。如有接触有机物、易燃/可燃物（烷烃、烯烃、芳烃、醇、醚等）会着火、燃烧或爆炸；接触还原性物质会发生剧烈反应，引起燃烧或爆炸；与酸或碱反应，可发生爆炸或着火。

氧是燃烧爆炸的基本要素之一，也是分布最广的氧化剂，与各类化学危险品接触可引起长期或短期的危害。

14.3.4 还原性物质和有机易燃物

还原性物质是富电子物质，是电子的给予体，在混触危险中绝大多数还原性物质是易燃或可燃物。有机易燃物是能量的供给体，从广义燃烧爆炸过程来看，有机易燃物也是一种还原性化学品，这类物质包括的种类很多，面也很宽。还原性化学品主要包括镁、铝、钙、锡、铅、锶、钡等金属，硫、磷及其化合物，有机金属化合物等；有机易燃物包括烃、醛、酮、醚、醇、高级酸和酯等，这些物质的特点为：

(1) 外围电子层电子富集（余），不含氧。
(2) 有机易燃物多为碳氢氧硫化合物。

还原性物质由于是富电子物质，电位势比较低，同时表现出了很强的化学反应性，绝大多数为易燃物质，其中一部分是自燃物。如碱金属、硅烷、硼烷、磷、金属烷基化合物、金属硫化物、金属氢化物。接触空气会自燃，遇水会发生强烈反应。在混储反应中，还原物质与氧化剂接触，可释放出很大的能量，接触酸、碱也会发生剧烈的反应，可能引起燃烧或爆炸。有机易燃物其特性主要表现在遇明火能燃烧爆炸，在混触反应中，其主要活性表现在与氧化剂接触会着火、燃烧或爆炸。

14.3.5 遇水反应性物质

水是除空气外与活性物质反应最普通的试剂，许多活性物质产生的危害是由于与水发生了意外反应而引起的。与水能发生反应的活性物质很多，如碱金属、铝粉、镁、锆、锌、金属氢化物、酸酐、有机金属化合物（如烷基铝化物）、金属卤化物、非金属卤化物、金属氧化物等。由于水是中性物质，与水发生反应的物质是比氢活泼的物质，所以绝大多数为还原性物质，这类物质与水反应可着火、燃烧或爆炸。

14.3.6 腐蚀性物质

一般是指酸性和碱性物质，即含有 H^+ 和 OH^- 基团的有机物和无机物。酸和碱可以发生中和反应同时放出热量，引起火灾爆炸事故。

14.3.7 混合危险物质

不仅是化合物有危险性，混合物也可能有较大的危险性。此外，还有与某种物质接触时发火或产生危险性的物质。人们把这些物质统称为混合危险物质。

混合危险不单单指由混合危险性的物质配混时的危险，也包括改变混合条件时所发生的危险，因此是一个复杂的问题。但另一方面也可将具有爆炸及火灾危险性的某些物质通过与适当的物质混合或包覆予以安全化。因此应掌握通过混合途径予以安全化处理的知识。因为混合危险物质的组合数量庞大，所以必须掌握危险物质化学反应手册或有关数据表，掌握其类型，此外还应牢记混合危险成分中的活性特别强那些物质。

14.4 与火灾爆炸相关的一些重要概念和过程

14.4.1 燃烧

燃烧是一种同时有光和热发生的剧烈的氧化还原反应。在氧化还原反应中，某些物质被氧化而另一些物质被还原。

燃烧反应具有如下特征：
(1) 燃烧反应是一个剧烈的氧化还原反应；
(2) 放出大量的热；
(3) 发光。

可燃性物质不仅和氧化合的反应属于燃烧，在某些情况下，没有氧参加的反应，例如金属钠在氯气中燃烧、炽热的铁在氯气中燃烧所发生的激烈氧化反应，并伴有光和热发生，因此也是燃烧。

14.4.2 燃烧必须具备的条件

燃烧必须具备以下 3 个条件：
(1) 有可燃物质存在（固体燃料如煤，液体燃料如汽油，气体燃料如甲烷）；
(2) 有助燃物质存在，通常的助燃物质有空气、氯、氧等；
(3) 有导致燃烧的能源，即点火源。如撞击、摩擦、明火、高温表面、发热自燃、绝热压缩、电火花、光和射线等。

可燃物、助燃物和点火源是构成燃烧的三个要素，缺少其中任何一个，燃烧便不能发生，是必要条件但不是充分条件；有时，即使这三个要素都存在，但在某些情况下，可燃物未达到一定的浓度、助燃物数量不够，点火源不具备足够的温度或热量，也不会发生燃烧。例如，氢气在空气中的体积分数少于4%时，便不能点燃。一般可燃物质在含氧量低于14%的空气中不能燃烧。一根火柴燃烧时释放出来的热量，不足以点燃一根木材或一堆煤。反过来，对于已经发生的燃烧，若消除其中任何一个条件，燃烧便会终止。这就是灭火的原理。

14.4.3 燃烧的过程

可燃物质的状态不同（气态、液态、固态），其燃烧的过程也不同。大多数可燃物质的燃烧是在蒸气或气态下进行的。

可燃气体最易燃烧，只要达到其本身氧化分解所需要的热量，便能燃烧，其燃烧速度很快。液体可燃物在火源作用下，首先发生蒸发，然后蒸气再氧化分解，进行燃烧。

固体燃烧物分为简单物质和复杂物质。简单物质，如硫、磷等，受热后首先熔化，然后蒸发、燃烧。复杂物质在受热时分解成气态和液态产物，然后气态产物和液态产物的蒸气着火燃烧。如木材受热后，在温度小于110℃时，只放出水分；130℃开始分解；到150℃变色；在150~200℃时其分解产物主要是水和二氧化碳，但不能燃烧；在200℃以上时分解出一氧化碳、氢和碳氢化合物，此时木材开始燃烧；到300℃时析出的气体产物最多，燃烧也最激烈。

14.4.4 燃烧的形式

由于可燃烧物质存在的状态不同，所以它们的燃烧形式是多种多样的。根据可燃性气体的燃烧过程，又分成混合燃烧和扩散燃烧两种形式。将可燃气体预先同助燃剂——空气或氧气混合，然后进行的燃烧称为混合燃烧。可燃性气体由管中喷出，同周围的空气（或氧气）接触，可燃性气体分子与助燃气体（氧）分子由于扩散，边混合边燃烧，这种形式称为扩散燃烧。混合燃烧反应迅速，温度高，火焰传播速度快。通常的爆炸反应即属于这一类。

在可燃烧液体的燃烧中，通常不是液体本身燃烧而是由液体产生的蒸气进行燃烧，这种形式的燃烧称为蒸发燃烧。硫磺和萘等一类可燃性固体的燃烧是先受热熔融成液体，液体再蒸发成气体而后燃烧均属此类燃烧。

很多固体或不挥发性液体，由于热分解而产生可燃烧的气体而发生燃烧，这种燃烧称为分解燃烧。木材和煤的燃烧属于分解燃烧。

蒸发燃烧和分解燃烧均有火焰产生，因此也称为火焰型燃烧。

当可燃固体燃烧到最后，分解不出可燃气体时，此时没有可见火焰燃烧转为表面燃烧。金属的燃烧就是一种在表面燃烧。

14.4.5 闪燃与闪点

14.4.5.1 闪燃

闪燃是指当火焰或炽热物体接近易燃或可燃液体时，液面上的蒸气与空气混合物会发生瞬间火苗或闪光。由于闪燃是在瞬间发生的，新的易燃或可燃液体的蒸气来不及补充，其与空气的混合浓度还不足以构成持续燃烧的条件，故闪燃瞬间即灭。

14.4.5.2 闪点

闪点是指易燃液体表面挥发出的蒸气足以引起闪燃时的最低温度。闪点与物质的饱和蒸气压有关，物质的饱和蒸气压越大，其闪点越低。如果易燃液体温度高于它的闪点，则随时都有触到火源而被点燃的危险。

闪点是衡量可燃液体危险性的一个重要参数，可燃液体的闪点越低，其火灾的危险性越大。

可燃性液体的闪点随其浓度变化而变化。例如，乙醇水溶液中乙醇的含量为80%、40%、20%、5%时，其闪点分别为19℃、26.75℃、36.75℃、62℃。当含量在3%时，则没有闪燃现象。

两种可燃性液体的混合物的闪点，一般在这两种液体闪点之间，并低于这两种物质闪点的平均值。某些固体（如樟脑和萘等）也能在室温下挥发或缓慢蒸发，因此也有闪点。

14.4.6 自燃与自燃点

自燃是可燃物质自发着火的现象。可燃物质在没有外界火源的直接作用下，常温中自行发热，或由于物质内部的物理（如辐射、吸附等）、化学（如分解、化合）、生物（如细菌的腐败作用）反应过程所提供的热量积起来，使其达到自燃温度，从而发生自行燃烧。

自燃点是指可燃物质在没有外界火花或火焰的直接作用下能自行燃烧的最低温度。

自燃点是衡量可燃性物质火灾危险性的又一个重要参数，可燃物的自燃点越低，越易引起自燃，其火灾危险性越大。

自燃又分为受热自燃和自热自燃。

受热自燃是可燃物质在外界热源作用下，温度升高，当达到其自燃点时，即着火燃烧。在化工生产中，可燃物由于接触高温表面、加热和烘烤过度、冲击摩擦，均可导致自燃。

自热自燃的原因有氧化热、分解热、聚合热和发酵热等。

14.4.6.1 自热燃烧的物质分类

自燃点低的物质，如磷、磷化氢等在常温下即可自燃。

遇空气、氧气会发生自燃的物质，如油脂类及浸渍在棉纱、木屑中的油脂，很容易发热自燃。又如金属粉尘及金属硫化物（像硫化亚铁）极易在空气中自燃。在化工厂和炼油厂里，由于有硫化物（H_2S）存在，铁制的设备和容器易受到腐蚀而生成硫化亚铁，硫化亚铁与空气接触便能自燃。如果有可燃气体存在，则容易形成火灾和爆炸。

自然分解发热物质，如硝化棉。

产生聚合、发酵热的物质，如潮湿的干草、木屑堆积在一起，由于细菌作用，产生热量，若热量不能及时散发，则温度逐渐升高，最后达到自燃点而自燃。

14.4.6.2 影响可燃物质自燃点的因素

压力对自燃点影响很大，压力越高，自燃点越低。

可燃气体与空气混合时的自燃点随其浓度的变化而变化。当混合物的比例符合该物质氧化反应的化学计算量（理论量）时，其自燃点最低。

混合气体中氧的浓度增高,其自燃点降低。

催化剂对可燃液体和气体的自燃点也有很大影响。活性催化剂(正催化剂)能降低物质的自燃点,而钝性催化剂(负催化剂)却能提高物质的自燃点。例如,汽油中加入的抗震剂四乙基铅,就是一种钝性催化剂。

液体和固体可燃物受热后分解并析出来的可燃气体挥发物越多,其自燃点越低。固体可燃物粉碎得越细,其自燃点越低。

一般情况下,液体密度越大,闪点越高,而自燃点越低。比如,下列油品的密度顺序为:汽油＜煤油＜轻柴油＜重柴油＜蜡油＜渣油,而其闪点依次升高,自燃点依次降低,见表14.3。

表14.3 几种液体燃料自燃点和闪点比较表

物质	闪点,℃	自燃点,℃	物质	闪点,℃	自燃点,℃
汽油	<28	510～530	重柴油	>120	300～330
煤油	28～45	380～425	蜡油	>120	300～320
轻柴油	45～120	350～380	渣油	>120	230～240

有机物的自燃点有以下几个特点:

(1) 同系物的第一个化合物具有比其他化合物高的自燃点。同系物中,自燃点随相对分子质量增加而降低,如甲烷的自燃点高于乙烷、丙烷的自燃点。

(2) 正位结构物的自燃点低于其异构物的自燃点,如正丙醇的自燃点为540℃,而异丙醇的自燃点则为620℃。

(3) 饱和碳氢化合物的自燃点比与它相当的不饱和碳氢化合物的自燃点为高,如乙烯的自燃点为425℃,乙烷的自燃点为515℃,乙炔的自燃点为305℃。

(4) 苯系低碳氢化合物的自燃点高于有相同碳原子数的脂肪族碳氢化合物的自燃电,如苯(C_6H_6)和甲苯(C_7H_8)的自燃点分别高于己烷(C_6H_{14})和庚烷(C_7H_{16})的自燃点。常见气体和液体的自燃点见表14.4。

表14.4 某些气体及液体的自燃点表

化合物	分子式	自燃点,℃		化合物	分子式	自燃点,℃	
		空气中	氧气中			空气中	氧气中
氢	H_2	572	560	丙烯	C_3H_6	458	—
一氧化碳	CO	609	588	丁烯	C_4H_8	443	—
氨	NH_3	651	—	戊烯	C_5H_{10}	273	—
二硫化碳	CS_2	120	107	乙炔	C_2H_2	305	296
硫化氢	H_2S	292	220	苯	C_6H_6	580	566

续表

化合物	分子式	自燃点，℃		化合物	分子式	自燃点，℃	
		空气中	氧气中			空气中	氧气中
氢氰酸	HCN	538	—	环丙烷	C_3H_6	498	454
甲烷	CH_4	632	556	环己烷	C_6H_{12}	—	296
乙烷	C_2H_6	472	—	甲醇	CH_4O	470	461
丙烷	C_3H_8	493	468	乙醇	C_2H_6O	392	—
丁烷	C_4H_{10}	408	283	乙醛	C_2H_4O	275	159
戊烷	C_5H_{12}	290	258	乙醚	$C_4H_{10}O$	193	182
己烷	C_6H_{14}	248	—	丙酮	C_3H_6O	561	485
庚烷	C_7H_{16}	230	214	乙酸	$C_2H_4O_2$	550	490
辛烷	C_8H_{18}	218	208	二甲醚	C_2H_6O	350	352
壬烷	C_9H_{20}	285	—	二乙醇胺	$C_4H_{11}NO_2$	662	—
癸烷（正）	$C_{10}H_{22}$	250	—	甘油	C_3H_8O	—	320
乙烯	C_2H_4	490	485	石脑油		227	—

14.4.7 燃点

燃点也称为着火点、火焰点。可燃物被加热到超过闪点温度时，其蒸气与空气的混合气与火焰接触即着火，并能持续燃烧 5s 以上时的最低温度，称为该物质的燃点。在燃点温度下，不只是闪燃，而是形成连续燃烧。

一般说来，燃点比闪点高出 5～20℃，但闪点在 100℃ 以下时，二者往往差距较小。

易燃液体的燃点与闪点很接近，仅差 1～5℃；可燃液体，特别是闪点在 100℃ 以上时，两者相差 30℃ 以上。一些固体的燃点见表 14.5。

表 14.5 某些常见固体物质的燃点表

名 称	燃点，℃	名 称	燃点，℃	名 称	燃点，℃
松节油	53	棉花	150	硫 黄	207
樟 脑	70	漆 布	165	豆 油	220
灯 油	86	蜡 烛	190	无烟煤	280～500
赛璐珞	100	布 匹	200	涤纶纤维	390
纸 张	130	麦 草	200		

14.4.8 气体燃烧速度

由于气体燃烧不需要像固体、液体那样经过熔化、蒸发等过程,所以燃烧速度较液体、固体要快。气体扩散燃烧时,其燃烧速度取决于气体的扩散速度。而在混合燃烧时,燃烧速度则取决于本身的化学反应速度。通常混合燃烧速度要比扩散燃烧速度快得多。

气体的燃烧速度常以火焰传播速度来衡量。一些气体与空气的混合物在直径为254mm的管道中燃烧时,火焰传播速度的试验数据见表14.6。

表14.6 气体在空气中的火焰传播速度表

气体名称	最大火焰传播速度, m/s	可燃气体在空气中的体积分数, %	气体名称	最大火焰传播速度, m/s	可燃气体在空气中的体积分数, %
氢	4.83	38.5	丁烷	0.82	3.6
一氧化碳	1.25	4.5	乙烯	1.42	7.1
甲烷	0.67	9.8	炼焦煤气	1.70	17
乙烷	0.85	6.5	焦炭发生煤气	0.73	48.5
丙烷	0.82	4.6	水煤气	3.1	43

管子的直径对火焰传播速度有明显的影响。一般来说,传播速度随着管子直径的增加而增加,但当达到某个极限直径时,速度就不再增加了。同样,传播速度随着管子直径的减少而减少,在达到某一小的直径时,火焰就不能传播了。阻火器就是根据这一原理制作的。

可以利用表中所列数据,按下式来估算不同管径时的火焰传播速度:

$$V=V_0 m$$

式中 V——所求管径中的火焰传播速度,m/s;
V_0——管径在25.4mm时的传播速度,m/s;
m——校正系数,可从图6.2中查取。

例:计算氢气在50mm管径中火焰传播速度。

从表6.5中查出氢气的 V_0=4.83m/s,从图6.2中查得 m=1.4,则:

$$V=V_0 m=4.83 \times 1.4=6.76 \text{(m/s)}$$

氢气在50mm管中,火焰传播速度为6.76m/s。气体火焰传播速度还与气体的浓度、管材及管子的方向有关。管子垂直向上时,传播速度最快,水平方向次之,垂直向下最慢。

14.4.9 液体的燃烧速度

液体的燃烧速度取决于液体的蒸发,其燃烧速度有两种表示方法:一种是以每平方米面积上1h烧掉液体的质量来表示,称为液体燃烧的质量速度;另一种是以单位时间内烧掉液体层的高度来表示,称为液体燃烧的直线速度。

易燃液体的燃烧速度与液体的初温、储罐直径、罐内液面高度及其液体含水量等因素有关。液体的初温越高、罐内液面越低，燃烧速度就越快。对于石油产品，含水量高的其燃烧速度比含水量低的要慢。几种易燃液体的燃烧速度见表 14.7。

表 14.7 几种易燃液体的燃烧速度表

液体名称	直线速度 cm/h	质量速度 kg/(m²·h)	液体名称	直线速度 m/s	质量速度 kg/(m²·h)
苯	18.9	165.37	二氧化硫	10.5	132.97
乙醚	17.5	125.84	丙酮	8.4	66.36
甲苯	16.1	138.29	甲醇	7.2	57.6
航空汽油	12.6	91.98	煤油	6.6	55.11
车用汽油	10.5	80.85			

14.4.10 固体物质的燃烧速度

固体物质的燃烧速度一般小于可燃气体和液体。不同的固体物质其燃烧速度有很大差别。例如，萘的衍生物、三硫化磷、松香等的燃烧过程是受热熔化、蒸发、分解氧化、起火燃烧，一般速度较慢；而硝基化合物、含硝化纤维的制品等，本身含有不稳定的基团，燃烧是分解型的，比较剧烈，燃烧速度也很快。

对于同一固体物质，其燃烧速度还取决于表面积的大小。固体燃料单位体积的差面积越大，则燃烧速度越快。

14.4.11 爆炸

爆炸是指一种极为迅速的物理或化学能量释放过程，具有极强的破坏性，主要原因是瞬间形成的高温、高压气体或蒸气的骤然膨胀，造成周围介质压力的突然跃升。

14.4.12 化学品爆炸的分类

14.4.12.1 物理爆炸和化学爆炸

（1）物理性爆炸是指由于物质因状态或压力发生突变而由物理变化引起的爆炸，例如锅炉爆炸，容器内压缩气体超压等。

（2）化学爆炸是指由于发生化学反应产生高温、高压而引起的爆炸。

14.4.12.2 按化学反应爆炸分类

（1）简单分解爆炸：爆炸时所需热量是由爆炸物本身分解产生的，如乙炔分解爆炸。

（2）复杂分解爆炸：爆炸时所需的氧有本身分解产生，伴有燃烧现象，如所有的炸药爆炸。

（3）混合物爆炸：可燃气体、蒸气或粉尘同空气（氧）的混合所发生的爆炸。生产中物料从工艺装置中、管道里泄漏，或空气进入有可燃气体的设备中，都可形成爆炸性混合物，遇明火发生爆炸。

14.4.13 化学品爆炸火灾事故发展一般过程

14.4.13.1 化学品爆炸事故

可燃混合物的爆炸虽然发生于顷刻之间，但大体上还是有个发展过程，一般包括下述三个过程：

（1）可燃物与氧化剂（包括氧气）的相互扩散、均匀混合而形成爆炸性混合物，混合物遇到火源，燃烧开始。

（2）由于连锁反应过程的发展，使爆炸范围扩大、爆炸威力升级。

（3）完成化学爆炸力造成灾害性破坏。

14.4.13.2 化学品火灾事故

化学品火灾事故的发展也同样有以下几个过程：

（1）"酝酿"期，可燃物在热的作用下蒸发析出气烟和没有火焰的暗燃。

（2）"发展"期，火苗窜起，火势迅速扩大。

（3）"全盛"期，火焰包围可燃材料，可燃物全部着火，燃烧面积达到最大限度，放出强大的辐射热，温度升高对流加剧。

（4）"衰灭"期，可燃物质燃尽、或可燃物质减少、或灭火措施见效，因而渐渐衰弱至熄灭。

14.4.14 生产的火灾危险性分类

《建筑设计防火规范》（GB 50016—2006）将生产过程中的火灾危险分成甲、乙、丙、丁、戊五类。这些生产类别的火灾危险性特征见表14.8。

表14.8 生产的火灾危险性分类表

生产类别	火灾危险性的特征
甲	使用或产生下列物质： (1) 闪点<28℃的易燃液体； (2) 爆炸下限<10%的气体； (3) 常温下能自行分解或在空气中氧化即能导致迅速自燃或爆炸的物质； (4) 常温下受到水或空气中水蒸气的作用，能产生可燃气体并引起燃烧或爆炸的物质； (5) 遇酸、受热、撞击、摩擦及遇有机物或硫黄等易燃的无机物，极易引起燃烧或爆炸的强氧化剂； (6) 受撞击、摩擦或与氧化剂、有机物接触时能引起燃烧或爆炸的物质； (7) 在压力容器内物质本身温度超过自燃点的生产
乙	使用或产生下列物质： (1) 闪点为 28～60℃的易燃、可燃液体； (2) 爆炸下限≥10%的可燃气体； (3) 助燃气体和不属于甲类的氧化剂； (4) 不属于甲类的化学易燃危险固体； (5) 生产中排出浮游状态的可燃纤维或粉尘，并能与空气形成爆炸性混合物

续表

生产类别	火灾危险性的特征
丙	使用或产生下列物质： (1) 闪点 ≥ 60℃的可燃液体； (2) 可燃固体
丁	具有下列情况的生产： (1) 对非燃物质进行加工，并在高热或熔化状态下经常产生辐射热、火花或火焰的生产； (2) 利用气体、液体、固体作为燃料，或将气体、液体进行燃烧作其他用的各种生产； (3) 常温下使用或加工难燃烧物质的生产
戊	常温下使用或加工非燃物质的生产

14.4.15 爆炸与火灾危险场所的等级

根据发生事故的可能性和后果（危险程度），在电气设计规范中将爆炸和火灾危险场所划分为三类，按危险程度和物质状态的不同采取相应的措施。

(1) 第一类：爆炸性气体环境，根据爆炸性气体混合物出现的频繁程度和持续时间划分为3个区：

① 0区：连续出现或长期出现爆炸性气体混合物的环境；

② 1区：在正常运行时可能出现爆炸性气体混合物的环境；

③ 2区：在正常运行时不可能出现爆炸性气体混合物的环境或即使出现也仅是短时存在的爆炸性气体混合物的环境。

(2) 第二类：爆炸性粉尘环境，根据爆炸性粉尘混合物出现的频繁程度和持续时间划分为2个区：

① 10区：连续出现或长期出现爆炸性粉尘环境；

② 11区：有时会将积留下的粉尘扬起而偶然出现爆炸性粉尘混合物的环境。

(3) 第三类：火灾危险环境，根据火灾事故发生的可能性和后果以及危险程度及物质状态的不同划分为3个区：

① 21区：具有闪点高于环境温度的可燃液体在数量和配置上能引起火灾危险的环境；

② 22区：具有悬浮状堆积状的可燃粉尘或可燃纤维虽不可能形成爆炸混合物但在数量和配置上能引起火灾危险的环境；

③ 23区：具有固体状可燃物质在数量和配置上能引起火灾危险的环境。

14.5 火灾爆炸的预防措施

14.5.1 概述

石油化工企业任何一起火灾或爆炸，无论其起因如何，大都是因为可燃物的可燃性造成的。其中危害性最大的物质就是具有易燃性、毒性、强氧化性和易爆性的危险品。火灾和爆炸事故具有危害大、涉及面广、救援困难的特点，因此预防是极其重要的。

14.5.2 管理措施

应了解该生产过程的火灾危险性，存在哪些可能起火或爆炸的因素，发生火灾爆炸后火势蔓延扩大的条件等，从而制定行之有效的管理措施。

14.5.3 技术措施

主要措施是消除火险、限制火势与爆炸蔓延。除首先控制生产车间、工艺装置内易燃易爆物料的储量外，还要从工艺装置布局、建筑结构、防火分割、安全阻火装置和厂房防爆等方面采取措施。

14.5.4 火源的管理与控制

着火源是物料得以燃烧的必备条件之一，所以控制和消除着火源，是预防化学品着火、爆炸事故的一项最基本的措施。着火源包括明火、火花、电弧、危险温度、化学反应热等。控制和消除这些着火源，应根据其产生的机理和作用的不同，通常采取以下措施。

14.5.4.1 严格管理明火

在生产和储存易燃易爆化学品的地方，大量的火灾爆炸事故是由明火引起的，为防止明火引起的火灾爆炸事故，生产和使用危险化学品的单位，应根据规模大小和生产、使用过程中的火灾危险程度划定禁火区域，并设立明显的禁火标志，严格管理火种。

加热易燃液体时，应尽可能避免采用明火，而改用蒸汽等加热。如果在高温反应或蒸馏操作过程中，必须使用明火或烟道气时，燃烧室应与设备分开或隔离，关闭外露明火，并定期检查，防止泄漏。

在有火灾和爆炸危险的厂房、储罐、管沟内，不得使用蜡烛、火柴或普通灯具照明，应采用封闭式或防爆型电气照明。在有爆炸危险的车间和仓库内，严禁吸烟和携带火柴、打火机等，为此，应在醒目的地方张贴"严禁烟火"，警告标志，以引起人们注意。

明火加热设备的设置，应远离可能泄漏易燃气体或蒸气的工艺设备和储罐区，应设置在散发易燃物料设备的侧风向。

电瓶车产生的火花激发能量是比较大的，因此在禁火区域，特别是易燃易爆车间和储罐区等都应当禁止电瓶车进入，在允许车辆进入的区域内，为了防止汽车、拖拉机排气管喷火引起火灾，必须在排气管上安装火星熄灭器等安全装置。为了防止烟囱飞火引起的火灾爆炸，炉膛内的燃烧要充分，烟囱要有足够的高度，必要时应装置火星熄灭器。烟囱周围不能堆放可燃化学品，也不能搭建易燃建筑物。

严格检修动火管理，控制焊割动火和喷灯加热使用。

14.5.4.2 防止雷电火花

雷电是带有足够电荷的云块与云块或云块与大地的静电放电现象。雷电放电的特点是电压高，达几十万伏；时间短，仅几十微秒；电流大，可达几百千安。因而在电流流过的地点可使空气加热到极高温度，产生强大的压力波。易燃易爆化学品容易引起严重的火灾爆炸事故，因此，防雷保护也是企业防火防爆的重要内容。

14.5.4.3 防止日光照射或聚焦

阳光的照射不仅会成为某些化学物品的起爆能源，还能通过凸透镜、烧瓶（特别是圆瓶）或含有气泡的玻璃窗等聚焦（聚焦后的日光能达到很高的温度）引起可燃物着火。例如：氯气与氢气、氯气与乙烯的混合气能在日光的作用下剧烈反应而爆炸；乙醚在阳光的作用下能生成过氧化物；盛装低沸点易燃液体的铁桶如灌装过满，热天在烈日下曝晒，液体受热膨胀会使铁桶爆裂；压缩或液化气体钢瓶在强烈日光下存放，瓶内压力会增加甚至爆炸等。因此，对见光能反应的化学物品应选用金属桶或暗色玻璃瓶盛装，为了避免日光照射，这类物品的车间、库房应在窗玻璃上涂以白漆，或采用磨砂玻璃。易燃易爆危险化学品受热容易蒸发析离出气体物质，不得在日光下曝晒等。

14.5.5 火险保险装置

报警装置只能提醒人们注意火灾事故正在形成或即将发生，但不能自动排除，因此，应当设置在形成火灾危险状态时能自动消除火险状态的保险装置。例如氨氧化反应是在氨和空气混合爆炸极限的边缘进行的，在气体输送管路上应当安装保险装置，以便在紧急情况下中断气体的输入。在反应过程中，若空气的压力过低或氨的浓度过低都可能使混合气体中氨的浓度提高而达到爆炸下限，若发生这种情况，保险装置应能自动切断电源，系统中只允许空气流过，氢气中断，从而防止爆炸事故的发生。

14.5.5.1 阻火装置

阻火装置的作用是防止火焰窜入设备、容器与管道内，或阻止火焰在设备和管道内扩展。安全液封、阻火器和导向阀是通用的阻火设备。

1）安全液封

安全液封阻火的基本原理是由于液体封在气体进出之间，在液封两侧的任何一侧着火，火焰都将在液封底熄灭，从而阻止火焰蔓延。安全液封一般装在压力低于 19.61kPa 的气体管线与生产设备之间。水封是安全液封的一种，设置在可燃气体、易燃液体蒸气或油槽的污水管网上。其作用是：来自气体发生器或气柜的可燃气体，经安全水封到生产设备中去，若在安全水封两侧的一侧着火，火焰至水封即被熄灭，从而阻止火势的蔓延。

安全液封的可靠性与罐内的液位有直接关系，应根据设备内不同的压力保持一定的高度，否则起不到液封作用。因此，运行中要经常检查液位高度，寒冷地区为防止液封冻结，可通入蒸汽，也可加入适量甘油、矿物油或三甲酚磷酸酯等，或用食盐、氯化钙的水溶液等作为防冷冻液。

2）水封井

水封井的阻火原理与安全液封相同，是安全液封的一种，设置在石油化工企业的所有存在可燃气体、易燃可燃液体蒸气或可燃液体的污水管网上。水封井内的水封高度不能低于 250mm。

3）阻火器

阻火器是利用管子直径或流通孔隙减小到某一程度，火焰就不能蔓延的原理制成的。这现象的解释是，管子直径减小，气体通过时冷却作用程度增加。根据这一规律，就可以了解到，假如在管路上连接一个内装金属网或砾石的圆筒，则可以阻止火焰从圆筒的一侧蔓延到另一侧，这就是所谓的阻火器。阻火器常用在容易引起火灾爆炸的高热设备和输送可燃液体、易燃液体蒸气的管线之间，以及可燃气体、易燃液体的排气管上。

影响阻火器性能的因素是阻火器的厚度，以及孔隙和通道的大小。某些气体和蒸气阻火器孔的临界直径如下：甲烷为 0.4～0.5mm；氢气及乙烷为 0.1～0.2mm；汽油及天然石油气为 0.1～0.2mm。金属网阻火器是用若干具有一定直径的金属网把空间分隔成许多小孔隙。一般有机溶剂采用四层金属网足可阻止火焰扩展。阻止二硫化碳火焰的扩展最困难，应用砾石阻火器。

砾石阻火器是用砂粒、卵石、玻璃球或铁屑、铜屑等作为充填料。这些填料使阻火器内的空间分隔成许多非直线性小孔隙，阻火效果比金属网阻火器好。砾石直径一般可为 3～4mm，也可用玻璃球或小型的陶土球形填料、金属环、小管径玻璃和金属管束等。在直径 150mm 的管内，100mm 厚的砾石层可防止各种溶剂的火焰蔓延，但阻止二硫化碳的火焰需 200mm 厚的砾石层。

阻火器的内径大小和外壳长度，是根据安装阻火器的管道的直径来确定的，阻火器内径一般为安装阻火器的管道直径的四倍。

4）单向阀

单向阀的作用是只允许液体向一定的方向流动，遇有回流时即自动关闭，可防止在事故中由高压窜入低压引起管道、容器、设备爆裂，在可燃气体管线上作为防止回火的安全装置，如液化石油气气瓶上的调压阀就是单向阀的一种。

在生产过程中，如果水、水蒸气、空气等辅助管线与可燃气体、可燃和易燃液体的设备、机械、管线相连接，且在生产中连续使用，为防止在不正常的条件下可能倒流造成事故，应在辅助管线上设置单向阀。气体压缩机和油泵，在停电、停气和不正常条件下可能倒流造成事故，故应在压缩机或油泵的出口管线上设置单向阀。在高、低压系统之间，为防止高压窜入低压造成事故，应在低压系统上设置单向阀。

5）火星熄灭器

火星熄灭器是根据容积或行程改变，火星流速下降或行程延长而自行冷却熄灭，以使火星颗粒沉降而消除的原理设计的。一般安装在能产生火星的设备的排放部位，如汽车、拖拉机等机动车辆的排气口处，能产生飞火的烟囱等处。

14.5.5.2 泄压装置

泄压装置是防火防爆的重要安全装置，安全阀是最主要的泄压装置。

安全阀可防止设备和容器内压力过高发生爆炸。当高压设备和容器内的压力升高超过一定限度可能造成事故时，安全阀即自动开启，泄出部分气体，降低压力至安全范围内，再自动关闭，从而实现设备和容器压力的自动控制，防止设备和容器破裂爆炸。安全阀按其结构和作用原理可分为静重式、杠杆式和弹簧式等，目前多用弹簧式安全阀。弹簧式安全阀是利用气体压力与弹簧压力之间的压力差的变化，自动开启或关闭。弹簧的压力由调节螺栓来调节。

为使安全阀经常保持灵敏有效，应定期做排气试验。为防止排气管、阀体及弹簧等被气流中的灰渣、黏性杂质及其他脏物堵塞黏结,应经常检查是否漏气或不停地排气等,并及时检修。安全阀漏气的原因一般是密封面被腐蚀或磨损而产生凹坑沟痕,阀芯与阀座的同心度由于安装不正确或其他原因而被破坏,以及装配质量不高等。

14.5.6 火警监听电话的设置

由于工业企业(尤其是石油化工企业)发生火灾时,往往要从生产角度采取某些措施。特别是工艺装置火灾,必须有岗位操作人员与消防人员配合,采取切断物料等措施才能有效地扑灭初起火灾,防止其灾害扩大,故应设监听火警电话。

以上是根据物质着火的成灾机理和条件提出的生产工艺中应采取的防止火灾发生的基本措施。企业具体到某一生产过程、生产工艺和设备条件的不同,应根据具体的火灾成因和条件,必须按本企业的实际情况,对其单元操作加工过程、工艺设备、装置、防火安全附件等采取具体的防火技术措施。

14.6 泄漏和聚集爆炸的预防措施

在生产过程中,避免可燃物泄漏和聚集形成爆炸性混合物,通常采用的技术有设备密闭、加强通风、严格清洗或置换等。

14.6.1 设备密闭

设备密闭不良而跑、冒、滴、漏出的可燃化学品,可使附近环境空气达到爆炸下限。同样的道理,如果空气渗入设备也可能使设备内部达到爆炸下限,形成爆炸性混合物,所以,设备必须密闭。

要根据设备和管线的要求,采用正确的连接方式、密封垫圈,要严格检漏,要选择正确的操作条件、安全操作温度、操作压力,并加强日常检查维修。

14.6.2 厂房通风

要使设备达到绝对密闭是很难办到的,而且生产过程中有时会挥发出某些可燃性物质,因此,为保证车间的安全,使可燃气体、蒸气或粉尘达不到爆炸浓度范围,采取通风是行之有效的技术措施。通风可分为自然通风和机械通风(也称强制通风)两类,其中机械通风又可分排风和送风两种,其防火要求是正确设置通风口的位置和合理选择通风方式。

14.6.3 严格清洗或置换

对于加工、输送、储存可燃气体的设备、容器和管路、机泵等,在使用前必须用惰性气体置换设备内的空气,否则,原来留在设备内的空气便会与可燃气体形成爆炸性混合物。在停车前也应用同样方法置换设备内的可燃气体,以防空气进入形成爆炸性混合物。特别是在检修中可能使用和出现明火或其他着火源时,设备内的可燃气体或易燃蒸气,必须经置换并分析合格才能进行检修。对于盛放过易燃液体的桶、罐或其他容器，动火焊补前，还必须用水蒸气或水将其中残余的液体及沉淀物彻底清洗干净并分析合格。

14.7 中毒的预防措施

化学品中毒的发生必须具备某些条件：生产环境中存在某种有毒化学物质，而且，这种化学物质要达到可导致人中毒的浓度或数量，生产者必须接触一定的时间且吸收了达到或超过中毒量的有毒物质。所以，职业中毒的发生实际上是有毒物质、生产环境及劳动者三者之间相互作用的结果，只要切断三者之间的联系，职业中毒是完全可以预防的。

在预防毒物中毒危害时，应按照源头消除毒物、降低毒物浓度、加强个人防护三方面制定预防措施。

14.7.1 消除有毒物质

尽可能以无毒、低毒的工艺和原辅材料代替有毒、高毒的工艺和原辅材料，是最理想的措施。例如：循环水杀菌、消毒剂采用二氧化氯代替氯，从根本上消除了氯气中毒的工作环境。当然完全做到消除有毒物质比较困难，但是这一条应作为优先考虑的防护措施。

14.7.2 降低有毒物质浓度

当消除毒物有困难时，应尽可能降低有毒物质的浓度，使之控制在国家规定的职业接触限值之内。可以从以下几个方面采取措施：

(1) 生产装置应密闭化、管道化，尽可能实现负压生产，防止有毒物质泄漏、外溢。
(2) 通风排毒。设置必要的机械通风排毒、净化装置，防止毒物逸散。
(3) 生产装置采用露天布置，通过自然通风使有毒物质能够迅速稀释扩散。
(4) 采取预防性技术措施，预防中毒事故发生。
(5) 加强职业卫生管理。
(6) 当操作人员失误或者设备运行达到危险状态时，应通过联锁装置终止中毒事件的发生。

14.7.3 加强个体防护

做好个体防护是预防毒物危害很重要的一项措施，是防止毒物进入人体的最后一道屏障。防护服装、防护手套和防护眼镜一方面可防止腐蚀性毒物对皮肤、黏膜的直接损害，另一方面也可防止毒物经皮肤黏膜吸收；呼吸防护用品则可防止毒物通过呼吸系统侵入人体。

15 危险化学品事故应急救援及应急处置

危险化学品事故应急救援是指危险化学品由于各种原因造成或可能造成众多人员伤亡及其他较大社会危害时，为及时控制危险源，抢救受害人员，指导群众防护和组织撤离，清除危害后果而组织的救援行动。国内外众多危险化学品事故的经验教训警示人们，迅速、有效的应急救援可以降低危险化学品事故的危害，缩小其危害波及范围，较大程度上避免生命和财产损失。

近年来，国家持续强化应急管理。《国务院关于进一步加强安全生产工作的决定》（国发〔2004〕2号）第8条明确规定"建立生产安全应急救援体系"；《安全生产法》从生产经营单位负责人、生产经营单位、从业人员的职责、权利和义务等方面对应急救援工作的各方义务、权利与责任追究进行了明确规定；2011年颁布实施的《条例》对危险化学品生产、储存、运输、使用等各环节的应急救援也做了明确规定。

15.1 事故应急预案

在危险化学品生产、储存、经营、使用、运输和废弃处置的过程中，为了防止事故的发生和在事故发生时尽量减少财产损失和人员伤亡，应该编制相应的应急预案。应急预案的编制应根据2013年10月1日开始实施的《生产经营单位生产安全事故应急预案编制导则》（GB/T 29639—2013）、国家安全生产监督管理局下发的《危险化学品事故应急救援预案编制导则（单位版）》以及《中国石油天然气集团公司应急预案编制通则》进行编制。

15.1.1 应急预案编制程序

15.1.1.1 概述
生产经营单位应急预案编制程序包括成立应急预案编制工作组、资料收集、风险评估、应急能力评估、编制应急预案和应急预案评审6个步骤。

15.1.1.2 成立应急预案编制工作组
生产经营单位应结合本单位部门职能和分工，成立以单位主要负责人为组长，单位相关部门人员参加的应急预案编制工作组，明确工作职责和任务分工，制订工作计划，组织开展应急预案编制工作。

15.1.1.3 资料收集
应急预案编制工作组应收集与预案编制工作相关的法律法规、技术标准、应急预案、国内外同行业企业事故资料，同时收集本单位安全生产相关技术资料、周边环境影响、应急资源等有关资料。

15.1.1.4 风险评估

（1）分析生产经营单位存在的危险因素，确定事故危险源；

（2）分析可能发生的事故类型及后果，并指出可能产生的次生、衍生事故；

（3）评估事故的危险程度和影响范围，提出风险防控措施。

15.1.1.5 应急能力评估

在全面调查和客观分析生产经营单位应急队伍、装备、物资等应急资源状况的基础上开展应急能力评估，并依据评估结果，完善应急保障措施。

15.1.1.6 编制应急预案

依据生产经营单位风险评估及应急能力评估结果，组织编制应急预案。应急预案编制应注重系统性和可操作性，做到与相关部门和单位应急预案相衔接。

15.1.1.7 应急预案评审

应急预案编制完成后，生产经营单位应组织评审。评审分为内部评审和外部评审。内部评审由生产经营单位主要负责人组织有关部门和人员进行；外部评审由生产经营单位组织外部有关专家和人员进行。应急预案评审合格后，由生产经营单位主要负责人签发实施，并进行备案管理。

15.1.2 应急预案体系

生产经营单位的应急预案体系主要由综合应急预案、专项应急预案和现场处置方案构成。生产经营单位应根据本单位组织管理体系、生产规模、危险源的性质以及可能发生的事故类型确定应急预案体系，并可根据本单位的实际情况，确定是否编制专项应急预案，风险因素单一的小、微型生产经营单位可只编写现场处置方案。

15.1.2.1 综合应急预案

综合应急预案是生产经营单位应急预案体系的总纲，主要从总体上阐述的应急工作原则，包括生产经营单位的应急组织机构及职责、应急预案体系、事故风险描述、预警及信息报告、应急响应、保障措施、应急预案管理等内容。

15.1.2.2 专项应急预案

专项应急预案是生产经营单位为应对某一类型或几种类型事故，或者针对重要生产设施、重大危险源、重大活动等内容而制定的应急预案。专项应急预案主要包括事故风险分析、应急指挥机构及职责、处置程序和措施等内容。

15.1.2.3 现场处置方案

现场处置方案是生产经营单位根据不同事故类别，针对具体的场所、装置或设施所制定的应急处置措施，主要包括事故风险分析、应急工作职责、应急处置和注意事项等内容。生产经营单位应根据风险评估、岗位操作规程以及危险性控制措施，组织本单位现场作业人员及安全管理等专业人员共同编制现场处置方案。

15.1.3 综合应急预案主要内容

15.1.3.1 总则

1）编制目的

简述应急预案编制目的。

2）编制依据

简述应急预案编制所依据的法律、法规、规章、标准和规范性文件及相关应急预案等。

3）适用范围

说明应急预案适用的工作范围和事故类型、级别。

4）应急预案体系

说明生产经营单位应急预案体系的构成情况，可用框图形式表述。

5）应急工作原则

说明生产经营单位应急工作的原则，内容应简明扼要、明确具体。

15.1.3.2 事故风险描述

简述生产经营单位存在或可能发生的事故风险种类、发生的可能性及严重程度及影响范围等。

15.1.3.3 应急组织机构及职责

明确生产经营单位的应急组织形式及组成单位或人员，可用结构图的形式表示，明确构成部门的职责。应急组织机构根据事故类型和应急工作需要，可设置相应的应急工作小组，并明确各小组的工作任务及职责。

15.1.3.4 预警及信息报告

1）预警

根据生产经营单位监测监控系统数据变化状况、事故险情紧急程度和发展势态或有关部门提供的预警信息进行预警，明确预警的条件、方式、方法和信息发布的程序。

2）信息报告

（1）信息接收与通报。明确24小时应急值守电话、事故信息接收、通报程序和责任人。

（2）信息上报。明确事故发生后向上级主管部门、上级单位报告事故信息的流程、内容、时限和责任人。

（3）信息传递。明确事故发生后向本单位以外的有关部门或单位通报事故信息的方法、程序和责任人。

15.1.3.5 应急响应

1）响应分级

针对事故危害程度、影响范围和生产经营单位控制事态的能力，对事故应急响应进行分级，明确分级响应的基本原则。

2）响应程序

根据事故级别和发展态势，描述应急指挥机构启动、应急资源调配、应急救援、扩大应急等响应程序。

3）处置措施

针对可能发生的事故风险、事故危害程度和影响范围，制定相应的应急处置，明确处置原则和具体要求。

4）应急结束

明确现场应急响应结束的基本条件和要求。

15.1.3.6 信息公开

明确向有关新闻媒体、社会公众通报事故的部门、负责人和程序以及通报原则。

15.1.3.7 后期处置

主要明确污染物处理、生产秩序恢复、医疗救治、人员安置、善后赔偿、应急救援评估等内容。

15.1.3.8 保障措施

1）通信与信息保障

明确可为生产经营单位提供应急保障的相关单位及人员通信联系方式和方法，并提供备用方案。同时，建立信息通信系统及维护方案，确保应急期间信息通畅。

2）应急队伍保障

明确应急响应的人力资源，包括应急专家、专业应急队伍、兼职应急队伍等。

3）物资装备保障

明确生产经营单位的应急物资和装备的类型、数量、性能存放位置、运输及使用条件、管理责任人及其联系方式等内容。

4）其他保障

根据应急工作需求而确定的其他相关保障措施（如：经费、交通运输保障、治安保障、技术保障、医疗保障、后勤保障等）。

15.1.3.9 应急预案管理

1）应急预案培训

明确对生产经营单位人员开展的应急预案培训计划、方式和要求，使有关人员了解相关应急预案内容，熟悉应急职责、应急程序和现场处置方案。如果应急预案涉及社区和居民，要做好宣传教育和告知等工作。

2）应急预案演练

明确生产经营单位不同类型应急预案演练的形式、范围、频次、内容以及演练评估、总结等要求。

3）应急预案修订

明确应急预案修订的基本要求，并定期进行评审，实现可持续改进。

4）应急预案备案

明确应急预案的报备部门，并进行备案。

5）应急预案实施

明确应急预案实施的具体时间、负责制定与解释的部门。

15.1.4 专项应急预案主要内容

15.1.4.1 事故风险分析
针对可以发生的事故风险,分析事故发生的可能性以及严重程度、影响范围等。

15.1.4.2 应急指挥机构及职责
根据事故类型,明确应急指挥机构总指挥、副总指挥以及各单位或人员的具体职责。应急指挥机构可以设置相应的应急救援小组,明确各小组的工作任务及主要负责人职责。

15.1.4.3 处置程序
明确事故及事故险情信息报告程序和内容、报告方式和责任人等内容。根据事故响应级别,事故接警报告和记录、应急指挥机构启动、应急指挥、资源调配、应急救援、扩大应急等应急响应程序。

15.1.4.4 处置措施
针对可能发生的事故风险、事故危害程度和影响范围,制定受益人应急处置措施,明确处置原则和具体要求。

15.1.5 现场处置方案主要内容

15.1.5.1 事故风险分析
(1) 事故类型;
(2) 事故发生的区域、地点或装置的名称;
(3) 事故发生的可能时间、事故的危害严重程度及其影响范围;
(4) 事故前可能出现的征兆;
(5) 事故可能引发的次生、衍生事故。

15.1.5.2 应急工作职责
根据现场工作岗位、组织形式及人员构成,明确各岗位人员的应急工作分工和职责。

15.1.5.3 应急处置
(1) 事故应急处置程序。根据可能发生的事故及现场情况,明确事故报警、各项应急措施启动、应急救护人员的引导、事故扩大及同生产经营单位应急预案的衔接程度。
(2) 现场应急处置措施。针对可能发生的火灾、爆炸、危险化学品泄漏、坍塌、水患、机动车辆伤害等,从人员救护、工艺操作、事故控制、消防现场恢复等方面制定明确的应急处置措施。
(3) 明确报警负责人以及报警电话及上级管理部门、相关应急救援单位联络方式和联系人员,事故报告基本要求和内容。

15.1.5.4 注意事项
(1) 佩戴个人防护器具方面的注意事项;
(2) 使用抢险救援器材方面的注意事项;
(3) 采取救援对策或措施方面的注意事项;
(4) 现场自救和互救注意事项;

(5) 现场应急处置能力确认和人员安全防护等事项；

(6) 应急救援结束后的注意事项；

(7) 其他需要特别警示的事项。

15.1.6 相关事项

(1) 有关应急部门、机构或人员的联系方式。

列出应急工作中需要联系的部门、机构或人员的多种联系方式，当发生变化时及时进行更新。

(2) 应急物资装备的名录或清单。

列出应急预案涉及的主要物资和装备名称、型号、性能、数量、存放地点、运输和使用条件、管理责任人和联系电话等。

(3) 规范化格式文本。

应急信息接报、处理、上报等规范化格式文本。

(4) 关键的路线、标识和图纸。

①警报系统分布及覆盖范围；

②重要防护目标、危险源一览表、分布图；

③应急指挥部位置及救援队伍行动路线；

④疏散路线、警戒范围、重要地点等的标识；

⑤相关平面布置图纸、救援力量的分布图纸等。

(5) 有关协议或备忘录。

列出相关应急救援部门签订的应急救援协议或备忘录。

15.1.7 应急预案编制格式

15.1.7.1 封面

应急预案封面主要包括应急预案编号、应急预案版本号、生产经营单位名称、应急预案名称、编制单位名称、颁布日期等内容。

15.1.7.2 批准页

应急预案应经生产经营单位主要负责人（或分管负责人）批准方可发布。

15.1.7.3 目次

应急预案应设置目次，目次中所列的内容及次序如下：

(1) 批准页；

(2) 章的编号、标题；

(3) 带有标题的条的编号、标题（需要时列出）；

(4) 附件，用序号表明其顺序。

15.1.7.4 印刷与装订

应急预案推荐采用 A4 版面印刷，活页装订。

15.2 危险化学品应急处置概述

危险化学品具有易燃易爆、有毒有害、有腐蚀性等特点,一旦管理和操作失误容易酿成事故,造成人员伤亡、环境污染、经济损失,并可能影响社会稳定和可持续发展。

化学事故一般包括火灾、爆炸、泄漏、中毒、窒息、灼伤等类型。一旦发生化学事故,迅速控制泄漏源,采取正确有效的防火防爆、现场环境处理、抢险人员个体防护措施,对于遏制事故发展、减少事故损失、防止次生事故发生,具有十分重要的作用。

15.2.1 消防器材

15.2.1.1 正压型空气呼吸器的作用和组成

正压型空气呼吸器用于有毒有害介质浓度大的作业环境。6.8L 气瓶,30MPa(300Bar)压力下储存的压缩空气相当于常压下 1863L 空气,按中等强度劳动消耗空气 40L/min 计算,可使用约 45min。

1)基本组成

器具由储气瓶、背架以及背架上的供气系统三部分组成,如图 15.1 所示。储气瓶包括瓶体和气瓶阀门两部分。背架包括背带和腰带两部分。供气系统包括面罩、压力表、中压导管、供气阀、低压报警器和减压阀六部分。

2)使用方法

使用方法参见产品使用说明书。

15.2.1.2 过滤式防毒面具的作用和组成

(1)作业环境空气中氧气体积浓度不低于 18%,温度为 −40 ~ 30℃,毒气浓度及使用时间应参照《过滤式防毒面具通用技术条件》(GB 2890—2009)的规定,不能用于槽罐等密闭容器环境。

过滤式防毒面具主要供有毒气体介质的装置区巡检人员使用,抢救时应使用正压呼吸器。

(2)过滤式防毒面具基本组成包括面罩(全面罩或半面罩)和滤毒盒(罐)两部分,如图 15.2 所示。

(3)使用方法。

使用方法参见产品使用说明书。

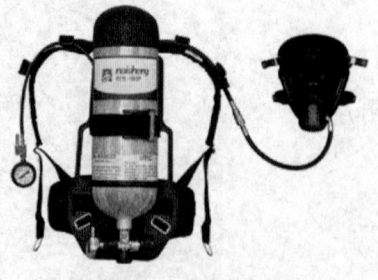

图 15.1 正压型空气呼吸器

图 15.2 过滤式防毒面具

15.2.1.3 干粉灭火器的作用和组成

干粉灭火器从灭火剂的化学组成上可分为 ABC 类和 BC 类两种，ABC 类干粉灭火器适用于扑救轻金属以外的各类初起火灾，BC 类干粉灭火器适用于扑救固体可燃物以外的各类初起火灾。

1）基本组成

干粉灭火器一般由筒体、压力表、压把、保险销、喷管等组成，如图 15.3 所示。

(a) 手提式　　　　　　(b) 推车式

图 15.3　干粉灭火器

2）使用方法

使用方法参见产品使用说明书。

15.2.1.4 二氧化碳灭火器作用和组成

二氧化碳气体相对密度约为空气的 1.5 倍。二氧化碳灭火器喷射出的二氧化碳气体，聚集在燃烧物体的表面或周围，驱散空气中的氧气，吸收部分热量，起到窒息和冷却灭火的作用。二氧化碳灭火器主要用于扑救贵重设备、档案资料、仪器仪表、600V 以下电气设备及油类的初起火灾。

1）基本组成

二氧化碳灭火器一般由筒体、压把、保险销、喷管等组成，如图 15.4 所示。

2）使用方法

使用方法参见产品使用说明书。

15.2.1.5 便携式可燃、有毒气体报警器作用和组成

可连续监测工作环境空气中可燃气体或有毒气体浓度，为作业人员提供安全警示。当监测不同气体时，可更换报警器内对该种气体有定量反应的机芯。

1）基本组成

一般由探头、声光报警器、操作面板和机体组成，如图 15.5 所示。

2）使用方法

使用方法参见产品使用说明书。

15.2.2 个体防护

工程控制措施虽然是减少化学品危害的主要措施，但是为了减少毒性暴露，作业人员还

图15.4 二氧化碳灭火器

图15.5 德尔格便携式可燃报警器

需对自身进行防护,以作为补救措施。作业人员本身的防护分使用防护器具和讲究个人卫生两种形式。

15.2.2.1 个体防护用品

1) 手、足部防护用品

按防护的目的不同,手部防护用品有耐酸碱手套、橡胶耐油手套、防毒手套、防静电手套、带电作业用绝缘手套等。其中应用最为广泛的是耐酸碱手套。足部防护用品有防静电鞋、防导电鞋、绝缘鞋、防砸鞋、防酸碱鞋、防油鞋等。

2) 防尘用品

主要使用防尘面罩和口罩,分为过滤式和隔离式两大类。过滤式主要分为自吸式和送风式。

3) 防毒用品

防毒用品主要用于防止有害气体、蒸气和气溶胶经呼吸道进入人体。按其作用可分为过滤式防毒面具和隔离式防毒面具。

4) 防酸防护服

防酸防护服是用耐酸织物或橡胶、塑料等材料制成的防护服,适用于与酸接触的人员。

5) 防静电服装

防静电服装是易产生静电积聚的作业场所,为削除工作服及人体带电,所必备的个人防护用品。主要品种有防静电服、防静电鞋和导电鞋等。

6) 其他个体防护用品

为了防止由于化学品的飞溅,以及化学粉尘、烟、雾、蒸气等所导致的眼睛和皮肤伤害,也需要根据具体情况选择相应的防护用品或护具。

15.2.2.2 作业人员的个人卫生

作业人员养成良好的卫生习惯也是消除和降低化学品危害的一种有效方法。保持个人卫生的基本原则有:

(1) 遵守安全操作规程并使用适当的防护用品。

(2) 不直接接触能引起过敏的化学品。

(3) 工作结束后、饭前、饮水前、吸烟前,以及便后要充分洗净身体的暴露部分。
(4) 在衣服口袋里不装被污染的东西,如抹布、工具等。
(5) 勤剪指甲并保持指甲洁净。
(6) 时刻注意防止自我污染,尤其在清洗或更换工作服时更要注意。
(7) 防护用品要分放、分洗。
(8) 定期检查身体。

15.2.3 急救方法

危险化学品事故现场以中毒、烧伤、严重创伤、复合伤和同时多人受伤为特点。严重的烧伤和中毒可导致人员的心、脑等重要脏器官功能障碍,出血过多会导致休克甚至死亡。正确、有效的现场救护能挽救伤员的生命,防止损伤加重和减轻伤员的痛苦,而心肺复苏、止血和包扎等技术是事故现场急救的通用技术,现场救援人员掌握这些技术可在最短时间内挽救事故现场伤员的生命,为进一步治疗争取时间。

15.2.3.1 现场人员自救互救基本方法

1) 止血的基本方法

手压法:在出血伤口靠近心脏侧,用手指、掌、拳压迫跳动的血管,达到止血的目的,如图 15.6 所示。

加压包扎法:在出血伤口处放上厚敷料,用绷带加压包扎,如图 15.7 所示。

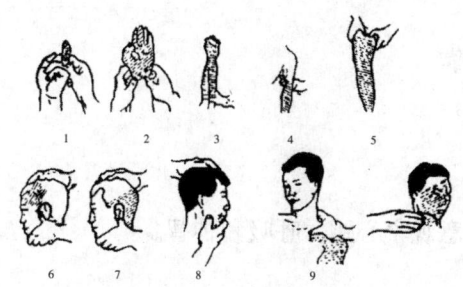

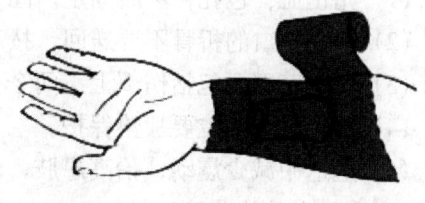

图 15.6 手压止血法　　　　　图 15.7 加压包扎法

加垫屈肢止血法:前臂或小腿出血时,可在肘窝或膝盖后侧放纱布卷、毛巾等,屈曲关节,用三角巾把屈曲的肢体捆紧。有骨折时不能用此法,如图 15.8 所示。

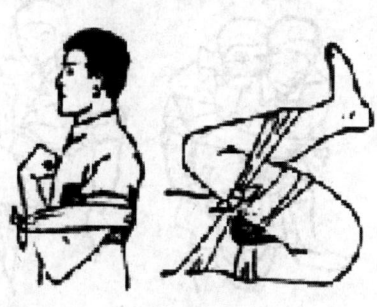

(a)　　　　　　　　　　(b)

图 15.8 加垫屈肢止血法

绑止血带法：用弹性止血带绑住出血伤口近心端大血管，如图15.9所示。

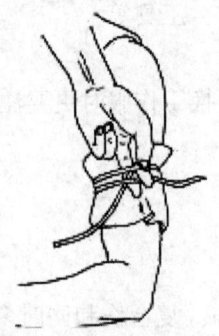 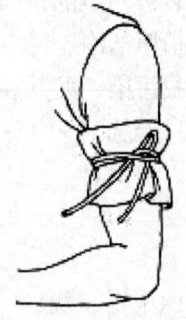

(a) 将橡皮止血带中的一段　　(b) 橡皮带末端紧压在橡皮带下面
适当拉紧拉长，绕肢体2~3周

图 15.9　绑止血带法

注意：止血带下应垫纱布或柔软衣物；上肢出血，绑上臂的上1/3处，下肢出血，绑大腿中、上1/3交界处；绑止血带的压力，应以摸不到远端血管跳动、伤口出血停止为度；每隔1h松开止血带2～3min。松开时要在伤口上加压以免出血。填塞止血法和止血粉止血法，须存备有无菌纱布和止血药粉的情况下才能使用。

2) 受伤肢体的固定

凡骨折、关节伤、血管神经伤、大面积软组织伤等，在送医疗单位前均须对肢体固定，并注意以下事项：

(1) 先止血、包扎，然后固定。固定必须牢靠。
(2) 刺出伤口的折骨不要送回，按现状固定。
(3) 固定范围要包括伤部上下两个关节。
(4) 肢体骨突部位要加垫保护。
(5) 运送中减少震动，抬高患肢，保暖，注意观察心跳、呼吸和神智。

3) 受伤人员的移动

由于现场环境所限，要因地制宜，就地取材，根据伤情采取不同的移动方法，千万不要因移动不当加重损伤，如图15.10、图15.11、图15.12所示。

图 15.10　背法、抱法、肩法

图 15.11　双人徒手搬运法　　　　　　图 15.12　滚动法、平托法

4）心肺复苏

心肺复苏是针对由各种原因引起的心跳、呼吸停止和意识丧失所采取的急救措施。方法：对确无心跳、呼吸，对喊话和轻摇均无反应者应实施心肺复苏术。

（1）呼唤他人，协助抢救。

（2）轻柔、平缓地将病人放置仰卧位。

（3）头后仰，颈垫高，使下颌与耳垂连线与地面垂直，气道即打开。

（4）用手放在病人前额，拇指、食指捏住病人鼻孔。用力向病人口中吹气。每分钟 11 次。

（5）双臂绷直，垂直向下按压胸骨，深度达 4～5cm。

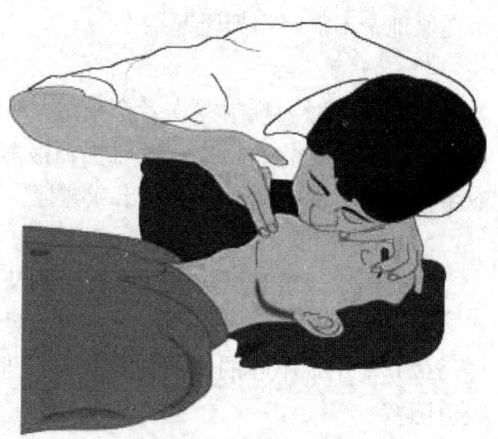

图 15.13　人工呼吸

单人抢救法：心脏按压频率为 80～100 次 /min、按压与吹气之比 15∶2。即：快速吹气一次，然后以每分钟 80 次的速度，按压心脏 15 次。反复进行，人工呼吸如图 15.13 所示。

双人抢救法：按每分钟 60 次的速度，按压心脏。另一人在按压心脏 5 次后，吹气 1 次。两人变换位置时，间隔不应超过 5s，如图 15.14 和图 15.15 所示。

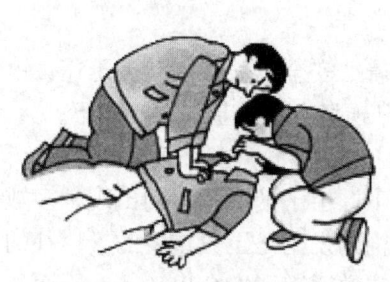
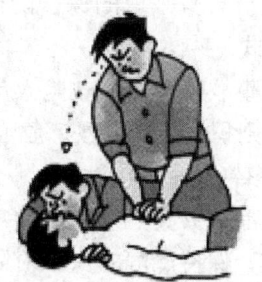

图 15.14　人工呼吸法　　　　图 15.15　胸外心脏按压法

15.2.3.2　医疗护送

经过院外急救之后，需要在医院做进一步治疗的患者就要被送往医院，此时伤病者身边

的人应该注意以下几点。

1) 物质准备

受伤者一般被首先送往医院的急诊室，所以所带物品要尽量简单，不要盲目携带过多物品。

2) 人员准备

受伤者去医院需要有人陪伴，一般来说至少需要两个人共同去医院。

重伤者去医院，如体重60kg的患者至少需要3个人。而体重70kg以上者至少需要4人才能将其抬动。除此以外，多数情况下还需要有人提着输液瓶和氧气瓶。

3) 使用担架

由于医务人员忙于抢救伤病者，一般都是由他人去取救护车上的担架，将救护车上的担架放到受伤者身边。担架要始终保持水平状态，遇到道路狭窄或入口不能抬过，只能将担架留在原地，不能将担架竖起抬。

4) 抬送受伤者

抬受伤者时要嘱咐受伤者全身放松，不要用力，因为任何体力活动都会加重病情，有时可能造成病情恶化。抬伤病者时提输液瓶者的主要职责是保护输液通道的通畅，提输液瓶者应全神贯注，保持针头不被拉出或碰撞，并尽量将输液瓶举高。

5) 途中护理

护送途中，若有医护人员随行应听从医护人员指挥，若无医护人员要注意以下几点：

(1) 使伤病者身体保持稳定，避免晃动。

(2) 对出现呕吐的伤病者要及时清理呕吐物，尽量使伤病者吐在塑料袋内，以免发生呼吸道阻塞。

(3) 固定输液针头插入部位的肢体，防止针头脱出血管外，保护输液通道通畅。

(4) 注意观察伤病者的吸氧管有无脱落，如脱落，及时复位。

(5) 发现异常情况及时电话联系相关医护人员，请求给予指导。

15.2.4 现场自救

危险化学品事故现场自救是指发生事故后，事故单位实施的救援行动以及在事故现场受到事故危害的人员自身采取的保护防御行为。自救是危险化学品事故现场急救工作最基本、最广泛的救援方式。

危险化学品事故现场的非救险人员应本着"安全第一、主动、迅速、镇定、向外、离开事故现场"的原则积极开展自救。危险化学品现场自救的基本方法如下。

15.2.4.1 要保持良好的心态

在危险化学品火灾突然发生的异常情况下，由于烟气及火的出现，多数人心理恐慌，这是最致命的弱点，保持冷静的头脑对防止惨剧的发生是至关重要的。以往的火灾中，有些人盲目逃生，如跳楼、惊慌失措，因此找不到疏散通道和安全出口等，因而失去逃生时机而死亡。在发生火灾时，保持心理稳定是逃生的重要前提，若能临危不乱，先观察火势，再决定逃生方式，运用学到的避难常识就会化险为夷，把灾难损失降到最低限度。

15.2.4.2 利用疏散通道和安全出口自救逃生

发生危险化学品火灾时，不要惊慌失措，应及时向疏散通道和安全出口方向逃生；疏散时要服从工作人员的疏导和指挥，分流疏散，避免争先恐后，朝一个出口拥挤，堵塞出口。盲目逃生，往往欲速则不达。

15.2.4.3 自制器材逃生

危险化学品着火时，要学会利用现场一切可以利用的条件逃生，要学会随机应用，如将毛巾、口罩用水浇湿当成防烟工具捂住口、鼻；把被褥、窗帘用水浇湿后，堵住门口阻止火势蔓延；利用绳索或将布匹、床单、地毯、窗帘结绳自救。

15.2.4.4 寻找避难所逃生

在无路可逃的情况下，应积极寻找避难处所。如到阳台、楼层平顶等待救援；选择火势、烟雾难以蔓延的房间，如厕所、保安室等，关好门窗，堵塞间隙，房间如有水源要立即将门窗和各种可燃物浇湿，以阻止或减缓火势和烟雾的蔓延，无论白天或者夜晚，被困者都应大声呼救，不断发生各种呼救信号以引起救援人员的注意，帮助自己脱离险境。

15.2.4.5 在逃生过程中要防止中毒

危险化学品着火时会产生大量有毒气体。在逃生过程中就用水浇湿毛巾或用衣服捂住口鼻，采用低姿行走，以减小烟气的伤害。事实证明，匍匐爬行是避免毒气伤害的最科学的逃生方法。火灾中如果站着走，走不了多远便会窒息。

15.2.5 易燃易爆品灭火介质

易燃易爆类危险化学品的灭火方法见表 15.1。

表 15.1 易燃易爆性物品灭火方法

类　别	品　名	灭火介质	备　注
爆炸物	黑药	雾状水	禁用砂土
	化合物	雾状水、水	禁用砂土
压缩气体和液化气体	压缩气体和液化气体	大量水	冷却钢瓶
易燃液体	中、低、高闪点	泡沫、干粉	
	甲醇、乙醇、丙酮	抗溶泡沫	
易燃固体	易燃固体	水、泡沫	
	发乳剂	水、干粉	禁用酸碱泡沫
	硫化磷	干粉	禁用水
自燃物品	自燃物品	水、泡沫	
	烃基金属化合物	干粉	禁用水
遇湿易燃物品	遇湿易燃物品	干粉	禁用水
	钠、钾	干粉	禁用水、二氧化碳、四氯化碳

续表

类　别	品　名	灭火介质	备　注
氧化剂和有机过氧化物	氧化剂和有机过氧化物	雾状水、水	有机过氧化物禁用砂土
	过氧化钠、过氧化钾、过氧化镁、过氧化钙等	干粉	禁用水

15.2.6　部分腐蚀品消防介质

部分腐蚀品的灭火介质见表 15.2。

表 15.2　部分腐蚀品消防介质

品名	灭火介质	禁用灭火介质	备注
发烟硝酸 硝酸	雾状水、砂土、二氧化碳	高压水	
发烟硫酸 硫酸	干砂、二氧化碳	水	
盐酸	雾状水、砂土、干粉	高压水	
磷酸 氢氟酸 氢溴酸 溴素 氢碘酸 氟硅酸 氟硼酸	雾状水、砂土、二氧化碳	高压水	
高氯酸 氯磺酸	干砂、二氧化碳		
氯化硫	干砂、二氧化碳、雾状水	高压水	
磺酰氯 氯化亚砜	干砂、干粉	水	
氯化铬酰 三氯化磷 三溴化磷	干粉、干砂、二氧化碳	水	
五氯化磷 五溴化磷	干粉、干砂	水	
四氯化硅 三氯化铝 四氯化钛 五氯化锑 五氧化磷	干砂、二氧化碳	水	
甲酸	雾状水、二氧化碳	高压水	
溴乙酰	干砂、干粉、泡沫	高压水	
苯磺酰氯	干砂、干粉、二氧化碳	水	

续表

品名	灭火介质	禁用灭火介质	备注
乙酸 乙酸酐	雾状水、砂土、二氧化碳、泡沫	高压水	
氯乙酸 三氯乙酸 丙烯酸	雾状水、砂土、泡沫、二氧化碳	高压水	
氢氧化钠 氢氧化钾 氢氧化锂	雾状水、砂土	高压水	
硫化钠 硫化钾 硫化钡	砂土、二氧化碳	水或酸、碱式灭火机	
水合肼	雾状水、泡沫、干粉、二氧化碳		
氨水	水、砂土		
次氯酸钙	水、砂土、泡沫		
甲醛	水、泡沫、二氧化碳		

15.2.7 部分毒害品消防介质

部分毒害品消防介质见表 15.3。

表 15.3 部分毒害品消防介质（其中有些不燃物质，应根据着火物质选择适当的灭火剂灭火）

	品名	灭火介质	禁用灭火介质	备注
无机剧毒品	砷酸、砷酸钠	水		
	砷酸盐、砷及其化合物、亚砷酸盐	水、砂土		
	亚硒酸盐、亚硒酸酐、硒及其化合物	水、砂土		
	氯化汞	水、砂土		
	氰熔体	水、砂土	酸碱泡沫	
	氢氰酸溶液（含量≤20%）	二氧化碳、干粉、泡沫		
有机剧毒品	氯化苦	水、砂土		
	四乙基铅	干砂、泡沫		
	马钱子碱	水		
	硫酸二甲酯	干砂、泡沫、二氧化碳、雾状水		
无机有毒品	氟化钠、氟化物、氟化铅、氯化钡、氧化汞、汞及其化合物、碲及其化合物、碳酸铍、铍及其化合物	水、砂土		

续表

	品名	灭火介质	禁用灭火介质	备注
有机有毒品	氰化二氯甲烷、其他含氰的化合物	二氧化碳、雾状水、砂土		
	苯的氯代物（多氯代物）	砂土、泡沫、二氧化碳、雾状水		
	氯酸酯类	泡沫、水、二氧化碳		
	烷烃（烯烃）的溴代物，其他醛、醇、酮、酯、苯等的溴化物	泡沫、砂土		
	各种有机物的钡盐、对硝基苯氯（溴）甲烷	砂土、泡沫、雾状水		
	砷的有机化合物、草酸、草酸盐类	砂土、水、泡沫、二氧化碳		
	草酸酯类、硫酸酯类、磷酸酯类	泡沫、水、二氧化碳		
	胺的化合物、苯胺的各种化合物、盐酸苯二胺（邻、间、对）	砂土、泡沫、雾状水		
	二氨基甲苯，乙萘胺，二硝基二苯胺、苯肼及其化合物，苯酚的有机化合物、硝基的苯酚钠盐、硝基苯酚、苯的氯化物	砂土、泡沫、雾状水、二氧化碳		
	糠醛、硝基萘	泡沫、二氧化碳、雾状水、砂土		
	滴滴涕原粉、毒杀酚原粉、666原粉	泡沫、砂土		
	氯丹、敌百虫、马拉松、烟雾剂、安妥、苯巴比妥钠盐、阿米尔多尔及其钠盐、赛力散原粉、1－萘甲腈、炭疽牙胞苗、鸟来因、粗蒽、依米丁及其盐类、苦杏仁酸、戊巴比妥及其钠盐	水、砂土、泡沫		

15.3 危险化学品伤害的现场急救原则

危险化学品对人体会造成的伤害有中毒、窒息、冻伤、化学灼伤、烧伤等。急性中毒后现场抢救不及时或处置不恰当都会引起死亡。现场急救必须遵循"先救人后救物，先救命后疗伤"的基本原则。同时还应注意以下几点：

（1）救护者应做好个人防护。危险化学品事故发生后，化学品会经呼吸系统和皮肤侵入人体。因此，救护者必须充分了解化学品的种类、性质和毒性，在进入事故区抢救之前，首先要做好个体防护，选择并正确佩戴好合适的防毒面具和防护服。

（2）切断毒物来源。救护人员在进入事故现场后，应迅速采取果断措施切断毒物的来源，防止毒物继续外逸，对已经逸散出来的有毒气体，应立即采取措施降低其在空气中的浓度，为进一步开展抢救工作创造有利条件。

（3）迅速将中毒者移离危险区。迅速将中毒者（伤员）转移至空气清新的安全地带。在搬运过程中要沉着、冷静，不要强抢硬拉，防止造成骨折。如已有骨折或外伤，则要注意包扎和固定。

（4）采取正确的方法，对患者进行紧急救护。把患者从现场中抢救出来后，不要慌里慌张地急于打电话叫救护车，应先松解患者的衣扣和腰带，维护呼吸道畅通，注意保暖；去除患者身上的毒物，防止毒物继续侵入人体。对患者的病情进行初步检查，重点检查患者是否有意识障碍，呼吸和心跳是否停止，然后检查有无出血、骨折等。根据患者的具体情况，选用适当的方法，尽快开展现场急救。

（5）经现场处理后，迅速护送到医院进一步救治。对于一氧化碳中毒者，应选择有高压氧舱的医院。

15.4 事故发生时现场紧急处置的一般程序

15.4.1 报警（按应急预案）

当发生突发性化学事故时，现场应急人员应立即按照应急管理程序、要求时限向上报告。报警时应讲清发生事故的单位、地址、事故引发物质、事故简要情况、人员伤亡情况等。

15.4.2 个人防护

现场应急人员应根据事故特点和事故引发物质的不同，采取不同的防护措施。应急人员

15.4.3 隔离事故现场，建立警戒区

事故发生后，现场应急人员应根据化学品泄漏的扩散情况或火焰辐射热所涉及的范围建立警戒区，并在通往事故现场的主要通道上实行交通管制。

在实际应急过程中，一般在扩散区域的基础上再加上一定的缓冲区，作为警戒区。

15.4.4 人员疏散

疏散包括撤离和就地保护两种。撤离是指把所有可能受到威胁的人员从危险区域转移到安全区域。就地保护是指人进入建筑物或其他设施内，直至危险过去。当撤离比就地保护更危险或撤离无法进行时，应采取就地保护并指挥建筑物内的人，关闭所有门窗，并关闭所有强风、加热、冷却系统。

15.4.5 现场控制

针对不同事故，开展现场控制工作。事故发生后、现场应急有关人员要立即查阅、准备相关技术资料，咨询有关专家或向化学事故应急机构咨询，了解事故引发物质的危险特性和正确的应急处置措施，为现场决策提供依据。

15.5 事故应急救援的一般程序

（1）到场的救援车辆停靠、水源的选择、救援阵地的部署，以及抢险救援的展开都应在上风或侧上风方向。

（2）成立现场救援指挥部，实施统一指挥，公安、医疗救护等相关单位各司其责，做好救援协助工作。

（3）做好个人防护，特勤队员进入危险区域要佩戴空气呼吸器，着防毒衣或防化服。

（4）询问知情人，了解被困人数、泄漏的物质、时间、部位、周边单位、居民、地形、供电、火源等情况。

（5）使用检测仪器测定泄漏物质、浓度、扩散范围，确认设施、建（构）筑物险情，确定攻防路线、阵地、工艺处置措施等。

（6）根据询问情况、检测结果设置警戒区域，警戒区域划分为重危区、轻危区和安全区，在安全区外视情设立隔离带，严格控制各区域进入人员、车辆，并逐一登记。

（7）成立救生小组，携带救生器材迅速进入危险区域；搜寻遇险人员，采取正确救助方式，将所有得救的人员转移至安全区域，对救出人员进行登记和标识，将需要就医的人员交由医疗急救部门抢救。

（8）占领水源、铺设干线、设置阵地、有序展开；铺设水幕水带，设置水幕。稀释、降解泄漏物的浓度，采用喷雾水枪形成水幕墙，防止泄漏物向重要目标或危险源扩散。

（9）采取关阀断料等工艺措施和覆盖、切封等灭火方法，有效扑灭火灾。

（10）根据泄漏情况，严密制定堵漏方案，可采取吸附、中和、密封、转移等方法予以控制。

（11）处置大型化工装置、设施、油罐火灾，应及时要求案发单位的技术人员到场协助，控制火势，遏制爆炸。

（12）设置洗消站。对所有参战人员、器材装备进行全面洗消，洗消污水的排放必须经过环保部门的检测，以防造成次生灾害。

（13）清理现场，撤除警戒，做好移交，安全撤离。

15.6 隔离与公共安全

事故发生后为了保护公众生命、财产安全，应采取有效措施。为了保护公众免受伤害，给出在事故源周围及下风向需要控制的距离和区域，如图15.16所示。

15.6.1 疏散区

疏散区是指下风向有害气体、蒸气、烟雾或粉尘可能影响的区域，是泄漏源下风方向的正方形区域。正方形的边长即为下风向疏散距离。该区域内如果不进行防护,则可能使人致残或产生严重的或不可逆的健康危害,应疏散公众,禁止未防护人员进入或停留。如果就地保护比疏散更安全,可考虑采取就地保护措施。

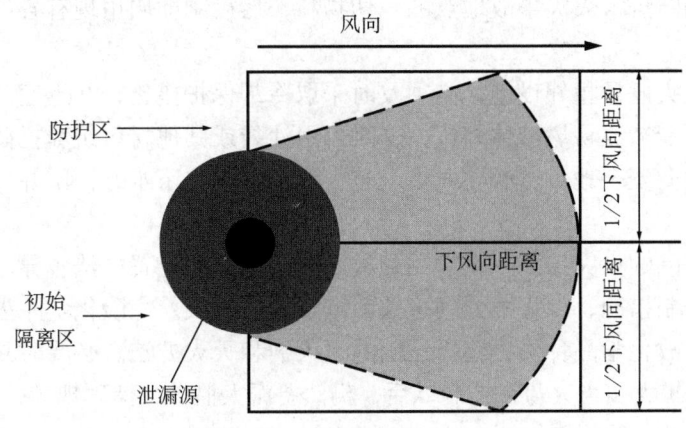

图 15.16　隔离控制区示意图

15.6.2　初始隔离距离

初始隔离距离下风向疏散距离适用于泄漏后最初 30min 内或污染范围不明的情况,参考者应根据事故的具体情况如泄漏量、气象条件、地理位置等做出适当的调整。

15.6.3　隔离距离和疏散距离的影响因素

初始隔离距离和下风向疏散距离主要依据化学品的吸入毒性危害确定。化学品的吸入毒性危害越大,其初始隔离距离和下风向疏散距离越大。影响吸入毒性危害大小的因素有化学品的状态、挥发性、毒性、腐蚀性、刺激性、遇水反应性(液体或固体泄漏到水体)等(常见危险化学品疏散距离见附录6)。

15.7　火灾爆炸事故的应急处置要领

15.7.1　爆炸事故的应急处置对策

(1) 根据爆炸过程的特点,阻止第一过程的出现,即控制爆炸性混合物的形成和控制火源,使爆炸性混合物不会被连续点燃;

(2) 限制第二过程的发展,如燃爆一开始就及时泄出压力,或切断爆炸传播途径,或破坏燃烧成爆炸的条件等;

(3) 对第三过程的危害进行防护,即减弱爆炸压力和冲击波对人甚至对设备、厂房和邻近建筑物的破坏。

15.7.2 火灾事故的应急处置对策

（1）在火灾尚未扩大到不可控制之前，应尽快用灭火器来控制火灾。迅速关闭火灾部位的上下游阀门，切断进入火灾事故地点的一切物料，然后立即启用现有各种消防装备扑灭初期火灾和控制火源。

（2）为防止火灾危及相邻设施，必须及时采取冷却保护措施，并迅速疏散受火势威胁的物资。有的火灾可能造成易燃液体外流，这时可用沙袋或其他材料筑堤拦截流淌的液体或挖沟导流，将物料导向安全地点。必要时用毛毡、湿草帘堵住下水井、阴井口等处，防止火焰蔓延。

（4）不同化学品的火灾控制。化学品种类不同，灭火和处置方法各异。针对不同类别化学品要采取不同控制措施，以正确处理事故，减少事故损失。危险化学品火灾决不可盲目行动，应针对发生事故化学品种类，选择正确的灭火剂和灭火方法。必要时采取堵漏或隔离措施，预防次生灾害扩大。当火势被控制以后，仍然要派人监护，清理现场，消灭余火。

（5）火灾扑救的一般原则如下：
①首先应尽可能切断通往多处火灾部位的物料源，控制泄漏源；
②主火场由消防队集中力量主攻，控制火源；
③喷水冷却容器，可能的话将容器从火场移至空旷处；
④处在火场中的容器突然发出异常声音或发生异常现象，必须马上撤离；
⑤发生气体火灾，在不能切断泄漏源的情况下，不能熄灭泄漏处的火焰。

（6）进入火灾现场的注意事项如下：
①不同类型火灾爆炸事故的灭火人员必须选用合适的防护服及配备必要的防护装备；
②消防人员必须在上风向或侧风向操作，选择地点必须方便撤退；
③通过浓烟、火焰地带或向前推进时，应用水枪跟进掩护；
④加强火场的通信联络；
⑤铺设水带时要考虑如果发生爆炸和事故扩大时的防护或撤退；
⑥要组织好水源，保证火场不间断地供水；
⑦禁止无关人员进入；
⑧现场抢救人员或关闭火场附近气源闸阀的人必须用移动式消防水枪保护。

15.7.3 不同危险性化学品的火灾爆炸事故扑救要点

15.7.3.1 压缩或液化气体火灾的要点

一般情况下，压缩或液化气体是储存在钢瓶中，或者通过管道输送的。其中钢瓶内气体压力较高，受热或受火焰烘烤时容易爆裂，大量气体泄出或者燃烧爆炸，或者使人中毒，危险性较大。另外，如果气体泄出后遇火源已形成稳定燃烧时，其危险性比气体泄出未燃时危险性要小得多。针对以上特点，扑救要点如下：

（1）切记不要盲目灭火。首先要堵漏或截断气源（如关阀门等），在此之前，应保持泄出气体稳定燃烧。否则，大量可燃气泄出，与空气混合，遇火源就会发生爆炸，后果更为严重。

(2) 灭火时要先积极抢救受伤及被困人员，并扑灭火场外围的可燃物火势，切断火势蔓延的途径。

(3) 如果火场中有受到火焰辐射热威胁的压力容器，必须首先尽量在水枪掩护下疏散到安全地点，不能疏散的应部置足够的水枪进行冷却保护。

(4) 如果确认无法截断泄漏气源，则需冷却着火容器及周围容器和可燃物品，或将后两者撤离火场，控制着火范围，直至容器内可燃气烧尽，使火自行熄灭。

(5) 现场指挥应密切注意各种危险征兆，当有容器爆裂危险时，及时做出正确判断，下达撤退命令并组织现场人员尽快撤离。

15.7.3.2 易燃液体的扑救要点

易燃液体通常也是储存在容器内或者用管道输送的，但一般都是常压状态，有些还是敞口的，只有反应釜（锅、炉等）及输送管道内的液体压力较高。液体无论是否着火，如果泄漏或溢出，都将沿着地面（或水体）流淌漂散；而且易燃液体火灾还有着火液体相对密度和水溶性等涉及能否用水或普通泡沫灭火剂扑救等问题，以及是否可能发生危险性很大的沸溢及喷溅问题。一般可燃液体火灾的扑救要点如下：

(1) 首先应该切断火势蔓延途径，控制燃烧范围，并积极抢救受伤及被困人员。一方面，着火容器、设备有管道与外界相通的，要截断其与外界的联系；另一方面，如具有液体泄漏应堵漏或者在外围修防火堤。

(2) 及时了解和掌握着火液体的品名、密度、水溶性，以及有无毒害、腐蚀、沸溢、喷溅等危险性；还应正确判断着火面积，以便采取相应的灭火和防护措施。

小面积（在 $50m^2$ 以内）液体火灾，一般可用雾状水扑救，而用泡沫、干粉、二氧化碳更有效。大面积液体火灾则必须根据其密度、水溶性和燃烧面积大小，选择适当的灭火剂扑救。密度小于水而不溶于水的液体（如汽油、苯等），一般可用普通蛋白泡沫或轻水泡沫扑救；密度大于水而不溶于水的液体（如二硫化碳）着火时可用水扑救，用泡沫也有效；具有水溶性的液体，最好用抗溶性泡沫扑救。

扑救以上三类液体火灾时，都需要用水冷却容器设备外壁。如果采用干粉或卤代烷灭火剂时，灭火效果要视燃烧面积大小和燃烧条件而定。

(3) 扑救具有毒性、腐蚀性或燃烧产物具有毒性的易燃液体火灾时，救火人员必须佩戴防护面具，采取防护措施。

(4) 扑救具有沸溢、喷溅危险的液体（原油、重油等）火灾时，现场指挥发现危险征兆，应迅速做出正确判断，及时下达撤退命令，避免人员与装备损失。

15.7.3.3 爆炸品火灾爆炸的扑救要点

由于爆炸品是瞬间爆炸，往往同时引发火灾，危险性、破坏性极大，给扑救带来很大困难。因此，应该在保证扑救人员安全的前提下，把握以下要点：

(1) 采取一切可能的措施，全力制止再次爆炸。

(2) 应迅速组织力量及时疏散火场周围的易爆、易燃物品，使火区周边形成一个隔离带。

(3) 切忌用砂、土盖、压爆炸物品，以免增加爆炸时的爆炸威力。

(4) 灭火人员要利用现场的有利地形或采取卧姿行动，尽可能采取自我保护措施。

(5) 如有发生再次爆炸征兆或危险时，指挥员应迅即做出正确判断，下达命令，组织人员撤退。

15.7.3.4 遇湿易燃物品火灾的扑救要点

遇湿易燃物品（如金属钠、钾及液态三乙基铝等）能与水或湿气发生化学反应，放出可燃气体及热量，有时即使没有明火也能"自动"燃烧爆炸。这类物品在达到一定数量时，绝对禁止用水、泡沫、酸碱等湿性灭火剂扑救，这就为其发生火灾时的扑救带来很大困难。通常情况下，遇湿易燃物品火灾的扑救要点如下：

(1) 首先要了解遇湿易燃物品的品名、数量，是否与其他物品混存，燃烧范围及火势蔓延途径等。

(2) 如果只有极少量（一般在50g以内）遇湿易燃物品着火，则无论是否与其他物品混存，仍可以用大量水或泡沫扑救。水或泡沫刚一接触着火物品时，瞬间可能会使火势增大，但少量物品燃尽后，火势就会减小或熄灭。

(3) 如果遇湿易燃物品数量较多，而且未与其他物品混存，则绝对禁止用水、泡沫、酸碱等湿性灭火剂扑救，而应该用干粉、二氧化碳扑救，只有轻金属（如钾、钠、铝、镁等）用后两种灭火剂无效。固体遇湿易燃物品应该用水泥（最常用）、干砂、干粉、硅藻土及蛭石等覆盖。对遇湿易燃物品中的粉尘如镁粉、铝粉等，切忌喷射有压力的灭火剂，以防将粉尘吹扬起来，与空气形成爆炸性混合物而导致爆炸。

(4) 如遇有较多的遇湿易燃物品与其他物品混存，则应先查明是哪类物品着火，遇湿易燃物品的包装是否损坏。如果可以确认遇湿易燃物品尚未着火，包装也未损坏，应立即用大量水或泡沫扑救，扑灭火势后立即组织力量将遇湿易燃物品疏散到安全地点。如果确认遇湿易燃物品已经着火或包装已经损坏，则应禁止用水或湿性灭火剂扑救。若是液体应该用干粉等灭火剂扑救；若是固体应该用水泥、干砂扑救；如遇钾、钠、铝、镁等轻金属火灾，最好用石墨粉、氯化钠及专用的轻金属灭火剂扑救。

(5) 如果其他物品火灾威胁到面临的较多遇湿易燃物品，应考虑其防护问题。可先用油布、塑料布或者其他防水布将其遮盖，然后在上面盖上棉被并淋水；也可以考虑筑防水堤等措施。

15.7.3.5 易燃固体、自燃物品火灾的扑救要点

相对于其他危险化学品而言，易燃固体、自燃物品火灾的扑救较为容易，一般都能用水和泡沫扑救。但是有少数物品的扑救比较特殊，需要注意。

(1) 2,4-二甲基苯甲醚、二硝基萘、萘等能够升华的易燃固体，受热会放出易燃蒸气，能在上层空间与空气形成爆炸性混合物，尤其在室内，容易发生爆燃。因此在扑救此类物品火灾时，应注意，不能以为明火扑灭即完成灭火工作，而要在扑救过程中不时向燃烧区域上空及周围喷射雾状水，并用水浇灭燃烧区域及周围的所有火源。

(2) 黄磷是自燃点很低，在空气中极易氧化并自燃的物品。扑救黄磷火灾时，首先应切断火势蔓延途径，控制燃烧范围。对着火的黄磷应该用低压水或雾状水扑救。高压水流冲击能使黄磷飞溅，导致灾害扩大。已熔融黄磷流淌时，应该用泥土、沙袋等筑堤阻截并用雾状水冷却。对磷块和冷却后已凝固的黄磷，应该用钳子夹到储水容器中。

(3) 少数易燃固体和自燃物品，如三硫化二磷、铝粉、烷基铝、保险粉等，不能用水和泡沫扑救，应根据具体情况分别处理，一般宜选用干砂和非压力喷射的干粉扑救。

15.7.3.6 氧化剂和有机过氧化物火灾的扑救要点

从灭火角度来说，氧化剂和有机过氧化物是一个杂类。不同的氧化剂和有机过氧化物物态不同，危险特性不同，适用的灭火剂也不同。因此，扑救此类火灾比较复杂，其扑救要点如下：

(1) 首先要迅速查明着火的氧化剂和有机过氧化物以及其他燃烧物品的品名、数量、主要危险特性；燃烧范围、火势蔓延途径；能否用水和泡沫扑救等情况。

(2) 能用水和泡沫扑救时，应尽力切断火势蔓延途径，孤立火区，限制燃烧范围；同时积极抢救受伤及受困人员。

(3) 不能用水、泡沫和二氧化碳扑救时，应该用干粉扑救；或用水泥、干砂覆盖。用水泥、干砂覆盖时，应先从着火区域四周特别是下风方向或火势主要蔓延方向覆盖起。形成孤立火势的隔离带，然后逐步向着火点逼近。

应该注意的是，由于大多数氧化剂和有机过氧化物遇酸会发生化学反应甚至爆炸；活泼金属过氧化物等一些氧化剂不能用水、泡沫和二氧化碳扑救。因此，专门生产、使用、储存、经营、运输此类物品的单位及场所不要配备酸碱灭火器，对泡沫和二氧化碳灭火剂也要慎用。

15.7.3.7 毒害品、腐蚀品火灾的扑救要点

毒害品、腐蚀品火灾扑救不很困难，但是由于此类物品对人体都有一定危害——毒害品主要经口、呼吸道或皮肤使人体中毒；腐蚀品是通过皮肤接触灼伤人体，所以在扑救此类火灾时要特别注意对人体的保护。

(1) 灭火人员必须穿防护服，佩戴防护面具灭火。一般情况下穿全身防护服即可，对有特殊要求的物品，应穿专用防护服。在扑救毒害品火灾时，最好使用隔绝式氧气或空气面具。

(2) 限制燃烧范围，积极抢救受伤及受困人员。

(3) 扑救时应尽量使用低压水流或雾状水，避免毒害品和腐蚀品溅出，遇酸类或碱类腐蚀品，最好配制相应的中和剂进行中和。

(4) 遇毒害品和腐蚀品容器设备或管道泄漏，在扑灭火势后应采取堵漏措施。

(5) 浓硫酸遇水能放出大量的热，会导致沸腾飞溅，需要特别注意防护。扑救有浓硫酸的火灾时，如果浓硫酸数量不多，可用大量低压水快速扑救；如果浓硫酸数量很大，应先用二氧化碳、干粉、卤代烷等灭火，然后迅速将浓硫酸与着火物品分开。

15.7.3.8 放射性物品火灾的扑救要点

放射性物品是一类能放射出可严重危害人类健康甚至生命的 α、β、γ 射线或中子流的特殊物品。扑救此类火灾必须采取防护射线照射的特殊措施。生产、使用、储存、经营及运输放射性物品的单位和有关消防部门应该配备一定数量的防护装备和放射性测试仪器。此类火灾的扑救要点如下：

(1) 首先要派人测试火场范围和辐射（剂）量，测试人员应采取防护措施。对辐射（剂）量超过 0.0387C/kg 的区域，应设置"危及生命、禁止进入"的警告标志牌；对辐射

（剂）量低于 0.0387C/kg 的区域，可快速用水或泡沫、二氧化碳、干粉、卤代烷扑救，并积极抢救受伤及受困人员。对燃烧现场包装没有破坏的放射性物品，可在水枪掩护下设法疏散；无法疏散时，应就地冷却保护，防止扩大破损程度，增加辐射（剂）量。

（2）对已破损的容器切忌搬运或用水流冲击，以防止放射性沾染范围扩大。

15.7.4 烧伤现场急救处理的一般方法

烧伤是火灾中较常见的创伤之一，它不仅会使皮肤损伤，而且还可深达肌肉骨骼，严重者能引起一系列的全身变化，如休克、感染等。烧伤现场急救是否正确及时，护送方法和时机是否得当，直接关系着伤者的安危。因此，伤后应迅速脱离致伤源，并进行必要的紧急救治，这是现场抢救的基本原则。

15.7.4.1 迅速消除致伤源

灭火战斗中出现烧伤情况一般有：火焰烧伤；液体、气体、固体等高温烫伤；化学烧伤；电烧伤等。任何致伤从接触人体到造成损伤，均有一个过程，只是时间的长短不一而已。因此，现场抢救要争取时间，常用方法如下：

（1）当衣物着火时应迅速脱去衣物；或就地卧倒打滚压灭、或用各种物体扑盖灭火，最有效是用大量的水灭火。切忌站立喊叫或奔跑呼救，以防头面部及呼吸道吸入火焰，造成损伤。

（2）当气体、固体烫伤时，应迅速离开致伤环境。

（3）当化学物质接触皮肤后（常见的有酸、碱、磷等），其致伤作用与这些化学物质的浓度和作用时间成正比关系。故受伤后应首先将浸有化学物质的衣服迅速脱去，并用大量水冲洗，以稀释和清除创面上的化学物质。磷烧伤应迅速脱去染磷的衣服并用大量流动水冲洗创面，或将创面浸泡在水中隔绝空气并洗去磷粒。如无大量水冲洗，可以用多层湿布包扎创面，使磷与空气隔绝，防止磷继续燃烧加重损伤。禁用含油质敷料包扎，以免增加磷的溶解和吸收。

（4）当触电后应立即关闭电源，将伤者转移至通风处，松开衣服。若发现伤者已不能进行呼吸，要立即施行口对口人工呼吸；若心脏停止跳动，立即施行胸外按压，呼吸心脏均停止时，应同时进行人工呼吸及胸外按压，并及时送附近医院进行进一步抢救。

15.7.4.2 现场简单医疗急救

（1）若被热力烧伤后应立即用冷水或冰水湿敷或浸泡伤区，可以减轻烧伤创面深度并有明显止痛效果。在寒冷环境中进行冷疗时须注意伤病员保暖和防冻。

（2）无论何种原因使烧伤合并其他损伤，如爆炸事故时烧伤同时合并有骨折、脑外伤、气胸或腹部脏器损伤，均应按外伤急救原则作相应的紧急处理。如用急救包填塞包扎开放性气胸，制止大出血，简单固定骨折等，再送附近医院处理。

（3）伤员脱离事故现场后应注意对烧伤创面的保护，防止再次污染。另外创面一般不涂有颜色的药物（如红汞、紫药水等），以免影响后续治疗中对烧伤创面深度的判断和清创。对浅度烧伤的水疱一般不予清除，大水疱仅作低位剪破引流，保留疱皮的完整性，起到保护创面的作用。

（4）烧伤后伤病员多有不同程度的疼痛和躁动，应给予适当的镇静、止痛。

（5）烧伤病人在伤后 2d 内，由于毛细血管渗出的加剧，导致血容量不足。烧伤面积超过一半的病人，应立即输液治疗，因为休克很快就会发生。无条件输液治疗时应口服含盐饮料，不宜单纯喝大量白开水，以免发生水中毒。

（6）如遇严重烧伤者应立即向医院或卫生主管部门报告，请求增援。

15.8 泄漏事故的应急处置要领

在油田化学品生产、储运和使用过程中，常常发生一些意外的破裂、倒洒等事故，造成化学危险品的外漏，因此需要采取简单、有效地安全技术措施来消除或减少泄露危害，如果泄露控制、处理不当，随时都有可能转化为燃烧、爆炸、中毒等恶性事故。

15.8.1 陆地泄漏的隔离

15.8.1.1 气体

1）剧毒或强腐蚀性或强刺激性的气体

污染范围不明的情况下，初始隔离至少500m，下风向疏散至少1500m。然后进行气体浓度检测，根据有害气体的实际浓度，调整隔离、疏散距离。

2）有毒或具腐蚀性或具刺激性的气体

污染范围不明的情况下，初始隔离至少200m，下风向疏散至少1000m。然后进行气体浓度检测，根据有害气体的实际浓度，调整隔离、疏散距离。

3）其他气体

污染范围不明的情况下，初始隔离至少100m，下风向疏散至少800m。然后进行气体浓度检测，根据有害气体的实际浓度，调整隔离、疏散距离。

15.8.1.2 液体

1）易挥发、蒸气剧毒或有强腐蚀性或有强刺激性的液体

污染范围不明的情况下，初始隔离至少300m，下风向疏散至少1000m。然后进行气体浓度检测，根据有害蒸气或烟雾的实际浓度，调整隔离、疏散距离。

2）蒸气有毒或有腐蚀性或有刺激性的液体

污染范围不明的情况下，初始隔离至少100m，下风向疏散至少500m。然后进行气体浓度检测，根据有害蒸气或烟雾的实际浓度，调整隔离、疏散距离。

3）其他液体

污染范围不明的情况下，初始隔离至少50m，下风向疏散至少300m。然后进行气体浓度检测，根据有害蒸气或烟雾的实际浓度，调整隔离、疏散距离。

15.8.1.3 固体

污染范围不明的情况下，初始隔离至少25m，下风向疏散至少100m。

15.8.2 水体泄漏的隔离

遇水反应生成有毒气体的液体、固体泄漏到水中，根据反应的剧烈程度，以及生成气体

的毒性、腐蚀性、刺激性确定初始隔离距离、下风向疏散距离。

（1）与水剧烈反应，放出剧毒、强腐蚀性、强刺激性气体。

污染范围不明的情况下，初始隔离至少 300m，下风向疏散至少 1000m。然后进行气体浓度检测，相据有害气体的实际浓度，调整隔离、疏散距离。

（2）与水缓慢反应，放出有毒、腐蚀性、刺激性气体。

污染范围不明的情况下，初始隔离至少 100m，下风向疏散至少 800m。然后进行气体浓度检测，根据有害气体的实际浓度，调整隔离、疏散距离。

15.8.3 泄漏事故应急处置对策

化学品泄漏后现场应采取的应急措施，主要从点火源控制、泄漏源控制、泄漏物处理、注意事项等几个方面考虑，应急措施应根据化学品的固有危险性给出，使用者应根据泄漏事故发生的场所、泄漏量的大小、周围环境等现场条件，选用适当的措施。

做好个人防护等工作后，首先要控制泄漏源，如果有可能的话，可通过控制化学品的溢出来消除化学品的进一步扩散。一般要防止进入限制性空间，减少蒸发。少量泄漏，可用惰性物质或不燃材料吸收，使用洁净无火花工具收集；大量泄漏可用沙袋或其他材料筑坝拦截飘散流淌的液体，或挖沟导流将物料导向安全地点。

15.8.4 安全防护

（1）进入现场救援人员必须配戴必要的个人防护器具。

（2）如果泄漏物是易燃易爆的，事故中心区应严禁火种，切断电源，禁止车辆进入，立即在边界设置警戒线。

（3）如果泄漏物是有毒的，应使用专用防护服、隔绝式空气面具，并立即在事故中心区边界设置警戒线。

（4）应急处理时严禁单独行动，要有监护人，必要时用水枪、水炮掩护。

15.8.5 堵漏措施

在确保人员安全的前提下，尽快关阀堵漏。根据实际情况，可以采取关闭阀门、停止作业或改变工艺流程、物料走副线、局部停车、打循环、减负荷运行等，采用合适的材料和技术手段堵住泄漏处。

15.8.6 处理泄漏物

处理泄漏物，通常有以下几种办法：

（1）围堤堵截。筑堤堵截泄漏液体或者引流到安全地点。储罐区发生液体泄漏时，要及时关闭雨水阀，防止物料沿明沟外流。

（2）稀释与覆盖。向有害物蒸气云喷射雾状水，加速气体向高空扩散。对于可燃物，也可以在现场释放大量水蒸气或氮气，破坏燃烧条件。对于液体泄漏，为降低物料向大气中的蒸发速度，可用泡沫或其他覆盖物品覆盖外泄的物料，在其表面形成覆盖层，抑制其蒸发。

(3) 收集。对于大型泄漏，可用隔膜泵将泄漏出的物料抽入容器内或槽车内；当泄漏量小时，可用沙子、吸附材料、中和材料等吸收中和。

(4) 大量水体泄漏。沿河两岸进行警戒，严禁取水、用水、捕捞、等活动；在下游筑坝拦截污染水，同时在上游开渠引流，让清洁水改走新河道；根据泄漏物的化学特性，在水体中加入适当物质消除污染，降低有害物浓度，泄漏物有较强挥发性和毒性时，要监测大气中有害物浓度，二次事故发生。

(5) 废弃。将收集的泄漏物运至废物处理场所处置。用消防水冲洗剩下的少量物料，冲洗水排入污水系统处理。

15.8.7 减轻泄漏物毒害

参加危险化学品泄漏事故处置的车辆应停于上风方向，消防车、洗消车、洒水车应在保障供水的前提下，从上风方向喷射开花或喷雾水流，对泄漏出的有毒有害气体进行稀释、驱散；对泄漏的液体有害物质可用沙袋或泥土筑堤拦截，或开挖沟坑导流、蓄积，还可向沟、坑内投入中和（消毒）剂，使其与有毒物直接起氧化、氯化作用，从而使有毒物改变性质，成为低毒或无毒的物质。对某些毒性很大的物质，还可以在消防车、洗消车、洒水车水罐中加入中和剂（浓度比为5%左右），则驱散、稀释、中和的效果更好。

15.8.8 搞好现场检测

应不间断地对泄漏区域进行定点与不定点的检测，以及时掌握泄漏物质的种类、浓度和扩散范围，恰当地划定警戒区。

15.8.9 把握灭火时机

当危险化学品大量泄漏，并在泄漏处稳定燃烧，在制止泄漏没有绝对把握的情况下，不能盲目灭火，一般应在制止泄漏成功后再灭火。否则，极易引起再次爆炸、起火，将造成更加严重的后果。

15.9 中毒和窒息事故的处置要领

化学品事故现场的中毒、窒息事故大多是在现场突然发生异常情况时，由于设备损坏或泄漏导致大量毒物外溢所造成。及时、正确的抢救伤员，能够挽救重危中毒患者生命、减轻中毒程度、防止合并症的发生，为进一步治疗创造有利条件。

15.9.1 中毒事故现场应急处置

发生毒物泄漏事故时，现场人员应分头采取以下措施：按报送程序向有关部门领导报告；通知停止周围一切可能危及安全的动火、产生火花的作业，消除一切火源；通知附近无关人员迅速离开现场，严禁闲人进入毒区等。

15.9.1.1 进行现场急救的人员应遵守的规定

(1) 参加抢救人员必须听从指挥，抢救时必须分组有序进行，不能慌乱；
(2) 救护者应戴好防毒面具或氧气呼吸器、穿好防毒服后，从上风向快速进入事故现场；
(3) 迅速将伤员从上风向转移到空气新鲜的安全地方；
(4) 救护人员在工作时，应注意检查个人防护装备的使用情况，如发现异常或感到身体不适时要迅速离开染毒区；
(5) 假如有多个中毒或受伤的人员被送到救护点，应按照"先救命、后治病，先重后轻、先急后缓"的原则分类对伤员进行救护。

15.9.1.2 现场急性中毒的处理

(1) 将染毒者迅速撤离现场，转移到上风向或侧上风向空气无污染地区。
(2) 有条件时应立即进行呼吸道及全身防护，防止继续吸入有毒气体。
(3) 对呼吸、心跳停止者，应立即进行人工呼吸，心脏按压，采取心肺复苏措施，并给予吸氧；
(4) 误食有毒物质中毒时，如果病人清醒宜给予催吐，催吐方法可将手指放入患者之舌根部位，刺激咽喉使其呕吐；或者购买吐根糖浆备用，发生意外时让患者服下，可达到催吐之目的；如果患者昏迷则需侧躺送医，以免自然呕吐时，将呕吐物吸入气管里面。但以下几种情况，不宜进行催吐：

①强酸、强碱。强酸、强碱具较强腐蚀性，催吐将会导致食道反复灼伤，给患者造成更大的伤害。
②石油类碳氢化合物。石油类碳氢化合物误服后一般不会造成中毒，但是催吐后若吸入肺部，容易导致吸入性或化学性肺炎。
③樟脑。樟脑会很快让患者昏迷或抽筋，呕吐时极容易让呕吐物呛入气管里面，造成呼吸困难。
④孕妇。孕妇如果催吐，可能会因腹部压力上升，有流产之危机。
⑤服食有毒物质中毒时，不可作口对口人工呼吸，以免将毒物吸食进入施救者体内造成中毒。

(5) 如果皮肤接触有毒物质，应先除去污染衣物，用流动的清水或肥皂反复冲洗 15~30min，并注意清除毛发及指甲之残留物。
(6) 如果眼睛污染，应立即用流动的清水由眼内往眼外冲洗 15~20min。一旦眼睛冲洗过后还有刺激、痛、肿、流泪及畏光等症状时，须及时就医继续治疗。

15.9.1.3 医院救治

经上述现场救治后，严重者送医院观察治疗。送医时，最好将中毒物质带往医院，以便于医师进行对症快速处理。

15.9.2 窒息性气体中毒的现场急救

一氧化碳、硫化氢、氮气、光气、双光气、二氧化碳及氰化物气体等统称窒息性气体，它们引起急性中毒事故的共同特点是突发性、快速性和高度致命性，常来不及抢救。因此，一旦发现此类窒息性气体的现场有人中毒昏倒，单凭勇敢精神和搭救愿望贸然进入毒源区，非但救不了他人，反而会危害自己。应当采取"一戴、二隔、三救出"的急救措施。

"一戴"。施救者应立即佩戴好输氧或送风式防毒面具。无条件可佩戴简型防毒口罩，但需注意口罩型号要与要防护的毒物种类相符，腰间系好安全带或绳索，方可进入高浓度毒源区域施救。由于防毒口罩对毒气滤过率有限，故佩戴者不宜在毒源处时间过久，必要时可轮流或重复进入。毒源区外人员应严密观察、监护，并拉好安全带（或绳索）的另一端，一旦发现危情迅速令其撤出或将其牵拉出。

"二隔"。由施救人员携带送风式防毒面具或防毒口罩，并尽快将其戴在中毒者口鼻上，紧急情况下也可用便携式供氧装置（如氧气袋、瓶等）为其吸氧。此外，毒源区域迅速通风或用鼓风机向中毒者方向送风也有明显效果。

"三救出"。抢救人员在"一戴、二隔"的基础上，争分夺秒地将中毒者移离出毒源区，进一步作医疗急救。一般以2名施救人员抢救一名中毒者为宜，可缩短救出时间。

15.10 化学灼伤的应急处置要领

化学灼伤是常温或高温化学品直接对皮肤刺激、腐蚀及化学反应热引起的急性皮肤、黏膜的伤害，常伴有眼灼伤和呼吸道损伤。发生化学灼伤，由于化学物质的腐蚀作用，如不及时将其除掉，就会继续腐蚀下去，从而加剧灼伤的严重程度，某些化学物质如氢氟酸的灼伤初期无明显的疼痛，往往不受重视而贻误处理时机，加剧了灼伤程度。一旦发生化学灼伤，应当立即进行现场急救和处理。

15.10.1 清洗创面

当化学物质接触人体组织时，应迅速脱去衣服，立即用大量清水冲洗创面，不应延误，冲洗时间不得小于20min，以利于将渗入毛孔或黏膜内的物质清洗出去。清洗时要遍及各受害部位，尤其要注意眼、耳、鼻、口腔等处。对眼睛的冲洗一般用生理盐水或用清洁的自来水，冲洗时水流不宜正对角膜方向，不要揉搓眼睛，也可将面部浸入在清洁的水盆里，用手把上下眼皮撑开，用力睁大两眼，头部在水中左右摆动。

15.10.2 现场急救

（1）抢救时必须考虑现场具体情况，在有严重危险的情况下，应首先使伤员脱离现场，送到空气新鲜和流通处，迅速脱除污染的衣物及佩戴的防护用品等。

（2）小面积化学灼伤创面经冲洗后，如致伤物已彻底消除，可根据灼伤部位及灼伤深度采取包扎疗法或暴露疗法；中、大面积化学灼伤，经现场抢救处理后应送往医院处理。

（3）常见几种腐蚀物品触及皮肤时的急救方法：

①硫酸、发烟硫酸、硝酸、发烟硝酸、氢氟酸、氢氧化钠、氢氧化钾、氢化钙、氢碘酸、氢溴酸、氯磺酸触及皮肤时，应立即用水冲洗。如皮肤已腐烂，应用水冲洗20min以上，再

护送医院治疗。

②三氯化磷、三溴化磷、五氯化磷、五溴化磷、溴触及皮肤时，应立即用清水冲洗15min以上，再送往医院救治。磷烧伤可用湿毛巾包裹，禁用油质敷料，以防磷吸收引起中毒。

③盐酸、磷酸、偏磷酸、焦磷酸、乙酸、乙酸酐、氢氧化铵、次磷酸、氟硅酸、亚磷酸、煤焦酚触及皮肤时，立即用清水冲洗。

④无水三氯化铝、无水三溴化铝触及皮肤时，可先干拭，然后用大量清水冲洗。

⑤甲醛触及皮肤时，可先用水冲洗后，再用酒精擦洗，最后涂以甘油。

⑥碘触及皮肤时，可用淀粉质（如米饭等）涂擦，这样可以减轻疼痛，也能褪色。

15.11 道路运输事故应急处置要领

运输危险化学品过程中因为交通事故或其他原因发生泄漏，驾驶员、押运员或周围的人要尽快设法报警，报告当地公安消防部门或地方公安机关，可能的情况下尽可能采取应急措施，或将危险情况告知周围群众，尽量减少损失。

泄漏的危险化学品如果是易燃易爆物品，现场和周围一定范围内要杜绝一切火源。所有的电气设备都应关掉，一切车辆都要停下来，手机等通信工具应关闭，防止电火花引燃引爆可燃气体、可燃液体的蒸气或可燃粉尘。如果储罐、容器、槽车破损，要尽快设法堵塞漏洞，切断泄漏源。堵塞漏洞可用软橡胶、胶泥、塞子、棉纱、棉被、肥皂等材料进行封堵。

运输的危险化学品若具有腐蚀性、毒害性，在处理事故过程中，一定要采取积极慎重的措施，尽可能降低腐蚀性、毒害性物品对人的伤害。现场施救人员还应根据有毒物品的特征，穿戴防毒衣、防毒面具、防毒手套、防毒靴，防止毒物通过呼吸道、皮肤接触进入人体，减少伤害。

如果外泄的危险化学品是液氯、液氨、液化石油气等，在处理中除了防止燃烧、爆炸、毒害以外，还要防止冻伤。

氯气、氨气、石油气常温下是气体，为了便于储存、运输和使用，工业上采取加压、降低温度的措施使之成为液体，储存在钢瓶、储罐、槽车内，如果运输途中发生意外，容器阀门损坏或者容器破裂，导致外泄液化气体，由于压力减小，外泄的液体很快可以转化为气体，这个过程需要吸收大量的热，使周围环境的温度迅速降低，所以事故现场抢救人员还应注意防止冻伤。

15.12 洗消

化学品事故发生后，燃烧和泄露的有毒有害化学品不仅造成空气、地面、水源的污染，还可能导致周围的构建物、群众、动植物及救援人员和器材装备的污染。因此，在事故得到有效处置后,应对现场残余有毒有害化学品开展洗消工作,从根本上消除或降低毒源造成的污染,现场洗消作业在化学品事故救援处置中是必不可少的一个环节。

15.12.1 洗消方法

15.12.1.1 化学洗消法

化学洗消法即通过化学消毒剂与毒物直接发生化学反应,使毒物成分改变,成为无毒或低毒物质。通常将洗消药剂装在消防车水罐或专用洗消器材装备中,再经加压进行喷洒洗消。

(1) 中和。如酸性毒物用碱性药剂洗消。
(2) 水解。如促进卤代烷、酯类等毒物水解。
(3) 氧化。如利用次氯酸盐的强氧化性消毒;燃烧消毒。

15.12.1.2 物理洗消法

物理洗消法的实质是毒物的转移或稀释,毒物的化学性质和数量在消毒处理前后没有变化,其目的是将染毒物品的浓度降低、泄漏物隔离封闭消除毒物危害。通常有清洗、吸附和转移三种方式。

(1) 清洗。即用大量水冲洗,用汽油、酒精、煤油等溶剂浸泡,少量的也可用棉花、纱布等浸以相应溶剂,将毒物溶解擦除。
(2) 吸附。即利用吸附性能较强的物质(如活性白土、活性炭、蛭石等)吸附泄漏物品或过滤空气、水中的毒物,亦可用棉花、纱布等吸去人体皮肤上的毒物液滴。
(3) 转移。即通过铲除、切断或覆盖等手段将毒物移走或覆盖掉,减轻或消除毒物的危害。

15.12.2 洗消剂的选择

15.12.2.1 氧化氯化型洗消剂

许多有机毒物(如农药、制药等化工产品及中间体),含有杂环结构和硫、磷等元素的毒性官能团,对此类物质可采用三合二、漂白粉等氯化合物做洗消剂,将低价元素迅速氧化成高价态,从而降低或消除毒性。使用时,将消毒活性成分制成乳液、微乳液或微溶胶等黏度较大的乳状体,可在洗消表面上滞留较长时间,反应较彻底,可以降低洗消剂的损耗,提高洗消效率。

15.12.2.2 酸碱中和洗消剂

酸碱性物质是常见的公路危险品车辆事故污染物,对于该类物质的洗消主要是利用酸碱中和的原理,是处理现场泄漏的强酸(碱)或有酸(碱)性毒物较为有效的办法。当有大量强酸泄漏时,可用石灰水等碱液中和;当有大量的碱性物质泄漏时,采用酸与之中和。另外,对某些物质,如二氧化硫、硫化氢、氯气、光气等,本身虽不具有酸碱性,但溶于水或与水反应后的生成物为酸碱性,亦可使用此类洗消剂。但在洗消时,要通过喷射细水雾洗消,洗消剂必须配置成稀的水溶液,洗消完毕后使用大量清水冲洗设备。

15.12.2.3 催化洗消剂

在催化剂存在下,有毒物水解成无毒物或低毒物的化学反应。如部分医药中间体、农药,用碱水或碱醇溶液洗消即可催化水解,其水解产物是无毒的,如只用水,则基本不反应或反应速度很慢。此外,还有催化氧化反应、催化光化反应,其操作条件易控制,氧化能力强,无二次污染,催化反应是有前景的一种洗消方法,只需少量催化剂溶入水中,就可成为一种既便宜又高效的洗消方法。

15.12.2.4 洗涤吸附型洗消剂

这类洗消剂也可称为表面活性剂或分散剂,其实质是将毒物的浓度稀释至最高容许浓度以下,或从危害作用区域转移,在本质上并未消除毒物的危害。洗涤剂的主要成分是表面活性剂,成本低廉且能有效去除附在物体表面的污染物液滴或微小颗粒,具有良好的湿润性、渗透性、乳化性和增溶性,但在洗消过程中会产生大量的废液,处理不当会造成更大范围的污染。吸附型洗消剂经常用来处理泄漏到水面上的油类,它可将泄漏出来的液体分解成若干细小的液滴,并稀释到可以接受的程度。

15.12.3 对不同对象的洗消

15.12.3.1 对人员和器材的洗消

严格按照洗消程序和标准进行洗消,通过检测要达到国家规定的有关标准。洗消的方式有开设固定洗消站和实施机动洗消两种方式。固定洗消站一般设在便于污染对象到达的非污染地点,并尽可能靠近水源,主要是针对染毒数量大、洗消任务繁重时;机动洗消主要针对需要紧急处理的人员而采取的洗消方法,如利用洗消账篷对须承担灭火救援任务而被严重污染的人员进行及时洗消,它具有灵活方便的优点。

一般可用大量清洁的热水,常用公众洗消账篷、战斗员个人洗消账篷、高压清洗机等专业洗消设备对人员进行洗消。如发生的是严重的化学事故,仅靠普通清水无法达到实施洗消的效果时,可加入消毒剂进行洗消,如果没有消毒剂也可用肥皂擦身。对人员实施洗消的场所必须是密闭的,有专人负责检测。对人员实施洗消时应依照伤员、妇幼、老年、青壮年的顺序安排洗消。对染毒车辆器材的洗消,例如水带、参战人员的衣服、检测仪器、车辆等,可用高压清洗机、高压水枪等设施实施自上而下、由里到外、从前到后的顺序清洗,没有专业设备也可用清水或消毒液擦洗、浸泡、冲刷、日光照射等方法实施。洗消完毕的人员和器材装备,检测合格后方可离开。否则,污染对象需要重新洗消,直到检测合格。

15.12.3.2 毒源和污染区的洗消

危险化学品灾害事故发生后,要做到及时排除危险物质,不仅要及时组织救援力量对泄漏部位实施堵漏或倒罐转移,而且必须对危险源和污染区实施洗消。对液体泄漏毒物必须在有毒物质泄漏得到控制后,才可实施洗消。洗消方法的选择根据毒物性质和现场情况来确定。对事故现场的洗消有时需反复进行多次,通过检测达到消毒标准,方可停止洗消作业。

15.12.4 洗消程序

对受害人员、污染物品及参与处置的有关人员、器材实施洗消时,首先要根据污染程度及物品性质进行分类,然后再按照程序实施,如图 15.17 所示。

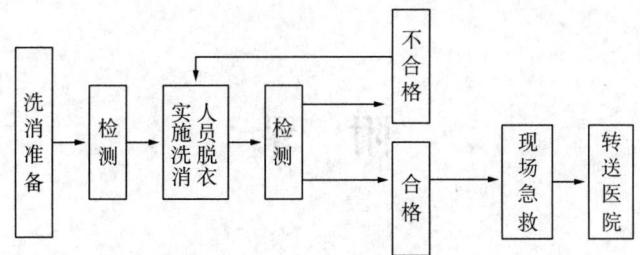

图 15.17 洗消程序

15.12.5 洗消中应注意的问题

15.12.5.1 应根据有毒有害物质的性质及状态选择洗消方法

如对毒性大且又较持久的油状液体毒物，一般应用氧化氯化洗消剂或碱性洗消剂，洗消后还需要大量的清水冲洗；对气体毒物，浓度较高时，则应喷洒一些洗消剂加速消毒，浓度低的，可不做专门洗消，一般可暂时控制污染区，依靠自然条件如通风等使毒物逸散消失。

15.12.5.2 根据污染物品、设施的性质及污染程度选择洗消方法

如对污染的水泥构件，可喷洒洗消剂实施洗消；对精密仪器、设备可用有机溶剂擦拭。但无论使用哪种洗消剂和洗消方法，都应遵循"既要消毒及时、彻底、有效，又要尽可能不损坏污染物品"的原则。

附　录

附录1　术语和定义

(1) **中文名**　化学品的中文名称。
(2) **英文名**　化学品的英文名称。
(3) **分子式**　是用元素符号表示物质（单质、化合物）分子的组成及相对分子质量的化学式。
(4) **相对分子质量**　指单质或化合物分子的相对质量。
(5) **结构式**　用元素符号相互连接，表示化合物分子中原子排列和结合方式的式子。
(6) **组分名称**　如为纯品，直接标出名称；若该物质为混合物，标出其主要组分及其浓度或浓度范围。
(7) **CAS 号**　CAS 是 Chemical Abstract Service 的缩写。CAS 号是美国化学文摘社对化学物质登陆的检索服务号。该号是检索化学物质有关信息资料最常用的编号。
(8) **危险性类别**　指根据化学物质固有危险性划分的类别，按《化学品分类和危险性公示通则》（GB 13690—2009）分类。
(9) **侵入途径**　化学毒物主要通过三种途径侵入机体而引起伤害，即吸入、食入和经皮肤吸收。在工业生产中，毒物侵入机体的主要途径为吸入和经皮肤吸收，食入的可能性较小。
(10) **健康危害**　简要描述化学毒物经不同途径侵入机体后引起的急慢性中毒的典型临床表现，以及毒物对眼睛和皮肤等直接接触部位的损害作用。
(11) **环境危害**　化学品对环境的危害。
(12) **燃爆危害**　化学品所具有的主要燃烧爆炸危险性。
(13) **急救措施**　主要给出的是机体受到化学毒物急性损害时所应采取的现场自救、互救、急救措施，一般不涉及就医后的进一步治疗措施。
(14) **危险特性**　主要描述化学品的危险性。
(15) **有害燃烧产物**　化学品燃烧后产生的主要有害产物。
(16) **灭火方法**　主要介绍化学品发生火灾后或化学品处于火场情况下，灭火时可选用的灭火剂及禁止使用的灭火剂。
(17) **灭火注意事项及措施**　描述灭火过程中应注意的有关事项，主要包括：①消防人员应配备的个人防护设备，如全身消防防护服、防火防毒服、防护靴、空气呼吸器等；②灭火过程中对火场容器的冷却与处理措施；③灭火过程中发生异常情况时消防人员应采取的安全、紧急避险措施。

(18) **泄漏应急处理**　在化学品的生产、储运和使用过程中，常常发生一些意外的破裂、倒洒等事故，造成危险品的外漏，需要采取简单有效的应急措施和消除方法来消除或减小泄漏危害。

(19) **环保措施**　主要指在泄漏事故处理过程中应注意的事项及如何避免泄漏物对周围环境带来的潜在危害。

(20) **消防方法**　主要根据物质的物态（气、液、固）及其危险性（燃爆特性、毒性）给出具体的处置方法。

(21) **操作处置与储存**　主要指化学品操作处置和安全储存方面的信息资料，包括操作处置作业中的安全注意事项、安全储存条件和注意事项。
①操作注意事项包括操作时的工程控制、人员防护、防火防爆要求、分装注意事项和搬运注意事项。
②储存注意事项包括储存的基本条件和要求、注意事项、禁忌物和防火防爆要求。

(22) **职业接触限值**　是对接触职业有害因素（如化学、生物和物理因素）所规定的容许（可接受的）接触水平，即限量标准。数据取自《工作场所有害因素职业接触限值第1部分：化学有害因素》（GBZ 2.1—2007）。
①时间加权平均容许浓度（PC-TWA）指以时间为权数规定的8h工作日、40h工作周的平均容许接触浓度，单位用 mg/m^3 表示。
②最高容许浓度（MAC）指工作地点、在一个工作日内、任何时间有毒化学物质均不应超过的浓度，单位用 mg/m^3 表示。
③短时间接触容许浓度（PC-STEL）指在遵守 PC-TWA 前提下允许短时间（15min）接触的浓度。

(23) **监测方法**　指工作场所空气中有害物质（毒物和粉尘）的监测方法。数据取自《工作场所空气有毒物质测定》（GBZ/T 160—2004）。

(24) **工程控制**　描述作业场所为预防和控制化学品危害所采取的工程控制方法，主要包括生产过程的密闭、通风和隔离措施，不特指工业生产过程的自动化控制。

(25) **呼吸系统防护**　描述为防止有害化学品通过呼吸系统进入体内而选用的防护用品。

(26) **眼睛防护**　指为保护眼睛免受化学品侵害而选用的防护工具，主要包括化学安全防护眼镜、安全面罩、安全防护眼镜、安全护目镜、安全防护面罩等。

(27) **身体防护**　描述为避免皮肤受到化学品侵害而选用的防护用品。根据化学品的性质、可能接触的浓度大小选择胶布防毒衣、橡胶防护服、防毒物渗透工作服、透气型防毒服、一般作业防护服等。

(28) **手防护**　描述作业时主要选用的各种防护手套，如橡胶手套、乳胶手套、耐酸碱手套、防化学品手套、一般作业防护手套等。

(29) **其他防护**　主要描述作业人员的个人卫生要求、现场注意事项、毒物的监测和定期体检情况。

(30) **外观与性状**　指对化学品外观和状态的直观描述，主要包括常温常压下该物质的颜色、气味和存在的状态。同时还采集了一些难以分项的性质，如潮解性、挥发性等。

(31) **pH 值** 表示氢离子浓度的一种方法。其定义是氢离子活度的常用对数的负值。

(32) **熔点** 晶体熔解时的温度称为熔点，一般情况填写常温常压的数值，特殊条件下得到的数值，标出技术条件。

(33) **沸点** 在 101.3kPa 大气压下，物质由液态转变为气态的温度称为沸点。一般填写常温常压的沸点值，若不是在 101.3kPa 大气压下得到的数据或者该物质直接从固态变成气态（升华），或者在溶解（或沸腾）前就发生分解的，则在数据之后用"（ ）"标出技术条件。

(34) **相对密度** 在给定的条件下，某一物质的密度与参考物质（水）密度的比值。填写 20℃时物质的密度与 4℃时水的密度比值。（水的相对密度 =1）

(35) **相对蒸气密度** 在给定的条件下，某一物质的蒸气密度与参考物质（空气）密度的比值。（空气的相对密度 =1）

(36) **饱和蒸气压** 在一定温度下，真空容器中纯净液体与蒸气达到平衡时的压力。用 kPa 表示，并标明温度。

(37) **燃烧热** 在标准状态下，1mol 物质与氧进行完全燃烧时生成最稳定化合物后的化学反应热（即反应过程的焓差）称为该物质的标准燃烧热，简称燃烧热，用 kJ/mol 表示。燃烧热数值带负号，意指该反应是放热的。

(38) **临界温度** 物质处于临界状态时的温度。就是加压后使气体液化时所允许的最高温度，单位用℃表示。

(39) **临界压力** 物质处于临界状态的压力。就是在临界温度时使气体液化所需要的最小压力，也就是液体在临界温度时的饱和蒸气压，用 MPa 表示。

(40) **辛醇/水分配系数** 当一种物质溶解在辛醇/水的混合物中时，该物质在辛醇和水中浓度的比值称为分配系数，通常以 10 为底的对数形式表示。辛醇/水分配系数是用来预计一种物质在土壤中的吸附性、生物吸收、亲脂性储存和生物富集的重要参数。

(41) **闪点** 指在规定的条件下，试样被加热到它的蒸气与空气的混合气体接触火焰时，能产生闪燃的最低温度。闪点有开杯和闭杯两种值，本书中的开杯值用（OC）标注，闭杯值用（CC）标注。闪点是评价液体物质燃爆危险性的重要指标，闪点越低，燃爆危险性越大。

(42) **引燃温度** 指物质在没有火焰、火花等火源作用下，在空气或氧气中被加热而引起燃烧的最低温度。

(43) **爆炸极限** 易燃和可燃气体、液体蒸气、固体粉尘与空气形成混合物，遇火源即能发生燃烧爆炸的最低浓度，称为该气体、蒸气或粉尘的爆炸下限；同时，易燃和可燃气体、蒸气或粉尘与空气形成混合物，遇火源即能发生燃烧爆炸的最高浓度，称为爆炸上限。上下限之间的浓度范围称为爆炸范围。爆炸极限通常用可燃气体或蒸气在混合气中的体积分数（%）表示，粉尘的爆炸极限单位用 mg/m^3 表示。

(44) **溶解性** 指在常温常压下该物质在溶剂（以水为主）中的溶解性，分别用混溶、易溶、溶于、微溶表示其溶解程度。

(45) **主要用途** 简述化学品的主要用途。大多数化学品的用途很广泛，此处只列举油田生产方面的主要用途。

(46) **稳定性** 指某化学品常温常压下是否能稳定存在的性质。
(47) **禁忌物** 指与该化学品在化学性质上相抵触的物质，该化学品与这些物质混合或接触时，可能会发生燃烧爆炸或其他化学反应，酿成灾害。
(48) **避免接触的条件** 指常温常压下化学品比较敏感的外界条件，一般包括受热、光照、接触空气和潮气四个方面。
(49) **聚合危害** 指化学品在外界条件的促使下，能否出现意外的聚合反应，酿成事故。
(50) **分解产物** 定性描述化学品在分解时可能产生的有害产物。
(51) **急性毒性** 选用的急性毒性指标为半数致死剂量或浓度（LD_{50} 或 LC_{50}），即引起受试动物半数死亡的剂量或浓度。LD_{50} 或 LC_{50} 的值愈小，毒物的毒性越大。此值是将动物实验所得的数据经统计处理而得，与其他急性毒性指标相比有更高的重现性。
(52) **刺激性** 为化学品对动物眼睛和皮肤的刺激性实验数据。刺激强度分轻度、中度和重度。
(53) **亚急性与慢性毒性** 主要收录动物经亚急性和慢性染毒后的毒作用表现及组织病理学检查所见。
(54) **致突变性** 指该化学品具有引起细胞核中的遗传物质发生改变的能力，而且此种改变可随同细胞分裂过程而传递。以沙门菌回复突变试验（亦称 Ames 试验）数据为主，适当收录大鼠、小鼠、人及其他试验数据。
(55) **致畸性** 指在妊娠期接触该化学品引起后代结构畸形。可用最低中毒剂量（TDLo）或最低中毒浓度（TCLo）表示。
(56) **致癌性** 采用国际癌症研究中心（IARC）专家小组的评定结论。IARC 将潜在化学致癌性物质分类为：G1——确认人类致癌物；G2A：可能人类致癌物；G2B——可疑人类致癌物；G3——对人及动物致癌性证据不足；G4——未列为人类致癌物。
(57) **生态毒性** 说明该化学品在一定剂量时对环境生态的各种生物造成的危害，并说明造成危害的程度。表示方法有 LC_{50}、LD_{50}、IC_{50}（半数仰制浓度）、EC_{50}（半数效应浓度）和 TLm（半数耐受量）。
(58) **生物降解性** 指有机物质通过活生物（通常是微生物，特别是细菌）的作用所进行的分解。此处提到的好氧生物降解和厌氧生物降解都是在水体中的生物降解。COD 是指化学需氧量。
(59) **非生物降解性** 说明该化学品是否具有非生物降解性，如光解、水解。
(60) **生物富集性** 指生物机体或处于同一营养级的许多生物种群，从周围环境，特别是水介质中蓄积某种元素或难分解的化合物，使生物体内物质浓度超过环境中的浓度的现象。此处用生物浓缩系数（BCF）来表示。
(61) **废弃处置** 指对无使用价值的化学品及其包装物进行无害化的最后处理方法，如焚烧炉焚烧、化学反应等方法，视具体物质而定。
(62) **危险货物编号** 指《危险化学品目录》（2015 版）的危险货物编号。
(63) **包装标志** 指标示危险货物危险性的图形标志名称编写。

(64)**包装方法**　主要提供了包装所需材料与容器。
(65)**UN 编号**　指联合国《关于危险货物运输的建议书》（第 14 版）对危险货物规定的编号。
(66)**包装类别**　根据危险性大小确定的包装级别。本栏目是依据国家标准《危险化学品名表》（GB 12268—2012）进行编写的。
(67)**计量单位的使用**　见附表1.1。

附表1.1　计量单位的使用

量的名称	单位名称	单位符号	备注	量的名称	单位名称	单位符号	备注
时间	天（日）	d		质量	千克	kg	
	小时	H			克	g	
	分钟	min			毫克	mg	
	秒	s			微克	μg	
体积	立方米	m^3			米	m	
	立方厘米	cm^3			毫米	mm	
	升	L			微米	μm	
	毫升	mL		浓度	毫克（克）每千克	mg(g)/kg	每千克体重给予化学物质的毫克（克）数（用以表示计量）；每千克介质中含有化学物质的毫克（克）数（用以表示含量或浓度）
压力，压强	帕[斯卡]	Pa					
	千帕[斯卡]	kPa			毫克（克）每立方米	$mg(g)/m^3$	每立方米空气中含化学物质的毫克（克）数（表示化学物质在空气中的浓度）
	兆帕[斯卡]	MPa					

注：ppm　百万分之一，10^{-6}。
　　ppb　十亿分之一，10^{-9}。

附录2 重点监管的危险化学品名录

重点监管的危险化学品名录见附表 2.1。

附表 2.1 首批重点监管的危险化学品名录

序号	化学品名称	别名	CAS 号
1	氯	液氯、氯气	7782-50-5
2	氨	液氨、氨气	7664-41-7
3	液化石油气		68476-85-7
4	硫化氢		7783-06-4
5	甲烷、天然气		74-82-8（甲烷）
6	原油		
7	汽油（含甲醇汽油、乙醇汽油）、石脑油		8006-61-9（汽油）
8	氢	氢气	1333-74-0
9	苯（含粗苯）		71-43-2
10	碳酰氯	光气	75-44-5
11	二氧化硫		7446-09-5
12	一氧化碳		630-08-0
13	甲醇	木醇、木精	67-56-1
14	丙烯腈	氰基乙烯、乙烯基氰	107-13-1
15	环氧乙烷	氧化乙烯	75-21-8
16	乙炔	电石气	74-86-2
17	氟化氢、氢氟酸		7664-39-3
18	氯乙烯		75-01-4
19	甲苯	甲基苯、苯基甲烷	108-88-3
20	氰化氢、氢氰酸		74-90-8
21	乙烯		74-85-1
22	三氯化磷		7719-12-2
23	硝基苯		98-95-3
24	苯乙烯		100-42-5
25	环氧丙烷		75-56-9
26	一氯甲烷		74-87-3
27	1,3-丁二烯		106-99-0
28	硫酸二甲酯		77-78-1

续表

序号	化学品名称	别名	CAS 号
29	氰化钠		143-33-9
30	1-丙烯、丙烯		115-07-1
31	苯胺		62-53-3
32	甲醚		115-10-6
33	丙烯醛、2-丙烯醛		107-02-8
34	氯苯		108-90-7
35	乙酸乙烯酯		108-05-4
36	二甲胺		124-40-3
37	苯酚	石炭酸	108-95-2
38	四氯化钛		7550-45-0
39	甲苯二异氰酸酯	TDI	584-84-9
40	过氧乙酸	过乙酸、过醋酸	79-21-0
41	六氯环戊二烯		77-47-4
42	二硫化碳		75-15-0
43	乙烷		74-84-0
44	环氧氯丙烷	3-氯-1,2-环氧丙烷	106-89-8
45	丙酮氰醇	2-甲基-2-羟基丙腈	75-86-5
46	磷化氢	膦	7803-51-2
47	氯甲基甲醚		107-30-2
48	三氟化硼		7637-07-2
49	烯丙胺	3-氨基丙烯	107-11-9
50	异氰酸甲酯	甲基异氰酸酯	624-83-9
51	甲基叔丁基醚		1634-04-4
52	乙酸乙酯		141-78-6
53	丙烯酸		79-10-7
54	硝酸铵		6484-52-2
55	三氧化硫	硫酸酐	7446-11-9
56	三氯甲烷	氯仿	67-66-3
57	甲基肼		60-34-4
58	一甲胺		74-89-5
59	乙醛		75-07-0
60	氯甲酸三氯甲酯	双光气	503-38-8
61	氯酸钠		7775-9-9

续表

序号	化学品名称	别名	CAS 号
62	氯酸钾		3811-4-9
63	过氧化甲乙酮		1338-23-4
64	过氧化(二)苯甲酰		94-36-0
65	硝化纤维素		9004-70-0
66	硝酸胍		506-93-4
67	高氯酸铵		7790-98-9
68	过氧化苯甲酸叔丁酯		614-45-9
69	N,N'-二亚硝基五亚甲基四胺		101-25-7
70	硝基胍		556-88-7
71	2,2'-偶氮二异丁腈		78-67-1
72	2,2'-偶氮-二-(2,4-二甲戊腈)（即偶氮二异庚腈）		4419-11-8
73	硝化甘油		55-63-0
74	乙醚		60-29-7

第二批重点监管的危险化学品名录见附表 2.2。

附表 2.2 第二批重点监管的危险化学品名录

序号	化学品品名	CAS 号
1	氯酸钠	7775-9-9
2	氯酸钾	3811-4-9
3	过氧化甲乙酮	1338-23-4
4	过氧化(二)苯甲酰	94-36-0
5	硝化纤维素	9004-70-0
6	硝酸胍	506-93-4
7	高氯酸铵	7790-98-9
8	过氧化苯甲酸叔丁酯	614-45-9
9	N，N'-二亚硝基五亚甲基四胺	101-25-7
10	硝基胍	556-88-7
11	2，2'-偶氮二异丁腈	78-67-1
12	2，2'-偶氮-二-(2，4-二甲戊腈)（即偶氮二异庚腈）	4419-11-8
13	硝化甘油	55-63-0
14	乙醚	60-29-7

附录3　化学品的危险类别、分类的方法标准、警示标签

化学品的危险类别、分类和方法标准、警示标签的配置见附表3.1。

附表3.1　化学品的危险类别、分类和方法标准、警示标签配置表

危险类别	序号	方法标准	警示标签要素		备注
爆炸物类别和警示标签（GB 30000.2—2013）	1.1	按照联合国《关于危险货物运输的建议书　试验和标准手册》的第一部分的试验结果	图形符号		联合国《关于危险货物运输的建议书 规章范本》对图形标志要素颜色的备注： (1) 对于分项1.1, 1.2和1.3：符号爆炸弹黑色；背景橙色；数字"1"在底角处。 (2) 对于分项1.4, 1.5, 1.6：背景橙色；数字黑色，数字"1"在底角处。 (3) 图中数字1为GB 6944—2012中第1类。 (4) 货物运输图形标志的最小尺寸为100mm×100mm
			名称	危险	
			危险性说明	爆炸物；整体爆炸危险	
	1.2	按照联合国《关于危险货物运输的建议书　试验和标准手册》的第一部分的试验结果	图形符号		
			警示词	危险	
			危险性说明	爆炸物；严重喷射危险	
	1.3	按照联合国《关于危险货物运输的建议书　试验和标准手册》的第一部分的试验结果	图形符号		
			警示词	危险	
			危险性说明	爆炸物；燃烧、爆轰或喷射危险	
	1.4	按照联合国《关于危险货物运输的建议书　试验和标准手册》的第一部分的试验结果	图形符号	1.4（底色橙色）	
			警示词	警告	
			危险性说明	燃烧或喷射危险	
	1.5	按照联合国《关于危险货物运输的建议书　试验和标准手册》的第一部分的试验结果	图形符号	1.5（底色橙色）	
			警示词	警告	
			危险性说明	燃烧中可爆炸	
	1.6	按照联合国《关于危险货物运输的建议书　试验和标准手册》的第一部分的试验结果	图形符号	1.6（底色橙色）	
			警示词	无	
			危险性说明	无	

附录3 化学品的危险类别、分类的方法标准、警示标签

续表

危险类别	序号	方法标准	警示标签要素		备注
爆炸物类别和警示标签（GB 30000.2—2013）	1	在20℃和标准大气压101.3kPa时的气体和气体混合物： (1) 当其在空气中体积分数占13%或更少时可点燃； (2) 不论易燃下限如何，与空气混合，可燃范围至少为12个百分点	图形符号	🔥	在联合国《危险货物运输建议规章范本》中： (1) 图形标志的颜色。图形符号、数字和边框线可以以黑色代替白色显示；背景色两种情况都保持红色。 (2) 图中数字2为GB 6944—2012中第2类。 (3) 货物运输图形标志的最小尺寸为100mm×100mm
			警示词	危险	
			危险性说明	极易燃气体	
	2	在20℃和标准大气压101.3kPa时与空气混合时具有一定易燃范围而不是类别1的气体或气体混合物	图形符号	不使用	
			警示词	警告	
			危险性说明	易燃气体	
易燃气溶胶类别和警示标签（GB 30000.4—2013）	1	根据其组分的化学燃烧热，如适用时，根据其组分的泡沫试验（对泡沫气溶胶），以及点燃距离试验和封闭空间试验（对喷雾气溶胶）的结果	图形符号	🔥	在联合国《关于危险货物运输建议书 规章范本》中： (1) 图形标志的颜色。图形符号、数字和边框线可以以黑色代替白色显示。背景色两种情况都保持红色。 (2) 图中数字2为GB 6944—2012中第2类。 (3) 货物运输图形标志的最小尺寸为100mm×100mm
			警示词	危险	
			危险性说明	极易燃烧的气溶胶	
	2	根据其组分的化学燃烧热，如适用时，根据其组分的泡沫试验（对泡沫气溶胶），以及点燃距离试验和封闭空间试验（对喷雾气溶胶）的结果	图形符号	🔥	
			警示词	危险	
			危险性说明	易燃气溶胶	

续表

危险类别	序号	方法标准	警示标签要素		备注
氧化性气体类别和警示标签（GB 30000.5—2013）	1	一般通过其提供的氧可引起或促进其他物质的燃烧甚于空气作用的任何气体	图形符号	🔥	在联合国《关于危险货物运输建议书 规章范本》中： (1) 图形标志的颜色。图形符号和数字：黑色；背景：黄色。 (2) 图中数字 5.1 为 GB 6944—2012 中第 5 类第 1 项。 (3) 货物运输图形标志的最小尺寸为 100mm×100mm
			警示词	危险	
			危险性说明	可引起或家具燃烧；氧化剂	
压力下气体类别和警示标志（GB 30000.6—2013）		压缩气体	图形符号		在联合国《关于危险货物运输的建议书 规章范本》 (1) 图形标志的颜色。对有毒气体或易燃气体不需要； 图形符号、数字和边框线可以白色代替黑色显示。 背景色两种情况都保持绿色。 (2) 图中数字 2 为 GB 6944—2012 中第 2 类。 (3) 货物运输图形标志的最小尺寸为 100mm×100mm
		在压力包装时不大于 −50℃ 是完全气态的气体，包括具有临界温度不大于 −50℃ 的所有气体	警示词	警告	
			危险性说明	含压力下气体；如加热可爆炸	
		液化气体	图形符号		
		在压力下包装时，温度高于 −50℃ 时部分是液体的气体，它区分为： (1) 高压液化气：具有临界温度为 −50℃ 和 +65℃ 之间的气体。 (2) 低压液化气：具有临界温度高于 +65℃ 的气体	警示词	警告	
			危险性说明	含压力下气体；如加热可爆炸	
		冷冻液化气体	图形符号		
		包装时由于其低温而部分成为液体的气体	警示词	警告	
			危险性说明	含冷冻气体；可引起冻伤	
		溶解气体	图形符号		
		在压力下包装时溶解在液相溶剂的气体	警示词	警告	
			危险性说明	含压力下气体；如加热可爆炸	

续表

危险类别	序号	方法标准	警示标签要素		备注
易燃液体类别和警示标签（GB 30000.7—2013）	1	闪点小于23℃和初沸点不大于35℃	图形符号	(火焰图形)	在联合国《关于危险货物运输的建议书 规章范本》中： (1) 图形标志的颜色。图形符号，数字和边框线可以黑色代替白色显示。背景色两种情况都保持红色。 (2) 图中数字3为GB 6944—2012中第3类。 (3) 货物运输图形标志的最小尺寸为100mm×100mm
			警示词	危险	
			危险性说明	极易燃液体和蒸气	
	2	闪点小于23℃和初沸点大于35℃	图形符号	(火焰图形)	
			警示词	危险	
			危险性说明	高度易燃液体和蒸气	
	3	闪点不小于23℃和闪点不大于60℃	图形符号	(火焰图形)	
			警示词	警告	
			危险性说明	易燃液体和蒸气	
	4	闪点大于60℃和闪点不大于93℃	图形符号	不使用	
			警示词	警告	
			危险性说明	可燃液体	
易燃固体类别和警示标签（GB 30000.8—2013）	1	燃烧速率试验： 非金属粉末物质：润湿区不停止燃烧，和燃烧时间小于45s或燃烧速率大于2.2mm/s。 金属粉末：燃烧时间不大于5min	图形符号	(火焰图形)	在联合国《危险货物运输建议规章范本》中： (1) 图形标志的颜色。图形符号、数字：黑色；背景：白色带有七个垂直条纹。 (2) 图中数字4为GB 6944—2012中第4类。 (3) 货物运输图形标志的最小尺寸为100mm×100mm
			警示词	危险	
			危险性说明	易燃固体	
	2	燃烧速率试验： 非金属粉末物质：润湿区不停止燃烧至少4min，和燃烧时间小于45s或燃烧速率大于2.2mm/s 金属粉末：燃烧时间大于5min且小于或等于10min	图形符号	(火焰图形)	
			警示词	警告	
			危险性说明	易燃固体	

续表

危险类别	序号	方法标准	警示标签要素		备注
自反应物质类别和警示标签（GB 30000.9—2013）	A 型	按照联合国《关于危险货物运输的建议书 试验和标准手册》（第4修订版）的第Ⅱ部分的试验结果和应用本标准中的判定流程	图形符号	(爆炸图形)	
			警示词	危险	
			危险性说明	加热可引起爆炸	
	B 型	按照联合国《关于危险货物运输的建议书 试验和标准手册》（第4修订版）的第Ⅱ部分的试验结果和应用本标准中的判定流程	图形符号	(火焰和爆炸图形)	(1) 对 B 型，在联合国《关于危险货物运输的建议书 规章范本》管辖下，可以应用 181 条款。(2) 在联合国《关于危险货物运输的建议书 规章范本》管辖下，图形标志的颜色可参见对易燃固体和爆炸物的说明
			警示词	危险	
			危险性说明	加热可引起燃烧和爆炸	
	C 型和 D 型	按照联合国《关于危险货物运输的建议书 试验和标准手册》（第4修订版）的第Ⅱ部分的试验结果和应用本标准中的判定流程	图形符号	(火焰图形)	
			警示词	危险	
			危险性说明	加热可引起燃烧	
	E 型和 F 型	按照联合国《关于危险货物运输的建议书 试验和标准手册》（第4修订版）的第Ⅱ部分的试验结果和应用本标准中的判定流程	图形符号	(火焰图形)	
			警示词	警告	
			危险性说明	加热可引起燃烧	
	G 型	按照联合国《关于危险货物运输的建议书 试验和标准手册》（第4修订版）的第Ⅱ部分的试验结果和应用本标准中的判定流程	图形符号	没有配置警示标签要素	
			警示词		
			危险性说明		

续表

危险类别	序号	方法标准	警示标签要素		备注
自热物质类别和警示标签）(GB 30000.12—2013)	1	用 25mm³ 样品在 140℃ 试验时得到肯定结果	图形符号	(火焰图形)	
			警示词	危险	
			危险性说明	自热；可着火	
	2	(1) 用 100 mm³ 样品（不是立方，是指边长为 100mm 的立方体样品，下同）在 140℃ 试验时得到肯定结果和用 25mm³ 样品在 140℃ 试验时得到否定结果和该物质是待包装于体积大于 3 m³ 的包装中；或 (2) 用 100 mm³ 样品在 140℃ 试验时得到肯定结果和用 25mm³ 样品在 140℃ 试验时得到否定结果，用 100 mm³ 样品在 120℃ 试验时得到肯定结果和该物质是待包装于体积大于 450L 的包装中；或 (3) 用 100mm³ 样品在 140℃ 试验时得到肯定结果和用 25mm³ 样品在 140℃ 试验时得到否定结果和用 100 mm³ 样品在 100℃ 试验时得到肯定结果	图形符号	(火焰图形)	在联合国《危险货物运输建议规章范本》中： (1) 图形标志的颜色 图形符号、数字：黑色；背景：上半部为白色；下半部为红色。 (2) 图中数字 4 为 GB 6944—2012 中第 4 类。 (3) 货物运输图形标志的最小尺寸为 100mm×100mm
			警示词	警告	
			危险性说明	大量时自热；可着火	
自燃液体类别和警示标签（GB 30000.10—2013)	1	液体加至惰性载体上并暴露于空气中时 5min 内燃着，或与空气接触 5min 内它使滤纸燃着或碳化	图形符号	(火焰图形)	在联合国《危险货物运输建议规章范本》中： (1) 图形标志的颜色。 图形符号、数字：黑色；背景：上半部为白色；下半部为红色。 (2) 图中数字 4 为 GB 6944—2012 中第 4 类。 (3) 货物运输图形标志的最小尺寸为 100mm×100mm
			警示词	危险	
			危险性说明	如暴露于空气中自燃	

续表

危险类别	序号	方法标准	警示标签要素		备注
自燃固体类别和警示标签（GB 30000.11—2013）	1	该固体与空气接触5min内会燃着	图形符号	🔥	在联合国《危险货物运输建议规章范本》中： (1) 图形标志的颜色。图形符号、数字：黑色；背景：上半部为白色；下半部为红色。 (2) 图中数字4为GB 6944—2012中第4类。 (3) 货物运输图形标志的最小尺寸为100mm×100mm
			警示词	危险	
			危险性说明	如暴露于空气中自燃	
遇水放出易燃气体的物质类别和警示标签（GB 30000.13—2013）	1	在环境温度下与水剧烈反应产生自燃的气体倾向，或在环境温度下容易与水反应，放出易燃气体的速率是大于或等于每分钟10L/kg的任何物质	图形符号	🔥	在联合国《关于危险货物运输的建议书 规章范本》中： (1) 图形标志的颜色。图形符号，数字和边框线可以黑色代替白色显示；背景色两种情况都保持蓝色。 (2) 图中数字4为GB 6944—2012中第4类。 (3) 货物运输图形标志的最小尺寸为100mm×100mm
			警示词	危险	
			危险性说明	接触水释放可自发燃着的易燃气体	
	2	在环境温度下易与水反应，易燃气体释放的最大速率是大于或等于每小时20L/kg并且不符合类别1的任何物质	图形符号	🔥	
			警示词	危险	
			危险性说明	接触水释放易燃气体	
遇水放出易燃气体的物质类别和警示标签（GB 30000.13—2013）	3	在环境温度下与水反应，易燃气体释放的最大速率是大于或等于每小时1L/kg，并且部不合类别1和类别2的任何物质	图形符号	🔥	在联合国《关于危险货物运输的建议书 规章范本》中： (1) 图形标志的颜色。图形符号，数字和边框线可以黑色代替白色显示；背景色两种情况都保持蓝色。 (2) 图中数字4为GB 6944—2012中第4类。 (3) 货物运输图形标志的最小尺寸为100mm×100mm
			警示词	警告	
			危险性说明	接触水释放易燃气体	

续表

危险类别	序号	方法标准	警示标签要素		备注
金属腐蚀物类别和警示标签（GB 30000.17—2013）	1	在试验温度55℃下钢铁或铝表面的腐蚀速率超过6.25mm/a	图形符号		在联合国《危险货物运输建议规章范本》中： (1) 图形标志的颜色。 图形符号：黑色； 背景：上半部为白色； 下半部为黑色带白框。 数字8为白色。 (2) 图中数字8为GB 6944—2012中第8类。 (3) 货物运输图形标志的最小尺寸为100mm×100mm
			警示词	警告	
			危险性说明	可腐蚀金属	
氧化性液体类别和警示标签（GB 30000.14—2013）	1	受试物质（或混合物）与纤维素1:1（质量比）混合物可自燃，或受试物质（或混合物）与纤维素1:1（质量比）平均压力升高时间小于50%高氯酸水溶液和纤维素1:1（质量比）混合物的平均压力升高时间的任何物质和混合物	图形符号		在联合国《危险货物运输建议规章范本》中： (1) 图形标志的颜色。 图形符号、数字：黑色； 背景：黄色。 (2) 图中数字5.1为GB 6944—2012中第5类第12项。 (3) 货物运输图形标志的最小尺寸为100mm×100mm
			警示词	危险	
			危险性说明	可引起燃烧或爆炸；强氧化剂	
氧化性液体类别和警示标签（GB 30000.14—2013）	2	受试物质（或混合物）与纤维素1:1（质量比）混合物显示的平均压力升高时间小于或等于40%氯酸钠水溶液和纤维素1:1（质量比）混合物的平均压力升高时间，并且不符合类别1的任何物质和混合物	图形符号		在联合国《危险货物运输建议规章范本》中： (1) 图形标志的颜色。 图形符号、数字：黑色； 背景：黄色。 (2) 图中数字5.1为GB 6944—2012中第5类第12项。 (3) 货物运输图形标志的最小尺寸为100mm×100mm
			警示词	危险	
			危险性说明	可加剧燃烧；氧化剂	
	3	受试物质（或混合物）与纤维素1:1（质量比）混合物显示的平均压力升高时间小于或等于65%硝酸水溶液和纤维素1:1（质量比）混合物的平均压力升高时间，并且不符合类别1和类别2的任何物质和混合物	图形符号		
			警示词	警告	
			危险性说明	可加剧燃烧；氧化剂	

续表

危险类别	序号	方法标准	警示标签要素		备注
14 氧化性固体类别和警示标签（GB 30000.15—2013）	1	受试物质（或混合物）与纤维素4:1或1:1（质量比）混合物显示平均燃烧时间小于溴酸钾与纤维素3:2（质量比）混合物的平均燃烧时间的任何物质和混合物	图形符号		在联合国《危险货物运输建议规章范本》中： (1) 图形标志的颜色图形符号、数字：黑色；背景：黄色。 (2) 图中数字5.1为GB 6944—2012中第5类第1项。 (3) 货物运输图形标志的最小尺寸为100mm×100mm
			警示词	危险	
			危险性说明	可引起燃烧或爆炸；强氧化剂	
14 氧化性固体类别和警示标签（GB 30000.15—2013）	2	受试物质（或混合物）与纤维素4:1或1:1（质量比）混合物显示平均燃烧时间等于或小于溴酸钾与纤维素2:3（质量比）混合物的平均燃烧时间和不符合类别1的任何物质和混合物	图形符号		在联合国《危险货物运输建议规章范本》中： (1) 图形标志的颜色图形符号、数字：黑色；背景：黄色。 (2) 图中数字5.1为GB 6944—2012中第5类第1项。 (3) 货物运输图形标志的最小尺寸为100mm×100mm
			警示词	危险	
			危险性说明	可加剧燃烧；氧化剂	
	3	受试物质（或混合物）与纤维素4:1或1:1（质量比）混合物显示平均燃烧时间等于或小于溴酸钾与纤维素3:7（质量比）混合物的平均燃烧时间和不符合类别1和类别2的任何物质和混合物	图形符号		
			警示词	警告	
			危险性说明	可加剧燃烧；氧化剂	
有机过氧化物类别和警示标签（GB 30000.16—2013）	A型	按照联合国《关于危险货物运输的建议书 试验和标准手册》的第Ⅱ部分系列A～H的试验结果和应用本标准判定流程	图形符号		(1) 对B型，在联合国《关于危险货物运输的建议书 规章范本》管辖下，可以应用181条款。 (2) 在联合国《关于危险货物运输的建议书 规章范本》图形标志的颜色可参见对氧化性液体和爆炸物的表。 (3) 图中数字5.2为GB 6499—2012中的第5类第2项。 (4) 货物运输图形标志的最小尺寸为100mm×100mm
			警示词	危险	
			危险性说明	加热可引起爆炸	
	B型	按照联合国《关于危险货物运输的建议书 试验和标准手册》的第Ⅱ部分系列A～H的试验结果和应用本标准判定流程	图形符号		
			警示词	危险	
			危险性说明	加热可引起燃烧和爆炸	

续表

危险类别	序号	方法标准	警示标签要素		备注
有机过氧化物类别和警示标签（GB 30000.16—2013）	C型和D型	按照联合国《关于危险货物运输的建议书 试验和标准手册》的第Ⅱ部分系列A～H的试验结果和应用本标准判定流程	图形符号	火焰图形	(1) 对B型，在联合国《关于危险货物运输的建议书 规章范本》管辖下，可以应用181条款。 (2) 在联合国《关于危险货物运输的建议书 规章范本》图形标志的颜色可参见对氧化性液体和爆炸物的表。 (3) 图中数字5.2为GB 6499—2012中的第5类第2项。 (4) 货物运输图形标志的最小尺寸为100mm×100mm
			警示词	危险	
			危险性说明	加热可引起燃烧	
	E型和F型	按照联合国《关于危险货物运输的建议书 试验和标准手册》的第Ⅱ部分系列A～H的试验结果和应用本标准判定流程	图形符号	火焰图形	
			警示词	警告	
			危险性说明	加热可引起燃烧	
	G型	按照联合国《关于危险货物运输的建议书 试验和标准手册》的第Ⅱ部分系列A～H的试验结果和应用本标准判定流程	图形符号	没有配置给这一危险类别的标签要素	
			警示词		
			危险性说明		
急性毒性类别和警示标签（GB 30000.18—2013）	1	经口 $LD_{50} \leqslant 5$ mg/kg 体重	图形符号	骷髅图形	
			警示词	危险	
			危险性说明	吞咽致死（经口）	
		经皮肤 $LD_{50} \leqslant 5$ mg/kg 体重	图形符号	骷髅图形	
			警示词	危险	
			危险性说明	皮肤接触致死（经皮肤）；	

续表

危险类别	序号	方法标准	警示标签要素		备注
急性毒性类别和警示标签（GB 30000.18—2013）	1	吸入 $LD_{50} \leq 100 \times 10^6$（体积分数）气体； 吸入 $LD_{50} \leq 0.5mg/L$（蒸气）； 吸入 $LD_{50} \leq 0.5mg/L$（粉尘、烟雾）	图形符号	☠	
			警示词	危险	
			危险性说明	吸入致死（气体、蒸气、粉尘、烟雾）	
	2	经口 $5mg/kg < LD_{50} < 50mg/kg$ 体重	图形符号	☠	
			警示词	危险	
			危险性说明	吞咽致死（经口）	
	2	经皮肤 $50mg/kg < LD_{50} < 200mg/kg$ 体重	图形符号	☠	
			警示词	危险	
			危险性说明	皮肤接触致死（经皮肤）	
		吸入 $0.1mL/L < LD_{50} \leq 0.5 mL/L$ 之间（气体）； 吸入 $0.5mg/L < LD_{50} < 2.0mg/L$（蒸气）； 吸入 $0.05mg/L < LD_{50} < 0.5mg/L$（粉尘、烟雾）	图形符号	☠	
			警示词	危险	
			危险性说明	吸入致死（气体、蒸气、粉尘、烟雾）	
	3	经口 $5mg/kg < LD_{50} < 300mg/kg$ 体重	图形符号	☠	
			警示词	危险	
			危险性说明	吞咽中毒（经口）	

续表

危险类别	序号	方法标准	警示标签要素		备注
急性毒性类别和警示标签（GB 30000.18—2013）	3	经皮肤 200mg/kg <LD_{50}<1000mg/kg 体重	图形符号	☠	
			警示词	危险	
			危险性说明	皮肤接触中毒（经皮肤）	
		吸入 0.5mL/L<LD_{50}≤2.5 mL/L 之间（气体）； 吸入 2.0mg/L<LD_{50}<10.0mg/L 吸入 0.5mg/L<LD_{50}<1.0mg/L（粉尘、烟雾）	图形符号	☠	
			警示词	危险	
			危险性说明	吸入会中毒（气体、蒸气、粉尘、烟雾）	
	4	经口 300mg/kg<LD_{50}<2000mg/kg 体重之间	图形符号	❗	
			警示词	警告	
			危险性说明	吞咽有害（经口）	
		经皮肤 1000mg/kg <LD_{50}<2000mg/kg 体重	图形符号	❗	
			警示词	警告	
			危险性说明	皮肤接触有害（经皮肤）	
		吸入 2.5mL/L<LD_{50}<5 mL/L 之间（气体）； 吸入 10.0mg/L<LD_{50}<20.0mg/L（蒸气）； 吸入 1.0mg/L<LD_{50}<5.0mg/L（粉尘、烟雾）	图形符号	❗	
			警示词	警告	
			危险性说明	吸入有害（气体、蒸气、粉尘、烟雾）	

续表

危险类别	序号	方法标准	警示标签要素		备注
急性毒性类别和警示标签（GB 30000.18—2013）	5	经口或经皮肤 LD_{50} 在 2000mg/kg 和 5000mg/kg 体重之间 对于气体、蒸气、粉尘、烟雾，LD_{50} 在经口与皮肤 LD_{50} 相当的范围（即在 2000mg/kg 和 5000mg/kg 体重之间）。 还参见附加标准： 指明对人的显著影响； 第 4 类造成的死亡率； 第 4 类造成的显著的临床症状； 来自其他研究的指示	图形符号	不使用	
			警示词	警告	
			危险性说明	吞咽可能有害（经口）；皮肤接触可能有害（经皮肤）；吸入可能有害（气体、蒸气、粉尘、烟雾）	
皮肤腐蚀/刺激类别和警示标签（GB 30000.19—2013）	1 腐蚀物包括子类别 A，B 和 C（见表 2-3-1）	(1) 对于物质和试验过的混合物：人类经验表明对皮肤造成不可逆的伤害。对已分类为腐蚀物的物质或混合物的结构/活性或结构性质关系。pH ≤ 2 和 pH ≥ 11.5 包括酸/碱储备量。 (2) 如果没有混合物的数据可利用，使用搭桥原则。 (3) 如果搭桥原则不适用： ①对于物质能相加的混合物：如果在该混合物中腐蚀性组分总浓度之和是不小于 5%，则该混合物划分为腐蚀性类别； ②对于物质不能相加的混合物：不小于 1%	图形符号		在联合国《关于危险货物运输建议书 规章范本》中不需要。 联合国《危险货物运输建议书规章范本》中： (1) 图形标志（参见 GB 30000.17—2013 中第 7 章）的颜色：图形符号和数字为黑色，背景为白色。 (2) 图中数字 8 为 GB 6944—2012 中第 8 类。 (3) 货物运输图形标志的最小尺寸为 100mm×100mm
			警示词	危险	
			危险性说明	引起严重的皮肤灼伤和眼睛损伤	
	2 刺激物	(1) 对于物质和试验过的混合物：人类经验或数据表明皮肤接触 4h 后，对皮肤造成可逆的伤害； 对已经划分为刺激性的物质或混合物的结构/活性或结构性质关系； 有效和公认的活体外皮肤腐蚀试验结果成阳性； 或动物经验或试验数据表明，该物质/混合物在接触 4h 后对皮肤造成可逆的伤害，红斑/结痂或水肿的平均值为不小于 2.3 和小于 4.0 或者炎症在 2/3 的试验动物身上持续至观测期结束时。 (2) 如果没有混合物的数据可利用，使用搭桥原则。 (3) 如果搭桥原则不适用，若为下者划分为刺激物。 ①对于物质能相加的混合物：如果在该混合物中腐蚀性组分总浓度之和是不小于 1% 但小于 5%，刺激性组分浓度之和不小于 10%；或（10× 腐蚀性组分浓度 + 刺激性组分浓度）不小于 10%；或 ②对于物质不能相加的混合物：不小于 3%	图形符号	!	
			警示词	警告	
			危险性说明	引起皮肤刺激	

续表

危险类别	序号	方法标准	警示标签要素		备注
皮肤腐蚀/刺激类别和警示标签（GB 30000.19—2013）	3 轻度刺激物	(1) 对于物质和试验过的混合物：动物经验或试验表明，该物质在接触4h后对皮肤造成可恢复的伤害，2/3的试验动物的红斑/结痂或水肿平均值为不小于1.5和小于2.3。 (2) 如果没有混合物的数据可利用，使用搭桥原则。 (3) 如果搭桥原则不适用，若为下者划分为刺激物：对于物质能相加的混合物；在该混合物中刺激组分总浓度之和是不小于1%但小于10%；对于物质不能相加的混合物：轻度刺激组分总浓度之和不小于10%；(10×腐蚀性组分浓度+刺激性组分浓度) 不小于1%但小于10%；或(10×腐蚀性组分浓度+刺激性组分浓度+轻度刺激组分浓度) 不小于10%	图形符号		在联合国《关于危险货物运输建议书 规章范本》中不需要。 联合国《危险货物运输建议书规章范本》中 (1) 图形标志（参见GB 30000.17—2013中第7章）的颜色：图形符号和数字为黑色，背景为白色。 (2) 图中数字8为GB 6944—2012中第8类。 (3) 货物运输图形标志的最小尺寸为100mm×100mm
			警示词	警告	
			危险性说明	引起轻微皮肤刺激	
严重眼睛损伤/眼睛刺激性类别和警示标签（GB 30000.20—2013）	1 不可逆性效应	(1) 适用于具有下列特性的物质和试验混合物：分类为对皮肤的腐蚀物；人类的经验或21d动物试验显示对眼睛不完全恢复的损伤数据。已分类为腐蚀物的物质或混合物的结构—活性或结构性质关系。 pH<2和pH>11.5包括缓冲能力。 按有效和公认的活体外试验评价为眼睛严重损伤的阳性结果或动物经验或试验数据表明，该物质或混合物会： ①对至少1只动物的眼角、虹膜或结膜产生不可逆效应；或 ②3只试验动物至少2只身上产生阳性反应：角膜混浊度不小于3和/或虹膜炎大于1.5。 (2) 如果没有混合物的数据，则使用搭桥原则。 (3) 如果搭桥原则不适用： ①对于物质能相加的混合物：如果在该混合物中分类为皮肤腐蚀物的物质和/或眼睛类别1物质浓度之和是不小于3%，则混合物分为类别1；或 ②对于物质不能相加的混合物：不小于1%	图形符号		在联合国《关于危险货物运输建议书 规章范本》中不要求
			警示词	危险	
			危险性说明	引起严重的眼睛损伤	

续表

危险类别	序号	方法标准	警示标签要素		备注
严重眼睛损伤/眼睛刺激性类别和警示标签（GB 30000.20—2013）	2A 刺激物	(1) 适用于具有下列特性的物质和试验混合物：分类为对皮肤严重刺激物；人类的经验或21d动物试验显示对眼睛完全可逆的数据。对已分类为腐蚀物的物质或混合物的结构/活性或结构性质关系。有效和可接受的体外眼睛刺激试验出现阳性结果或动物经验或试验数据表明，该物质或混合物至少对3只试验动物中2只产生阳性反应：角膜混浊度不小于1，虹膜不小于1，或结膜浮肿（球结膜水肿）不小于2。(2) 如果没有混合物的数据，则使用搭桥原则。(3) 如果搭桥原则适用，如为下述情况者分为刺激物（2A）：①对于物质能相加的混合物；如果在混合物中分类为对皮肤和/或眼睛类别1物质浓度之和不小于1%但小于3%，眼睛刺激物质浓度之和不小于10%；或则混合物分为类别1；或(10×皮肤和/或眼睛类别1物质浓度+眼睛刺激物浓度)不小于10%。②对于物质不能相加的混合物：眼睛刺激物组分浓度之和不小于3%	图形符号	!	在联合国《关于危险货物运输建议书 规章范本》中不要求
			警示词	警告	
			危险性说明	引起严重的眼睛刺激	
	2B 轻度刺激物	(1) 适用于具有下列特性的物质和试验混合物：人类的经验或动物试验表明，会对眼睛产生轻度刺激；动物经验或试验数据表明眼睛损伤在7d内完全恢复。(2) 如果没有混合物的数据，则使用搭桥原则。(3) 如果搭桥原则适用，如为下述情况者分为刺激物（2B）：①对于物质能相加的混合物；如果在混合物中分类为对皮肤和/或眼睛类别1物质浓度之和不小于1%但小于3%，眼睛刺激物质浓度之和不小于10%；或(10×皮肤和/或眼睛类别1物质浓度+眼睛刺激物浓度)不小于10%。②对于物质不能相加的混合物：眼睛刺激物组分浓度之和不小于3%	图形符号	不使用	
			警示词	警告	
			危险性说明	引起眼睛刺激	

续表

危险类别	序号	方法标准	警示标签要素		备注
呼吸过敏类别和警示标签（GB 30000.21—2013）	1	(1) 适用于具有下列特性的物质和试验混合物：如果有人的证据，说明该物质能引起特异性呼吸过敏，和/或有合适动物试验的阳性结果。 (2) 如果这些混合物符合下列之一"搭桥原则"的规定： ①稀释； ②产品批次； ③实质上类似的混合物。 (3) 如果搭桥原则不适用，如在该混合物中各种呼吸致敏物组分达到如下浓度者可分类：不小于1.0%固体/液体；不小于0.2%气体	图形符号		在联合国《关于危险货物运输建议书 规章范本》中不要求
			警示词	危险	
			危险性说明	吸入可能引起过敏或哮喘症状或呼吸困难	
皮肤过敏类别和警示标签（GB 30000.21—2013）	1	(1) 适用于具有下列特性的物质和试验混合物：如果有人的证据，说明该物质对皮肤接触能引起大多数人的过敏反应，或有合适动物试验的阳性结果。 (2) 如果这些混合物符合下列之一"搭桥原则"的规定： ①稀释； ②产品批次； ③实质上类似的混合物。 (3) 如果搭桥原则不适用，如在该混合物中各种呼吸致敏物组分达到如下浓度者可分类：不小于1.0%固体/液体/气体	图形符号		在联合国《关于危险货物运输建议书 规章范本》中不要求
			警示词	警告	
			危险性说明	可能引起皮肤过敏性反应	
			警示词	危险	
			危险性说明	吸入可能引起过敏或哮喘症状或呼吸困难	
			警示词	警告	
			危险性说明	可能引起皮肤过敏性反应	
生殖细胞突变性类别和警示标签（GB 30000.22—2013）	1 (1A 和 1B)	已知能引起人体生殖细胞可遗传的突变或被认为可能引起人体生殖细胞可遗传的突变的物质；或含有这样物质不小于0.1%的混合物	图形符号	（与标准一致）	在联合国《关于危险货物运输建议书 规章范本》中不要求
			警示词	危险	
			危险性说明	可引起遗传性缺陷（如果结论认为无其他接触途径会产生这一危害时，应说明其接触途径）	

续表

危险类别	序号	方法标准	警示标签要素		备注
生殖细胞突变性类别和警示标签（GB 30000.22—2013）	2	由于可能引起人体生殖细胞可遗传的突变而引起人们担心的物质；或含有这样物质不小于0.1%的混合物	图形符号	(图形)	在联合国《关于危险货物运输建议书 规章范本》中不要求
			警示词	警告	
			危险性说明	怀疑可致遗传性缺陷（如果结论认为无其他接触途径会产生这一危害时，应说明其接触途径）	
致癌性类别和警示标签 30000.23—2013	1（1A和1B）	已知或可疑人类致癌物；包括含有不小于0.1%这种物质的混合物	图形符号	(图形)	在联合国《关于危险货物运输建议书 规章范本》中不要求
			警示词	危险	
			危险性说明	可致癌（如果结论认为无其他接触途径会产生这一危害时，应说明其接触途径）	
	2	可疑人类致癌物；包括含有不小于0.1% 或不小于0.1%这样物质的混合物	图形符号	(图形)	
			警示词	警告	
			危险性说明	怀疑致癌（如果结论认为无其他接触途径会产生这一危害时，应说明其接触途径）	

续表

危险类别	序号	方法标准	警示标签要素		备注
生殖毒性类别和警示标签（GB 30000.24—2013）	1（1A和1B）	已知或推定的人的生殖毒性；或含有不小于0.1%的混合物；或不小于0.3%的生殖毒性物质	图形符号	(图形)	
			警示词	危险	
			危险性说明	可能损害生育儿或胎儿（如果已知，说明特异性效应；如果确证无其他接触途径引起危害，说明接触途径）	
	2	可疑的人的生殖毒性；或含有不小于0.1%的混合物；或不小于0.3%的这样物质的混合物	图形符号	(图形)	在联合国《关于危险货物运输建议书 规章范本》中不要求
			警示词	警告	
			危险性说明	怀疑损害生育儿或胎儿（如果已知，说明特异性效应；如果确证无其他接触途径引起危害，说明接触途径）	
	附加类别	对哺乳儿童健康引起担心的物质	图形符号	不使用	
			警示词	无	
			危险性说明	可能对母乳喂养的儿童造成损害	

续表

危险类别	序号	方法标准	警示标签要素		备注
特异性靶器官毒性一次接触危害类别和警示标签（GB 30000.25—2013）	1	可靠证据表明该物质或混合物（包括搭桥）对人或动物的特异性靶器官系统具有有害效应或具有系统毒性。可使用附表3.2和附表3.4的类别1中的指导值作为权衡证据评估的一部分。可指明特异性靶器官系统的警示词。缺乏足够数据，但含有不小于1.0%至不大于10%和不小于10%的类别1组分的混合物	图形符号		在联合国《关于危险货物运输建议书 规章范本》中不要求
			警示词	危险	
			危险性说明	一次接触（如果可确证无其他接触途径引起的危害，说明接触途径）致器官损害（如果知道，说明所有受损的器官）	
	2	来自动物试验或人的表明该物质或混合物（包括搭桥）对特异性靶器官具有有害效应或具有毒性的证据，同时考虑附表3.2和附表3.5的类别2中的权衡证据评估和指导值。可指明特异性靶器官的名称。缺乏足够数据，但含有类别1组分的混合物：不小于1.0%但小于10%；和含有类别2组分的混合物：不小于1.0%至不大于10%；和不小于10%	图形符号		
			警示词	警告	
			危险性说明	一次接触（如果可确证无其他接触途径引起的危害，说明接触途径）可能致器官损害（如果知道，说明所有受损的器官 30000.22—2013）	
特异性靶器官毒性反复接触危害类别和警示标签（GB 30000.26—2013）	1	可靠证据表明该物质或混合物（包括搭桥）对人或动物的特异性靶器官具有有害效应或具有毒性。可使用附表3.3的指导值作为权衡证据评估的一部分。可指明特异性靶器官的名称。缺乏足够数据，但含有类别1组分的混合物：不小于1.0%至不大于10%和不小于10%	图形符号		在联合国《关于危险货物运输建议书 规章范本》中不要求
			警示词	危险	
			危险性说明	长期或反复接触（如果可确证无其他接触途径引起该危害，说明接触途径）可致器官损害（如果已经知道，说明所有受损的器官）	

附录 3 化学品的危险类别、分类的方法标准、警示标签

续表

危险类别	序号	方法标准	警示标签要素		备注
特异性靶器官毒性反复接触危害类别和警示标签（GB 30000.26—2013）	2	来自动物试验或人的表明该物质或混合物（包括搭桥）对特异性靶器官具有有害效应或具有毒性的证据，同时考虑附表3.4 的类别 2 中的权衡证据评估和指导值。可指明特异性靶器官系统的名称。缺乏足够数据，但含有类别 1 组分的混合物：不小于 1.0%但不大于 10%；和/或含有类别 2 组分的混合物：不小于 1.0% 或不小于 10%	图形符号		在联合国《关于危险货物运输建议书 规章范本》中不要求
			警示词	警告	
			危险性说明	长期或反复接触（如果可确证无其他接触途径引起该危害，说明接触途径）可能引起器官损害（如果已经知道，说明所有受损的器官）	
对水环境急性危害类别和警示标签（GB 30000.28—2013）	1	(1) 适用于具有下列特性的物质和试验混合物：L (E) C_{50}<1mg/L，其中 L(E)C_{50} 为鱼类 96hLC_m。甲壳纲 48hEC_{50} 或水生植物 72h 或 96hErC_{50}。 (2) 如果没有混合物的数据不可利用，则使用搭桥原则。 (3) 如果搭桥原则不适用： ①对于含有已分类组分的混合物加和法显示：（急性1浓度）×M 大于 25%，式中 M 为放大因子； ②对于含有试验组分的混合物加和性公式显示：L (E) C_{50}<1mg/L； ③对于兼有分类过又有试验过组分的混合物，联合加和性公式和加和法显示：（急性1浓度）×M 大于 25%。 (4) 对于其中一种或多种相关组分没有组分可利用的信息的混合物，利用现有信息进行分类并注明：混合物的 x% 由对于水环境危害未知的组分组成	图形符号		目前未包括在联合国《关于危险货物运输的建议书 规章范本》（如果该物质在联合国《关于危险货物运输的建议书 规章范本》下包括的任何其他危险的话），如果没有其他危险存在时，则在联合国《关于危险货物运输建议书 规章范本》第 9 类标签是适用的
			警示词	警告	
			危险性说明	对水生生物毒性非常大	

续表

危险类别	序号	方法标准	警示标签要素		备注
对水环境急性危害类别和警示标签（GB 30000.28—2013）	2	(1) 适用于具有下列特性的物质和试验混合物：$1mg/L \leqslant L(E)C_{50} \leqslant 10mg/L$，其中$L(E)C_{50}$为鱼类96hL$C_{50}$、甲壳纲48h EC_{50}或水生植物72h或96hErC_{50}。 (2) 如果没有混合物的数据可利用，则使用搭桥原则。 (3) 如果搭桥原则不适用： ①对于含有已分类组分的混合物加和法显示：〔（急性1浓度）×M〕×10−（急性2浓度）〕大于25%；式中M为放大因子； ②对于含有试验组分的混合物加和性公式显示：$1mg/L < L(E)C50 < 10mg/L$ ③对于兼有分类过又有试验组分的混合物联合加和性公式和加和法显示：〔（急性1浓度）×M×10+（急性2浓度）〕大于25%。 (4) 对于其中一种或多种相关组分没有组分可利用的信息的混合物，利用现有信息进行分类并注明；混合物的x%由对于水环境危害未知的组分组成	图形符号	不使用	目前未包括在联合国《关于危险货物运输的建议书 规章范本》（如果该物质在联合国《关于危险货物运输的建议书 规章范本》下包括的任何其他危险的话），如果没有其他危险存在时，则在联合国《关于危险货物运输的建议书 规章范本》第9类标签是适用的
			警示词	无	
			危险性说明	对水生生物有毒	
	3	(1) 适用于具有下列特性的物质和试验混合物：$10mg/L \leqslant L(E)C_{50} \leqslant 100mg/L$。其中$L(E)C_{50}$为鱼类96hL$C_{50}$、甲壳纲48h EC_{50}或水生植物72h或96hErC_{50}。 (2) 如果没有混合物的数据可利用，则使用搭桥原则。 (3) 如果搭桥原则不适用： ①对于含有已分类组分的混合物加和法显示：〔（急性1浓度）×M×10+（急性2浓度）−（急性3浓度）〕大于25%；式中M放大因子； ②对于含有试验组分的混合物加和性公式显示：$10mg/L < L(E)C_{50} < 100mg/L$； ③对于兼有分类过又有试验过组分的混合物联合加和性公式和加和法显示：〔（急性1浓度）×M×100+（急性2浓度）×10−¹（急性3浓度）〕大于25%。 (4) 对于其中一种或多种相关组分没有组分可利用的信息的混合物，利用现有信息进行分类并注明；混合物的x%由对于水环境危害未知的组分组成	图形符号	不使用	
			警示词	无	
			危险性说明	对水生生物有毒	
			警示词	警告	
			危险性说明	对水生生物毒性非常大并且有长期持续影响	

续表

危险类别	序号	方法标准	警示标签要素		备注
对水环境急性危害类别和警示标签（GB 30000.28—2013）	2	(1) 适用于具有下列特性的物质：$1mg/L \leqslant L(E)C_{50} \leqslant 10mg/L$；和缺乏降解潜力和/或有生物积累潜力（BCF ≥ 500，如果没有，$\log K_{ow} \geqslant 4$）除非慢性 NOECs>1mg/L。(2) 对于混合物，使用搭桥原则。(3) 如果搭桥原则不适用，〔(慢性1浓度)×M×10-(慢性2浓度)〕大于25%式中M为放大因子。(4) 对于其中一种或多种相关组分没有可利用的信息的混合物，利用现有信息进行分类并注明：混合物的x%由对水环境危害未知的组分组成	图形符号		
			警示词	无	
			危险性说明	对水生生物有害并且有长期持续影响	
	3	(1) 适用于具有下列特性的物质：$10mg/L \leqslant L(E)C_{50} \leqslant 100mg/L$；和缺乏降解潜力和/或有生物积累潜力（BCF ≥ 500，如果没有，$\log K_{ow} \geqslant 4$）除非慢性 NOECs>1mg/L。(2) 对于混合物，使用搭桥原则。(3) 如果搭桥原则不适用，〔(慢性1浓度)×M×100+(慢性2浓度)×10+(慢性3浓度)〕大于25%,式中M为放大因子。(4) 对于其中一种或多种相关组分没有可利用的信息的混合物，利用现有信息进行分类并注明：混合物的x%由对水环境危害未知的组分组成	图形符号	不使用	目前未包括在联合国《关于危险货物运输的建议书 规章范本》（如果该物质在联合国《关于危险货物运输的建议书 规章范本》下包括的任何其他危险的话），如果没有其他危险存在时，则在联合国《关于危险货物运输的建议书 规章范本》第9类标签是适用的
			警示词	无	
			危险性说明	对水生生物有害并且有长期持续影响	
	4	(1) 适用于具有下列特性的物质：溶解性很差并且在水溶性水平之下没有观察到急性毒性；缺乏降解潜力和/或有生物积累潜力（BCF ≥ 500，如果没有，$\log K_{ow} \geqslant 4$）除非慢性 NOECs>1mg/L。(2) 对于混合物，使用搭桥原则。(3) 如果搭桥原则不适用，分类为慢性1、2、3或4的组分浓度之和大于25%。(4) 对于其中一种或多种相关组分没有可利用的信息的混合物，利用现有信息进行分类并注明：混合物的x%由对水环境危害未知的组分组成	图形符号	不使用	
			警示词	无	
			危险性说明	可能对水生生物产生长期持续的有害影响	

附表 3.2　皮肤腐蚀的类别和子类别

类别 1	腐蚀子类别	3 只试验动物中不少于 1 只出现腐蚀	
		涂皮时间	观察时间
腐蚀	1A	≤ 3min	≤ 1h
	1B	> 3min 且 ≤ 1h	≤ 14d
	1C	> 1h 且 ≤ 4h	≤ 14d

附表 3.3　可产生明显非致死毒性效应的一次接触剂量指导值范围

接触途径	单位	指导值范围	
		类别 1	类别 2
经口（大鼠）	mg/kg	C<300	2000> C >300
经皮肤（大鼠或兔）	mg/kg	C<1000	2000> C >1000
吸入（大鼠），气体	mL/L	C<2.5	5 > C >2.5
吸入（大鼠），蒸气	mg/L	C<10	20 > C >10
吸入（大鼠），粉尘/烟，雾	mg/(L·4h)	C<1.0	5.0 > C >1.0

附表 3.4　类别 1 可产生明显非致死毒性效应的多次接触剂量指导值
（动物 90d 试验）

接触途径	单位	指导值（剂量/浓度）
经口（大鼠）	(mg/kg)/d	<10
经皮肤（大鼠或兔）	(mg/kg)/d	<20
吸入（大鼠），气体	(mL/L)/6h/d	<0.05
吸入（大鼠），蒸气	(mg/L)/6h/d	<0.2
吸入（大鼠），粉尘/烟，雾	mg/(L·4h)	<0.02

附表 3.5　类别 2 可产生明显非致死毒性效应的多次接触剂量指导值
（动物 90d 试验）

接触途径	单位	指导值（剂量/浓度）
经口（大鼠）	(mg/kg)/d	10 ~ 100
经皮肤（大鼠或兔）	(mg/kg)/d	20 ~ 200
吸入（大鼠），气体	(mL/L)/6h/d	0.05 ~ 0.25
吸入（大鼠），蒸气	(mg/L)/6h/d	0.2 ~ 1.0
吸入（大鼠），粉尘/烟，雾	mg/(L·4h)	0.02 ~ 0.2

附录4 《危险货物品名表》(GB 12268—2012)

危险货物品名表见附表4.1。

附表4.1 危险货物品名表

联合国编号	名称和说明	英文名称	类别和项别	次要危险性	包装类别	特殊规定
0004	苦味酸铵,干的,或湿的,按质量含水低于10%	AMMONIUM PICRATE dry or wetted with less than 10% water, by mass	1.1 D			
0005	武器弹药筒,带有爆炸装药	CARTRIDGES FOR WEAPONS with bursting charge	1.1F			
0006	武器弹药筒,带有爆炸装药	CARTRIDGES FOR WEAPONS with bursting charge	1.1E			
0007	武器弹药筒,带有爆炸装药	CARTRIDGES FOR WEAPONS with bursting charge	1.2F			
0009	燃烧弹药,带有或不带起爆装置、发射剂或推进剂	AMMUNITION, INCENDIARY with or without burster, expelling charge or propelling charge	1.2G			
0010	燃烧弹药,带有或不带起爆装置、发射剂或推进剂	AMMUNITION, INCENDIARY with or without burster, expelling charge or propelling charge	1.3G			
0012	武器弹药筒,带惰性射弹或轻武器弹药筒	CARTRIDGES FOR WEAPONS, INERT PROJECTILE or CARTRIDGES, SMALL ARMS	1.4S			
0014	武器弹药筒,无弹头或轻武器弹药筒,无弹头	CARTRIDGES FOR WEAPONS BLANK or CARTRIDGES, SMALL ARMS, BLANK	1.4S			
0015	发烟弹药,带有或不带起爆装置、发射剂或推进剂	AMMUNITION, SMOKE with or without burster, expelling charge or propelling charge	1.2G			204
0016	发烟弹药,带有或不带起爆装置、发射剂或推进剂	AMMUNITION, SMOKE with or without burster, expelling charge or propelling charge	1.3G			204
0018	催泪弹药,带有起爆装置、发射剂或推进剂	AMMUNITION, TEAR-RODUCING with burster, expelling charge or propelling charge	1.2G	6.1 8		
0019	催泪弹药,带有起爆装置、发射剂或推进剂	AMMUNITION, TEAR-RODUCING with burster, expelling charge or propelling charge	1.3G	6.1 8		
0020	毒性弹药,带有起爆装置、发射剂或推进剂	AMMUNITION, TOXIC with burster, expelling charge or propelling charge	1.2K	6.1		274
0021	毒性弹药,带有起爆装置、发射剂或推进剂	AMMUNITION, TOXIC with burster, expelling charge or propelling charge	1.3K	6.1		274
0027	黑火药(火药),颗粒状或粉状	BLACK POWDER (GUNPOWDER), granular or as a meal	1.1 D			

续表

联合国编号	名称和说明	英文名称	类别和项别	次要危险性	包装类别	特殊规定
0028	压缩黑火药（火药）或丸状黑火药（火药）	BLACK POWDER (GUNPOWDER), COMPRESSED or BLACK POWDER (GUNPOWDER), IN PELLETS	1.1 D			
0029	非电引爆雷管，爆破用	DETONATORS, NON–ELECTRIC for blasting	1.1B			
0030	电引爆雷管，爆破用	DETONATORS, ELECTRIC for blasting	1.1B			
0033	炸弹，带有爆炸装药	BOMBS with bursting charge	1.1F			
0034	炸弹，带有爆炸装药	BOMBS with bursting charge	1.1D			
0035	炸弹，带有爆炸装药	BOMBS with bursting charge	1.2D			
0037	摄影闪光弹	BOMBS, PHOTO–FLASH	1.1F			
0038	摄影闪光弹	BOMBS, PHOTO–FLASH	1.1D			
0039	摄影闪光弹	BOMBS, PHOTO–FLASH	1.2G			
0042	助爆管，不带雷管	BOOSTERS without detonator	1.1D			
0043	起爆装置，爆炸性	BURSTERS, explosive	1.1D			
0044	帽型起爆器	PRIMERS, CAP TYPE	1.4S			
0048	爆破炸药	CHARGES, DEMOLITION	1.1 D			
0049	闪光弹药筒	CARTRIDGES, FLASH	1.1G			
0050	闪光弹药筒	CARTRIDGES, FLASH	1.3G			
0054	信号弹药筒	CARTRIDGES, SIGNAL	1.3G			
0055	空弹药筒壳，带有起爆器	CASES, CARTRIDGE, EMPTY, WITH PRIMER	1.4S			
0056	深水炸药	CHARGES, DEPTH	1.1 D			
0059	聚能装药，不带雷管	CHARGES, SHAPED without detonator	1.1 D			
0060	补助性爆炸装药	CHARGES, SUPPLEMENTARY, EXPLOSIVE	1.1 D			
0065	导爆索，软的	CORD, DETONATING, flexible	1.1 D			
0066	点燃导火索	CORD, IGNITER	1.4G			
0070	爆炸式电缆切割器	CUTTERS, CABLE, EXPLOSIVE	1.4S			
0072	环三亚甲基三硝胺（旋风炸药，黑索金，RDX）湿的，按质量含水不低于15%	CYCLOTRIMETHYLENE–RINITRAMINE (CYCLONITE; HEXOGEN; RDX), WETTED with not less than 15% water, by mass	1.1 D			266
0073	弹药用雷管	DETONATORS FOR AMMUNITION	1.1B			
0074	二硝基重氮苯酚，湿的，按质量含水或乙醇和水的混合物不低于40%	DIAZODINITROPHENOL, WETTED with not less than 40% water, or mixture of alcohol and water, by mass	1.1 A			266

附录4 《危险货物品名表》(GB 12268—2012)

续表

联合国编号	名称和说明	英文名称	类别和项别	次要危险性	包装类别	特殊规定
0075	二甘醇二硝酸酯,减敏的,按质量含有不低度于25%不发挥、不溶于水的减敏剂	DIETHYLENEGLYCOL DINITRATE, DESENSITIZED with not less than 25% non-volatile, water-insoluble phlegmatizer, by mass	1.1D			266
0076	二硝基苯酚,干的,或湿的,按质量含水低于15%	DINITROPHENOL, dry or wetted with less than 15% water, by mass	1.1 D	6.1		
0077	二硝基苯酚的碱金属盐,干的,或湿的,按质量含水低于15%	DINITROPHENOLATES, alkali metals, dry or wetted with less than 15% water, by mass	1.3C	6.1		
0078	二硝基间苯二酚,干的,或湿的,按质量含水低于15%	DINITRORESORCINOL, dry or wetted with less than 15% water, by mass	1.1D			
0079	六硝基二苯胺(二苦胺;六硝炸药)	HEXANITRODIPHENYLAMINE (DIPICRYLAMINE; HEXYL)	1.1D			
0081	A型爆破炸药	EXPLOSIVE, BLASTING, TYPE A	1.1D			
0082	B型爆破炸药	EXPLOSIVE, BLASTING, TYPE B	1.1D			
0083	C型爆破炸药	EXPLOSIVE, BLASTING, TYPE C	1.1D			267
0084	D型爆破炸药	EXPLOSIVE, BLASTING, TYPE D	1.1D			
0092	地面照明弹	FLARES, SURFACE	1.3G			
0093	空投照明弹	FLARES, AERIAL	1.3G			
0094	闪光粉	FLASH POWDER	1.1G			
0099	爆炸式压裂装置,不带雷管,油井用	FRACTURING DEVICES, EXPLOSIVE without detonator, for oil wells	1.1D			
0101	非起爆导火索	FUSE, NON-DETONATING	1.3G			
0102	导爆索(信管),包金属的	CORD (FUSE), DETONATING, metal clad	1.2D			
0103	点火管,包金属的	FUSE, IGNITER, tubular, metal clad	1.4G			
0104	弱效应导爆索(信管),包金属的	CORD (FUSE), DETONATING, MILD EFFECT, metal clad	1.4D			
0105	安全导火索	FUSE, SAFETY	1.4S			
0106	起爆引信	FUZES, DETONATING	1.1B			
0107	起爆引信	FUZES, DETONATING	1.2B			
0110	练习用手榴弹或枪榴弹	GRENADES, PRACTICE, hand or rifle	1.4S			
0113	脒基亚硝氨亚脒基肼,湿的,按质量含水不低于30%	GUANYL NITROSAMINO-GUANYLIDENE HYDRAZINE, WETTED with not less than 30% water, by mass	1.1A			266
0114	脒基亚硝氨亚脒基四氨烯(四氮烯),湿的,按质量含水或乙醇和水的混合物不低于30%	GUANYL NITROSAMINO-GUANYLIDENE HYDRAZINE, WETTED with not less than 30% water, by mass	1.1A			266

续表

联合国编号	名称和说明	英文名称	类别和项别	次要危险性	包装类别	特殊规定
0118	黑克索利特炸药（HEXOTOL）干的，或湿的，按质量含水低于15%	HEXOLITE (HEXOTOL), dry or wetted with less than 15% water, by mass	1.1D			
0121	点火器	IGNITERS	1.1G			
0124	装药的喷射式钻孔枪，油井用，不带雷管	JET PERFORATING GUNS, CHARGED, oil well, without detonator	1.1D			
0129	叠氮化铅，湿的，按质量含水或乙醇和水的混合物不低于20%	LEAD AZIDE, WETTED with not less than 20% water, or mixture of alcohol and water, by mass	1.1 A			266
0130	收敛酸铅（三硝基间苯二酚铅），湿的，按质量含水或乙醇和水的混合物不低于20%	LEAD STYPHNATE (LEAD TRINITRORESORCINATE), WETTED with not less than 20% water, or mixture of alcohol and water, by mass	1.1 A			
0131	引信点火器	LIGHTERS, FUSE	1.4 S			
0132	芳香族硝基衍生物的爆炸性金属盐，未另作规定的	METAL SALTS OF ORGANIC COMPOUNDS, FLAMMABLE, N.O.S.	1.3 C			
0133	甘露糖醇六硝酸酯（硝化甘露醇），湿的，按质量含水或乙醇和水的混合物不低于40%	MANNITOL HEXANITRATE (NITROMANNITE), WETTED with not less than 40% water, or mixture of alcohol and water, by mass	1.1 D			266
0135	雷酸汞，湿的，按质量含水或乙醇和水的混合物不低于20%	TED wich not less than 20% water, or mixture of alcohol and water, by mass	1.1 A			266
0136	地雷或水雷，带有爆炸装药	MINES with bursting charge	1.1F			
0137	地雷或水雷，带有爆炸装药	MINES with bursting charge	1.1D			
0138	地雷或水雷，带有爆炸装药	MINES with bursting charge	1.2D			
0143	减敏硝化甘油，按质量含有不低于40%不挥发、不溶于水的减敏剂	NITROGLYCERIN, DESENSITIZED with not less than 40% non-volatile water-insoluble phleg-matizer, by mass	1.1D	6.1		266 271
0144	硝化甘油乙醇溶液，含硝化甘油高于1%，但不超过10%	NITROGLYCERIN SOLUTION INALCOHOL with more than 1% but not more than 10% nitroglycerin	1.1 D			
0146	硝化淀粉，干的，或湿的，按质量含水低于20%	NITROSTARCH, dry or wetted with less than 20% water, by mass	1.1 D			
0147	硝基脲	NITRO UREA	1.1 D			
0150	季戊四醇四硝酸酯（季戊炸药），湿的，按质量含水不低于25%，或季戊四醇四硝酸酯（季戊炸药），减敏的，按质量含有不低于15%的减敏剂	PENTAERYTHRITE TETRA-ITRATE (PENTAERYTHRITOL TETRANITRATE; PETN), WETTED with not less than 25% water, by mass, or PENTAERYTHRITE TETRA-ITRATE (PENTAERYTHRITOL TETRANITRATE; PETN), DESENSITIZED with not less than 15% phlegmatizer, by mass	1.1 D			266

附录4 《危险货物品名表》(GB 12268—2012)

续表

联合国编号	名称和说明	英文名称	类别和项别	次要危险性	包装类别	特殊规定
0151	喷妥炸药，干的，或湿的，按质量含水低于15%	PENTOLITE, dry or wetted with less than 15% water, by mass	1.1 D			
0153	三硝基苯胺（苦基胺）	TRINITROANILINE (PICRAMIDE)	1.1 D			
0154	三硝基苯酚（苦味酸），干的，或湿的，按质量含水低于30%	TRINITROPHENOL (PICRIC ACID), dry or wetted with less than 30% water, by mass	1.1 D			
0155	三硝基氯苯（苦基氯）	TRINITROCHLORO-BENZENE (PICRYL CHLORIDE)	1.1 D			
0159	块状火药（糊状火药），湿的，按质量含水不低于25%	POWDER CAKE (POWDER PASTE), WETTED with not less than 25% water, by mass	1.3C			266
0160	无烟火药	POWDER, SMOKELESS	1.1C			
0161	无烟火药	POWDER, SMOKELESS	1.3 C			
0167	射弹，带有爆炸装药	PROJECTILES with bursting charge	1.1F			
0168	射弹，带有爆炸装药	PROJECTILES with bursting charge	1.1D			
0169	射弹，带有爆炸装药	PROJECTILES with bursting charge	1.2D			
0171	照明弹药，带有或不带起爆装置、发射剂或推进剂	AMMUNITION, ILLUMINATING with or without burster, expelling charge or propelling charge	1.2G			
0173	爆炸式释放装置	RELEASE DEVICES, EXPLOSIVE	1.4S			
0174	爆炸式铆钉	RIVETS, EXPLOSIVE	1.4S			
0180	火箭，带有爆炸装药	ROCKETS with bursting charge	1.1F			
0181	火箭，带有爆炸装药	ROCKETS with bursting charge	1.1E			
0182	火箭，带有爆炸装药	ROCKETS with bursting charge	1.2E			
0183	火箭，带有惰性装药	ROCKETS with bursting charge	1.3C			
0186	火箭发动机	ROCKET MOTORS	1.3C			
0190	爆炸性物质样品，引爆炸药除外	SAMPLES, EXPLOSIVE, other than initiating explosive				16 274
0191	手提信号装置	SIGNAL DEVICES, HAND	1.4G			
0192	爆炸式铁路轨道信号器	SIGNALS, RAILWAY TRACK, EXPLOSIVE	1.1G			
0193	爆炸式铁路轨道信号器	SIGNALS, RAILWAY TRACK, EXPLOSIVE	1.4S			
0194	遇险求救信号器，船舶用	SIGNALS, DISTRESS, ship	1.1G			
0195	遇险求救信号器，船舶用	SIGNALS, DISTRESS, ship	1.3G			
0196	发烟信号器	SIGNALS, SMOKE	1.1G			
0197	发烟信号器	SIGNALS, SMOKE	1.4G			
0204	爆炸式声测装置	SOUNDING DEVICES, EXPLOSIVE	1.2F			

续表

联合国编号	名称和说明	英文名称	类别和项别	次要危险性	包装类别	特殊规定
0207	四硝基苯胺	TETRANITROANILINE	1.1D			
0208	三硝基苯基甲硝胺（特屈儿炸药）	TRINITROPHENYLMETHYL–ITRAMINE (TETRYL)	1.1D			
0209	三硝基甲苯（梯恩梯），干的，或湿的，按质量含水低于30%	TRINITROTOLUENE (TNT), dry or wetted with less than 30% water, by mass	1.1D			
0212	弹药曳光剂	TRACERS FOR AMMUNITION	1.3G			
0213	三硝基苯甲醚	TRINITROANISOLE	1.1 D			
0214	三硝基苯，干的，或湿的，按质量含水低于30%	TRINITROBENZENE, dry or wetted with less than 30% water, by mass	1.1 D			
0215	三硝基苯甲酸，干的，或湿的，按质量含水低于30%	TRINITROBENZOIC ACID, dry or wetted with less than 30% water, by mass	1.1 D			
0216	三硝基间甲苯酚	TRINITRO–m–CRESOL	1.1 D			
0217	三硝基萘	TRINITRONAPHTHALENE	1.1 D			
0218	三硝基苯乙醚	TRINITROPHENETOLE	1.1 D			
0219	三硝基间苯二酚（收敛酸），干的，或湿的，按质量含水或乙醇和水的混合物低于20%	TRINITRORESORCINOL (STYPHNIC ACID), dry or wetted with less than 20% water, or mixture of alcohol and water, by mass	1.1 D			
0220	硝酸脲，干的，或湿的，按质量含水低于20%	UREA NITRATE, dry or wetted with less than 20% water, by mass	1.1 D			
0221	鱼雷弹头，带有爆炸装药	WARHEADS, TORPEDO with bursting charge	1.1 D			
0222	硝酸铵，含可燃物高于0.2%，包括以碳计算的任何有机物质，但不包括任何其他添加物质	AMMONIUM NITRATE with more than 0.2% combustible substances, including any organic substance calculated as carbon, to the exclusion of any other added substance	1.1 D			
0224	叠氮化钡，干的，或湿的，按质量含水低于50%	BARIUM AZIDE, dry or wetted with less than 50% water, by mass	1.1A	6.1		
0225	带有雷管的助爆管	BOOSTERS WITH DETONATOR	1.1B			
0226	环四亚甲基四硝胺（HMX，奥克托金炸药），湿的，按质量含水不低于15%	CYCLOTETRAMETHYLENE–ETRANITRAMINE (HMX; OCTOGEN), WETTED with not less than 15% water, by mass	1.1D			266
0234	二硝基邻甲苯酚钠，干的，或湿的，按质量含水低于15%	SODIUM DINITRO–o–CRESOLATE, dry or wetted with less than 15% water, by mass	1.3C			
0235	苦胺酸钠，干的，或湿的，按质量含水低于20%	SODIUM PICRAMATE, dry or wetted with less than 20% water, by mass	1.3C			

续表

联合国编号	名称和说明	英文名称	类别和项别	次要危险性	包装类别	特殊规定
0236	苦胺酸锆，干的，或湿的，按质量含水低于20%	SODIUM PICRAMATE, dry or wetted with less than 20% water, by mass	1.3C			
0237	柔软线状聚能装药	CHARGES, SHAPED, FLEXIBLE, LINEAR	1.4D			
0238	抛绳用火箭	ROCKETS, LINE–THROWING	1.2G			
0240	抛绳用火箭	ROCKETS, LINE–THROWING	1.3 G			
0241	E型爆破炸药	EXPLOSIVE, BLASTING, TYPE E	1.1 D			
0242	火炮发射药	CHARGES, PROPELLING, FOR CANNON	1.3 C			
0243	白磷燃烧弹药，带有起爆装置、发射剂或推进剂	AMMUNITION, INCENDIARY with or without burster, expelling charge or propelling charge	1.2 H			
0244	白磷燃烧弹药，带有起爆装置、发射剂或推进剂	AMMUNITION, INCENDIARY with or without burster, expelling charge or propelling charge	1.3H			
0245	白磷发烟弹药，带有起爆装置、发射剂或推进剂	AMMUNITION, INCENDIARY with or without burster, expelling charge or propelling charge	1.2H			
0246	白磷发烟弹药，带有起爆装置、发射剂或推进剂	AMMUNITION, INCENDIARY with or without burster, expelling charge or propelling charge	1.3H			
0247	燃烧弹药，液体或胶体，带有起爆装置、发射剂或推进剂	AMMUNITION, INCENDIARY, liquid or gel, with burster, expelling charge or propelling charge	1.3J			
0248	水激活装置，带有起爆装置、发射剂或推进剂	AMMUNITION, TOXIC with burster, expelling charge or propelling charge	1.2L			274
0249	水激活装置，带有起爆装置、发射剂或推进剂	AMMUNITION, TOXIC with burster, expelling charge or propelling charge	1.3L			274
0250	火箭发动机，装有双组分液体燃料，带有或不带有发射剂	ROCKET MOTORS WITH HYPERGOLIC LIQUIDS with or without expelling charge	1.3L			
0254	照明弹药，带有或不带起爆装置、发射剂或推进剂	AMMUNITION, ILLUMINATING with or without burster, expelling charge or propelling charge	1.3G			
0255	电引爆雷管，爆破用	DETONATORS, ELECTRIC for blasting	1.4B			
0257	起爆引信	FUZES, DETONATING	1.4B			
0266	奥克托利特炸药（奥克托尔炸药），干的，或湿的，按质量含水低于15%	OCTOLITE (OCTOL), dry or wetted with less than 15% water, by mass	1.1D			
0267	非电引爆雷管，爆破用	DETONATORS, NON–ELECTRIC for blasting	1.4B			
0268	带有雷管的助爆器	BOOSTERS WITH DETONATOR	1.2B			

续表

联合国编号	名称和说明	英文名称	类别和项别	次要危险性	包装类别	特殊规定
0271	推进剂	CHARGES, PROPELLING	1.1C			
0272	推进剂	CHARGES, PROPELLING	1.3C			
0275	动力装置用弹药筒	CARTRIDGES, POWER DEVICE	1.3C			
0276	动力装置用弹药筒	CARTRIDGES, POWER DEVICE	1.4C			
0277	油井用弹药筒	CARTRIDGES, OIL WELL	1.3C			
0278	油井用弹药筒	CARTRIDGES, OIL WELL	1.4C			
0279	火炮发射药	CHARGES, PROPELLING, FOR CANNON	1.1C			
0280	火箭发动机	ROCKET MOTORS	1.1C			
0281	火箭发动机	ROCKET MOTORS	1.2C			
0282	硝基胍（橄苦岩）干的，或湿的，按质量含水低于20%	NITROGUANIDINE (PICRITE), dry or wetted with less than 20% water, by mass	1.1D			
0283	助爆管，不带雷管	BOOSTERS without detonator	1.2D			
0284	手榴弹或枪榴弹，带有爆炸装药	GRENADES, hand or rifle, with bursting charge	1.1D			
0285	手榴弹或枪榴弹，带有爆炸装药	GRENADES, hand or rifle, with bursting charge	1.2D			
0286	火箭弹头，带有爆炸装药	WARHEADS, ROCKET with bursting charge	1.1D			
0287	火箭弹头，带有爆炸装药	WARHEADS, ROCKET with bursting charge	1.2D			
0288	柔软线状聚能装药	CHARGES, SHAPED, FLEXIBLE, LINEAR	1.1D			
0289	导爆索，软的	CORD, DETONATING, flexible	1.4D			
0290	导爆索（信管），包金属的	CORD (FUSE), DETONATING, metal clad	1.1D			
0291	炸弹，带有爆炸装药	BOMBS with bursting charge	1.2F			
0292	手榴弹或枪榴弹，带有爆炸装药	GRENADES, hand or rifle, with bursting charge	1.1F			
0293	手榴弹或枪榴弹，带有爆炸装药	GRENADES, hand or rifle, with bursting charge	1.2F			
0294	地雷或水雷，带有爆炸装药	MINES with bursting charge	1.2F			
0295	火箭，带有爆炸装药	ROCKETS with bursting charge	1.2F			
0296	爆炸式声测装置	SOUNDING DEVICES, EXPLOSIVE	1.1F			
0297	照明弹药，带有或不带起爆装置、发射剂或推进剂	AMMUNITION, ILLUMINATING with or without burster, expelling charge or propelling charge	1.4G			
0299	摄影闪光弹	BOMBS, PHOTO-FLASH	1.3G			
0300	燃烧弹药，带有或不带起爆装置、发射剂或推进剂	AMMUNITION, INCENDIARY with or without burster, expelling charge or propelling charge	1.4G			
0301	催泪弹药，带有起爆装置、发射剂或推进剂	AMMUNITION, TEAR-RODUCING with burster, expelling charge or propelling charge	1.4G	6.1 8		

续表

联合国编号	名称和说明	英文名称	类别和项别	次要危险性	包装类别	特殊规定
0303	发烟弹药，带有或不带起爆装置、发射剂或推进剂	AMMUNITION, SMOKE with or without burster, expelling charge or propelling charge	1.4G			204
0305	闪光粉	FLASH POWDER	1.3G			
0306	弹药曳光剂	TRACERS FOR AMMUNITION	1.4G			
0312	信号弹药筒	CARTRIDGES, SIGNAL	1.4G			
0313	发烟信号器	SIGNALS, SMOKE	1.2G			
0314	点火器	IGNITERS	1.2G			
0315	点火器	IGNITERS	1.3G			
0316	点火引信	FUZES, IGNITING	1.3G			
0317	点火引信	FUZES, IGNITING	1.4G			
0318	练习用手榴弹或枪榴弹	GRENADES, PRACTICE, hand or rifle	1.3G			
0319	管状起爆器	PRIMERS, TUBULAR	1.3G			
0320	管状起爆器	PRIMERS, TUBULAR	1.4G			
0321	武器弹药筒，带有爆炸装药	CARTRIDGES FOR WEAPONS with bursting charge	1.2E			
0322	火箭发动机，装有双组分液体燃料，带有或不带发射剂	ROCKET MOTORS WITH HYPERGOLIC LIQUIDS with or without expelling charge	1.2L			
0323	动力装置用弹药筒	CARTRIDGES, POWER DEVICE	1.4S			347
0324	射弹，带有爆炸装药	PROJECTILES with bursting charge	1.2F			
0325	点火器	IGNITERS	1.4G			
0326	武器弹药筒，无弹头	CARTRIDGES FOR WEAPONS BLANK or CARTRIDGES, SMALL ARMS, BLANK	1.1C			
0327	武器弹药筒，无弹头或轻武器弹药筒，无弹头	CARTRIDGES FOR WEAPONS BLANK or CARTRIDGES, SMALL ARMS, BLANK	1.3C			
0328	武器弹药筒，带惰性射弹	FOR WEAPONS, INERT PROJECTILE or CARTRIDGES, SMALL ARMS	1.2C			
0329	鱼雷，带有爆炸装药	WARHEADS, TORPEDO with bursting charge	1.1E			
0330	鱼雷，带有爆炸装药	WARHEADS, TORPEDO with bursting charge	1.1F			
0331	B型爆破炸药（B型爆炸剂）	EXPLOSIVE, BLASTING, TYPE B (AGENT, BLASTING, TYPE B)	1.5D			
0332	E型爆破炸药（E型爆炸剂）	EXPLOSIVE, BLASTING, TYPE E (AGENT, BLASTING, TYPE E)	1.5D			
0333	烟火	FIREWORKS	1.1G			
0334	烟火	FIREWORKS	1.2G			
0335	烟火	FIREWORKS	1.3G			
0336	烟火	FIREWORKS	1.4G			

续表

联合国编号	名称和说明	英文名称	类别和项别	次要危险性	包装类别	特殊规定
0337	烟火	FIREWORKS	1.4S			
0338	武器弹药筒，无弹头或轻武器弹药筒，无弹头	CARTRIDGES FOR WEAPONS BLANK or CARTRIDGES, SMALL ARMS, BLANK	1.4C			
0339	武器弹药筒，带有惰性射弹或轻武器弹药筒	FOR WEAPONS, INERT PROJECTILE or CARTRIDGES, SMALL ARMS	1.4C			
0340	硝化纤维素，干的，或湿的按质量含水[或乙醇]低于25%	NITROCELLULOSE, dry or wetted with less than 25% water (or alcohol), by mass	1.1D			
0341	硝化纤维素，未改型的，或增塑的按质量含有低于18%的增塑剂	NITROCELLULOSE, unmodified or plasticized with less than 18% plasticizing substance, by mass	1.1D			
0342	硝化纤维素，湿的，按质量含有不低于25%的乙醇	NITROCELLULOSE, WETTED with not less than 25% alcohol, by mass	1.3C			105
0343	增塑硝化纤维素，按质量含有不低于18%的增塑剂	NITROCELLULOSE, PLASTICIZED with not less than 18% plasticizing substance, by mass	1.3C			105
0344	射弹，带有爆炸装药	PROJECTILES with bursting charge	1.4D			
0345	射弹，惰性带曳光剂	CARTRIDGES FOR WEAPONS, INERT PROJECTILE or CARTRIDGES, SMALL ARMS	1.4S			
0346	射弹，带起爆装置或发射剂	AMMUNITION, SMOKE with or without burster, expelling charge or propelling charge	1.2D			
0347	射弹，带起爆装置或发射剂	AMMUNITION, SMOKE with or without burster, expelling charge or propelling charge	1.4D			
0348	武器弹药筒，带爆炸装药	CARTRIDGES FOR WEAPONS with bursting charge	1.4F			
0349	爆炸性物品，未另作规定的	ARTICLES, EXPLOSIVE, N.O.S.	1.4S			178 274
0350	爆炸性物品，未另作规定的	ARTICLES, EXPLOSIVE, N.O.S.	1.4B			178 274
0351	爆炸性物品，未另作规定的	ARTICLES, EXPLOSIVE, N.O.S.	1.4C			178 274
0352	爆炸性物品，未另作规定的	ARTICLES, EXPLOSIVE, N.O.S.	1.4D			178 274
0353	爆炸性物品，未另作规定的	ARTICLES, EXPLOSIVE, N.O.S.	1.4G			178 274
0354	爆炸性物品，未另作规定的	ARTICLES, EXPLOSIVE, N.O.S.	1.1L			178 274
0355	爆炸性物品，未另作规定的	ARTICLES, EXPLOSIVE, N.O.S.	1.2L			178 274
0356	爆炸性物品，未另作规定的	ARTICLES, EXPLOSIVE, N.O.S.	1.3L			178 274

续表

联合国编号	名称和说明	英文名称	类别和项别	次要危险性	包装类别	特殊规定
0357	爆炸性物质，未另作规定的	ARTICLES, EXPLOSIVE, N.O.S.	1.1L			178 274
0358	爆炸性物质，未另作规定的	ARTICLES, EXPLOSIVE, N.O.S.	1.2L			178 274
0359	爆炸性物质，未另作规定的	ARTICLES, EXPLOSIVE, N.O.S.	1.3L			178 274
0360	非电引爆雷管组件，爆破用	DETONATORS, NON-ELECTRIC for blasting	1.1B			
0361	非电引爆雷管组件，爆破用	DETONATORS, NON-ELECTRIC for blasting	1.4B			
0362	练习用弹药	AMMUNITION, PRACTICE	1.4G			
0363	测试用弹药	AMMUNITION, PRACTICE	1.4G			
0364	弹药用雷管	DETONATORS FOR AMMUNITION	1.2B			
0365	弹药用雷管	DETONATORS FOR AMMUNITION	1.4B			
0366	弹药用雷管	DETONATORS FOR AMMUNITION	1.4S			347
0367	起爆引信	FUZES, DETONATING	1.4S			
0368	点火引信	FUZES, IGNITING	1.4S			
0369	火箭弹头，带有爆炸装药	WARHEADS, ROCKET with bursting charge	1.1F			
0370	火箭弹头，带有起爆装置或发射剂	AMMUNITION, ILLUMINATING with or without burster, expelling charge or propelling charge	1.4 D			
0371	火箭弹头，带有起爆装置或发射剂	AMMUNITION, ILLUMINATING with or without burster, expelling charge or propelling charge	1.4 F			
0372	练习用手榴弹或枪榴弹	GRENADES, PRACTICE, hand or rifle	1.2 G			
0373	手提信号装置	SIGNAL DEVICES, HAND	1.4 S			
0374	爆炸式声测装置	SOUNDING DEVICES, EXPLOSIVE	1.1D			
0375	爆炸式声测装置	SOUNDING DEVICES, EXPLOSIVE	1.2 D			
0376	管状起爆器	PRIMERS, TUBULAR	1.4S			
0377	帽型起爆器	PRIMERS, CAP TYPE	1.1 B			
0378	帽型起爆器	PRIMERS, CAP TYPE	1.4 B			
0379	空弹药筒壳，带有起爆器	CASES, CARTRIDGE, EMPTY, WITH PRIMER	1.4 C			
0380	发火物品	ARTICLES, PYROPHORIC	1.2 L			
0381	动力装置用弹药筒	CARTRIDGES, POWER DEVICE	1.2 C			
0382	火药系部件，未另作规定的	COMPONENTS, EXPLOSIVE TRAIN, N.O.S.	1.2 B			178 274
0383	火药系部件，未另作规定的	COMPONENTS, EXPLOSIVE TRAIN, N.O.S.	1.4 B			178 274

续表

联合国编号	名称和说明	英文名称	类别和项别	次要危险性	包装类别	特殊规定
0384	火药系部件，未另作规定的	COMPONENTS, EXPLOSIVE TRAIN, N.O.S.	1.4 S			178 274
0385	5-硝基苯并三唑	5-NITROBENZOTRIAZOL	1.1 D			
0386	三硝基苯磺酸	TRINITROBENZENESULPHONIC ACID	1.1D			
0387	三硝基芴酮	TRINITROFLUORENONE	1.1D			
0388	三硝基甲苯（梯恩梯）和三硝基苯混合物或三硝基甲苯（梯恩梯）和六硝基芪混合物	TRINITROTOLUENE (TNT) AND TRINITROBENZENE MIXTURE or TRINITROTOLUENE (TNT) AND HEXANITROSTILBENE MIXTURE	1.1D			
0389	含有三硝基苯和六硝基芪的三硝基甲苯（梯恩梯）混合物	TRINITROTOLUENE (TNT) MIXTURE CONTAINING TRINITROBENZENE AND HEXANITROSTILBENE	1.1D			
0390	特里托纳尔	TRITONAL	1.1D			
0391	环三亚甲基三硝胺（旋风炸药；黑索金；RDX）与环四亚甲基四硝胺（HMX；奥克托金炸药）的混合物，湿的，按质量含水不低于15%；或环三亚甲基三硝胺（旋风炸药；黑索金；RDX）与环四亚甲基四硝胺（HMX；奥克托金炸药）的混合物，减敏的，按质量含减速敏剂不低于10%	CYCLOTRIMETHYLENE-RINITRAMINE (CYCLONITE; HEXOGEN; RDX) AND CYCLOTETRAMETHYLENE-ETRANITRAMINE (HMX; OCTOGEN) MIXTURE, WETTED with not less than 15% water, by mass or CYCLOTRIMETHYLENE-RINITRAMINE (CYCLONITE; HEXOGEN; RDX) AND CYCLOTETRAMETHYLENE-ETRANITRAMINE (HMX; OCTOGEN) MIXTURE, DESENSITIZED with not less than 10% phlegmatizer, by mass	1.1D			266
0392	六硝基芪	HEXANITROSTILBENE	1.1D			
0393	黑沙托纳炸药	HEXOTONAL	1.1D			
0394	三硝基间苯二酚（收敛酸），湿的，按质量含水或乙醇和水的混合物不低于20%	TRINITRORESORCINOL (STYPHNIC ACID), WETTED with not less than 20% water, or mixture of alcohol and water, by mass	1.1D			
0395	液体燃料火箭发动机	ROCKET MOTORS, LIQUID FUELLED	1.2J			
0396	液体燃料火箭发动机	ROCKET MOTORS, LIQUID FUELLED	1.3J			
0397	液体燃料火箭，带有爆炸装药	ROCKETS, LIQUID FUELLED with bursting charge	1.1J			
0398	液体燃料火箭，带有爆炸装药	ROCKETS, LIQUID FUELLED with bursting charge	1.2J			
0399	装有易燃液体的炸弹，带有爆炸装药	BOMBS WITH FLAMMABLE LIQUID with bursting charge	1.1J			
0400	装有易燃液体的炸弹，带有爆炸装药	BOMBS WITH FLAMMABLE LIQUID with bursting charge	1.2J			
0401	二苦硫，干的，或湿的，按质量含水低于10%	DIPICRYL SULPHIDE, dry or wetted with less than 10% water, by mass	1.1D			

续表

联合国编号	名称和说明	英文名称	类别和项别	次要危险性	包装类别	特殊规定
0402	高氯酸铵	AMMONIUM PERCHLORATE	1.1D			152
0403	空投照明弹	FLARES, AERIAL	1.4G			
0404	空投照明弹	FLARES, AERIAL	1.4S			
0405	信号弹药筒	CARTRIDGES, SIGNAL	1.4S			
0406	二亚硝基苯	DINITROSOBENZENE	1.3C			
0407	四唑-1-乙酸	TETRAZOL-1-ACETIC ACID	1.4C			
0408	起爆引信，带有保险装置	FUZES, DETONATING with protective features	1.1D			
0409	起爆引信，带有保险装置	FUZES, DETONATING with protective features	1.2D			
0410	起爆引信，带有保险装置	FUZES, DETONATING with protective features	1.4D			
0411	季戊四醇四硝酸酯（季戊炸药）按质量含蜡不低于7%	PENTAERYTHRITE TETRA-ITRATE (PENTAERYTHRITOL TETRANITRATE; PETN) with not less than 7% wax, by mass	1.1D			131
0412	武器弹药筒，带有爆炸装药	CARTRIDGES FOR WEAPONS with bursting charge	1.4E			
0413	武器弹药筒，无弹头	CARTRIDGES FOR WEAPONS, BLANK	1.2C			
0414	火炮发射药	CHARGES, PROPELLING, FOR CANNON	1.2C			
0415	推进剂	CHARGES, PROPELLING	1.2C			
0417	武器弹药筒，带惰性射弹或轻武器弹药筒	CARTRIDGES FOR WEAPONS, INERT PROJECTILE or CARTRIDGES, SMALL ARMS	1.3C			
0418	地面照明弹	FLARES, SURFACE	1.1G			
0419	地面照明弹	FLARES, SURFACE	1.2G			
0420	空投照明弹	FLARES, AERIAL	1.1G			
0421	空投照明弹	FLARES, AERIAL	1.2G			
0424	射弹，惰性带曳光剂	PROJECTILES, inert with tracer	1.3G			
0425	射弹，惰性带曳光剂	PROJECTILES, inert with tracer	1.4G			
0426	射弹，带有起爆装置或发射剂	PROJECTILES with burster or expelling charge	1.2F			
0427	射弹，带有起爆装置或发射剂	PROJECTILES with burster or expelling charge	1.4F			
0428	专用烟火制品	ARTICLES, PYROTECHNIC for technical purposes	1.1G			
0429	专用烟火制品	ARTICLES, PYROTECHNIC for technical purposes	1.2G			

续表

联合国编号	名称和说明	英文名称	类别和项别	次要危险性	包装类别	特殊规定
0430	专用烟火制品	ARTICLES, PYROTECHNIC for technical purposes	1.3G			
0431	专用烟火制品	ARTICLES, PYROTECHNIC for technical purposes	1.4G			
0432	专用烟火制品	ARTICLES, PYROTECHNIC for technical purposes	1.4S			
0433	块状火药(糊状火药),湿的,按质量含乙醇不低于17%	POWDER CAKE (POWDER PASTE), WETTED with not less than 17% alcohol, by mass	1.1C			266
0434	射弹,带有起爆装置或发射剂	PROJECTILES with burster or expelling charge	1.2G			
0435	射弹,带有起爆装置或发射剂	PROJECTILES with burster or expelling charge	1.4G			
0436	火箭,带有发射剂	ROCKETS with expelling charge	1.2C			
0437	火箭,带有发射剂	ROCKETS with expelling charge	1.3C			
0438	火箭,带有发射剂	ROCKETS with expelling charge	1.4C			
0439	聚能装药,不带雷管	CHARGES, SHAPED, without detonator	1.2D			
0440	聚能装药,不带雷管	CHARGES, SHAPED, without detonator	1.4D			
0441	聚能装药,不带雷管	CHARGES, SHAPED, without detonator	1.4S			347
0442	商品爆炸装药,不带雷管	CHARGES, EXPLOSIVE, COMMERCIAL without detonator	1.1D			
0443	商品爆炸装药,不带雷管	CHARGES, EXPLOSIVE, COMMERCIAL without detonator	1.2D			
0444	商品爆炸装药,不带雷管	CHARGES, EXPLOSIVE, COMMERCIAL without detonator	1.4D			
0445	商品爆炸装药,不带雷管	CHARGES, EXPLOSIVE, COMMERCIAL without detonator	1.4S			347
0446	可燃空弹壳,无起爆器	CASES, COMBUSTIBLE, EMPTY, WITHOUT PRIMER	1.4C			
0447	可燃空弹壳,无起爆器	CASES, COMBUSTIBLE, EMPTY, WITHOUT PRIMER	1.3C			
0448	5-巯基四唑-1-乙酸	5-MERCAPTOTETRAZOL-1-CETIC ACID	1.4C			
0449	液体燃料鱼雷,带有或不带爆炸装药	TORPEDOES, LIQUID FUELLED with or without bursting charge	1.1J			
0450	液体燃料鱼雷,带惰性弹头	TORPEDOES, LIQUID FUELLED with inert head	1.3J			
0451	鱼雷,带有爆炸装药	TORPEDOES with bursting charge	1.1D			
0452	练习用手榴弹或枪榴弹	GRENADES, PRACTICE, hand or rifle	1.4G			
0453	抛绳用火箭	ROCKETS, LINE-THROWING	1.4G			

续表

联合国编号	名称和说明	英文名称	类别和项别	次要危险性	包装类别	特殊规定
0454	点火器	IGNITERS	1.4S			
0455	非电引爆雷管，爆破用	DETONATORS, NON-ELECTRIC for blasting	1.4S			347
0456	电引爆雷管，爆破用	DETONATORS, ELECTRIC for blasting	1.4S			347
0457	塑料胶粘爆炸装药	CHARGES, BURSTING, PLASTICS BONDED	1.1D			
0458	塑料胶粘爆炸装药	CHARGES, BURSTING, PLASTICS BONDED	1.2D			
0459	塑料胶粘爆炸装药	CHARGES, BURSTING, PLASTICS BONDED	1.4D			
0460	塑料胶粘爆炸装药	CHARGES, BURSTING, PLASTICS BONDED	1.4S			347
0461	火药系部件，未另作规定的	COMPONENTS, EXPLOSIVE TRAIN, N.O.S.	1.1B			178 274
0462	爆炸性物品，未另作规定的	ARTICLES, EXPLOSIVE, N.O.S.	1.1C			178
0463	爆炸性物品，未另作规定的	ARTICLES, EXPLOSIVE, N.O.S.	1.1D			274
0464	爆炸性物品，未另作规定的	ARTICLES, EXPLOSIVE, N.O.S.	1.1E			178
0465	爆炸性物品，未另作规定的	ARTICLES, EXPLOSIVE, N.O.S.	1.1F			274
0466	爆炸性物品，未另作规定的	ARTICLES, EXPLOSIVE, N.O.S.	1.2C			178
0467	爆炸性物品，未另作规定的	ARTICLES, EXPLOSIVE, N.O.S.	1.2D			274
0468	爆炸性物品，未另作规定的	ARTICLES, EXPLOSIVE, N.O.S.	1.2E			178
0469	爆炸性物品，未另作规定的	ARTICLES, EXPLOSIVE, N.O.S.	1.2F			274
0470	爆炸性物品，未另作规定的	ARTICLES, EXPLOSIVE, N.O.S.	1.3C			178
0471	爆炸性物品，未另作规定的	ARTICLES, EXPLOSIVE, N.O.S.	1.4E			274
0472	爆炸性物品，未另作规定的	ARTICLES, EXPLOSIVE, N.O.S.	1.4F			178
0473	爆炸性物质，未另作规定的	ARTICLES, EXPLOSIVE, N.O.S.	1.1A			274
0474	爆炸性物质，未另作规定的	ARTICLES, EXPLOSIVE, N.O.S.	1.1C			178
0475	爆炸性物质，未另作规定的	ARTICLES, EXPLOSIVE, N.O.S.	1.1D			274
0476	爆炸性物质，未另作规定的	ARTICLES, EXPLOSIVE, N.O.S.	1.1G			178
0477	爆炸性物质，未另作规定的	ARTICLES, EXPLOSIVE, N.O.S.	1.3C			274
0478	爆炸性物质，未另作规定的	ARTICLES, EXPLOSIVE, N.O.S.	1.3G			178
0479	爆炸性物质，未另作规定的	ARTICLES, EXPLOSIVE, N.O.S.	1.4C			274
0480	爆炸性物质，未另作规定的	ARTICLES, EXPLOSIVE, N.O.S.	1.4D			178
0481	爆炸性物质，未另作规定的	ARTICLES, EXPLOSIVE, N.O.S.	1.4S			274
0482	非常不敏感爆炸性物质，未另作规定的	SUBSTANCES, EXPLOSIVE, VERY INSENSITIVE (SUBSTANCES, EVI), N.O.S.	1.5 D			178

续表

联合国编号	名称和说明	英文名称	类别和项别	次要危险性	包装类别	特殊规定
0483	环三亚甲基三硝胺（旋风炸药；黑索金；RDX），减敏的	CYCLOTRIMETHYLENE–RINITRAMINE (CYCLONITE; HEXOGEN; RDX), DESENSITIZED	1.1 D			
0484	环四亚甲基四硝胺（奥克托金炸药；HMX），减敏的	CYCLOTETRAMETHYLENE–ETRANITRAMINE (HMX; OCTOGEN), DESENSITIZED	1.1 D			
0485	爆炸性物质，未另作规定的	SUBSTANCES, EXPLOSIVE, N.O.S.	1.4 G			178 274
0486	极端不敏感爆炸性物品	ARTICLES, EXPLOSIVE, EXTREMELY INSENSITIVE (ARTICLES, EEI)	1.6N			
0487	发烟信号器	SIGNALS, SMOKE	1.3G			
0488	练习用弹药	AMMUNITION, PRACTICE	1.3G			
0489	二硝基甘脲（DINGU）	DINITROGLYCOLURIL (DINGU)	1.1 D			
0490	硝基三唑酮（NTO）	NITROTRIAZOLONE (NTO)	1.1 D			
0491	推进剂	CHARGES, PROPELLING	1.4C			
0492	爆炸式铁路轨道信号器	SIGNALS, RAILWAY TRACK, EXPLOSIVE	1.3G			
0493	爆炸式铁路轨道信号器	SIGNALS, RAILWAY TRACK, EXPLOSIVE	1.4G			
0494	装药喷射式钻孔枪，油井用，不带雷管	JET PERFORATING GUNS, CHARGED, oil well, without detonator	1.4D			
0495	液态推进剂	PROPELLANT, LIQUID	1.3C			224
0496	奥克托纳	OCTONAL	1.1D			
0497	液态推进剂	PROPELLANT, LIQUID	1.1C			224
0498	固态推进剂	PROPELLANT, SOLID	1.1C			
0499	固态推进剂	PROPELLANT, SOLID	1.3C			
0500	非电引爆雷管组件，爆破用	DETONATOR ASSEMBLIES, NON–ELECTRIC for blasting	1.4S			347
0501	固态推进剂	PROPELLANT, SOLID	1.4C			
0502	火箭，带有惰性弹头	ROCKETS with inert head	1.2C			
0503	气袋充气器，或气袋模件，或安全带预拉装置	AIR BAG INFLATORS, or AIR BAG MODULES, or SEAT–BELT PRETENSIONERS	1.4G			235 289
0504	1H–四唑	1H–TETRAZOLE	1.1D			
0505	遇险求救信号器，船舶用	SIGNALS, DISTRESS, ship	1.4G			
0506	遇险求救信号器，船舶用	SIGNALS, DISTRESS, ship	1.4S			
0507	发烟信号器	SIGNALS, SMOKE	1.4S			
0508	1—羟基苯丙三唑，无水的，干或湿的，按质量含水小于20%	1–HYDROXYBENZOTRIAZOLE, ANHYDROUS, dry or wetted withless than 20% water, by mass	1.3C			

附录4 《危险货物品名表》(GB 12268—2012)

续表

联合国编号	名称和说明	英文名称	类别和项别	次要危险性	包装类别	特殊规定
0509	火药，无烟	POWDER, SMOKELESS	1.4C			
1001	溶解乙炔	ACETYLENE, DISSOLVED	2.1			
1002	压缩空气	AIR, COMPRESSED	2.2			
1003	冷冻液态空气	AIR, REFRIGERATED LIQUID	2.2	5.1		
1005	无水氨	AMMONIA, ANHYDROUS	2.3	8		23
1006	压缩氩	ARGON, COMPRESSED	2.2			
1008	三氟化硼	BORON TRIFLUORIDE	2.3	8		
1009	溴三氟甲烷（制冷气体R13B1）	BROMOTRIFLUOROMETHANE (REFRIGERANT GAS R 13B1)	2.2			
1010	丁二烯，稳定的或丁二烯和碳氢化合物的混合物，稳定的，含丁二烯高于40%	BUTADIENES, STABILIZED or BUTADIENES AND HYDROCARBON MIXTURE, STABILIZED, containing more than 40% butadienes	2.1			
1011	丁烷	BUTANE	2.1			
1012	丁烯	BUTYLENE	2.1			
1013	二氧化碳	CARBON DIOXIDE	2.2			
1016	压缩一氧化碳	CARBON MONOXIDE, COMPRESSED	2.3	2.1		
1017	氯	CHLORINE	2.3	5.1 8		
1018	二氟氯甲烷（制冷气体R22）	CHLORODIFLUOROMETHANE (REFRIGERANT GAS R 22)	2.2			
1020	五氟氯乙烷（制冷气体R115）	CHLOROPENTAFLUORO–THANE (REFRIGERANT GAS R 115)	2.2			
1021	1-氯-1,2,2,2-四氟乙烷（制冷气体R124）	1-CHLORO-1,2,2,2-TETRAFLUOROETHANE(REFRIGERANT GAS R 124)	2.2			
1022	三氟氯甲烷（制冷气体R13）	CHLOROTRIFLUOROMETHANE (REFRIGERANT GAS R 13)	2.2			
1023	压缩煤气	COAL GAS, COMPRESSED	2.3	2.1		
1026	氰	CYANOGEN	2.3	2.1		
1027	环丙烷	CYCLOPROPANE	2.1			
1028	二氯二氟甲烷（制冷气体R12）	DICHLOROFLUOROMETHANE (REFRIGERANT GAS R 12)	2.2			
1029	二氯氟甲烷（制冷气体R21）	DICHLOROFLUOROMETHANE (REFRIGERANT GAS R 21)	2.2			
1030	1,1-二氟乙烷（制冷气体R152a）	1,1-DIFLUOROETHANE (REFRIGERANT GAS R 152a)	2.1			
1032	无水二甲胺	DIMETHYLAMINE, ANHYDROUS	2.1			

续表

联合国编号	名称和说明	英文名称	类别和项别	次要危险性	包装类别	特殊规定
1033	二甲醚	DIMETHYL ETHER	2.1			
1035	乙烷	ETHANE	2.1			
1036	乙胺	ETHYLAMINE	2.1			
1037	乙基氯	ETHYL CHLORIDE	2.1			
1038	冷冻液态乙烯	ETHYLENE, REFRIGERATED LIQUID	2.1			
1039	甲乙醚（丁醚）	ETHYL METHYL ETHER	2.1			
1040	环氧乙烷，或含氮环氧乙烷，在50℃时最高总压力为1MPa（10bar）	ETHYLENE OXIDE, or ETHYL-ENE OXIDE WITH NITROGEN up to a total pressure of l MPa (10 bar) at 50℃	2.3	2.1		342
1041	环氧乙烷和二氧化碳混合物，环氧乙烷含量高于9%，但不超过87%	ETHYLENE OXIDE AND CARBON DIOXIDE MIXTURE with more than 9% but not more than 87% ethylene oxide	2.1			
1043	充氨溶液化肥，含有游离氨	FERTILIZER AMMONIATING SOLUTION with free ammonia	2.2			
1044	灭火器，装有压缩或液化气体	FIRE EXTINGUISHERS with compressed or liquefied gas	2.2			225
1045	压缩氟	FLUORINE, COMPRESSED	2.3	5.1 8		
1046	压缩氦	HELIUM, COMPRESSED	2.2			
1048	无水溴化氢	HYDROGEN BROMIDE, ANHYDROUS	2.3	8		
1049	压缩氢	HYDROGEN, COMPRESSED	2.1			
1050	无水氯化氢	HYDROGENCHLORIDE, ANHYDROUS	2.3	8		
1051	氰化氢，稳定的，含水低于3%	HYDROGEN CYANIDE, STABILIZED containing less than 3% water	6.1	3	I	
1052	无水氟化氢	HYDROGENNFLUORIDE, ANHYDROUS	8	6.1	I	
1053	硫化氢	HYDROGEN SULPHIDE	2.3	2.1		
1055	异丁烯	ISOBUTYLENF,	2.1			
1056	压缩氪	ISOBUTYLENF,	2.2			
1057	打火机或打火机加油器，装有易燃气体	LIGHTERS or LIGHTER REFILLS containing flammable gas	2.1			201
1058	液化气体，非易燃，充有氮、二氧化碳或空气	LIQUEFIED GASES, non-flammable, charged with nitrogen, carhon dioxide or air	2.2			
1060	甲基乙炔和丙二烯混合物，稳定的	METHYLACETYLENE AND PROPADIENE MIXTURE, STABILIZED	2.1			
1061	无水甲胺	METHYLAIWNE, ANHYDROUS	2.1			
1062	甲基溴，含有不超过2%的三氯硝基甲烷	METHYL BROMIDE with not more than 2% chloropicrin	2.3			23

续表

联合国编号	名称和说明	英文名称	类别和项别	次要危险性	包装类别	特殊规定
1063	甲基氯（制冷气体R40）	METHYL CHLORIDE (REFRIGERANT GAS R 40)	2.1			
1064	甲硫醇	METHYL MERCAPTAN	2.3	2.1		
1065	压缩氖	NEON! COMPRESSED	2.2			
1066	压缩氮	NITROGEN, COMPRESSED	2.2			
1067	四氧化二氮（二氧化氮）	DINITROGEN TETROXIDE (NITROGEN DIOXIDE)	2.3	5.1 8		
1069	氯化亚硝酰	NITROSYL CHLORIDE	2.3	8		
1070	氧化亚氮	NITROUS OXIDE	2.2	5.1		
1071	压缩油气	OIL GAS, COMPRESSED	2.3	2.1		
1072	压缩氧	OXYGEN, COMPRESSED	2.2	5.1		
1073	冷冻液态氧	OXYGEN. REFRIGERATED LIQUID	2.2	5.1		
1075	液化石油气	PETROLEUM GASES, LIQUEFIED	2.1			
1076	光气	PHOSGENE	2.3	8		
1077	丙烯	PROPYLENE	2.1			
1078	制冷气体，未另作规定的	REFRIGERANT GAS, N.O.S.	2.2			274
1079	二氧化硫	SULPHUR DIOXIDE	2.3	8		
1080	六氟化硫	SULPHUR HEXAFLUORIDE	2.2			
1081	四氟乙烯，稳定的	TETRAFLUOROETHYLENE, STABILIZED	2.1			
1082	三氟氯乙烯，稳定的	TRIFLUOROCHLORO- ETHYLENE, STABILIZED	2.3	2.1		
1083	无水三甲胺	TRIMETHYLAMINE, ANHYDROUS	2.1			
1085	乙烯基溴，稳定的	VINYL BROMIDE, STABILIZED	2.1			
1086	乙烯基氯，稳定的	VINYL CHLORIDE, STABILIZED	2.1			
1087	乙烯基甲基醚，稳定的	VINYL METHYL ETHER, STABILIZED	2.1			
1088	乙缩醛	ACETAL	3		II	
1089	乙醛	ACETALDEHYDE	3		I	
1090	丙酮	ACETONE	3		II	
1091	丙酮油	ACETONE OILS	3		II	
1092	丙烯醛，稳定的	ACROLEIN, STABILIZED	6.1	3	I	354
1093	丙烯腈，稳定的	ACRYLONITRILE, STABILIZED	3	6.1	I	
1098	烯丙醇	ALLYL ALCOHOL	6.1	3	I	354
1099	烯丙基溴	ALLYL BROMIDE	3	6.1	I	
1100	烯丙基氯	ALLYL CHLORIDE	3	6.1	I	

续表

联合国编号	名称和说明	英文名称	类别和项别	次要危险性	包装类别	特殊规定
1104	乙酸戊酯	AMYL ACETATES	3		III	
1105	戊醇	PENTANOLS	3		II	
			3		III	223
1106	戊胺	AMYLAMINE	3	8	II	
			3	8	III	233
1107	戊基氯	AMYL CHLORIDE	3		II	
1108	1-戊烯（正戊烯）	1—PENTENE (n—AMYLENE)	3		I	
1109	甲酸戊酯	AMYL FORMATES	3		III	
1110	正戊基甲基酮	n—AMYL METHYI,,KETONE	3		III	
1111	戊硫酮	AMYL MERCAPTAN	3		II	
1112	硝酸戊酯	AMYL NITRATE	3		III	
1113	亚硝酸戊酯	AMYL NITRITE	3		II	
1114	苯	BENZENE	3		II	
1120	丁醇	BUTANOLS	3		II	
			3		III	223
1123	乙酸丁酯	BUTYL ACETATES	3		II	
		BUTYL ACETATES	3		III	223
1125	正丁胺	n—BUTYLAMINE	3	8	II	
1126	1-溴丁烷	1-BROMOBUTANE	3		II	
1127	氯丁烷	CHLOROBUTANES	3		II	
1128	甲酸正丁酯	n—BUTYL FORMATE	3		II	
1129	丁醛	BUTYRALDEHYDE	3		II	
1130	樟脑油	CAMPHOR OIL	3		III	
1131	二硫化碳	CARBON DISULPHIDE	3	6.1	I	
1133	粘合剂，含易燃液体	ADHESIVES containing flammable liquid	3		I	
			3		II	
			3		III	233
1134	氯苯	CHLOROBENZENE	3		II	
1135	2-氯乙醇	ETHYLENE CHLOROHYDRIN	6.1	3	I	354
1136	煤焦油馏出物，易燃	COAL TAR DISTILLATES, FLAMMABLE	3		II	
			3		III	223

联合国编号	名称和说明	英文名称	类别和项别	次要危险性	包装类别	特殊规定
1139	涂料溶液（包括用于工业或其他用途的表面处理剂或涂料，例如车辆的底漆、圆桶或琵琶桶的面料）	COATING SOLUTION (includes surface treatments or coatings used for industrial or other purposes such as vehicle undercoating, drum or barrel lining)	3		Ⅰ	
			3		Ⅱ	
			3		Ⅲ	223
1143	丁烯醛，稳定的	CROTONALDEHYDE, STABILIZED	6.1	3	Ⅰ	324 354
1144	巴豆炔	CROTONYLENE	3		Ⅰ	
1145	环己烷	CYCLOHEXANE	3		Ⅱ	
1146	环戊烷	CYCLOPENTANE	3		Ⅱ	
1147	十氢化萘	DECAHYDRONAPHTHALENE	3		Ⅲ	
1148	双丙酮醇	DIACETONE ALCOHOL	3		Ⅱ	
			3		Ⅲ	223
1149	二丁醚	DIBUTYL ETHERS	3		Ⅲ	
1150	1，2-二氯乙烯	1,2-DICHLOROETHYLENE	3		Ⅱ	
1152	二氯戊烷	DICHLOROPENTANES	3		Ⅲ	
1153	乙二醇二乙醚	ETHYLENE GLYCOL DIETHYL ETHER	3		Ⅱ	
			3		Ⅲ	
1154	二乙胺	DIETHYLAMINE	3	8	Ⅱ	
1155	二乙醚（乙醚）	DIETHYL ETHER (ETHYL ETHER)	3		Ⅰ	
1156	二乙酮	DIETHYL KETONE	3		Ⅱ	
1157	二异丁铜	DIISOBUTYL KETONE	3		Ⅲ	
1158	二异丙胺	DIISOPROPYLAMINE	3	8	Ⅱ	
1159	二异丙醚	DIISOPROPYL ETHER	3		Ⅱ	
1160	二甲胺水溶液	DIMETHYLAMINE AQUEOUS SOLUTION	3	8	Ⅱ	
1161	碳酸二甲酯	DIMETHYL CARBONATE	3		Ⅱ	
1162	二甲基二氯硅烷	DIMETHYLDICHLORGSILANE	3	8	Ⅱ	
1163	不对称二甲井	DIMETHYLHYDRAZINE, UNSYMMETRICAL	6.1	3 8	Ⅰ	354
1164	二甲硫	DIMETHYL SULPHIDE	3		Ⅱ	
1165	二恶烷	DIOXANE	3		Ⅱ	
1166	二氧戊环	DIOXOLANE	3		Ⅱ	
1167	二乙烯基醚，稳定的	DIVINYL ETHER, STABILIZED	3		Ⅰ	
1169	液态萃取香料	EXTRACTS, AROMATIC, LIQUID	3		Ⅱ	
			3		Ⅲ	223

续表

联合国编号	名称和说明	英文名称	类别和项别	次要危险性	包装类别	特殊规定
1170	乙醇（酒精）或乙醇溶液	ETHANOL (ETHYL ALCOHOL) or ETHANOL SOLUTION (ETHYL ALCOHOL SOLUTION)	3		II	144
			3		III	144 223
1171	乙二醇—乙醚	ETHYLENE GLYCOL MONOETHYL ETHER	3		III	
1172	乙酸乙二醇–乙醚酯	ETHYLENE GLYCOL MONOETHYL ETHER ACETATE	3		III	
1173	乙酸乙酯（醋酸乙酯）	ETHYL ACETATE	3		II	
1175	乙苯	ETHYLBENZENE	3		II	
1176	硼酸乙酯	ETHYL BORATE	3		II	
1177	乙酸–2–乙基丁酯	2–ETHYLBUTYL ACETATE	3		III	
1178	2–乙基丁醛	2–ETHYLBUTYRALDEHYDE	3		II	
1179	乙基丁基醚	ETHYL BUTYL ETHER	3		II	
1180	丁酸乙酯	ETHYL BUTYRATE	3		III	
1181	氯乙酸乙酯	ETHYL CHLOROACETATE	6.1	3	II	
1182	氯甲酸乙酯	ETHYL CHLOROFORMATE	6.1	3 8	I	354
1183	乙基二氯硅烷	ETHYLDICHLOROSILANE	4.3	3 8	I	
1184	二氯化乙烯	ETHYLENE DICHLORIDE	3	6.1	II	
1185	乙撑亚胺，稳定的	ETHYLENEIMINE, STABILIZED	6.1	3	I	354
1188	乙二醇—甲醚	ETHYLENE GLYCOL MONOMETHYL ETHER	3		III	
1189	乙酸乙醇—甲醚酯	ETHYLENE GLYCOL MONOMETHYL ETHER ACETATE	3		III	
1190	甲酸乙酯	ETHYL FORMATE	3		II	
1191	辛醛	OCTYL ALDEHYDES	3		III	
1192	乳酸乙酯	ETHYL LACTATE	3		II	
1193	乙基甲基酮（甲乙酮；2–丁酮）	ETHYL METHYL KETONE (METHYL ETHYL KETONE)	3		II	
1194	亚硝酸乙酯溶液	ETHYL NITRITE SOLUTION	3	6.1	I	
1195	丙酸乙酯	ETHYL PROPIONATE	3		II	
1196	乙基三氯硅烷	ETHYLTRICHLOROSILANE	3	8	II	
1197	液态萃取调味剂	EXTRACTS, FLAVOURING, LIQUID	3		II	
			3		III	233
1198	甲醛溶液，易燃	FORMALDEHYDE SOLUTION, FLAMMABLE	3	8	III	

续表

联合国编号	名称和说明	英文名称	类别和项别	次要危险性	包装类别	特殊规定
1199	糠醛	FURALDEHYDES	6.1	3	Ⅱ	
1201	杂醇油	FUSEL OIL	3		Ⅱ	
			3		Ⅲ	233
1202	瓦斯油、柴油或轻质燃料油	GAS OIL or DIESEL FUEL or HEATING OIL, LIGHT	3		Ⅲ	
1203	车用汽油或汽油	MOTOR SPIRIT or GASOLINE or PETROL	3		Ⅱ	243
1204	硝化甘油乙醇溶液,含硝化甘油不超过1%	NITROGLYCERIN SOLUTION IN ALCOHOL with not more than 1% nitroglycerin	3		Ⅱ	
1206	庚烷	HEPTANES	3		Ⅱ	
1207	己醛	HEXALDEHYDE	3		Ⅲ	
1208	己烷	HEXANES	3		Ⅱ	
1210	印刷油墨,易燃,或印刷油墨相关材料(包括印刷油墨稀释剂或还原剂),易燃	PRINTING INK, flammable or PRINTING INK RELATED MATERIAL (including printing ink thinning or reducing compound), flammable	3		Ⅰ	163
			3		Ⅱ	163
			3		Ⅲ	163 223
1212	异丁醇	ISOBUTANOL (ISOBUTYL ALCOHOL)	3		Ⅲ	
1213	乙酸异丁酯	ISOBUTYL ACETATE	3		Ⅱ	
1214	异丁胺	ISOBUTYLAMINE	3	8	Ⅱ	
1216	异辛烯	ISOOCTENES	3		Ⅱ	
1218	异戊二烯,稳定的	ISOPRENE, STABILIZED	3		Ⅰ	
1219	异丙醇	ISOPROPANOL (ISOPROPYL ALCOHOL)	3		Ⅱ	
1220	乙酸异丙酯	ISOPROPYL ACETATE	3		Ⅱ	
1221	异丙胺	ISOPROPYLAMINE	3	8	Ⅰ	
1222	硝酸异丙酯	ISOPROPYL NITRATE	3		Ⅱ	26
1223	煤油	KEROSENE	3		Ⅲ	
1224	液态酮类,未另作规定的	KETONES, LIQUID, N.O.S.	3		Ⅱ	274
			3		Ⅲ	223 274
1228	液态硫醇,易燃,毒性,未另作规定的,或液态硫醇混合物,易燃,毒性,未另作规定的	MERCAPTANS, LIQUID, FLAMMABLE, TOXIC, N.O.S. or MERCAPTAN MIXTURE, LIQUID, FLAMMABLE, TOXIC, N.O.S.	3	6.1	Ⅱ	274
			3	6.1	Ⅲ	223 274
1229	亚异丙基丙酮	MESITYL OXIDE	3		Ⅲ	
1230	甲醇	METHANOL	3	6.1	Ⅱ	279
1231	乙酸甲酯	METHYL ACETATE	3		Ⅱ	

续表

联合国编号	名称和说明	英文名称	类别和项别	次要危险性	包装类别	特殊规定
1233	乙酸甲基戊酯	METHYLAMYL ACETATE	3		III	
1234	甲醛缩二甲醇（甲缩醛）	METHYLAL	3		II	
1235	甲胺水溶液	METHYLAMINE, AQUEOUS SOLUTION	3	8	II	
1237	丁酸甲酯	METHYL BUTYRATE	3		II	
1238	氯甲酸甲酯	METHYL CHLOROFORMATE	6.1	3 8	I	354
1239	甲基氯甲基醚	METHYL CHLOROMETHYL ETHER	6.1	3	I	354
1242	甲基二氯硅烷	METHYLDICHLOROSILANE	4.3	3 8	I	
1243	甲酸甲酯	METHYL FORMATE	3		I	
1244	甲基肼	METHYLHYDRAZINE	6.1	3 8	I	354
1245	甲基异丁基酮	METHYL ISOBUTYL KETONE	3		II	
1246	甲基异丙烯基酮，稳定的	METHYL ISOPROPENYL KETONE, STABILIZED	3		II	
1247	单体丙烯酸甲酯，稳定的	METHYL METHACRYLATE MONOMER, STABILIZED	3		II	
1248	丙酸甲酯	METHYL PROPIONATE	3		II	
1249	甲基丙基酮	METHYL PROPYL KETONE	3		II	
1250	甲基三氯硅烷	METHYLTRICHLOROSILANE	3	8	II	
1251	甲基乙烯基酮，稳定的	METHYL VINYL KETONE, STABILIZED	6.1	3 8	I	354
1259	羰基镍	NICKEL CARBONYL	6.1	3	I	
1261	硝基甲烷	NITROMETHANE	3		II	26
1262	辛烷	OCTANES	3		II	
1263	涂料（包括色漆、喷漆、搪瓷、着色剂、虫胶、清漆、抛光剂、液态填料和液态喷漆基料）或涂料的相关材料（包括涂料稀释剂或还原剂）	PAINT (including paint, lacquer, enamel, stain, shellac, varnish, polish, liquid filler and liquid lacquer base) or PAINT RELATED MATERIAL (including paint thinning or reducing compound)	3		I	163
			3		II	163
			3		III	163 223
1264	仲乙醛（三聚乙醛）	PARALDEHYDE	3		III	
1265	戊烷，液体	PENTANES, liquid	3		I	
			3		II	
1266	香料制品，含有易燃溶剂	PERFUMERY PRODUCTS with flammable solvents	3		II	163
			3		III	163 223

联合国编号	名称和说明	英文名称	类别和项别	次要危险性	包装类别	特殊规定
1267	石油原油	PETROLEUM CRUDE OIL	3		I	357
			3		II	357
			3		III	223 357
1268	石油馏出物，未另作规定的或石油产品，未另作规定的	PETROLEUM DISTILLATES, N.O.S. or PETROLEUM PRODUCTS, N.O.S.	3		I	
			3		II	
			3		III	223
1272	松油	PINE OIL	3		III	
1274	正丙醇	n-PROPANOL (PROPYL ALCOHOL, NORMAL)	3		II	
			3		III	223
1275	丙醛	PROPIONALDEHYDE	3		II	
1276	乙酸正丙酯	n-PROPYL ACETATE	3		II	
1277	丙胺	PROPYLAMINE	3	8	II	
1278	1-氯丙烷	1-CHLOROPROPANE	3		II	
1279	1，2-氧化丙烯	1, 2-DICHLOROPROPANE	3		II	
1280	氧化丙烯	PROPYLENE OXIDE	3		I	
1281	甲酸丙酯	PROPYL FORMATES	3		II	
1282	吡啶	PYRIDINE	3		II	
1286	松香油	ROSIN OIL	3		II	
			3		III	223
1287	橡胶溶液	RUBBER SOLUTION	3		II	
			3		III	223
1288	页岩油	SHALE OIL	3		II	
			3		III	223
1289	甲醇钠的乙醇溶液	SODIUM METHYLATE SOLUTION in alcohol	3	8	II	
			3	8	III	223
1292	硅酸四乙酯	TETRAETHYL SILICATE	3		III	
1293	药用酊剂	TINCTURES, MEDICINAL	3		II	
			3		III	223
1294	甲苯	TOLUENE	3		II	
1295	三氯硅烷	TRICHLOROSILANE	4.3	3 8	I	
1296	三乙胺	TRIETHYLAMINE	3	8	II	

续表

联合国编号	名称和说明	英文名称	类别和项别	次要危险性	包装类别	特殊规定
1297	三甲胺水溶液，按质量含三甲胺不超过50%	TRIMETHYLAMINE, AQUEOUS SOLUTION, not more than 50% trimethylamine, by mass	3	8	I	
			3	8	II	
			3	8	III	223
1298	三甲基氯硅烷	TRIMETHYLCHLOROSILANE	3	8	II	
1299	松节油	TURPENTINE	3		III	
1300	松节油代用品	TURPENTINE SUBSTITUTE	3		II	
			3		III	223
1301	乙酸乙烯酯，稳定的	TURPENTINE SUBSTITUTE	3		II	
1302	乙烯基乙基醚，稳定的	VINYL ETHYL ETHER, STABILIZED	3		I	
1303	乙烯叉二氯，稳定的	VINYLIDENE CHLORIDE, STABILIZED	3		I	
1304	乙烯基异丁基醚，稳定的	VINYL ISOBUTYL ETHER, STABILIZED	3		II	
1305	乙烯基三氯硅烷，稳定的	VINYLTRICHLOROSILANE	3	8	II	
1306	液态木材防腐剂	WOOD PRESERVATIVES, LIQUID	3		II	
			3		III	223
1307	二甲苯	XYLENES	3		II	
			3		III	223
1308	锆，悬浮在易燃液体中	ZIRCONIUM SUSPENDED IN A FLAMMABLE LIQUID	3		I	
			3		II	
			3		III	223
1309	铝粉，有涂层的	ALUMINIUM POWDER, COATED	4.1		II	
			4.1		III	223
1310	苦味酸铵，湿的，按质量含水不低于10%	AMMONIUM PICRATE, WETTED with not less than 10% water, by mass	4.1		I	28
1312	冰片（龙脑）	BORNEOL	4.1		III	
1313	树脂酸钙	CALCIUM RESINATE	4.1		III	
1314	熔凝树脂酸钙	CALCIUM RESINATE, FUSED	4.1		III	
1318	树脂酸钴，沉淀的	COBALT RESINATE, PRECIPITATED	4.1		III	
1320	二硝基苯酚，湿的，按质量含水不低于15%	DINITROPHENOL, WETTED with not less than 15% water, by mass	4.1	6.1	I	28
1321	二硝基苯酚盐，湿的，按质量含水不低于15%	DINITROPHENOLATES, WETTED with not less than 15% water, by mass	4.1	6.1	I	28
1322	二硝基间苯二酚，湿的，按质量含水不低于15%	DINITRORESORCINOL, WETTED with not less than 15% water, by mass	4.1		I	28
1323	铈铁合金	FERROCERIUM	4.1		II	249

续表

联合国编号	名称和说明	英文名称	类别和项别	次要危险性	包装类别	特殊规定
1324	胶片,以硝化纤维素为基料,涂有明胶的,碎胶片除外	FILMS, NITROCELLULOSE BASE, gelatin coated, except scrap	4.1		III	
1325	有机易燃固体,未另作规定的	FLAMMABLE SOLID, ORGANIC, N.O.S.	4.1		II	274
			4.1		III	223 274
1326	铪粉,湿的,含水不低于25%(所含过量水必须看得出来)(a)机械方法生产的,粒径小于53μm;(b)化学方法生产的,粒径小于840μm	HAFNIUM POWDER, WETTED with not less than 25% water (a visible excess of water must be present) (a) mechanically produced, particle size less than 53 microns; (b) chemically produced, particle size less than 840 microns	4.1		II	
1327	干草、禾秆或碎稻草和稻壳	HAY, STRAW or BHUSA	4.1			281
1328	环六亚甲基四胺	HEXAMETHYLENETETRAMINE	4.1		III	
1330	树脂酸锰	MANGANESE RESINATE	4.1		III	
1331	火柴,"可随处划燃"	MATCHES, "STRIKE ANYWHERE"	4.1		III	293
1332	聚乙醛	METALDEHYDE	4.1		III	
1333	铈(板、锭或棒)	CERIUM, slabs, ingots or rods	4.1		II	
1334	粗制萘或精制萘	NAPHTHALENE, CRUDE or NAPHTHALENE, REFINED	4.1		III	
1336	硝基胍(橄苦岩),湿的,按质量含水不低于20%	NITROGUANIDINE (PICRITE), WETTED with not less than 20% water, by mass	4.1		I	28
1337	硝化淀粉,湿的,按质量含水不低于20%	NITROSTARCH, WETTED with not less than 20% water, by mass	4.1		I	28
1338	非晶形磷	PHOSPHORUS, AMORPHOUS	4.1		III	
1339	七硫化四磷,不含黄磷和白磷	PHOSPHORUS HEPTASULPHIDE, free from yellow and white phosphorus	4.1		II	
1340	五硫化二磷,不含黄磷和白磷	PHOSPHORUS PENTASULPHIDE, free from yellow and white phosphorus	4.3	4.1	II	
1341	三硫化四磷,不含黄磷和白磷	PHOSPHORUS SESQUISULPHIDE, free from yellow and white phosphorus	4.1		II	
1343	三硫化二磷,不含黄磷和白磷	PHOSPHORUS TRISULPHIDE, free from yellow and white phosphorus	4.1		II	
1344	三硝基苯酚,湿的,按质量含水不低于30%	TRINITROPHENOL, WETTED with not less than 30% water, by mass	4.1		I	28
1345	废橡胶或回收橡胶,粉末或颗粒,粒径不超过840μm,像胶含量超过45%	RUBBER SCRAP or RUBBER SHODDY, powdered or granulated, not exceeding 840 microns and rubber content exceeding 45%	4.1		II	223
1346	非晶形硅粉	SILICON POWDER, AMORPHOUS	4.1		III	32
1347	苦氨酸银,湿的,按质量含水不低于30%	SILVER PICRATE, WETTED with not less than 30% water, by mass	4.1		I	28

续表

联合国编号	名称和说明	英文名称	类别和项别	次要危险性	包装类别	特殊规定
1348	二硝基邻甲苯酚钠，湿的，按质量含水不低于15%	SILVER PICRATE, WETTED with not less than 30% water, by mass	4.1	6.1	I	
1349	苦氨酸钠，湿的，按质量含水不低于20%	SODIUM PICRAMATE, WETTED with not less than 20% water, by mass	4.1		I	28
1350	硫	SULPHUR	4.1		III	242
1352	钛粉，湿的，含水不低于25%（所含过量水必须看得出来）(a) 机械方法生产的，粒径小于53；(b) 化学方法生产的，粒径小于840	TITANIUM POWDER, WETTED with not less than 25% water (a visible excess of water must be present) (a) mechanically produced, particle size less than 53 microns; (b) chemically produced particle size less than 840 microns	4.1		II	
1353	纤维或纤维织品，经过轻度硝化的硝化纤维素，未另作规定的	FIBRES or FABRICS IMPREGNATED WITH WEAKLY NITRATED NITROCELLULOSE, N.O.S.	4.1		III	
1354	三硝基苯，湿的，按质量含水不低于30%	TRINITROBENZENE, WETTED with not less than 30% water, by mass	4.1		I	28
1355	三硝基苯甲酸，湿的，按质量含水不低于30%	TRINITROBENZOIC ACID, WETTED with not less than 30% water, by mass	4.1		I	28
1356	三硝基甲苯，湿的，按质量含水不低于30%	TRINITROTOLUENE, WETTED with not less than 30% water, by mass	4.1		I	28
1357	硝酸脲，湿的，按质量含水不低于20%	UREA NITRATE, WETTED with not less than 20% water, by mass	4.1		I	28 227
1358	锆粉，湿的，按含水不低于25%（所含过量水必须看得出来）(a) 机械方法生产的，粒径小于53μm；(b) 化学方法生产的，粒径小于840μm	ZIRCONIUM POWDER, WETTED with not less than 25% water (a visible excess of water must be present) (a) mechanically produced, particle size less than 53 microns; (b) chemically produced particle size less than 840 microns	4.1		II	
1360	磷化钙	CALCIUM PHOSPHIDE	4.3	6.1	I	
1361	碳，来源于动物或植物	CARBON, animal or vegetable origin	4.2		II	
			4.2		III	223
1362	活性炭	CARBON, ACTIVATED	4.2		III	223
1363	椰肉干	COPRA	4.2		III	29
1364	含油废棉	COTTON WASTE, OILY	4.2		III	
1365	潮湿棉花	COTTON, WET	4.2		III	29
1369	对二硝基二甲苯胺	p-NITROSODIMETHYLANILINE	4.2		II	
1372	动物纤维，或植物纤维，烧过的，湿的或潮的	FIBRES, ANIMAL or FIBRES, VEGETABLE burnt, wet or damp	4.2		III	117
1373	动物或植物或合成的纤维或纤维织品，未另作规定的，含油	FIBRES or FABRICS, ANIMAL or VEGETABLE or SYNTHETIC, N.O.S., with oil	4.2		III	

附录4 《危险货物品名表》（GB 12268—2012）

续表

联合国编号	名称和说明	英文名称	类别和项别	次要危险性	包装类别	特殊规定
1374	鱼粉（鱼屑），未加稳定剂的	FISH MEAL (FISH SCRAP), UNSTABILIZED	4.2		II	300
1376	废氧化铁或废海绵状铁，从提纯煤气获得的	IRON OXIDE, SPENT or IRON SPONGE, SPENT obtained from coal gas purification	4.2		III	223
1378	金属催化剂，湿的，含有可见的过量液体	METAL CATALYST, WETTED with a visible excess of liquid	4.2		II	274
1379	不饱和油类处理的纸，未完全干的（包括复写纸）	PAPER, UNSATURATED OIL TREATED, incompletely dried (including carbon paper)	4.2		III	
1380	戊硼烷	PENTABORANE	4.2	6.1	I	
1381	白磷或黄磷，干的，或浸在水中或溶液中	PHOSPHORUS, WHITE or YELLOW, DRY or UNDER WATER or IN SOLUTION	4.2	6.1	I	
1382	无水硫化钾，或硫化钾，含结晶水低于30%	POTASSIUM SULPHIDE, ANHYDROUS or POTASSIUM SULPHIDE with less than 30% water of crystallization	4.2		II	
1383	发火金属，未另作规定的，或发火合金，未另作规定的	PYROPHORIC METAL, N.O.S. or PYROPHORIC ALLOY, N.O.S.	4.2		I	274
1384	连二亚硫酸钠	SODIUM DITHIONITE (SODIUM HYDROSULPHITE)	4.2		II	
1385	无水硫化钠，或硫化钠，含结晶水低于30%	SODIUM SULPHIDE, ANHYDROUS or SODIUM SULPHIDE with less than 30% water of crystallization	4.2		II	
1386	种子油饼，含油超过1.5%，含水不超过11%	SEED CAKE with more than 1.5% oil and not more than 11% moisture	4.2		III	29
1387	羊毛废料，湿的	WOOL WASTE, WET	4.2		III	117
1389	碱金属汞齐，液态	ALKALI METAL AMALGAM, LIQUID	4.3		I	182
1390	氨基碱金属	ALKALI METAL AMIDES	4.3		II	182
1391	碱金属分散体或碱土金属分散体	ALKALI METAL DISPERSION or ALKALINE EARTH METAL DISPERSION	4.3		I	182 183
1392	碱土金属汞齐，液态	ALKALINE EARTH METAL AMALGAM, LIQUID	4.3		I	183
1393	碱土金属合金，未另作规定的	ALKALINE EARTH METAL ALLOY, N.O.S.	4.3		II	
1394	碳化铝	ALUMINIUM CARBIDE	4.3		II	
1395	硅铝铁合金粉	ALUMINIUM FERROSILICON POWDER	4.3	6.1	II	
1396	铝粉，无涂层的	ALUMINIUM POWDER, UNCOATED	4.3		II	
1396	铝粉，无涂层的	ALUMINIUM POWDER, UNCOATED	4.3		III	223
1397	磷化铝	ALUMINIUM PHOSPHIDE	4.3	6.1	I	
1398	硅铝粉，无涂层的	ALUMINIUM SILICON POWDER, UNCOATED	4.3		III	37 223
1400	钡	BARIUM	4.3		II	

续表

联合国编号	名称和说明	英文名称	类别和项别	次要危险性	包装类别	特殊规定
1401	钙	CALCIUM	4.3		Ⅱ	
1402	碳化钙	CALCIUM CARBIDE	4.3		Ⅰ	
			4.3		Ⅱ	
1403	氰氨化钙，含碳化钙高于0.1%	CALCIUM CYANAMIDE with more than 0.1% calcium carbide	4.3		Ⅲ	38
1404	氢化钙	CALCIUM HYDRIDE	4.3		Ⅰ	
1405	硅化钙	CALCIUM SILICIDE	4.3		Ⅱ	
			4.3		Ⅲ	
1407	铯	CAESIUM	4.3		Ⅰ	
1408	硅铁，含硅30%或以上，但低于90%	FERROSILICON with 30% or more but less than 90% silicon	4.3	6.1	Ⅲ	39 223
1409	金属氢化物，遇水反应，未另作规定的	METAL HYDRIDES, WATER-EACTIVE, N.O.S.	4.3		Ⅰ	274
			4.3		Ⅱ	274
1410	氢化铝锂	LITHIUM ALUMINIUM HYDRIDE	4.3		Ⅰ	
1411	氢化铝锂的醚溶液	LITHIUM ALUMINIUM HYDRIDE, ETHEREAL	4.3	3	Ⅰ	
1413	硼氢化锂	LITHIUM BOROHYDRIDE	4.3		Ⅰ	
1414	氢化锂	LITHIUM HYDRIDE	4.3		Ⅰ	
1415	锂	LITHIUM	4.3		Ⅰ	
1417	硅锂合金	LITHIUM SILICON	4.3		Ⅱ	
1418	镁粉或镁合金物	MAGNESIUM POWDER or MAGNESIUM ALLOYS POWDER	4.3	4.2	Ⅰ	
			4.3	4.2	Ⅱ	
			4.3	4.2	Ⅲ	223
1419	磷化铝镁	MAGNESIUM ALUMINIUM PHOSPHIDE	4.3	6.1	Ⅰ	
1420	钾金属合金，液态	POTASSIUM METAL ALLOYS, LIQUID	4.3		Ⅰ	
1421	液态碱金属合金，未另作规定的	ALKALI METAL ALLOY, LIQUID, N.O.S.	4.3		Ⅰ	182
1422	钾钠合金，液态	POTASSIUM SODIUM ALLOYS, LIQUID	4.3		Ⅰ	
1423	铷	RUBIDIUM	4.3		Ⅰ	
1426	硼氢化钠	SODIUM BOROHYDRIDE	4.3		Ⅰ	
1427	氢化钠	SODIUM HYDRIDE	4.3		Ⅰ	
1428	钠	SODIUM	4.3		Ⅰ	
1431	甲醇钠	SODIUM METHYLATE	4.2	8	Ⅱ	
1432	磷化钠	SODIUM PHOSPHIDE	4.3	6.1	Ⅰ	

附录4 《危险货物品名表》(GB 12268—2012)

续表

联合国编号	名称和说明	英文名称	类别和项别	次要危险性	包装类别	特殊规定
1433	磷化锡	STANNIC PHOSPHIDES	4.3	6.1	Ⅰ	
1435	锌灰	ZINC ASHES	4.3		Ⅲ	223
1436	锌灰或锌粉尘	ZINC POWDER or ZINC DUST	4.3	4.2	Ⅰ	
			4.3	4.2	Ⅱ	
			4.3	4.2	Ⅲ	223
1437	氢化锆	ZIRCONIUM HYDRIDE	4.1		Ⅱ	
1438	硝酸铝	ALUMINIUM NITRATE	5.1		Ⅲ	
1439	重铬酸铵	AMMONIUM DICHROMATE	5.1		Ⅱ	
1442	高氯酸铵	AMMONIUM PERCHLORATE	5.1		Ⅱ	152
1444	过硫酸铵	AMMONIUM PERSULPHATE	5.1		Ⅲ	
1445	氯酸钡,固态	BARIUM CHLORATE, SOLID	5.1	6.1	Ⅱ	
1446	硝酸钡	BARIUM NITRATE	5.1	6.1	Ⅱ	
1447	高氯酸钡,固态	BARIUM PERCHLORATE, SOLID	5.1	6.1	Ⅱ	
1448	高锰酸钡	BARIUM PERMANGANATE	5.1	6.1	Ⅱ	
1449	过氧化钡	BARIUM PEROXIDE	5.1	6.1	Ⅱ	
1450	无机溴酸盐,未另作规定的	BROMATES, INORGANIC, N.O.S.	5.1		Ⅱ	274 350
1451	硝酸铯	CAESIUM NITRATE	5.1		Ⅲ	
1452	氯酸钙	CALCIUM CHLORATE	5.1		Ⅱ	
1453	亚氯酸钙	CALCIUM CHLORITE	5.1		Ⅱ	
1454	硝酸钙	CALCIUM NITRATE	5.1		Ⅲ	208
1455	高氯酸钙	CALCIUM PERCHLORATE	5.1		Ⅱ	
1456	高锰酸钙	CALCIUM PERMANGANATE	5.1		Ⅱ	
1457	过氧化钙	CALCIUM PEROXIDE	5.1		Ⅱ	
1458	氯酸盐和硼酸盐混合物	CHLORATE AND BORATE MIXTURE	5.1		Ⅱ	
			5.1		Ⅲ	223
1459	氯酸盐和氯化镁混合物,固态	CHLORATE AND MAGNESIUM CHLORIDE MIXTURE, SOLID	5.1		Ⅱ	
			5.1		Ⅲ	223
1461	无机氯酸盐,未另作规定的	CHLORATES, INORGANIC, N.O.S.	5.1		Ⅱ	274 351
1462	无机亚氯酸盐,未另作规定的	CHLORITES, INORGANIC, N.O.S.	5.1		Ⅱ	274 352
1463	无水三氧化铬	CHROMIUM TRIOXIDE, ANHYDROUS	5.1	6.1 8	Ⅱ	

续表

联合国编号	名称和说明	英文名称	类别和项别	次要危险性	包装类别	特殊规定
1465	硝酸钕镨	DIDYMIUM NITRATE	5.1		III	
1466	硝酸铁	FERRIC NITRATE	5.1		III	
1467	硝酸胍	GUANIDINE NITRATE	5.1		III	
1469	硝酸铅	LEAD NITRATE	5.1	6.1	II	
1470	高氯酸铅,固态	LEAD PERCHLORATE, SOLID	5.1	6.1	II	
1471	次氯酸锂,干的,或次氯酸锂混合物	LITHIUM HYPOCHLORITE, DRY or LITHIUM HYPOCHLORITE MIXTURE	5.1		II	
					III	223
1472	过氧化锂	LITHIUM PEROXIDE	5.1		II	
1473	溴酸镁	MAGNESIUM BROMATE	5.1		II	
1474	硝酸镁	MAGNESIUM NITRATE	5.1		III	332
1475	高氯酸镁	MAGNESIUM PERCHLORATE	5.1		II	
1476	过氧化镁	MAGNESIUM PEROXIDE	5.1		II	
1477	无机硝酸盐,未另作规定的	NITRATES, INORGANIC, N.O.S.	5.1		II	
			5.1		III	223
1479	氧化性固体,未列明的	OXIDIZING SOLID, N.O.S.	5.1		I	274
			5.1		II	274
			5.1		III	223 274
1481	无机高氯酸盐,未另作规定的	PERCHLORATES, INORGANIC, N.O.S.	5.1		II	
			5.1		III	223
1482	无机高锰酸盐,未另作规定的	PERMANGANATES, INORGANIC, N.O.S.	5.1		II	206 274 353
			5.1		III	206 223 274 353
1483	无机过氧化物,未另作规定的	PEROXIDES, INORGANIC, N.O.S.	5.1		II	
			5.1		III	223
1484	溴酸钾	POTASSIUM BROMATE	5.1		II	
1485	氯酸钾	POTASSIUM CHLORATE	5.1		II	
1486	硝酸钾	POTASSIUM NITRATE	5.1		III	
1487	硝酸钾和亚硝酸钠的混合物	POTASSIUM NITRATE AND SODIUM NITRITE MIXTURE	5.1		II	
1488	亚硝酸钾	POTASSIUM NITRITE	5.1		II	

联合国编号	名称和说明	英文名称	类别和项别	次要危险性	包装类别	特殊规定
1489	高氯酸钾	POTASSIUM PERCHLORATE	5.1		II	
1490	高锰酸钾	POTASSIUM PERMANGANATE	5.1		II	
1491	过氧化钾	POTASSIUM PEROXIDE	5.1		I	
1492	过硫酸钾	POTASSIUM PERSULPHATE	5.1		III	
1493	硝酸银	SILVER NITRATE	5.1		II	
1494	溴酸钠	SODIUM BROMATE	5.1		II	
1495	氯酸钠	SODIUM CHLORATE	5.1		II	
1496	亚氯酸钠	SODIUM CHLORITE	5.1		II	
1498	硝酸钠	SODIUM NITRATE	5.1		III	
1499	硝酸钠	SODIUM NITRATE AND POTASSIUM NITRATE MIXTURE	5.1		III	
1500	亚硝酸钠	SODIUM NITRITE	5.1	6.1	III	
1502	高氯酸钠	SODIUM PERCHLORATE	5.1		II	
1503	高锰酸钠	SODIUM PERMANGANATE	5.1		II	
1504	过氧化钠	SODIUM PEROXIDE	5.1		I	
1505	过硫酸钠	SODIUM PERSULPHATE	5.1		III	
1506	氯酸锶	STRONTIUM CHLORATE	5.1		II	
1507	硝酸锶	STRONTIUM NITRATE	5.1		III	
1508	高氯酸锶	STRONTIUM PERCHLORATE	5.1		II	
1509	过氧化锶	STRONTIUM PEROXIDE	5.1		II	
1510	四硝基甲烷	TETRANITROMETHANE	6.1	5.1	I	354
1511	过氧化氢脲	UREA HYDROGEN PEROXIDE	5.1	8	III	
1512	亚硝酸锌铵	ZINC AMMONIUM NITRITE	5.1		II	
1513	氯酸锌	ZINC AMMONIUM NITRITE	5.1		II	
1514	硝酸锌	ZINC NITRATE	5.1		II	
1515	高锰酸锌	ZINC PERMANGANATE	5.1		II	
1516	过氧化锌	ZINC PEROXIDE	5.1		II	
1517	苦氨酸锆,湿的,按质量含水不低于20%	ZIRCONIUM PICRAMATE, WETTED with not less than 20% water, by mass	4.1		I	28
1541	丙酮合氰化氢,稳定的	ACETONE CYANOHYDRIN, STABILIZED	6.1		I	354
1544	固态生物碱,未另作规定的,或固态生物碱盐类,未另作规定的	ALKALOIDS, SOLID, N.O.S. or ALKALOID SALTS, SOLID, N.O.S.	6.1		I	43 274
			6.1		II	43 274
			6.1		III	43 223 274

续表

联合国编号	名称和说明	英文名称	类别和项别	次要危险性	包装类别	特殊规定
1545	异硫氰酸烯丙酯，稳定的	ALLYL ISOTHIOCYANATE, STABILIZED	6.1	3	II	
1546	砷酸铵	AMMONIUM ARSENATE	6.1		II	279
1547	苯胺	ANILINE	6.1		II	
1548	盐酸苯胺	ANILINE HYDROCHLORIDE	6.1		III	
1549	固态无机锑化合物，未另作规定的	ANTIMONY COMPOUND, INORGANIC, SOLID, N.O.S.	6.1		III	45 274
1550	乳酸锑	ANTIMONY LACTATE	6.1		III	
1551	酒石酸氧锑钾	ANTIMONY POTASSIUM TARTRATE	6.1		III	
1553	液态砷酸	ARSENIC ACID, LIQUID	6.1		I	
1554	固态砷酸	ARSENIC ACID, SOLID	6.1		II	
1555	溴化砷	ARSENIC BROMIDE	6.1		II	
1556	液态砷化合物，未另作规定的，无机物，包括：砷酸盐，未另作规定的；亚砷酸盐，未另作规定的；硫化砷，未另作规定的	ARSENIC COMPOUND, LIQUID, N.O.S., inorganic, including: Arsenates, n.o.s., Arsenites, n.o.s.; and Arsenic sulphides, n.o.s.	6.1		I	43 274
			6.1		II	43 274
			6.1		III	43 223 274
1557	固态砷化合物，未另作规定的，无机物，包括：砷酸盐，未另作规定的；亚砷酸盐，未另作规定的；硫化砷，未另作规定的	ARSENIC COMPOUND, SOLID, N.O.S., inorganic, including: Arsenates, n.o.s.; Arsenites, n.o.s.; and Arsenic sulphides, n.o.s.	6.1		I	43 274
			6.1		II	43 274
			6.1		III	43 223 274
1558	砷	ARSENIC	6.1		II	
1559	五氧化二砷	ARSENIC PENTOXIDE	6.1		II	
1560	三氯化二砷	ARSENIC TRICHLORIDE	6.1		I	
1561	三氧化二砷	ARSENIC TRIOXIDE	6.1		II	
1562	砷粉	ARSENICAL DUSTBARIUM COMPOUND, N.O.S.	6.1		II	
1564	钡化合物，未另作规定的	BARIUM CYANIDE	6.1		II	177 274
			6.1		III	177 223 274
1565	氰化钡	BARIUM CYANIDE	6.1		I	
1566	铍化合物，未另作规定的	BERYLLIUM COMPOUND, N.O.S.	6.1		II	274

续表

联合国编号	名称和说明	英文名称	类别和项别	次要危险性	包装类别	特殊规定
			6.1		Ⅲ	223 274
1567	铍粉	BERYLLIUM POWDER	6.1	4.1	Ⅱ	
1569	溴丙酮	BROMOACETONE	6.1	3	Ⅱ	
1570	二甲马钱子碱（番木鳖碱）	BRUCINE	6.1		Ⅰ	43
1571	叠氮化钡，湿的，按质量含水不低于50%	BARIUM AZIDE, WETTED with not less than 50% water, by mass	4.1	6.1	Ⅰ	28
1572	卡可基酸（二甲次砷酸）	CACODYLIC ACID	6.1		Ⅱ	
1573	砷酸钙	CALCIUM ARSENATE	6.1		Ⅱ	
1574	固态砷酸钙和亚砷酸钙混合物	CALCIUM ARSENATE AND CALCIUM ARSENITE MIXTURE, SOLID	6.1		Ⅱ	
1575	氰化钙	CALCIUM CYANIDE	6.1		Ⅰ	
1577	液态二硝基氯苯	CHLORODINITROBENZENES, LIQUID	6.1		Ⅱ	279
1578	硝基氯苯，固态	CHLORONITROBENZENES, SOLID	6.1		Ⅱ	279
1579	盐酸盐对氯邻甲苯胺，固态	4-CHLORO-o-TOLUIDINE HYDROCHLORIDE, SOLID	6.1		Ⅲ	
1580	三氯硝基甲烷（氯化苦）	CHLOROPICRIN	6.1		Ⅰ	354
1581	三氯硝基甲烷和甲基溴混合物，含三氯硝基甲烷高于2%	CHLOROPICRIN AND METHYL BROMIDE MIXTURE with more than 2% chloropicrin	2.3			
1582	三氯硝基甲烷和甲基氯混合物	CHLOROPICRIN AND METHYL CHLORIDE MIXTURE	2.3			
1583	三氯硝基甲烷混合物，未另作规定的	CHLOROPICRIN MIXTURE, N.O.S.	6.1		Ⅰ	274 315
			6.1		Ⅱ	274
			6.1		Ⅲ	223 274
1585	乙酰亚砷酸铜	COPPER ACETOARSENITE	6.1		Ⅱ	
1586	亚砷酸铜	COPPER ARSENITE	6.1		Ⅱ	
1587	氰化铜	COPPER CYANIDE	6.1		Ⅱ	
1588	固态无机氰化物，未另作规定的	CYANIDES, INORGANIC, SOLID, N.O.S.	6.1		Ⅰ	47 274
			6.1		Ⅱ	47 274
			6.1		Ⅲ	47 223 274
1589	氯化氢，稳定的	CYANOGEN CHLORIDE, STABILIZED	2.3	8		

续表

联合国编号	名称和说明	英文名称	类别和项别	次要危险性	包装类别	特殊规定
1590	液态二氯苯胺	DICHLOROANILINES, LIQUID	6.1		Ⅱ	279
1591	邻二氯苯	o-DICHLOROBENZENE	6.1		Ⅲ	279
1593	二氯甲烷	DICHLOROMETHANE	6.1		Ⅲ	
1594	硫酸二乙酯	DIETHYL SULPHATE	6.1		Ⅱ	
1595	硫酸二甲酯	DIMETHYL SULPHATE	6.1	8	Ⅰ	354
1596	二硝基苯胺	DINITROANILINES	6.1		Ⅱ	
1597	液态二硝基苯	DINITROBENZENES, LIQUID	6.1		Ⅱ	
			6.1		Ⅲ	223
1598	二硝基邻甲酚	DINITRO-o-CRESOL	6.1		Ⅱ	43
1599	二硝基苯酚溶液	DINITROPHENOL SOLUTION	6.1		Ⅱ	
			6.1		Ⅲ	223
1600	熔融二硝基甲苯	DINITROTOLUENES, MOLTEN	6.1		Ⅱ	
1601	固态消毒剂，毒性，未另作规定的	DISINFECTANT, SOLID, TOXIC, N.O.S.	6.1		Ⅰ	274
			6.1		Ⅱ	274
			6.1		Ⅲ	274
1602	液态染料，毒性，未另作规定的，或液态染料中间产品，毒性，未另作规定的	DYE, LIQUID, TOXIC, N.O.S. or DYE INTERMEDIATE, LIQUID, TOXIC, N.O.S.	6.1		Ⅰ	274
			6.1		Ⅱ	274
			6.1		Ⅲ	223 274
1603	溴乙酸乙酯	ETHYL BROMOACETATE	6.1	3	Ⅱ	
1604	1,2-乙二胺（乙撑二胺）	ETHYLENEDIAMINE	8	3	Ⅱ	
1605	二溴化乙烯（乙撑二溴）	ETHYLENE DIBROMIDE	6.1		Ⅰ	354
1606	砷酸铁	FERRIC ARSENATE	6.1		Ⅱ	
1607	亚砷酸铁	FERRIC ARSENITE	6.1		Ⅱ	
1608	砷酸亚铁	FERROUS ARSENATE	6.1		Ⅱ	
1611	四磷酸六乙酯	HEXAETHYL TETRAPHOSPHATE	6.1		Ⅱ	
1612	四磷酸六乙酯和压缩气体混合物	HEXAETHYL TETRAPHOSPHATE AND COMPRESSED GAS MIXTURE	2.3			
1613	氢氰酸水溶液（氰化氢水溶液），含氢化氰不超过20%	HYDROCYANIC ACID, AQUEOUS SOLUTION (HYDROGEN CYANIDE, AQUEOUS SOLUTION) with not more than 20% hydrogen cyanide	6.1		Ⅰ	48
1614	氰化氢，稳定的，含水低于3%，被多孔惰性材料吸收	HYDROGEN CYANIDE, STABILIZED, containing less than 3% water and absorbed in a porous inert material	6.1		Ⅰ	

续表

联合国编号	名称和说明	英文名称	类别和项别	次要危险性	包装类别	特殊规定
1616	醋酸铅（乙酸铅）	LEAD ACETATE	6.1		Ⅲ	
1617	砷酸铅	LEAD ARSENATES	6.1		Ⅱ	
1618	亚砷酸铅	LEAD ARSENITES	6.1		Ⅱ	
1620	氰化铅	LEAD CYANIDE	6.1		Ⅱ	
1621	伦敦紫	LONDON PURPLE	6.1		Ⅱ	43
1622	砷酸镁	MAGNESIUM ARSENATE	6.1		Ⅱ	
1623	砷酸汞	MERCURIC ARSENATE	6.1		Ⅱ	
1624	氯化汞	MERCURIC CHLORIDE	6.1		Ⅱ	
1625	硝酸汞	MERCURIC NITRATE	6.1		Ⅱ	
1626	氰化汞钾	MERCURIC POTASSIUM CYANIDE	6.1		Ⅰ	
1627	硝酸亚汞	MERCUROUS NITRATE	6.1		Ⅱ	
1629	乙酸汞（醋酸汞）	MERCURY ACETATE	6.1		Ⅱ	
1630	氯化汞铵	MERCURY AMMONIUM CHLORIDE	6.1		Ⅱ	
1631	苯甲酸汞	MERCURY BENZOATE	6.1		Ⅱ	
1634	溴化汞	MERCURY BROMIDES	6.1		Ⅱ	
1636	氰化汞	MERCURY CYANIDE	6.1		Ⅱ	
1637	葡萄糖酸汞	MERCURY GLUCONATE	6.1		Ⅱ	
1638	碘化汞	MERCURY IODIDE	6.1		Ⅱ	
1639	核酸汞	MERCURY NUCLEATE	6.1		Ⅱ	
1640	油酸汞	MERCURY OLEATE	6.1		Ⅱ	
1641	氧化汞	MERCURY OXIDE	6.1		Ⅱ	
1642	氰氧化汞，减敏的	MERCURY OXYCYANIDE, DESENSITIZED	6.1		Ⅱ	
1643	碘化汞钾	MERCURY POTASSIUM IODIDE	6.1		Ⅱ	
1644	水杨酸汞	MERCURY SALICYLATE	6.1		Ⅱ	
1645	硫酸汞	MERCURY SULPHATE	6.1		Ⅱ	
1646	硫氰酸汞	MERCURY THIOCYANATE	6.1		Ⅱ	
1647	液态甲基溴和二溴化乙烯混合物	METHYL BROMIDE AND ETHYLENE DIBROMIDE MIXTURE, LIQUID	6.1		Ⅰ	354
1648	乙腈	ACETONITRILE	3		Ⅱ	
1649	发动机燃料抗爆剂混合物	MOTOR FUEL ANTI-KNOCK MIXTURE	6.1		Ⅰ	
1650	β-萘胺，固态	beta-NAPHTHYLAMINE, SOLID	6.1		Ⅱ	
1651	萘硫脲	NAPHTHYLTHIOUREA	6.1		Ⅱ	43
1652	萘脲	NAPHTHYLUREA	6.1		Ⅱ	

续表

联合国编号	名称和说明	英文名称	类别和项别	次要危险性	包装类别	特殊规定
1653	氰化镍	NICKEL CYANIDE	6.1		Ⅱ	
1654	烟碱	NICOTINE	6.1		Ⅱ	
1655	固态烟碱化合物，未另作规定的，或固态烟碱制剂，未另作规定的	NICOTINE COMPOUND, SOLID, N.O.S. or NICOTINE PREPARATION, SOLID, N.O.S.	6.1		Ⅰ	43 274
			6.1		Ⅱ	43 274
			6.1		Ⅲ	43 223
1656	液态盐酸烟碱或盐酸烟碱溶液	NICOTINE HYDROCHLORIDE, LIQUID or SOLUTION	6.1		Ⅱ	43
			6.1		Ⅲ	43 223
1657	水杨酸烟碱	NICOTINE SALICYLATE	6.1		Ⅱ	
1658	硫酸烟碱溶液	NICOTINE SULPHATE SOLUTION	6.1		Ⅱ	
			6.1		Ⅲ	223
1659	酒石酸烟碱	NICOTINE TARTRATE	6.1		Ⅱ	
1660	压缩一氧化氮	NITRIC OXIDE, COMPRESSED	2.3	5.1 8		
1661	硝基苯胺（邻、间、对）	NITROANILINES (o−, m−, p−)	6.1		Ⅱ	279
1662	硝基苯	NITROBENZENE	6.1		Ⅱ	279
1663	硝基苯酚（邻、间、对）	NITROPHENOLS (o−, m−, p−)	6.1		Ⅲ	279
1664	液态硝基甲苯	NITROTOLUENES, LIQUID	6.1		Ⅱ	
1665	液态硝基二甲苯	NITROXYLENES, LIQUID	6.1		Ⅱ	
1669	五氯乙烷	PENTACHLOROETHANE	6.1		Ⅱ	
1670	全氯甲硫醇	PERCHLOROMETHYL MERCAPTAN	6.1		Ⅰ	354
1671	固态苯酚	PHENOL, SOLID	6.1		Ⅱ	279
1672	二氯化苯胂	PHENYLCARBYLAMINE CHLORIDE	6.1		Ⅰ	
1673	苯二胺（邻、间、对）	PHENYLENEDIAMINES (o−, m−, p−)	6.1		Ⅲ	279
1674	乙酸苯汞	PHENYLMERCURIC ACETATE	6.1		Ⅱ	43
1677	砷酸钾	POTASSIUM ARSENATE	6.1		Ⅱ	
1678	亚砷酸钾	POTASSIUM ARSENITE	6.1		Ⅱ	
1679	氰亚铜酸钾	POTASSIUM CUPROCYANIDE	6.1		Ⅱ	
1680	氰化钾，固态	POTASSIUM CYANIDE, SOLID	6.1		Ⅰ	
1683	亚砷酸银	SILVER ARSENITE	6.1		Ⅰ	
1684	氰化银	SILVER CYANIDE	6.1		Ⅱ	

附录4 《危险货物品名表》(GB 12268—2012)

续表

联合国编号	名称和说明	英文名称	类别和项别	次要危险性	包装类别	特殊规定
1685	砷酸钠	SODIUM ARSENATE	6.1		Ⅱ	
1686	亚砷酸钠水溶液	SODIUM ARSENITE, AQUEOUS SOLUTION	6.1		Ⅱ	43
			6.1		Ⅲ	43 223
1687	叠氮化钠	SODIUM AZIDE	6.1		Ⅱ	
1688	卡可酸钠（二甲胂酸钠、卡可地钠）	SODIUM CACODYLATE	6.1		Ⅱ	
1689	氰化钠，固态	SODIUM CYANIDE, SOLID	6.1		Ⅰ	
1690	氟化钠，固态	SODIUM FLUORIDE, SOLID	6.1		Ⅲ	
1691	亚胂酸锶	STRONTIUM ARSENITE	6.1		Ⅱ	
1692	马钱子碱或马钱子碱盐	STRYCHNINE or STRYCHNINE SALTS	6.1		Ⅰ	
1693	液态催泪性毒气物质，未另作规定的	TEAR GAS SUBSTANCE, LIQUID, N.O.S.	6.1		Ⅰ	274
			6.1		Ⅱ	274
1694	液态溴苄基氰	BROMOBENZYL CYANIDES, LIQUID	6.1		Ⅰ	138
1695	氯丙酮，稳定的	CHLOROACETONE, STABILIZED	6.1	3 8	Ⅰ	354
1697	氯乙酰苯，固态	CHLOROACETOPHENONE, SOLID	6.1		Ⅱ	
1698	二苯胺氯胂	DIPHENYLAMINE CHLOROARSINE	6.1		Ⅰ	
1699	液态二苯氯胂	DIPHENYLCHLOROARSINE, LIQUID	6.1		Ⅰ	
1700	催泪性毒气筒	TEAR GAS CANDLES	6.1	4.1	Ⅱ	
1701	甲苄基溴（二甲苯基溴），液态	XYLYL BROMIDE, LIQUID	6.1		Ⅱ	
1702	1，1，2，2-四氯乙烷	1，1，2，2-TETRACHLOROETHANE	6.1		Ⅱ	
1704	二硫代焦磷酸四乙酯	TETRAETHYL DITHIOPYROPHOSPHATE	6.1		Ⅱ	43
1707	铊化合物，未另作规定的	THALLIUM COMPOUND, N.O.S.	6.1		Ⅱ	43
1708	液态甲苯胺	TOLUIDINES, LIQUID	6.1		Ⅱ	279
1709	2，4-甲苯二胺，固态	2，4-TOLUYLENEDIAMINE, SOLID	6.1		Ⅲ	
1710	三氯乙烯	TRICHLOROETHYLENE	6.1		Ⅲ	
1711	液态二甲基苯胺	XYLIDINES, LIQUID	6.1		Ⅱ	
1712	砷酸锌、亚砷酸锌或砷酸锌和亚砷酸锌混合物	ZINC ARSENATE, ZINC ARSENITE or ZINC ARSENATE AND ZINC ARSENITE MIXTURE	6.1		Ⅱ	
1713	氰化锌	ZINC CYANIDE	6.1		Ⅰ	
1714	磷化锌	ZINC PHOSPHIDE	4.3	6.1	Ⅰ	
1715	乙酸酐	ACETIC ANHYDRIDE	8	3	Ⅱ	

续表

联合国编号	名称和说明	英文名称	类别和项别	次要危险性	包装类别	特殊规定
1716	乙酰溴	ACETYL BROMIDE	8		II	
1717	乙酰氯	ACETYL CHLORIDE	3	8	II	
1718	磷酸二氢丁酯	BUTYL ACID PHOSPHATE	8		III	
1719	苛性碱（氢氧化钾）液体，未另作规定的	CAUSTIC ALKALI LIQUID, N.O.S.	8		II	274
1719			8		III	223 274
1722	氯甲酸烯丙酯	ALLYL CHLOROFORMATE	6.1	3 8	I	
1723	烯丙基碘	ALLYL IODIDE	3	8	II	
1724	烯丙基三氯硅烷，稳定的	ALLYLTRICHLOROSILANE, STABILIZED	8	3	II	
1725	无水溴化铝	ALUMINIUM BROMIDE, ANHYDROUS	8		II	
1726	无水氯化铝	ALUMINIUM CHLORIDE, ANHYDROUS	8		II	
1727	固态二氟化氢铵	AMMONIUM HYDROGENDIFLUORIDE, SOLID	8		II	
1728	戊基三氯硅烷	AMYLTRICHLOROSILANE	8		II	
1729	茴香酰氯	ANISOYL CHLORIDE	8		II	
1730	液态五氯化锑	ANTIMONY PENTACHLORIDE, LIQUID	8		II	
1731	五氯化锑溶液	ANTIMONY PENTACHLORIDE SOLUTION	8		II	
1731			8		III	223
1732	五氟化锑	ANTIMONY PENTAFLUORIDE	8	6.1	II	
1733	三氯化锑	ANTIMONY TRICHLORIDE	8		II	
1736	苯酰氯	BENZOYL CHLORIDE	8		II	
1737	苄基溴	BENZYL BROMIDE	6.1	8	II	
1738	苄基氯	BENZYL CHLORIDE	6.1	8	II	
1739	氯甲酸苄酯	BENZYL CHLOROFORMATE	8		I	
1740	二氟氢化物，未另作规定的	HYDROGENDIFLUORIDES, N.O.S.	8		II	
1740			8		III	223
1741	三氯化硼	BORON TRICHLORIDE	2.3	8	I	
1742	三氟化硼合乙酸，液态	BORON TRIFLUORIDE ACETIC ACID COMPLEX, LIQUID	8		II	
1743	三氟化硼合丙酸，液态	BORON TRIFLUORIDE PROPIONIC ACID COMPLEX, LIQUID	8		II	
1744	溴或溴溶液	BROMINE or BROMINE SOLUTION	8	6.1	I	
1745	五氟化溴	BROMINE PENTAFLUORIDE	5.1	6.1 8	I	

续表

联合国编号	名称和说明	英文名称	类别和项别	次要危险性	包装类别	特殊规定
1746	三氟化溴	BROMINE TRIFLUORIDE	5.1	6.1 8	I	
1747	丁基三氯硅烷	BUTYLTRICHLOROSILANE	8	3	II	
1748	次氯酸钙，干的，或次氯酸钙混合物，干的，含有效氯高于39%（有效氧8.8%）	CALCIUM HYPOCHLORITE, DRY or CALCIUM HYPOCHLORITE MIXTURE, DRY with more than 39% available chlorine (8.8% available oxygen)	5.1		II	314
			5.1		III	316
1749	三氟化氯	CHLORINE TRIFLUORIDE	2.3	5.1 8		
1750	氯乙酸溶液	CHLOROACETIC ACID SOLUTION	6.1	8	II	
1751	固态氯乙酸	CHLOROACETIC ACID SOLUTION	6.1	8	II	
1752	氯乙酰氯	CHLOROACETYL CHLORIDE	6.1	8	I	354
1753	氯苯基三氯硅烷	CHLOROPHENYL-TRICHLOROSILANE	8		II	
1754	氯磺酸（含或不含三氧化硫）	CHLOROSULPHONIC ACID (with or without sulphur trioxide)	8		I	
1755	铬酸溶液	CHROMIC ACID SOLUTION	8		II	
			8		III	223
1756	固态氟化铬	CHROMIC FLUORIDE, SOLID	8		II	
1757	氟化铬溶液	CHROMIC FLUORIDE SOLUTION	8		II	
			8		III	223
1758	氯氧化铬	CHROMIUM OXYCHLORIDE	8		I	
1759	腐蚀性固体，未另作规定的	CORROSIVE SOLID, N.O.S.	8		I	274
			8		II	274
			8		III	223 274
1760	腐蚀性液体，未另作规定的	CORROSIVE LIQUID, N.O.S.	8		I	274
			8		II	274
			8		III	223 274
1761	铜乙二胺溶液	CUPRIETHYLENEDIAMINE SOLUTION	8	6.1	II	
			8	6.1	III	223
1762	环己烯基三氯硅烷	CYCLOHEXENYL-RICHLOROSILANE	8		II	
1763	环己基三氯硅烷	CYCLOHEXYLTRI-HLOROSILANE	8		II	
1764	二氯乙酸	DICHLOROACETIC ACID	8		II	
1765	二氯乙酰氯	DICHLOROACETYL CHLORIDE	8		II	
1766	二氯苯基三氯硅烷	DICHLOROPHENYL-RICHLOROSILANE	8		II	

续表

联合国编号	名称和说明	英文名称	类别和项别	次要危险性	包装类别	特殊规定
1767	二乙基二氯硅烷	DIETHYLDICHLOROSILANE	8	3	II	
1768	无水二氟磷酸	DIFLUOROPHOSPHORIC ACID, ANHYDROUS	8		II	
1769	二苯基二氯硅烷	DIPHENYLDICHLOROSILANE	8		II	
1770	二苯甲基溴	DIPHENYLMETHYL BROMIDE	8		II	
1771	十二烷基三氯硅烷	DODECYLTRICHLOROSILANE	8		II	
1773	无水氯化铁	FERRIC CHLORIDE, ANHYDROUS	8		III	
1774	灭火器起动剂，腐蚀性液体	FIRE EXTINGUISHER CHARGES, corrosive liquid	8		II	
1775	氟硼酸	FLUOROBORIC ACID	8		II	
1776	无水氟磷酸	FLUOROPHOSPHORIC ACID, ANHYDROUS	8		II	
1777	氟磺酸	FLUOROSULPHONIC ACID	8		I	
1778	氟硅酸	FLUOROSILICIC ACID	8		II	
1779	甲酸	FORMIC ACID	8	3	II	
1780	反丁烯二酰氯（富马酰氯）	FUMARYL CHLORIDE	8		II	
1781	十六烷基三氯硅烷	HEXADECYL–RICHLOROSILANE	8		II	
1782	氟磷酸（六氟磷酸）	HEXAFLUOROPHOSPHORIC ACID	8		II	
1783	六亚甲基二胺溶液	HEXAMETHYLENEDIAMINE SOLUTION	8		II	
			8		III	223
1784	己基三氯硅烷	HEXYLTRICHLOROSILANE	8		II	
1786	氢氟酸和硫酸混合物	HYDROFLUORIC ACID AND SULPHURIC ACID MIXTURE	8	6.1	I	
1787	氢碘酸	HYDRIODIC ACID	8		II	
			8		III	223
1788	氢溴酸	HYDROBROMIC ACID	8		II	
			8		III	223
1789	氢氯酸（盐酸）	HYDROCHLORIC ACID	8		II、III	
1790	氢氟酸，含氟化氢高于60%	HYDROFLUORIC ACID, with more than 60% hydrogen fluoride	8	6.1	I	
	氢氟酸，含氟化氢不超过60%	HYDROFLUORIC ACID, with not more than 60% hydrogen fluoride	8	6.1	II	
1791	次氯酸盐溶液	HYPOCHLORITE SOLUTION	8		II	
			8		III	223
1793	酸式磷酸异丙酯	IODINE MONOCHLORIDE	8		III	

续表

联合国编号	名称和说明	英文名称	类别和项别	次要危险性	包装类别	特殊规定
1794	硫酸铅，含游离酸高于3%	ISOPROPYL ACID PHOSPHATE	8		Ⅱ	
1796	硝化酸混合物，含硝酸高于50%	LEAD SULPHATE with more than 3% free acid	8	5.1	Ⅰ	
	硝化酸混合物，含硝酸不超过50%	NITRATING ACID MIXTURE with not more than 50% nitric acid	8		Ⅱ	
1798	王水	NITROHYDROCHLORIC ACID	8		Ⅰ	
1799	任基三氯硅烷	NONYLTRICHLOROSILANE	8		Ⅱ	
1800	十八烷基三氯硅烷	OCTADECYL–RICHLOROSILANE	8		Ⅱ	
1801	辛基三氯硅烷	OCTYLTRICHLOROSILANE	8		Ⅱ	
1802	高氯酸，按质量含酸不超过50%	PERCHLORIC ACID with not more than 50% acid, by mass	8	5.1	Ⅱ	
1803	液态苯酚磺酸	PHENOLSULPHONIC ACID, LIQUID	8		Ⅱ	
1804	苯基三氯硅烷	PHENYLTRICHLOROSILANE	8		Ⅱ	
1805	磷酸溶液	PHOSPHORIC ACID, SOLUTION	8		Ⅲ	223
1806	五氯化磷	PHOSPHORUS PENTACHLORIDE	8		Ⅱ	
1807	五氧化二磷	PHOSPHORUS PENTOXIDE	8		Ⅱ	
1808	三溴化磷	PHOSPHORUS TRIBROMIDE	8		Ⅱ	
1809	三氯化磷	PHOSPHORUS TRICHLORIDE	6.1	8	Ⅰ	354
1810	三氯氧化磷（磷酰氯）	PHOSPHORUS OXYCHLORIDE	8		Ⅱ	354
1811	固态二氟化氢钾	POTASSIUM HYDROGEN DIFLUORIDE SOLID	8	6.1	Ⅱ	
1812	氟化钾，固态	POTASSIUM FLUORIDE, SOLID	6.1		Ⅲ	
1813	固态氢氧化钾	POTASSIUM HYDROXIDE, SOLID	8		Ⅱ	
1814	氢氧化钾溶液	POTASSIUM HYDROXIDE SOLUTION	8		Ⅱ	
			8		Ⅲ	223
1815	丙酰氯	PROPIONYL CHLORIDE	3	8	Ⅱ	
1816	丙基三氯硅烷	PROPYLTRICHLOROSILANE	8	3	Ⅱ	
1817	焦硫酰二氯	PYROSULPHURYL CHLORIDE	8		Ⅱ	
1818	四氯化硅	SILICON TETRACHLORIDE	8		Ⅱ	
1819	铝酸钠溶液	SODIUM ALUMINATE SOLUTION	8		Ⅱ	
			8		Ⅲ	223
1823	固态氢氧化钠	SODIUM HYDROXIDE, SOLID	8		Ⅱ	
1824	氢氧化钠溶液	SODIUM HYDROXIDE SOLUTION	8		Ⅱ	
			8		Ⅲ	223

续表

联合国编号	名称和说明	英文名称	类别和项别	次要危险性	包装类别	特殊规定
1825	氧化钠	SODIUM MONOXIDE	8		Ⅱ	
1826	硝化酸混合物，废的，含硝酸高于50%	NITRATING ACID MIXTURE, SPENT, with more than 50% nitric acid	8	5.1	Ⅰ	113
	硝化酸混合物，废的，含硝酸不超过50%	NITRATING ACID MIXTURE, SPENT, with not more than 50% nitric acid	8		Ⅱ	113
1827	无水四氯化锡	STANNIC CHLORIDE, ANHYDROUS	8		Ⅱ	
1828	氯化硫	SULPHUR CHLORIDES	8		Ⅰ	
1829	三氧化硫，稳定的	SULPHUR TRIOXIDE, STABILIZED	8		Ⅰ	
1830	硫酸，含硫高于51%	SULPHURIC ACID with more than 51% acid	8		Ⅱ	
1831	发烟硫酸	SULPHURIC ACID, FUMING	8	6.1	Ⅰ	
1832	硫酸废液	SULPHURIC ACID, SPENT	8		Ⅱ	113
1833	亚硫酸	SULPHUROUS ACID	8		Ⅱ	
1834	硫酰氯	SULPHURYL CHLORIDE	6.1	8	Ⅰ	354
1835	氢氧化四甲铵溶液	TETRAMETHYLAMMONIUM HYDROXIDE SOLUTION	8		Ⅱ	
			8		Ⅲ	223
1836	亚硫酰氯	THIONYL CHLORIDETHIONYL CHLORIDE	8		Ⅰ	
1837	硫代磷酰氯	THIOPHOSPHORYL CHLORIDE	8		Ⅱ	
1838	四氯化钛	TITANIUM TETRACHLORIDE	6.1	8	Ⅰ	354
1839	三氯乙酸	TRICHLOROACETIC ACID	8		Ⅱ	
1840	氯化锌溶液	ZINC CHLORIDE SOLUTION	8		Ⅲ	223
1841	乙醛合氨	ACETALDEHYDE AMMONIA	9		Ⅲ	
1843	二硝基邻甲酚铵，固态	AMMONIUM DINITRO-o-CRESOLATE, SOLID	6.1		Ⅱ	
1845	固态二氧化碳（干冰）	CARBON DIOXIDE, SOLID (DRY ICE)	9			297
1846	四氯化碳	CARBON TETRACHLORIDE	6.1		Ⅱ	
1847	水合硫化钾，含结晶水不低于30%	POTASSIUM SULPHIDE, HYDRATED with not less than 30% water of crystallization	8		Ⅱ	
1848	丙酸	PROPIONIC ACID	8		Ⅲ	
1849	水合硫化钠，含水不低于30%	SODIUM SULPHIDE, HYDRATED with not less than 30% water	8		Ⅱ	
1851	药物，液态，毒性，未另作规定的	MEDICINE, LIQUID, TOXIC, N.O.S.	6.1		Ⅱ	221
			6.1		Ⅲ	221 223
1854	发火钡合金	BARIUM ALLOYS, PYROPHORIC	4.2		Ⅰ	
1855	发火钙金属或发火钙合金	CALCIUM, PYROPHORIC or CALCIUM ALLOYS, PYROPHORIC	4.2		Ⅰ	

续表

联合国编号	名称和说明	英文名称	类别和项别	次要危险性	包装类别	特殊规定
1856	含油碎布	RAGS, OILY	4.2			29 117
1857	织物废料,湿的	TEXTILE WASTE, WET	4.2		Ⅲ	117
1858	六氟丙烯(制冷气体R1216)	HEXAFLUOROPROPYLENE (REFRIGERANT GAS R1216)	2.2			
1859	四氟化硅	SILICON TETRAFLUORIDE	2.3	8		
1860	乙烯基氟,稳定的	VINYL FLUORIDE, STABILIZED	2.1			
1862	丁烯酸乙酯	ETHYL CROTONATE	3		Ⅱ	
1863	航空燃料,涡轮发电机用	FUEL, AVIATION, TURBINE ENGINE	3		Ⅰ	
			3		Ⅱ	
			3		Ⅲ	223
1865	硝酸正丙酯	n-PROPYL NITRATE	3		Ⅱ	26
1866	树脂溶液,易燃	RESIN SOLUTION, flammable	3		Ⅰ	
			3		Ⅱ	
			3		Ⅲ	223
1868	癸硼烷(十硼烷)	DECABORANE	4.1	6.1	Ⅱ	
1869	镁金属或镁合金,丸状、旋屑或带状,含镁高于50%	MAGNESIUM or MAGNESIUM ALLOYS with more than 50% magnesium in pellets, turnings or ribbons	4.1		Ⅲ	59
1870	硼氢化钾	POTASSIUM BOROHYDRIDE	4.3		Ⅰ	
1871	氢化钛	TITANIUM HYDRIDE	4.1		Ⅱ	
1872	二氧化铅	LEAD DIOXIDE	5.1		Ⅲ	
1873	高氯酸,按质量含酸高于50%,但不超过72%	PERCHLORIC ACID with more than 50% but not more than 72% acid, by mass	5.1	8	Ⅰ	60
1884	氧化钡	BARIUM OXIDE	6.1		Ⅲ	
1885	联苯胺	BENZIDINE	6.1		Ⅱ	
1886	二氯甲基苯	BENZYLIDENE CHLORIDE	6.1		Ⅱ	
1887	溴氯甲烷	BROMOCHLOROMETHANE	6.1		Ⅲ	
1888	氯仿(三氯甲烷)	CHLOROFORM	6.1		Ⅲ	
1889	溴化氰	CYANOGEN BROMIDE	6.1	8	Ⅰ	
1891	乙基溴	ETHYL BROMIDE	6.1		Ⅱ	
1892	乙基二氯胂	ETHYLDICHLOROARSINE	6.1		Ⅰ	354
1894	氢氧化苯汞	PHENYLMERCURIC HYDROXIDE	6.1		Ⅱ	
1895	硝酸苯汞	PHENYLMERCURIC NITRATE	6.1		Ⅱ	

续表

联合国编号	名称和说明	英文名称	类别和项别	次要危险性	包装类别	特殊规定
1897	四氯乙烯	TETRACHLOROETHYLENE	6.1		III	
1898	乙酰碘	ACETYL IODIDE	8		II	
1902	酸式磷酸二异辛酯	DIISOOCTYL ACID PHOSPHATE	8		III	
1903	液态消毒剂，腐蚀性，未另作规定的	DISINFECTANT, LIQUID, CORROSIVE, N.O.S.	8		I	274
			8		II	274
			8		III	223 274
1905	硒酸	SELENIC ACID	8		I	
1906	淤渣硫酸	SLUDGE ACID	8		II	
1907	碱石灰，含氢氧化钠高于4%	SODA LIME with more than 4% sodium hydroxide	8		III	92
1908	亚氯酸盐溶液	CHLORITE SOLUTION	8		II	
			8		III	223
1910	氧化钙	CALCIUM OXIDE	8		III	106
1911	乙硼烷	DIBORANE	2.3	2.1		
1912	甲基氯和二氯甲烷混合物	METHYL CHLORIDE AND METHYLENE CHLORIDE MIXTURE	2.1			228
1913	冷冻液态氖	NEON, REFRIGERATED LIQUID	2.2			
1914	丙酸丁酯	BUTYL PROPIONATES	3		III	
1915	环己酮	CYCLOHEXANONE	3		III	
1916	2.2′－二氯二乙醚		6.1	3	II	
1917	丙烯酸乙酯，稳定的	ETHYL ACRYLATE, STABILIZED	3		II	
1918	异丙基苯	ISOPROPYLBENZENE	3		III	
1919	丙烯酸甲酯，稳定的	METHYL ACRYLATE, STABILIZED	3		II	
1920	壬烷	NONANES	3		III	
1921	丙烯亚胺，稳定的	PROPYLENEIMINE, STABILIZED	3	6.1	I	
1922	吡咯烷	PYRROLIDINE	3	8	II	
1923	连二亚硫酸钙（亚硫酸氢钙）	CALCIUM DITHIONITE (CALCIUM HYDROSULPHITE)	4.2		II	
1928	溴化甲基镁的乙醚溶液	METHYL MAGNESIUM BROMIDE IN ETHYL ETHER	4.3	3	I	
1929	连二亚硫酸钾（亚硫酸氢钾）	POTASSIUM DITHIONITE (POTASSIUM HYDROSULPHITE)	4.2		II	
1931	连二亚硫酸锌（亚硫酸氢锌）	ZINC DITHIONITE (ZINC HYDROSULPHITE)	9		III	

续表

联合国编号	名称和说明	英文名称	类别和项别	次要危险性	包装类别	特殊规定
1932	锆金属碎屑	ZIRCONIUM SCRAP	4.2		III	223
1935	氰化物溶液，未另作规定的	CYANIDE SOLUTION, N.O.S.	6.1		I	274
			6.1		II	274
			6.1		III	223 274
1938	溴乙酸溶液	BROMOACETIC ACID SOLUTION	8		II	
			8		III	223
1939	三溴氧化磷	PHOSPHORUS OXYBROMIDE	8		II	
1940	巯基乙酸	THIOGLYCOLIC ACID	8		II	
1941	二溴二氟甲烷	DIBROMODIFLUOROMETHANE	9		III	
1942	硝酸铵，含可燃物质总量不不超过0.2%，包括以碳计算的任何有机物质，但不包括任何其他添加物质	AMMONIUM NITRATE, with not more than 0.2% total combustible material, including any organic substance, calculated as carbon to the exclusion of any other added substance.	5.1		III	306
1944	安全火柴（册式、卡式或盒上划燃）	MATCHES, SAFETY (book, card or strike on box)	4.1		III	293 294
1945	"维斯塔"蜡火柴(涂蜡火柴)	MATCHES, WAX "VESTA"	4.1		III	294
1950	气雾剂	AEROSOLS	2			63 190 277 327 344
1951	冷冻液态氩	ARGON, REFRIGERATED LIQUID	2.2			
1952	环氧乙烷和二氧化碳混合物，含环氧乙烷不超过9%	ETHYLENE OXIDE AND CARBON DIOXIDE MIXTURE with not more than 9% ethylene oxide	2.2			
1953	压缩气体，毒性，易燃，未另作规定的	COMPRESSED GAS, TOXIC, FLAMMABLE, N.O.S.	2.3	2.1		274
1954	压缩气体，易燃，未另作规定的	COMPRESSED GAS, FLAMMABLE, N.O.S.	2.1			274
1955	压缩气体，毒性，未另作规定的	COMPRESSED GAS, TOXIC, N.O.S.	2.3			274
1956	压缩气体，未另作规定的	COMPRESSED GAS, N.O.S.	2.2			274
1957	压缩氘（重氢）	DEUTERIUM, COMPRESSED	2.1			
1958	1,2-二氯-1,1,2,2-四氟乙烷（制冷气体R114）	1, 2-DICHLORO-1, 1, 2, 2-TETRAFLUOROETHANE (REFRIGERANT GAS R 114)	2.2			
1959	1,1-二氟乙烯（制冷气体R1132a）	1, 1-DIFLUOROETHYLENE (REFRIGERANT GAS R 1132a)	2.1			

续表

联合国编号	名称和说明	英文名称	类别和项别	次要危险性	包装类别	特殊规定
1961	冷冻液态乙烷	ETHANE, REFRIGERATED LIQUID	2.1			
1962	乙烯	ETHYLENE	2.1			
1963	冷冻液态氦	HELIUM, REFRIGERATED LIQUID	2.2			
1964	压缩烃类气体混合物，未另作规定的	HYDROCARBON GAS MIXTURE, COMPRESSED, N.O.S.	2.1			274
1965	液化烃类气体混合物，未另作规定的	HYDROCARBON GAS MIXTURE, LIQUEFIED, N.O.S.	2.1			
1966	冷冻液态氢	HYDROGEN, REFRIGERATED LIQUID	2.1			
1967	气体杀虫剂，毒性，未另作规定的	INSECTICIDE GAS, TOXIC, N.O.S.	2.3			274
1968	气体杀虫剂，未另作规定的	INSECTICIDE GAS, N.O.S.	2.2			274
1969	异丁烷	ISOBUTANE	2.1			
1970	冷冻液态氪	KRYPTON, REFRIGERATED LIQUID	2.2			
1971	压缩甲烷或甲烷含量高的压缩天然气	METHANE, COMPRESSED or NATURAL GAS, COMPRESSED with high methane content	2.1			
1972	冷冻液态甲烷或甲烷含量高的冷冻液态天然气	METHANE, REFRIGERATED LIQUID or NATURAL GAS, REFRIGERATED LIQUID with high methane content	2.1			
1973	二氟氯甲烷和五氟六乙烷混合物，有固定沸点，前者约占49%（制冷气体R502）	CHLORODIFLUOROMETHANE AND CHLOROPENTAFLUORO-THANE MIXTURE with fixed boiling point, with approximately 49% chlorodifluoromethane (REFRIGERANT GAS R 502)	2.2			
1974	二氟氯溴甲烷（制冷气体R12B1）	CHLORODIFLUOROBROMO-ETHANE (REFRIGERANT GAS R 12B1)	2.2			
1975	一氧化氮和四氧化二氮混合物（一氧化氮和二氧化氮混合物）	NITRIC OXIDE AND DINITROGEN TETROXIDE MIXTURE (NITRIC OXIDE AND NITROGEN DIOXIDE MIXTURE)	2.3	5.1 8		
1976	八氟环丁烷（制冷气体RC318）	OCTAFLUOROCYCLOBUTANE (REFRIGERANT GAS RC 318)	2.2			
1977	冷冻液态氮	NITROGEN, REFRIGERATED LIQUID	2.2			345 346
1978	丙烷	PROPANE	2.1			
1982	四氟甲烷（制冷气体R14）	TETRAFLUOROMETHANE (REFRIGERANT GAS R 14)	2.2			
1983	1-氯-2,2,2-三氟乙烷（制冷气体R133a）	1-CHLORO-2, 2, 2-TRIFLUOROETHANE(REFRIGERANT GAS R133a)	2.2			
1984	三氟甲烷（制冷气体R23）	TRIFLUOROMETHANE (REFRIGERANT GAS R 23)	2.2			

续表

联合国编号	名称和说明	英文名称	类别和项别	次要危险性	包装类别	特殊规定
1986	醇类，易燃，毒性，未另作规定的	ALCOHOLS, FLAMMABLE, TOXIC, N.O.S.	3	6.1	I	274
			3	6.1	II	274
			3	6.1	III	223 274
1987	醇类，未另作规定的	ALCOHOLS, N.O.S.	3		II	274
			3		III	223 274
1988	醛类，易燃，毒性，未另作规定的	ALDEHYDES, FLAMMABLE, TOXIC, N.O.S	3	6.1	I、II、III	
1989	醛类，未另作规定的	ALDEHYDES, N.O.S.	3		I	274
			3		II	274
			3		III	223 274
1990	苯甲醛	BENZALDEHYDE	9		III	
1991	氯丁二烯，稳定的	CHLOROPRENE, STABILIZED	3	6.1	I	
1992	易燃液体，毒性，未另作规定的	FLAMMABLE LIQUID, TOXIC, N.O.S.	3	6.1	I	274
			3	6.1	II	274
			3	6.1	III	223 274
1993	易燃液体，未另作规定的	FLAMMABLE LIQUID, N.O.S.	3		I	274
			3		II	274
			3		III	223 274
1994	五羰铁	IRON PENTACARBONYL	6.1	3	I	354
1999	液态焦油，包括筑路沥青和路油，沥青和稀释沥青	TARS, LIQUID, including road asphalt and oils, bitumen and cut backs	3		II	
			3		III	223
2000	赛璐珞，块、棒、卷、片、管等，碎屑除外	CELLULOID in block, rods, rolls, sheets, tubes, etc., except scrap	4.1		III	223
2001	环烷酸钴粉	COBALT NAPHTHENATES, POWDER	4.1		III	
2002	赛璐珞，碎屑	CELLULOID, SCRAP	4.2		III	223
2004	二氨基镁	MAGNESIUM DIAMIDE	4.2		II	
2006	塑料，以硝化纤维素为基料，自热性，未另作规定的	PLASTICS, NITROCELLULOSE–ASED, SELF–HEATING, N.O.S.	4.2		III	274
2008	干锆粉	ZIRCONIUM POWDER, DRY	4.2		I	
			4.2		II	
			4.2		III	223

续表

联合国编号	名称和说明	英文名称	类别和项别	次要危险性	包装类别	特殊规定
2009	锆金属，干的，精整薄板、带材或成卷线材	ZIRCONIUM, DRY, finished sheets, strip or coiled wire	4.2		Ⅲ	223
2010	二氢化镁	MAGNESIUM HYDRIDE	4.3		Ⅰ	
2011	二磷化三镁	MAGNESIUM PHOSPHIDE	4.3	6.1	Ⅰ	
2012	磷化钾	POTASSIUM PHOSPHIDE	4.3	6.1	Ⅰ	
2013	磷化锶	STRONTIUM PHOSPHIDE	4.3	6.1	Ⅰ	
2014	过氧化氢水溶液，过氧化氢含量不低于20%，但不超过60%	HYDROGEN PEROXIDE, AQUEOUS SOLUTION with not less than 20% but not more than 60% hydrogen peroxide (stabilized as necessary)	5.1	8	Ⅱ	
2015	过氧化氢，稳定的或过氧化氢水溶液，稳定的，过氧化氢含量高于60%	HYDROGEN PEROXIDE, STABILIZED or HYDROGEN PEROXIDE, AQUEOUS SOLUTION, STABILIZED with more than 60% hydrogen peroxide	5.1	8	Ⅰ	
2016	毒性弹药，非爆炸性，不带起爆装置或发射剂，没有引信	AMMUNITION, TOXIC, NON-XPLOSIVE without burster or expelling charge, non-fuzed	6.1		Ⅱ	
2017	催泪弹药，非爆炸性，不带起爆装置或发射剂，没有引信	AMMUNITION, TEAR-RODUCING, NON-EXPLOSIVE without burster or expelling charge, non-fuzed	6.1	8	Ⅱ	
2018	固态氯苯胺	CHLOROANILINES, SOLID	6.1		Ⅱ	
2019	液态氯苯胺	CHLOROANILINES, LIQUID	6.1		Ⅱ	
2020	固态氯苯酚	CHLOROPHENOLS, SOLID	6.1		Ⅲ	205
2021	液态氯苯酚	CHLOROPHENOLS, LIQUID	6.1		Ⅲ	
2022	甲苯基酸（甲苯酚）	CRESYLIC ACID	6.1	8	Ⅱ	
2023	3-氯-1,2-环氧丙烷	EPICHLOROHYDRIN	6.1	3	Ⅱ	279
2024	液态汞化合物，未另作规定的	MERCURY COMPOUND, LIQUID, N.O.S.	6.1		Ⅰ	43 66 274
			6.1		Ⅱ	43 66 274
			6.1		Ⅲ	43 66 223 274

续表

联合国编号	名称和说明	英文名称	类别和项别	次要危险性	包装类别	特殊规定
2025	固态汞化合物，未另作规定的	MERCURY COMPOUND, SOLID, N.O.S.	6.1		I	43 66 274
			6.1		II	43 66 274
			6.1		III	43 66 223 274
2026	苯汞化合物，未列明的	PHENYLMERCURIC COMPOUND, N.O.S.	6.1		I	43 274
			6.1		II	43 274
			6.1		III	43 223 274
2027	固态亚砷酸钠	SODIUM ARSENITE, SOLID	6.1		II	43
2028	烟幕弹，非爆炸性，含腐蚀性液体，不带引爆装置	BOMBS, SMOKE, NON-XPLOSIVE with corrosive liquid, without initiating device	8		II	
2029	无水肼	HYDRAZINE, ANHYDROUS	8	3 6.1	I	
2030	肼水溶液，按质量含肼高于37%	HYDRAZINE AQUEOUS SOLUTION with more than 37% hydrazine, by mass	8	6.1	I	
			8	6.1	II	
			8	6.1	III	
2031	硝酸，发红烟的除外，含硝酸高于70%	NITRIC ACID, other than red fuming, with more than 70% nitric acid	8	5.1	I	
	硝酸，发红烟的除外，含硝酸至少65%，但不超过70%	NITRIC ACID, other than red fuming, with not more than 70% nitric acid	8	5.1	II	
	硝酸，发红烟的除外，含硝酸低于65%	NITRIC ACID, other than red fuming, with less than 65% nitric acid	8		II	
2032	硝酸，发红烟的	NITRIC ACID, RED FUMING	8	5.1 6.1	I	
2033	氧化钾	POTASSIUM MONOXIDE	8		II	
2034	压缩氢和甲烷混合物	HYDROGEN AND METHANE MIXTURE, COMPRESSED	2.1			
2035	1，1，1-三氟乙烷（制冷气体 R143a）	1, 1, 1-TRIFLUOROETHANE (REFRIGERANT GAS R143a)	2.1			
2036	氙	XENON	2.2			

续表

联合国编号	名称和说明	英文名称	类别和项别	次要危险性	包装类别	特殊规定
2037	装气体的小型贮器（气筒），没有释放装置，不能再充气的	RECEPTACLES, SMALL, CONTAINING GAS (GAS CARTRIDGES) without a release device, non-refillable	2			191 277 303 344
2038	液态二硝基甲苯	DINITROTOLUENES, LIQUID	6.1		II	
2044	2, 2-二甲基丙烷	2, 2-DIMETHYLPROPANE	2.1			
2045	异丁醛	ISOBUTYRALDEHYDE (ISOBUTYL ALDEHYDE)	3		II	
2046	伞花烃	CYMENES	3		III	
2047	二氯丙烯	DICHLOROPROPENES	3		II	
			3		III	223
2048	二聚环戊二烯（双茂）	DICYCLOPENTADIENE	3		III	
2049	二乙基苯	DIETHYLBENZENE	3		III	
2050	二聚异丁烯异构物	DIISOBUTYLENE, ISOMERIC COMPOUNDS	3		II	
2051	2-二甲氨基乙醇	2-DIMETHYLAMINOETHANOL	8	3	II	
2052	二聚戊烯	DIPENTENE	3		III	
2053	甲基异丁基甲醇	METHYL ISOBUTYL CARBINOL	3		III	
2054	吗啉	MORPHOLINE	8	3	I	
2055	苯乙烯单体，稳定的	STYRENE MONOMER, STABILIZED	3		III	
2056	四氢呋喃	TETRAHYDROFURAN	3		II	
2057	三聚丙烯	TRIPROPYLENE	3		II	
			3		III	223
2058	茂醛	VALERALDEHYDE	3		II	
2059	硝化纤维素溶液，易燃，按干重含氮不超过12.6%，含硝化纤维素不超过55%	NITROCELLULOSE SOLUTION, FLAMMABLE with not more than 12.6% nitrogen, by dry mass, and not more than 55% nitrocellulose	3		I	198
			3		II	198
			3		III	198 223
2067	硝酸铵基化肥	AMMONIUM NITRATE BASED FERTILIZER	5.1		III	186 306 307
2071	硝酸铵基化肥	AMMONIUM NITRATE BASED FERTILIZER	9		III	186 193
2073	氨溶液，水溶液在15℃时的相对密度小于0.880，含氨量高于35%，但不超过50%	AMMONIA SOLUTION, relative density less than 0.880 at 15 -in water, with more than 35% but not more than 50% ammonia	2.2			

续表

联合国编号	名称和说明	英文名称	类别和项别	次要危险性	包装类别	特殊规定
2074	丙烯酰胺 固态	ACRYLAMIDE, SOLID	6.1		Ⅲ	
2075	无水氯醛，稳定的	CHLORAL, ANHYDROUS, STABILIZED	6.1		Ⅱ	
2076	液态甲酚	CRESOLS, LIQUID	6.1	8	Ⅱ	
2077	α-萘胺	alpha-NAPHTHYLAMINE	6.1		Ⅲ	
2078	甲苯二异氰酸酯	TOLUENE DIISOCYANATE	6.1		Ⅱ	279
2079	二乙撑三胺	DIETHYLENETRIAMINE	8		Ⅱ	
2186	冷冻液态氯化氢	HYDROGEN CHLORIDE, REFRIGERATED LIQUID	2.3	8		
2187	冷冻液态二氧化碳	CARBON DIOXIDE, REFRIGERATED LIQUID	2.2			
2188	砷	ARSINE	2.3	2.1		
2189	二氯硅烷	DICHLOROSILANE	2.3	2.1 8		
2190	压缩二氟化氧	OXYGEN DIFLUORIDE, COMPRESSED	2.3	5.1 8		
2191	硫酰氟	SULPHURYL FLUORIDE	2.3			
2192	锗烷	GERMANE	2.3	2.1		
2193	六氟乙烷（制冷气体R116）	HEXAFLUOROETHANE (REFRIGERANT GAS R116)	2.2			
2194	六氟化硒	SELENIUM HEXAFLUORIDE	2.3	8		
2195	六氟化碲	TELLURIUM HEXAFLUORIDE	2.3	8		
2196	六氟化钨	TUNGSTEN HEXAFLUORIDE	2.3	8		
2197	无水碘化氢	HYDROGEN IODIDE, ANHYDROUS	2.3	8		
2198	五氟化磷	PHOSPHORUS PENTAFLUORIDE	2.3	8		
2199	磷化氢（膦）	PHOSPHINE	2.3	2.1		
2200	丙二烯，稳定的	PROPADIENE, STABILIZED	2.1			
2201	冷冻液态氧化亚氮	NITROUS OXIDE, REFRIGERATED LIQUID	2.2	5.1		
2202	无水硒化氢	HYDROGEN SELENIDE, ANHYDROUS	2.3	2.1		
2203	硅烷	SILANE	2.1			
2204	硫化羰	CARBONYL SULPHIDE	2.3	2.1		
2205	己二腈	ADIPONITRILE	6.1		Ⅲ	
2206	异氰酸盐（酯），毒性，未另作规定的，或异氰酸盐（酯）溶液，毒性，未另作规定的	ISOCYANATES, TOXIC, N.O.S. or ISOCYANATE SOLUTION, TOXIC, N.O.S.	6.1 6.1		Ⅱ Ⅲ	274 223 274

续表

联合国编号	名称和说明	英文名称	类别和项别	次要危险性	包装类别	特殊规定
2208	次氯酸钙混合物，干的，含有效氯高于10%，但不超过39%	CALCIUM HYPOCHLORITE MIXTURE, DRY with more than 10% but not more than 39% available chlorine	5.1		Ⅲ	314
2209	甲醛溶液，甲醛含量不低于25%	FORMALDEHYDE SOLUTION with not less than 25% formaldehyde	8		Ⅲ	
2210	代森锰或代森锰制剂，代森锰含量不低于60%	MANEB or MANEB PREPARATION with not less than 60% maneb	4.2	4.3	Ⅲ	273
2211	聚苯乙烯颗粒，可膨胀，会放出易燃气体	POLYMERIC BEADS, EXPANDABLE, evolving flammable vapour	9		Ⅲ	207
2212	蓝石棉（青石棉）或棕石棉（铁石棉）	BLUE ASBESTOS (crocidolite) or BROWN ASBESTOS (amosite, mysorite)	9		Ⅱ	168
2213	仲甲醛	PARAFORMALDEHYDE	4.1		Ⅲ	
2214	邻苯二甲酸酐，含马来酸酐高于0.05%	PHTHALIC ANHYDRIDE with more than 0.05% of maleic anhydride	8		Ⅲ	169
2215	马来酸酐	MALEIC ANHYDRIDE	8		Ⅲ	
2215	熔融马来酸酐	MALEIC ANHYDRIDE, MOLTEN	8		Ⅲ	
2216	鱼粉（鱼屑），稳定的	FISH MEAL (FISH SCRAP), STABILIZED	9		Ⅲ	117 300 308
2217	种子油饼，含油不超过1.5%，含水不超过11%	SEED CAKE with not more than 1.5% oil and not more than 11% moisture	4.2		Ⅲ	29 142
2218	丙烯酸，稳定的	ACRYLIC ACID, STABILIZED	8	3	Ⅱ	
2219	烯丙基缩水甘油醚	ALLYL GLYCIDYL ETHER	3		Ⅲ	
2222	茴香醚	ANISOLE	3		Ⅲ	
2224	苄腈	BENZONITRILE	6.1		Ⅱ	
2225	苯磺酰氯	BENZENESULPHONYL CHLORIDE	8		Ⅲ	
2226	三氯甲苯	BENZOTRICHLORIDE	8		Ⅱ	
2227	甲基丙烯酸正丁酯，稳定的	n–BUTYL METHACRYLATE, STABILIZED	3		Ⅲ	
2232	2–氯乙醛	2–CHLOROETHANAL	6.1		Ⅰ	354
2233	氯代茴香胺	CHLOROANISIDINES	6.1		Ⅲ	
2234	三氟甲基氯苯	CHLOROBENZOTRIFLUORIDES	3		Ⅲ	
2235	氯苯甲基氯，液态	CHLOROBENZYL CHLORIDES, LIQUID	6.1		Ⅲ	
2236	异氰酸3–氯–4–基苯酯，液态	3–CHLORO–4–METHYLPHENYL ISOCYANATE, LIQUID	6.1		Ⅱ	
2237	硝基氯苯胺	CHLORONITROANILINES	6.1		Ⅲ	
2238	氯甲苯	CHLOROTOLUENES	3		Ⅲ	
2239	甲基氯苯胺，固态	CHLOROTOLUIDINES, SOLID	6.1		Ⅲ	

附录4 《危险货物品名表》(GB 12268—2012)

续表

联合国编号	名称和说明	英文名称	类别和项别	次要危险性	包装类别	特殊规定
2240	铬硫酸	CHROMOSULPHURIC ACID	8		Ⅰ	
2241	环庚烷	CYCLOHEPTANE	3		Ⅱ	
2242	环庚烯	CYCLOHEPTANE	3		Ⅱ	
2243	乙酸环己酯	CYCLOHEXYL ACETATE	3		Ⅲ	
2244	环戊醇	CYCLOPENTANOL	3		Ⅲ	
2245	环戊酮	CYCLOPENTANONE	3		Ⅲ	
2246	环戊烯	CYCLOPENTENE	3		Ⅱ	
2247	正癸烷	n-DECANE	3		Ⅲ	
2248	二正丁胺	DI-n-BUTYLAMINE	8	3	Ⅱ	
2249	对称二氯二甲醚	DICHLORODIMETHYL ETHER, SYMMETRICAL	6.1	3	Ⅰ	
2250	异氰酸二氯苯酯	DICHLOROPHENYL ISOCYANATES	6.1		Ⅱ	
2251	二环（2,2,1）庚-2,5-二烯，稳定的（2,5-降冰片二烯，稳定的）	BICYCLO [2.2.1]-HEPTA-2,5-DIENE, STABILIZED (2,5-NOR-BORNADIENE, STABILIZED)	3		Ⅱ	
2252	1,2-二甲氧基乙烷	1,2-DIMETHYOXYETHANE	3		Ⅱ	
2253	N,N-二甲基苯胺	N,N-DIMETHYLANILINE	6.1		Ⅱ	
2254	耐风火柴	MATCHES, FUSEE	4.1		Ⅲ	293
2256	环己烯	CYCLOHEXENE	3		Ⅱ	
2257	钾	POTASSIUM	4.3		Ⅰ	
2258	丙邻二胺（1,2-二氨基丙烷）	1,2-PROPYLENEDIAMINE	8	3	Ⅱ	
2259	三亚乙基四胺	TRIETHYLENETETRAMINE	8		Ⅱ	
2260	三丙胺	TRIPROPYLAMINE	3	8	Ⅲ	
2261	二甲苯酚，固态	XYLENOLS, SOLID	6.1		Ⅱ	
2262	二甲胺基甲酰氯	DIMETHYLCARBAMOYL CHLORIDE	8		Ⅱ	
2263	二甲基环己烷	DIMETHYLCYCLOHEXANES	3		Ⅱ	
2264	N,N-二甲基环己胺	N,N-DIMETHYL-CYCLOHEXYLAMINE	8	3	Ⅱ	
2265	N,N-二甲基甲酰胺,DMF	N,N-DIMETHYLFORMAMIDE	3		Ⅲ	
2266	N-二甲基丙胺	DIMETHYL-N-PROPYLAMINE	3	8	Ⅱ	
2267	二甲基硫代磷酰胺	DIMETHYL THIOPHOSPHORYL CHLORIDE	6.1	8	Ⅱ	
2269	3,3'-亚氨基二丙胺（三丙撑三胺）	3,3r_IMINODIPROPYLAMINE	8		Ⅲ	

续表

联合国编号	名称和说明	英文名称	类别和项别	次要危险性	包装类别	特殊规定
2270	乙胺水溶液，乙胺含量不低于50%，但不超过70%	ETHYLAMINE, AQUEOUSSOLUTION with not less than 50% but not more than 70% ethylamine	3	8	II	
2271	乙基戊基酮（乙戊酮）	ETHYL AMYL KETONE	3		III	
2272	N-乙基苯胺	N-ETHYLANILINE	6.1		III	
2273	2-乙基苯胺	2-ETHYLANILINE	6.1		III	
2274	N-乙基-N-苄基苯胺	N-ETHYL-N-BENZYLANILJNE	6.1		III	
2275	2-乙基丁醇	2-ETHYLBUTANOL	3		III	
2276	2-乙基己胺	2-ETHYLHEXYLAMINE	3	8	III	
2277	甲基丙烯酸乙酯，稳定的	ETHYL METHACRYLATE, STABILIZED	3		II	
2278	正庚烯	n-HEPTENE	3		II	
2279	六氯丁二烯	HEXACHLOROBUTADIENE	6.1		III	
2280	固态六亚甲基二胺（已撑二胺）	HEXAMETHYLENEDIAMINE, SOLID	8		III	
2281	1,6-二异氰酸正己酯（已撑二异氰酸酯、HDI）	HEXAMETHYLENE-DIISOCYA-NATE	6.1		II	
2282	己醇	HEXANOLS	3		III	
2283	甲基丙烯酸异丁酯，稳定的	ISOBUTYL METHACRYLATE, STABILIZED	3		III	
2284	异丁腈	ISOBUTYRONITRILE	3	6.1	II	
2285	异氰酸三氟甲基苯酯	1SOCYANATOBE~IZO-TRIFLUO-RIDES	6.1	3	II	
2286	五甲基庚烷	PENTAMETHYLHEPTANE	3		III	
2287	异庚烯	ISOHEPTENES	3		II	
2288	异己烯	ISOHEXENES	3		II	
2289	异氟尔酮二胺	ISOPHORONEDIAMINE	8		III	
2290	二异氰酸异氟尔酮酯	ISOPHORONE DIISOCYANATE	6.1		III	
2291	可溶铅化合物，未另作规定的	LEAD COMPOUND, SOLUBLE,	6.1		III	199 274
2293	4-甲氧基-4-甲基-2-戊酮	4-METHOXY-4-METHYLPEN TAN-2-ONE	3		III	
2294	N-甲基苯胺	N-METHYLANILINE	6.1		III	
2295	氯乙酸甲酯	METHYL CHLOROACETATE	6.1	3	I	
2296	甲基环己烷	METHYLCYCLOHEXAhlE	3		II	
2297	甲基环己酮	METHYLCYCLOHEXANONE	3		III	
2298	甲基环戊烷	METHYLCYCLOPENTANE	3		II	
2299	二氯乙酸甲酯	METHYL DICHLOROACETATE	6.1		III	

续表

联合国编号	名称和说明	英文名称	类别和项别	次要危险性	包装类别	特殊规定
2300	2-甲基-5-乙基吡啶	2-METHYL-5-ETHYLPYRIDINE	6.1		Ⅲ	
2301	2-甲基呋喃	2-METHYLFURAN	3		Ⅱ	
2302	5-甲基-2-己酮	5-METHYLHEXAN-2-ONE	3		Ⅲ	
2303	异丙烯基苯	ISOPROPENYLBENZENE	3		Ⅲ	
2304	熔融萘	NAPHTHALENE, MOLTEN	4.1		Ⅲ	
2305	硝基苯磺酸	NITROBENZENESULPHONIC ACID	8		Ⅱ	
2306	硝基三氟甲苯,液态	NITROBENZOTRIFLUORIDES, LIQUID	6.1		Ⅱ	
2307	3-硝基-4-氯三氟甲基苯	3-NITRO-4-CHLOROBENZOTRIF-LUORIDE	6.1		Ⅱ	
2308	液态亚硝基硫酸	NITROSYLSULPHURIC ACID, LIQUID	8		Ⅱ	
2309	辛二烯	OCTADIENE	3		Ⅱ	
2310	2,4-戊二酮	PENTANE-2,4-DIONE	3	6.1	Ⅲ	
2311	氨基苯乙醚	PHENETIDINES	6.1		Ⅲ	279
2312	熔融苯酚	PHENOL, MOLTEN	6.1		Ⅱ	
2313	甲基吡啶(皮考啉、皮克林)	PICOLINES	3		Ⅲ	
2315	多氯联苯,液态	POLYCHLORINATED BIPHENYLS, LIQUID	9		Ⅱ	305
2316	固态氰亚铜酸钠	SODIUM CUPROCYAhffDE, SOLID	6.1		Ⅰ	
2317	氰亚铜酸钠溶液	SODIUM CUPROCYANIDE SOLUTION	6.1		Ⅰ	
2318	氢硫化钠,含结晶水低于25%	SODIUM HYDROSULPHIDE with less than 25% water of crystalliza-tion	4.2		Ⅱ	
2319	萜烃,未另作规定的	TERPENE HYDROCARBONS,	3		Ⅲ	
2320	四亚乙基五胺	TETRAETHYLENEPENTAMINE	8		Ⅲ	
2321	液态三氯苯	TRICHLOROBENZENES, LIQUID	6.1		Ⅲ	
2322	三氯丁烯	TRICHLOROBUTENE	6.1		Ⅱ	
2323	亚磷酸二乙酯	TRIETHYL PHOSPHITE	3		Ⅲ	
2324	三聚异丁烯	TRIISOBUTYLENE	3		Ⅲ	
2325	1,3,5-三甲苯	1,3,5-TRIMETHYLBENZENE	3		Ⅲ	
2326	三甲基环己胺	TRIMETHYL CYCLOHEXYLAMINE	8		Ⅲ	
2327	三甲基六亚甲基二胺	TRIMETHYL HEXAMETHYLENEDIAMINES	8		Ⅲ	
2328	三甲基六亚甲基二异氰酸酯	TRIMETHYLHEXA METHYLENEDIISOCYANATE	6.1		Ⅲ	
2329	亚磷酸三甲酯	TRIMETHYL PHOSPHITE	3		Ⅲ	
2330	十一烷	UNDECANE	3		Ⅲ	
2331	无水氯化锌	ZINC CHLORIDE, ANHYDROUS	8		Ⅲ	

续表

联合国编号	名称和说明	英文名称	类别和项别	次要危险性	包装类别	特殊规定
2332	乙醛肟	ACETALDEHYDE OXIME	3		III	
2333	乙酸烯丙酯	ALLYL ACETATE	3	6.1	II	
2334	烯丙胺	ALLYLAMINE	6.1	3	I	354
2335	烯丙基乙基醚	ALLYL ETHYL ETHER	3	6.1	II	
2336	甲酸烯丙酯	ALLYL FORMATE	3	6.1	I	
2337	苯硫酚	PHENYL MERCAPTAN	6.1	3	I	354
2338	三氟甲苯	BENZOTRIFLUORIDE	3		II	
2339	2-溴丁烷	2-BROMOBUTANE	3		II	
2340	2-溴乙基乙基醚	2-BROMOETHYL ETHYL ETHER	3		II	
2341	1-溴-3-甲基丁烷	1-BROMO-3-METHYLBUTANE	3		III	
2342	溴甲基丙烷	BROMOMETHYLPROPANES	3		II	
2343	2-溴戊烷	2-BROMOPENTANE	3		II	
2344	溴丙烷	BROMOPROPANES	3		II	
			3		III	223
2345	3-溴丙炔	3-BROMOPROPYNE	3		II	
2346	丁二酮	BUTANEDIONE	3		II	
2347	丁硫醇	BUTYL MERCAPTAN	3		II	
2348	丙烯酸丁酯,稳定的	BUTYL ACRYLATES, STABILIZED	3		III	
2350	甲基丁基醚(甲丁基醚)	BUTYL METHYL ETHER	3		II	
2351	亚硝酸丁酯	BUTYL NITRITES	3		II	
			3		III	223
2352	乙烯基丁基醚,稳定的	BUTYL VINYL ETHER, STABILIZED	3		II	
2353	丁酰氯	BUTYRYL CHLORIDE	3	8	II	
2354	氯甲基乙基醚	CHLOROMETHYL ETHYL ETHER	3	6.1	II	
2356	2-氯丙烷	2-CHLOROPROPANE	3		I	
2357	环己胺	CYCLOHEXYLAMINE	8	3	II	
2358	环辛四烯	CYCLOOCTATETRAENE	3		II	
2359	二烯丙基胺	DIALLYLAMINE	3	6.1 8	II	
2360	二烯丙基醚	DIALLYL ETHER	3	6.1	II	
2361	二异丁胺	DIISOBUTYLAMINE	3	8	III	
2362	1,1-二氯乙烷	1,1-DICHLOROETHANE	3		II	
2363	乙硫醇	ETHYL MERCAPTAN	3		I	

续表

联合国编号	名称和说明	英文名称	类别和项别	次要危险性	包装类别	特殊规定
2364	正丙苯	n-PROPYLBENZENE	3		Ⅲ	
2366	碳酸二乙酯	DIETHYL CARBONATE	3		Ⅲ	
2367	α-甲基戊醛	alpha-METHYLVALERAL-EHYDE	3		Ⅱ	
2368	α-蒎烯	alpha-PINENE	3		Ⅲ	
2370	1-己烯	1-HEXENE	3		Ⅱ	
2371	异戊烯	ISOPENTENES	3		Ⅰ	
2372	1,2-二(二甲氨基)乙烷	1,2-DI-(DIMETHYLAMINO) ETHANE	3		Ⅱ	
2373	二乙氧基甲烷	DIETHOXYMETHANE	3		Ⅱ	
2374	3,3-二乙氧基丙烯	3,3-DIETHOXYPROPENE	3		Ⅱ	
2375	二乙硫醚(二乙醚)	DIETHYL SULPHIDE	3		Ⅱ	
2376	2,3-二氢吡喃	2,3-DIHYDROPYRAN	3		Ⅱ	
2377	1,1-二甲氧基乙烷	1,1-DIMETHOXYETHANE	3		Ⅱ	
2378	2-二甲氨基乙腈	2-DIMETHYLAMINO-ACETONITRILE	3	6.1	Ⅱ	
2379	1,3-二甲基丁胺	1,3-DIMETHYLBUTYLAMINE	3	8	Ⅱ	
2380	二甲基二乙氧基硅烷	DIMETHYLDIETHOXYSILANE	3		Ⅱ	
2381	二甲二硫	DIMETHYL DISULPHIDE	3		Ⅱ	
2382	对称二甲肼	DIMETHYLHYDRAZINE, SYMMETRICAL	6.1	3	Ⅰ	354
2383	二丙胺	DIPROPYLAMINE	3	8	Ⅱ	
2384	二正丙醚	DI-n-PROPYL ETHER	3		Ⅱ	
2385	异丁酸乙酯	ETHYL ISOBUTYRATE	3		Ⅱ	
2386	1-乙基哌啶	1-ETHYLPIPERIDINE	3	8	Ⅱ	
2387	氟苯	FLUOROBENZENE	3		Ⅱ	
2388	氟代甲苯	FLUOROTOLUENES	3		Ⅱ	
2389	呋喃	FURAN	3		Ⅰ	
2390	2-碘丁烷	2-IODOBUTANE	3		Ⅱ	
2391	碘甲基丙烷	IODOMETHYLPROPANES	3		Ⅱ	
2392	碘丙烷	IODOPROPANES	3		Ⅲ	
2393	甲酸异丁酯	ISOBUTYL FORMATE	3		Ⅱ	
2394	丙酸异丁酯	ISOBUTYL PROPIONATE	3		Ⅲ	
2395	异丁酰氯	ISOBUTYRYL CHLORIDE	3	8	Ⅱ	
2396	甲基丙烯醛,稳定的	METHACRYLALDEHYDE, STABILIZED	3	6.1	Ⅱ	
2397	3-甲基-2-丁酮	3-METHYLBUTAN-2-ONE	3		Ⅱ	

续表

联合国编号	名称和说明	英文名称	类别和项别	次要危险性	包装类别	特殊规定
2398	甲基叔丁基醚	METHYL tert-BUTYL ETHER	3		II	
2399	1-甲基哌啶	1-METHYLPIPERIDINE	3	8	II	
2400	异戊酸甲酯	METHYL ISOVALERATE	3		II	
2401	哌啶	PIPERIDINE	8	3	I	
2402	丙硫醇	PROPANETHIOLS	3		II	
2403	乙酸异丙烯酯	ISOPROPENYL ACETATE	3		II	
2404	丙腈	PROPIONITRILE	3	6.1	II	
2405	丁酸异丙酯	ISOPROPYL BUTYRATE	3		III	
2406	异丁酸异丙酯	ISOPROPYL ISOBUTYRATE	3		II	
2407	氯甲酸异丙酯	ISOPROPYL CHLOROFORMATE	6.1	3 8	I	354
2409	丙酸异丙酯	ISOPROPYL PROPIONATE	3		II	
2410	1,2,3,6-四氢吡啶	1,2,3,6-TETRAHYDROPYRIDINE	3		II	
2411	丁腈	BUTYRONITRILE	3	6.1	II	
2412	四氢噻吩	TETRAHYDROTHIOPHENE	3		II	
2413	原钛酸四丙酯	TETRAPROPYL ORTHOTITANATE	3		III	
2414	噻吩	THIOPHENE	3		II	
2416	硼酸三甲酯	TRIMETHYL BORATE	3		II	
2417	碳酰氟	CARBONYL FLUORIDE	2.3	8		
2418	四氟化硫	SULPHUR TETRAFLUORIDE	2.3	8		
2419	溴三氟乙烯	BROMOTRIFLUOROETHYLENE	2.1			
2420	六氟丙酮	HEXAFLUOROACETONE	2.3	8		
2421	三氧化二氮	NITROGEN TRIOXIDE	2.3	5.1 8		
2422	八氟-2-丁烯（制冷气体R1318）	OCTAFLUOROBUT-2-ENE (REFRIGERANT GAS R1318)	2.2			
2424	八氟丙烷（制冷气体R218）	OCTAFLUOROPROPANE (REFRIGERANT GAS R218)	2.2			
2426	液态硝酸铵（热浓溶液）	AMMONIUM NITRATE, LIQUID (hot concentrated solution)	5.1			252
2427	氯酸钾水溶液	POTASSIUM CHLORATE, AQUEOUS SOLUTION	5.1		II	
			5.1		III	223
2428	氯酸钠水溶液	SODIUM CHLORATE, AQUEOUS SOLUTION	5.1		II	
			5.1		III	223

续表

联合国编号	名称和说明	英文名称	类别和项别	次要危险性	包装类别	特殊规定
2429	氯酸钙水溶液	CALCIUM CHLORATE, AQUEOUS SOLUTION	5.1		II	223
			5.1		III	
2430	固态烷基苯酚，未另作规定的（包括 $C_2 \sim C_{12}$ 的同系物）	ALKYLPHENOLS, SOLID, N.O.S. (including $C_2 \sim C_{12}$ homologues)	8		I	
			8		II	
			8		III	223
2431	茴香胺	ANISIDINES	6.1		III	
2432	N, N-二乙基苯胺	N, N-DIETHYLANILINE	6.1		III	279
2433	液态硝基氯甲苯	CHLORONITROTOLUENES, LIQUID	6.1		III	
2434	二苄基二氯硅烷	DIBENZYLDICHLOROSILANE	8		II	
2435	乙基苯基二氯硅烷	ETHYLPHENYL-ICHLOROSILANE	8		II	
2436	硫代乙酸	THIOACETIC ACID	3		II	
2437	甲基苯基二氯硅烷	METHYLPHENYL-ICHLOROSILANE	8		II	
2438	三甲基乙酰氯	TRIMETHYLACETYL CHLORIDE	6.1	3 8	I	
2439	二氟化氢钠	SODIUM HYDROGEN-IFLUORIDE	8		II	
2440	五水合四氯化锡	STANNIC CHLORIDE PENTAHYDRATE	8		III	
2441	三氯化钛，发火的或三氯化钛混合物，发火的	TITANIUM TRICHLORIDE, PYROPHORIC or TITANIUM TRICHLORIDE MIXTURE, PYROPHORIC	4.2	8	I	
2442	三氯乙酰氯	TRICHLOROACETYL CHLORIDE	8		II	
2443	三氯氧化钒	VANADIUM OXYTRICHLORIDE	8		II	
2444	四氯化钒	VANADIUM TETRACHLORIDE	8		I	
2446	硝基四苯酚，固态	NITROCRESOLS, SOLID	6.1		III	
2447	熔融白磷	PHOSPHORUS, WHITE, MOLTEN	4.2	6.1	I	
2448	熔融硫黄	SULPHUR, MOLTEN	4.1		III	
2451	三氟化氮	NITROGEN TRIFLUORIDE	2.2	5.1		
2452	乙基乙炔，稳定的	ETHYLACETYLENE, STABILIZED	2.1			
2453	乙基氟（制冷气体 R161）	ETHYL FLUORIDE (REFRIGERANT GAS R161)	2.1			
2454	甲基氟（制冷气体 R41）	METHYL FLUORIDE (REFRIGERANT GAS R41)	2.1			
2455	亚硝酸甲酯	METHYL NITRITE	2.2			
2456	2-氯丙烯	2-CHLOROPROPENE	3		I	
2457	2, 3-二甲基丁烷	2, 3-DIMETHYLBUTANE	3		II	

续表

联合国编号	名称和说明	英文名称	类别和项别	次要危险性	包装类别	特殊规定
2458	己二烯	HEXADIENE	3		II	
2459	2-甲基-1-丁烯	2-METHYL-1-BUTENE	3		I	
2460	2-甲基-2-丁烯	2-METHYL-2-BUTENE	3		II	
2461	甲基戊二烯	METHYLPENTADIENE	3		II	
2463	氢化铝	ALUMINIUM HYDRIDE	4.3		I	
2464	硝酸铍	BERYLLIUM NITRATE	5.1	6.1	II	
2465	二氯异氰脲酸，干的，或二氯异氰脲酸盐	DICHLOROISOCYANURIC ACID, DRY or DICHLORO-SOCYANURIC ACID SALTS	5.1		II	135
2466	过氧化钾	POTASSIUM SUPEROXIDE	5.1		I	
2468	三氯异氰脲酸，干的	TRICHLOROISOCYANURIC ACID, DRY	5.1		II	
2469	溴酸锌	ZINC BROMATE	5.1		III	
2470	液态苯基乙腈	PHENYLACETONITRILE, LIQUID	6.1		III	
2471	四氧化锇	OSMIUM TETROXIDE	6.1		I	
2473	对氨苯基胂酸钠	SODIUM ARSANILATE	6.1		III	
2474	硫光气	THIOPHOSGENE	6.1		I	279 354
2475	三氯化钒	VANADIUM TRICHLORIDE	8		III	
2477	异硫氰酸甲酯	METHYL ISOTHIOCYANATE	6.1	3	I	354
2478	异氰酸酯，易燃，毒性，未另作规定的或异氰酸酯溶液，易燃，毒性，未另作规定的	ISOCYANATES, FLAMMABLE, TOXIC, N.O.S. or ISOCYANATE SOLUTION, FLAMMABLE, TOXIC, N.O.S.	3	6.1	II	274
2478			3	6.1	III	223 274
2480	异氰酸甲酯	METHYL ISOCYANATE	6.1	3	I	
2481	异氰酸乙酯	ETHYL ISOCYANATE	6.1	3	I	354
2482	异氰酸正丙酯	n-PROPYL ISOCYANATE	6.1	3	I	354
2483	异氰酸异丙酯	ISOPROPYL ISOCYANATE	6.1	3	I	354
2484	异氰酸叔丁酯	tert-BUTYL ISOCYANATE	6.1	3	I	354
2485	异氰酸正丁酯	n-BUTYL ISOCYANATE	6.1	3	I	354
2486	异氰酸异丁酯	ISOBUTYL ISOCYANATE	6.1	3	I	354
2487	异氰酸苯酯	PHENYL ISOCYANATE	6.1	3	I	354
2488	异氰酸环己酯	CYCLOHEXYL ISOCYANATE	6.1	3	I	354
2490	二氯异丙醚	DICHLOROISOPROPYL ETHER	6.1		II	
2491	乙醇胺或乙醇胺溶液	ETHANOLAMINE or ETHANOLAMINE SOLUTION	8		III	223
2493	六亚甲基亚胺	HEXAMETHYLENEIMINE	3	8	II	

联合国编号	名称和说明	英文名称	类别和项别	次要危险性	包装类别	特殊规定
2495	五氟化碘	IODINE PENTAFLUORIDE	5.1	6.1 8	I	
2496	丙酸酐	PROPIONIC ANHYDRIDE	8		Ⅲ	
2498	1,2,3,6-四氢化苯甲醛	1,2,3,6-TETRAHYDRO-BENZALDEHYDE	3		Ⅲ	
2501	氧化三-(1-氮丙啶基)膦溶液	TRIS-(1-AZIRIDINYL) PHOSPHINE OXIDE SOLUTION	6.1		Ⅱ	
			6.1		Ⅲ	223
2502	戊酰氯	VALERYL CHLORIDE	8	3	Ⅱ	
2503	四氯化锆	ZIRCONIUM TETRACHLORIDE	8		Ⅲ	
2504	四溴乙烷	TETRABROMOETHANE	6.1		Ⅲ	
2505	氟化铵	AMMONIUM FLUORIDE	6.1		Ⅲ	
2506	硫酸氢铵	AMMONIUM HYDROGEN SULPHATE	8		Ⅱ	
2507	固态氯铂酸	CHLOROPLATINIC ACID, SOLID	8		Ⅲ	
2508	五氯化钼	MOLYBDENUM PENTACHLORIDE	8		Ⅲ	
2509	硫酸氢钾	POTASSIUM HYDROGEN SULPHATE	8		Ⅱ	
2511	2-氯丙酸	2-CHLOROPROPIONIC ACID	8		Ⅲ	223
2512	氨基苯酚（邻、间、对）	AMINOPHENOLS (o-, m-, p-)	6.1		Ⅲ	279
2513	溴乙酰溴	BROMOACETYL BROMIDE	8		Ⅱ	
2514	溴苯	BROMOBENZENE	3		Ⅲ	
2515	溴仿	BROMOFORM	6.1		Ⅲ	
2516	四溴化碳	CARBON TETRABROMIDE	6.1		Ⅲ	
2517	1-氯-1,1-二氟乙烷（制冷气体R142b）	1-CHLORO-1,1-IFLUOROETHANE (REFRIGERANT GAS R142b)	2.1			
2518	1,5,9-环十二碳三烯	1,5,9-CYCLODODECATRIENE	6.1		Ⅲ	
2520	环辛二烯	CYCLOOCTADIENES	3		Ⅲ	
2521	双烯酮，稳定的	DIKETENE, STABILIZED	6.1	3	I	354
2522	2-二甲氨基甲基丙烯酸乙酯	2-DIMETHYLAMINOETHYL METHACRYLATE	6.1		Ⅱ	
2524	原甲酸乙酯	ETHYL ORTHOFORMATE	3		Ⅲ	
2525	草酸乙酯	ETHYL OXALATE	6.1		Ⅲ	
2526	糠胺	FURFURYLAMINE	3	8	Ⅲ	
2527	丙烯酸异丁酯，稳定的	ISOBUTYL ACRYLATE, STABILIZED	3		Ⅲ	
2528	异丁酸异丁酯	ISOBUTYL ISOBUTYRATE	3		Ⅲ	
2529	异丁酸	ISOBUTYRIC ACID	3	8	Ⅲ	

续表

联合国编号	名称和说明	英文名称	类别和项别	次要危险性	包装类别	特殊规定
2531	甲基丙烯酸，稳定的	METHACRYLIC ACID, STABILIZED	8		II	
2533	三氯乙酸甲酯	METHYL TRICHLOROACETATE	6.1		III	
2534	甲基氯硅烷	METHYLCHLOROSILANE	2.3	2.1 8		
2535	4-甲基吗啉（N-甲基吗啉）	4-METHYLMORPHOLINE (N-METHYLMORPHOLINE)	3	8	II	
2536	甲基四氢呋喃	METHYLTETRAHYDROFURAN	3		II	
2538	硝基萘	NITRONAPHTHALENE	4.1		III	
2541	萜品油烯	TERPINOLENE	3		III	
2542	三丁胺	TRIBUTYLAMINE	6.1		II	
2545	铪粉，干的	HAFNIUM POWDER, DRY	4.2		I	
			4.2		II	
			4.2		III	223
2546	钛粉，干的	TITANIUM POWDER, DRY	4.2		I	
			4.2		II	
			4.2		III	223
2547	过氧化钠	SODIUM SUPEROXIDE	5.1		I	
2548	五氟化氯	CHLORINE PENTAFLUORIDE	2.3	5.1 8		
2552	水合六氟丙酮，液态	HEXAFLUOROACETONE HYDRATE, LIQUID	6.1		II	
2554	甲基烯丙基氯	METHYLALLYL CHLORIDE	3		II	
2555	含水硝化纤维素（按质量含水不低于25%）	NITROCELLULOSE WITH WATER (not less than 25% water, by mass)	4.1		II	
2556	含乙醇硝化纤维素（按质量含乙醇不低于25%，按干重含氮不超过12.6%）	NITROCELLULOSE WITH ALCOHOL (not less than 25% alcohol, by mass, and not more than 12.6% nitrogen, by dry mass)	4.1		II	
2557	硝化纤维素，按干重含氮不超过12.6%，混合物含或不含增塑剂，含或不含颜料	NITROCELLULOSE, with not more than 12.6% nitrogen, by dry mass, MIXTURE WITH or WITHOUT PLASTICIZER, WITH or WITHOUT PIGMENT	4.1		II	
2558	表溴醇	EPIBROMOHYDRIN	6.1	3	I	
2560	2-甲基-2-戊醇	2-METHYLPENTAN-2-OL	3		III	
2561	3-甲基-1-丁烯	3-METHYL-1-BUTENE	3		I	
2564	三氯乙酸溶液	TRICHLOROACETIC ACID SOLUTION	8		II	
			8		III	223

续表

联合国编号	名称和说明	英文名称	类别和项别	次要危险性	包装类别	特殊规定
2565	二环己胺	DICYCLOHEXYLAMINE	8		Ⅲ	
2567	五氯苯酚钠	SODIUM PENTACHLORO-HENATE	6.1		Ⅱ	
2570	镉化合物	CADMIUM COMPOUND	6.1		Ⅰ	274
			6.1		Ⅱ	274
			6.1		Ⅲ	223 274
2571	烷基硫酸	ALKYLSULPHURIC ACIDS	8		Ⅱ	274
2572	苯肼	PHENYLHYDRAZINE	6.1		Ⅱ	
2573	氯酸铊	THALLIUM CHLORATE	5.1	6.1	Ⅱ	
2574	磷酸三甲苯酯，含邻位异构物高于3%	TRICRESYL PHOSPHATE with more than 3% ortho isomer	6.1		Ⅱ	
2576	熔融三溴氧化磷	PHOSPHORUS OXYBROMIDE, MOLTEN	8		Ⅱ	
2577	苯乙酰氯	PHENYLACETYL CHLORIDE	8		Ⅱ	
2578	三氧化二磷	PHOSPHORUS TRIOXIDE	8		Ⅲ	
2579	哌嗪	PIPERAZINE	8		Ⅲ	
2580	溴化铝溶液	ALUMINIUM BROMIDE SOLUTION	8		Ⅲ	
2581	氯化铝溶液	ALUMINIUM CHLORIDE SOLUTION	8		Ⅲ	
2582	氯化铁溶液	FERRIC CHLORIDE SOLUTION	8		Ⅲ	223
2583	固态烷基磺酸或固态芳基磺酸，含游离硫酸高于5%	ALKYLSULPHONIC ACIDS, SOLID or ARYLSULPHONIC ACIDS, SOLID with more than 5% free sulphuric acid	8		Ⅱ	
2584	液态烷基磺酸或液态芳基磺酸，含游离硫酸高于5%	ALKYSULPHONIC ACIDS, LIQUID or ARYLSULPHONIC ACIDS, LIQUID with more than 5% free sulphuric acid	8		Ⅱ	
2585	固态烷基磺酸或固态蓄芳基磺酸，含游离硫酸不超过5%	ALKYLSULPHONIC ACIDS, SOLID or ARYLSULPHONIC ACIDS, SOLID with not more than 5% free sulphuric acid	8		Ⅲ	
2586	液态烷基磺酸或液态芳基磺酸，含游离硫酸不超过5%	ALKYLSULPHONIC ACIDS, LIQUID or ARYLSULPHONIC ACIDS, LIQUID with not more than 5% free sulphuric acid	8		Ⅲ	
2587	苯醌	BENZOQUINONE	6.1		Ⅱ	
2588	固态农药，毒性，未另作规定的	PESTICIDE, SOLID, TOXIC, N.O.S	6.1		Ⅰ	61 274
			6.1		Ⅱ	61 274
			6.1		Ⅲ	61 223 274

续表

联合国编号	名称和说明	英文名称	类别和项别	次要危险性	包装类别	特殊规定
2589	氯乙酸乙烯酯	VINYL CHLOROACETATE	6.1	3	Ⅱ	
2590	白石棉（温石棉，阳起石，直闪石，透闪石）	WHITE ASBESTOS (chrysotile, actinolite, anthophyllite, tremolite)	9		Ⅲ	168
2591	冷冻液态氙	XENON, REFRIGERATED LIQUID	2.2			
2599	三氟氯甲烷和三氟甲烷的共沸混合物，含三氟氯甲烷约60%（制冷气体R503）	CHLOROTRIFLUOROMETHANE AND TRIFLUOROMETHANE AZEOTROPIC MIXTURE with approximately 60% chlorotrifluoromethane (REFRIGERANT GAS R 503)	2.2			
2601	环丁烷	CYCLOBUTANE	2.1			
2602	二氯二氟甲烷和二氟乙烷的共沸混合物，含二氯二氟甲烷约74%（制冷气体R500）	DICHLORODIFLUORO–ETHANE AND DIFLUOROETHANE AZEOTROPIC MIXTURE with approximately 74% dichlorodifluoromethane (REFRIGERANT GAS R 500)	2.2			
2603	环庚三烯	CYCLOHEPTATRIENE	3	6.1	Ⅱ	
2604	三氟化硼合二乙醚	BORON TRIFLUORIDE DIETHYL ETHERATE	8	3	Ⅰ	
2605	异氰酸甲氧基甲酯	METHOXYMETHYL ISOCYANATE	6.1	3	Ⅰ	354
2606	原硅酸甲酯	METHYL ORTHOSILICATE	6.1	3	Ⅰ	354
2607	二聚丙烯醛，稳定的	ACROLEIN DIMER, STABILIZED	3		Ⅲ	
2608	硝基丙烷	NITROPROPANES	3		Ⅲ	
2609	硼酸三烯丙酯	TRIALLYL BORATE	6.1		Ⅲ	
2610	三烯丙胺	TRIALLYLAMINE	3	8	Ⅲ	
2611	丙氧醇	PROPYLENE CHLOROHYDRIN	6.1	3	Ⅱ	
2612	甲基丙基醚（甲丙醚）	METHYL PROPYL ETHER	3		Ⅱ	
2614	甲代烯丙醇	METHALLYL ALCOHOL	3		Ⅲ	
2615	乙基丙基醚（乙丙醚）	ETHYL PROPYL ETHER	3		Ⅱ	
2616	硼酸三异丙酯	TRIISOPROPYL BORATE	3		Ⅱ	
			3		Ⅲ	223
2617	甲基环己醇，易燃	METHYLCYCLOHEXANOLS, flammable	3		Ⅲ	
2618	乙烯基甲苯，稳定的	VINYLTOLUENES, STABILIZED	3		Ⅲ	
2619	苄基二甲胺	BENZYLDIMETHYLAMINE	8	3	Ⅱ	
2620	丁酸戊酯	AMYL BUTYRATES	3		Ⅲ	
2621	乙酰甲基甲醇	ACETYL METHYL CARBINOL	3		Ⅲ	
2622	缩水甘油醛	GLYCIDALDEHYDE	3	6.1	Ⅱ	

续表

联合国编号	名称和说明	英文名称	类别和项别	次要危险性	包装类别	特殊规定
2623	固态点火剂，含易燃液体	FIRELIGHTERS, SOLID with flammable liquid	4.1		Ⅲ	
2624	硅化镁	MAGNESIUM SILICIDE	4.3		Ⅱ	
2626	氯酸水溶液，含氯酸不超过10%	CHLORIC ACID, AQUEOUS SOLUTION with not more than 10% chloric acid	5.1		Ⅱ	
2627	无机亚硝酸盐，未另作规定的	NITRITES, INORGANIC, N.O.S.	5.1		Ⅱ	103 274
2628	氟乙酸钾	POTASSIUM FLUOROACETATE	6.1		Ⅰ	
2629	氟乙酸钠	SODIUM FLUOROACETATE	6.1		Ⅰ	
2630	硒酸盐或亚硒酸盐	SELENATES or SELENITES	6.1		Ⅰ	274
2642	氟乙酸	FLUOROACETIC ACID	6.1		Ⅰ	
2643	溴乙酸甲酯	METHYL BROMOACETATE	6.1		Ⅱ	
2644	甲基碘	METHYL IODIDE	6.1		Ⅰ	354
2645	苯酰甲基溴	PHENACYL BROMIDE	6.1		Ⅱ	
2646	六氯环戊二烯	HEXACHLOROCYCLO–ENTADIENE	6.1		Ⅰ	354
2647	丙二腈	MALONONITRILE	6.1		Ⅱ	
2648	1，2 二溴 –3– 丁酮	1, 2-DIBROMOBUTAN-3-ONE	6.1		Ⅱ	
2649	1，3– 二氯丙酮	1, 3-DICHLOROACETONE	6.1		Ⅱ	
2650	1，1– 二氯 –1– 硝基乙烷	1, 1-DICHLORO-1-NITROETHANE	6.1		Ⅱ	
2651	4，4′– 二氨基二苯基甲烷	4, 4′-DIAMINODIPHENYL-METHANE	6.1		Ⅲ	
2653	苄基碘	BENZYL IODIDE	6.1		Ⅱ	
2655	氟硅酸钾	POTASSIUM FLUOROSILICATE	6.1		Ⅲ	
2656	喹啉	QUINOLINE	6.1		Ⅲ	
2657	二硫化硒	SELENIUM DISULPHIDE	6.1		Ⅱ	
2659	氯乙酸钠	SODIUM CHLOROACETATE	6.1		Ⅲ	
2660	一硝基甲苯胺	NITROTOLUIDINES (MONO)	6.1		Ⅲ	
2661	六氯丙酮	HEXACHLOROACETONE	6.1		Ⅲ	
2664	二溴甲烷	DIBROMOMETHANE	6.1		Ⅲ	
2667	丁基甲苯	BUTYLTOLUENES	6.1		Ⅲ	
2668	氯乙腈	CHLOROACETONITRILE	6.1	3	Ⅱ	354
2669	氯甲酚溶液	CHLOROCRESOLS SOLUTION	6.1		Ⅱ	
			6.1		Ⅲ	223
2670	氰尿酰氯	CYANURIC CHLORIDE	8		Ⅱ	
2671	氨基吡啶（邻、间、对）	AMINOPYRIDINES (o–, m–, p,)	6.1		Ⅱ	

续表

联合国编号	名称和说明	英文名称	类别和项别	次要危险性	包装类别	特殊规定
2672	氨溶液，水溶液在15℃时的相对密度为0.880～0.975，含氨量高于10%，但不超过35%	AMMONIA SOLUTION, relative density between 0.880 and 0.957 at 15 — in water, with more than 10% but not more than 35% ammonia	8		Ⅲ	
2673	2-氨基-4-氯苯酚	2-AMINO-4-CHLOROPHENOL	6.1		Ⅱ	
2674	氟硅酸钠	SODIUM FLUOROSILICATE	6.1		Ⅲ	
2676	锑化氢	STIBINE	2.3	2.1		
2677	氢氧化铷溶液	RUBIDIUM HYDROXIDE SOLUTION	8		Ⅱ	
			8		Ⅲ	223
2678	氢氧化铷	RUBIDIUM HYDROXIDE	8		Ⅱ	
2679	氢氧化锂溶液	LITHIUM HYDROXIDE SOLUTION	8		Ⅱ	
			8		Ⅲ	223
2680	氢氧化锂	LITHIUM HYDROXIDE	8		Ⅱ	
2681	氢氧化铯溶液	CAESIUM HYDROXIDE SOLUTION	8		Ⅱ	
			8		Ⅲ	223
2682	氢氧化铯	CAESIUM HYDROXIDE	8		Ⅱ	
2683	硫化铵溶液	AMMONIUM SULPHIDE SOLUTION	8	3 6.1	Ⅱ	
2684	3-二乙氨基丙胺	3-DIETHYLAMINO-ROPYLAMINE	3	8	Ⅲ	
2685	N,N-二乙基乙撑二胺	N,N-DIETHYLETHYLENE-IAMINE	8	3	Ⅲ	
2686	2-二乙氨基乙醇	2-DIETHYLAMINOETHANOL	8	3	Ⅱ	
2687	亚硝酸二环己铵	DICYCLOHEXYLAMMONIUM NITRITE	4.1		Ⅲ	
2688	1-溴-3-氯丙烷	1-BROMO-3-CHLOROPROPANE	6.1		Ⅲ	
2689	3-氯-1,2-丙三醇	GLYCEROL alpha-MONOCHLOROHYDRIN	6.1		Ⅲ	
2690	N-正丁基咪唑	N,n-BUTYLIMIDAZOLE	6.1		Ⅱ	
2691	五溴化磷	PHOSPHORUS PENTABROMIDE	8		Ⅱ	
2692	三溴化硼	BORON TRIBROMIDE	8		Ⅰ	
2693	酸式亚硫酸盐水溶液，未另作规定的	BISULPHITES, AQUEOUS SOLUTION, N.O.S.	8		Ⅲ	274
2698	四氢化邻苯二甲酸酐，含马亚酐高于0.05%	TETRAHYDROPHTHALIC ANHYDRIDES with more than 0.05% of maleic anhydride	8		Ⅲ	29 169
2699	三氟乙酸	TRIFLUOROACETIC ACID	8		Ⅰ	
2705	1-戊醇	1-PENTOL	8		Ⅱ	
2707	二甲基二恶烷	DIMETHYLDIOXANES	3		Ⅱ	
			3		Ⅲ	223

联合国编号	名称和说明	英文名称	类别和项别	次要危险性	包装类别	特殊规定
2709	丁基苯	BUTYLBENZENES	3		Ⅲ	
2710	二丙酮	DIPROPYL KETONE	3		Ⅲ	
2713	吖啶	ACRIDINE	6.1		Ⅲ	
2714	树脂酸锌	ZINC RESINATE	4.1		Ⅲ	
2715	树脂酸铝	ALUMINIUM RESINATE	4.1		Ⅲ	
2716	1,4-丁炔二醇	1,4-BUTYNEDIOL	6.1		Ⅲ	
2717	樟脑,合成的	CAMPHOR, synthetic	4.1		Ⅲ	
2719	溴酸钡	BARIUM BROMATE	5.1	6.1	Ⅱ	
2720	硝酸铬	CHROMIUM NITRATE	5.1		Ⅲ	
2721	氯酸铜	COPPER CHLORATE	5.1		Ⅱ	
2722	硝酸锂	LITHIUM NITRATE	5.1		Ⅲ	
2723	氯酸镁	MAGNESIUM CHLORATE	5.1		Ⅱ	
2724	硝酸锰	MANGANESE NITRATE	5.1		Ⅲ	
2725	硝酸镍	NICKEL NITRATE	5.1		Ⅲ	
2726	亚硝酸镍	NICKEL NITRITE	5.1		Ⅲ	
2727	硝酸铊	THALLIUM NITRATE	6.1	5.1	Ⅱ	
2728	硝酸锆	ZIRCONIUM NITRATE	5.1		Ⅲ	
2729	六氯苯	HEXACHLOROBENZENE	6.1		Ⅲ	
2730	液态硝基茴香醚	NITROANISOLES, LIQUID	6.1		Ⅲ	
2732	液态硝基苯溴	NITROBROMOBENZENES, LIQUID	6.1		Ⅲ	
2733	胺,易燃,腐蚀性,未另作规定的或聚胺,易燃,腐蚀性,未另作规定的	AMINES, FLAMMABLE, CORROSIVE, N.O.S. or POLYAMINES, FLAMMABLE, CORROSIVE, N.O.S.	3	8	Ⅰ	274
			3	8	Ⅱ	274
			3	8	Ⅲ	223 274
2734	液态胺,腐蚀性,易燃,未另作规定的或液态聚胺,腐蚀性,易燃,未另作规定的	AMINES, LIQUID, CORROSIVE, FLAMMABLE, N.O.S. or POLYAMINES, LIQUID, CORROSIVE, FLAMMABLE, N.O.S.	8	3	Ⅰ	274
			8	3	Ⅱ	274
2735	液态胺,腐蚀性,未另作规定的或液态聚胺,腐蚀性,未另作规定的	AMINES, LIQUID, CORROSIVE, N.O.S. or POLYAMINES, LIQUID, CORROSIVE, N.O.S.	8		Ⅰ	274
			8		Ⅱ	274
			8		Ⅲ	223 274
2738	N-丁基苯胺	N-BUTYLANILINE	6.1		Ⅱ	
2739	丁酸酐	BUTYRIC ANHYDRIDE	8		Ⅲ	

续表

联合国编号	名称和说明	英文名称	类别和项别	次要危险性	包装类别	特殊规定
2740	氯甲酸正丙酯	n-PROPYL CHLOROFORMATE	6.1	3 8	I	
2741	次氯酸钡，含有效氯高于22%	BARIUM HYPOCHLORITE with more than 22% available chlorine	5.1	6.1	II	
2742	氯甲酸酯，毒性，腐蚀性，易燃，未另作规定的	CHLOROFORMATES, TOXIC, CORROSIVE, FLAMMABLE, N.O.S	6.1	3 8	II	274
2743	氯甲酸正丁酯	n-BUTYL CHLOROFORMATE	6.1	3 8	II	
2744	氯甲酸环丁酯	CYCLOBUTYL CHLOROFORMATE	6.1	3 8	II	
2745	氯甲酸氯甲酯	CHLOROMETHYL CHLOROFORMATE	6.1	8	II	
2746	氯甲酸苯酯	PHENYL CHLOROFORMATE	6.1	8	II	
2747	氯甲酸叔丁基环己酯	tert-BUTYLCYCLOHEXYL CHLOROFORMATE	6.1		III	
2748	氯甲酸-2-乙基己酯	2-ETHYLHEXYL CHLOROFORMATE	6.1	8	II	
2749	四甲基硅烷	TETRAMETHYLSILANE	3		I	
2750	1,3-二氯-2-丙醇	1,3-DICHLOROPROPANOL-2	6.1		II	
2751	二乙基硫代磷酰氯	DIETHYLTHIOPHOSPHORYL CHLORIDE	8		II	
2752	1,2-环氧-3-乙氧基丙烷	1,2-EPOXY-3-ETHOXY-PROPANE	3		III	
2753	液态N-乙苄基甲苯胺	PROPANE N-ETHYLBENZYLTOLUIDINES, LIQUID	6.1		III	
2754	N-乙基甲苯胺	N-ETHYLTOLUIDINES	6.1		II	
2757	固态氨基甲酸酯农药，毒性	CARBAMATE PESTICIDE, SOLID, TOXIC	6.1		I	61 274
			6.1		II	61 274
			6.1		III	61 223 274
2758	液态氨基甲酸酯农药，易燃，毒性，闪点低于23℃	CARBAMATE PESTICIDE, LIQUID, FLAMMABLE, TOXIC, flash point less than 23℃	3	6.1	I	61 274
			3	6.1	II	61 274
2759	固态含砷农药，毒性	ARSENICAL PESTICIDE, SOLID, TOXIC	6.1		I	61 274
			6.1		II	61 274
			6.1		III	61 223 274

联合国编号	名称和说明	英文名称	类别和项别	次要危险性	包装类别	特殊规定
2760	液态含砷农药，易燃，毒性，闪点低于23℃	ARSENICAL PESTICIDE, LIQUID, FLAMMABLE, TOXIC, flash point less than 23℃	3	6.1	I	61 274
			3	6.1	II	61 274
2761	固态有机氯农药，毒性	ORGANOCHLORINE PESTICIDE, SOLID, TOXIC	6.1		I	61 274
			6.1		II	61 274
			6.1		III	61 223 274
2762	液态有机氯农药，易燃，毒性，闪点低于23℃	ORGANOCHLORINE PESTICIDE, LIQUID, FLAMMABLE, TOXIC, flash point less than 23℃	3	6.1	I	61 274
			3	6.1	II	61 274
2763	固态三嗪农药，毒性	TRIAZINE PESTICIDE, SOLID, TOXIC	6.1		I	61 274
			6.1		II	61 274
			6.1		III	61 223 274
2764	液态三嗪农药，易燃，毒性，闪点低于23℃	TRIAZINE PESTICIDE, LIQUID, FLAMMABLE, TOXIC, flash point less than 23℃	3	6.1	I	61 274
			3	6.1	II	61 274
2771	固态硫代氨基甲酸酯农药，毒性	THIOCARBAMATE PESTICIDE, SOLID, TOXIC	6.1		I	61 274
			6.1		II	61 274
			6.1		III	61 223 274
2772	液态硫代氨基甲酸酯农药，易燃，毒性，闪点低于23℃	THIOCARBAMATE PESTICIDE, LIQUID, FLAMMABLE, TOXIC, flash point less than 23℃	3	6.1	I	61 274
			3	6.1	II	61 274
2775	固态铜基农药，毒性	COPPER BASED PESTICIDE, SOLID, TOXIC	6.1		I	61 274
			6.1		II	61 274
			6.1		III	61 223 274

续表

联合国编号	名称和说明	英文名称	类别和项别	次要危险性	包装类别	特殊规定
2776	固态铜基农药,,易燃,毒性,闪点低于23℃	COPPER BASED PESTICIDE, LIQUID, FLAMMABLE, TOXIC, flash point less than 23℃	3	6.1	I	61 274
			3	6.1	II	61 274
2777	固态汞基农药,毒性	MERCURY BASED PESTICIDE, SOLID, TOXIC		6.1	I	61 274
				6.1	II	61 274
				6.1	III	61 223 274
2778	液态汞基农药,易燃,毒性,闪点低于23℃	MERCURY BASED PESTICIDE, LIQUID, FLAMMABLE, TOXIC, flash point less than 23℃	3	6.1	I	61 274
			3	6.1	II	61 274
2779	固态取代硝基苯酚农药,毒性	SUBSTITUTED NITROPHENOL PESTICIDE, SOLID, TOXIC		6.1	I	61 274
				6.1	II	61 274
				6.1	III	61 223 274
2780	液态取代硝基苯酚农药,易燃,毒性,闪点低于23℃	SUBSTITUTED NITROPHENOL PESTICIDE, LIQUID, FLAMMABLE, TOXIC, flash point less than 23℃	3	6.1	I	61 274
			3	6.1	II	61 274
2781	固态联吡啶农药,毒性	BIPYRIDILIUM PESTICIDE, SOLID, TOXIC		6.1	I	61 274
				6.1	II	61 274
				6.1	III	61 223 274
2782	液态联吡啶农药,易燃,毒性,闪点低于23℃	BIPYRIDILIUM PESTICIDE, LIQUID, FLAMMABLE, TOXIC, flash point less than 23℃	3	6.1	I	61 274
			3	6.1	II	61 274
2783	固态有机磷农药,毒性	ORGANOPHOSPHORUS PESTICIDE, SOLID, TOXIC		6.1	I	61 274
				6.1	II	61 274
				6.1	III	61 223 274

续表

联合国编号	名称和说明	英文名称	类别和项别	次要危险性	包装类别	特殊规定
2784	液态有机磷农药，易燃，毒性，闪点低于23℃	ORGANOPHOSPHORUS PESTICIDE, LIQUID, FLAMMABLE, TOXIC, flash point less than 23℃	3	6.1	I	61 274
			3	6.1	II	61 274
2785	4-硫杂戊醛	4-THIAPENTANAL	6.1		III	
2786	固态有机锡农药，毒性	ORGANOTIN PESTICIDE, SOLID, TOXIC	6.1		I	61 274
			6.1		II	61 274
			6.1		III	61 223 274
2787	液态有机锡农药，易燃，毒性，闪点低于23℃	ORGANOTIN PESTICIDE, LIQUID, FLAMMABLE, TOXIC, flash point less than 23℃	3	6.1	I	61 274
			3	6.1	II	61 274
2788	液态有机锡化合物，未另作规定的	ORGANOTIN COMPOUND, LIQUID, N.O.S.	6.1		I	61 274
			6.1		II	61 274
			6.1		III	61 223 274
2789	冰醋酸，或乙酸溶液，按质量含酸高于80%	ACETIC ACID, GLACIAL or ACETIC ACID SOLUTION, more than 80% acid, by mass	8	3	II	
2790	乙酸溶液，按质量含酸不低于50%，但不超过80%	ACETIC ACID SOLUTION, not less than 50% but not more than 80% acid, by mass	8		II	
	乙酸溶液，按质量含酸高于10%，但不超过50%	ACETIC ACID SOLUTION, more than 10% and less than 50% acid, by mass	8		III	
2793	黑色金属的镗屑、刨屑、旋屑、切屑，易自燃	FERROUS METAL BORINGS, SHAVINGS, TURNINGS or CUTTINGS in a form liable to self heating	4.2		III	223
2794	蓄电池，湿的，装有酸液，蓄电	BATTERIES, WET, FILLED WITH ACID, electric storage	8			295
2795	蓄电池，湿的，装有碱液，蓄电	BATTERIES, WET, FILLED WITH ALKALI, electric storage	8			295
2796	硫酸，含酸不超过51%，或酸性电池液	SULPHURIC ACID with not more than 51% acid or BATTERY FLUID, ACID	8		II	
2797	碱性电池液	BATTERY FLUID, ALKALI	8		II	
2798	苯基二氯化磷	PHENYLPHOSPHORUS DICHLORIDE	8		II	
2799	苯基硫代磷酰二氯	PHENYLPHOSPHORUS THIODICHLORIDE	8		II	

续表

联合国编号	名称和说明	英文名称	类别和项别	次要危险性	包装类别	特殊规定
2800	蓄电池，湿的，密封的蓄电	BATTERIES, WET, NON-PILLABLE, electric storage	8			238
2801	液态染料，腐蚀性，未另作规定的，或液态染料中间产品，腐蚀性，未另作规定的	DYE, LIQUID, CORROSIVE, N.O.S. or DYE INTERMEDIATE LIQUID, CORROSIVE, N.O.S.	8		I	274
			8		II	274
			8		III	223 274
2802	氯化铜	COPPER CHLORIDE	8		III	
2803	镓	GALLIUM	8		III	
2805	溶凝固态氢化锂	LITHIUM HYDRIDE, FUSED SOLID	4.3		II	
2806	氮化锂	LITHIUM NITRIDE	4.3		I	
2807	磁化材料	MAGNETIZED MATERIAL	9		III	106
2809	汞	MERCURY	8		III	
2810	有机毒性液体，未另作规定的	TOXIC LIQUID, ORGANIC, N.O.S.	6.1		I	274 315
			6.1		II	374
			6.1		III	223 274
2811	有机毒性固体，未另作规定的	TOXIC SOLID, ORGANIC, N.O.S.	6.1		I	274
			6.1		II	274
			6.1		III	223 274
2812	固态铝酸钠	SODIUM ALUMINATE, SOLID	8		III	
2813	遇水反应固体，未另作规定的	WATER-REACTIVE SOLID, N.O.S.	4.3		I	274
			4.3		II	274
			4.3		III	223 274
2814	感染性物质，对人感染	INFECTIOUS SUBSTANCE, AFFECTING HUMANS	6.2			318 341
2815	N-氨乙基哌嗪	N-AMINOETHYLPIPERAZINE	8		III	
2817	二氟化氢铵溶液	AMMONIUM HYDROGEN DIFLUORIDE SOLUTION	8	6.1	II	
			8	6.1	III	223
2818	多硫化铵溶液	AMMONIUM POLYSULPHIDE SOLUTION	8	6.1	II	
			8	6.1	III	223
2819	酸式磷酸戊酯	AMYL ACID PHOSPHATE	8		III	
2820	丁酸	BUTYRIC ACID	8		III	

续表

联合国编号	名称和说明	英文名称	类别和项别	次要危险性	包装类别	特殊规定
2821	苯酚溶液	PHENOL SOLUTION	6.1		II	
			6.1		III	223
2822	2-氯吡啶	2-CHLOROPYRIDINE	6.1		II	
2823	丁烯酸（巴豆酸）	CROTONIC ACID	8		III	
2826	氯硫代甲酸乙酯	ETHYL CHLOROTHIOFORMATE	8	3	II	
2829	己酸	CAPROIC ACID	8		III	
2830	锂硅铁	LITHIUM FERROSILICON	4.3		II	
2831	1，1，1-三氯乙烷	1，1，1-TRICHLOROETHANE	6.1		III	
2834	亚磷酸	PHOSPHOROUS ACID	8		III	
2835	氢化铝钠	SODIUM ALUMINIUM HYDRIDE	4.3		II	
2837	硫酸氢盐水溶液	BISULPHATES, AQUEOUS SOLUTION	8		II	
			8		III	223
2838	丁酸乙烯酯，稳定的	VINYL BUTYRATE, STABILIZED	3		II	
2839	丁间醇醛	ALDOL	6.1		II	
2840	丁醛肟	BUTYRALDOXIME	3		III	
2841	二正戊胺	DI-n-AMYLAMINE	3	6.1	III	
2842	硝基乙烷	NITROETHANE	3		III	
2844	钙锰硅合金	CALCIUM MANGANESE SILICON	4.3		III	
2845	有机发火液态，未另作规定的	PYROPHORIC LIQUID, ORGANIC, N.O.S.	4.2		I	274
2846	有机发火固态，未另作规定的	PYROPHORIC SOLID, ORGANIC, N.O.S.	4.2		I	274
2849	3-氯-1-丙醇	3-CHLORO-PROPANOL-1	6.1		III	
2850	四聚丙烯	PROPYLENE TETRAMER	3		III	
2851	二水合三氟化硼	BORON TRIFLUORIDE DIHYDRATE	8		II	
2852	二苦硫，湿的，按质量含水不低于10%	DIPICRYL SULPHIDE, WETTED with not less than 10% water, by mass	4.1		I	28
2853	氟硅酸镁	MAGNESIUM FLUOROSILICATE	6.1		III	
2854	氟硅酸铵	AMMONIUM FLUOROSILICATE	6.1		III	
2855	氟硅酸锌	ZINC FLUOROSILICATE	6.1		III	
2856	氟硅酸盐（酯），未另作规定的	FLUOROSILICATES, N.O.S.	6.1		III	274
2857	制冷机，含非易燃、无毒液化气体或氨溶液（UN2672）	REFRIGERATING MACHINES containing non-flammable, nontoxic, gases or ammonia solutions (UN 2672)	2.2			119

续表

联合国编号	名称和说明	英文名称	类别和项别	次要危险性	包装类别	特殊规定
2858	锆金属，干的，成卷线材、精整金属薄板、带材（厚度18～254μm）	ZIRCONIUM, DRY, coiled wire, finished metal sheets, strip (thinner than 254 microns but not thinner than 18 microns)	4.1		Ⅲ	
2859	偏钒酸铵	AMMONIUM METAVANADATE	6.1		Ⅱ	
2861	多钒酸铵	AMMONIUM POLYVANADATE	6.1		Ⅱ	
2862	五氧化二钒，非熔凝状态	VANADIUM PENTOXIDE, non-fused form	6.1		Ⅲ	
2863	钒酸铵钠	SODIUM AMMONIUM VANADATE	6.1		Ⅱ	
2864	偏钒酸钾	POTASSIUM METAVANADATE	6.1		Ⅱ	
2865	硫酸胲	HYDROXYLAMINE SULPHATE	8		Ⅲ	
2869	三氯化钛混合物	TITANIUM TRICHLORIDE MIXTURE	8		Ⅱ	
			8		Ⅲ	223
2870	氢硼化铝	ALUMINIUM BOROHYDRIDE	4.2	4.3	Ⅰ	
	在装置中的氢硼化铝	ALUMINIUM BOROHYDRIDE IN DEVICES	4.2	4.3	Ⅰ	
2871	锑粉	ANTIMONY POWDER	6.1		Ⅲ	
2872	二溴氯丙烷	DIBROMOCHLOROPROPANES	6.1		Ⅱ	
			6.1		Ⅲ	223
2873	二丁氨基乙醇	DIBUTYLAMINOETHANOL	6.1		Ⅲ	
2874	糠醇	FURFURYL ALCOHOL	6.1		Ⅲ	
2875	六氯酚	HEXACHLOROPHENE	6.1		Ⅲ	
2876	间苯二酚	RESORCINOL	6.1		Ⅲ	
2878	颗粒状海绵钛或海绵钛粉末	TITANIUM SPONGE GRANULES or TITANIUM SPONGE POWDERS	4.1		Ⅲ	223
2879	二氯氧化硒	SELENIUM OXYCHLORIDE	8	6.1	Ⅰ	
2880	水合次氯酸钙，或水合次氯酸钙混合物，含水不低于5.5%，但不超过16%	CALCIUM HYPOCHLORITE, HYDRATED or CALCIUM HYPOCHLORITE, HYDRATED MIXTURE, with not less than 5.5% but not more than 16% water	5.1		Ⅱ	314 322
			5.1		Ⅲ	223 314
2881	金属催化剂，干的	METAL CATALYST, DRY	4.2		Ⅰ	274
			4.2		Ⅱ	274 223
			4.2		Ⅲ	318 341
2900	感染性物质，只对动物感染	INFECTIOUS SUBSTANCE, AFFECTING ANIMALS only	6.2			318 341

续表

联合国编号	名称和说明	英文名称	类别和项别	次要危险性	包装类别	特殊规定
2901	氯化溴	BROMINE CHLORIDE	2.3	5.1 8		
2902	液态农药，毒性，未另列明的	PESTICIDE, LIQUID, TOXIC, N.O.S.	6.1	3	Ⅰ	61 274
			6.1	3	Ⅱ	61 274
			6.1	3	Ⅲ	61 223 274
2903	液态农药，毒性，易燃，未另列明的，闪点不低于23℃	PESTICIDE, LIQUID, TOXIC, FLAMMABLE, N.O.S., flash point not less than 23℃	6.1	3	Ⅰ	61 274
			6.1	3	Ⅱ	61 274
			6.1	3	Ⅲ	61 223 274
2904	液态氯苯酚盐或液态苯酚盐	CHLOROPHENOLATES, LIQUID or PHENOLATES.LIQUID	8		Ⅲ	
2905	固态氯苯酚盐或固态苯酚盐	CHLOROPHENOLATES, SOLID or PHENOLATES, SOLID	8		Ⅲ	
2907	异山梨醇二硝酸酯混合物，含有不低于60%的乳糖、甘露糖、淀粉或磷酸氢钙	ISOSORBIDE DINITRATE MIXTURE with not less than 60% lactose, mannose, starch or calcium hydrogen phosphate	4.1		Ⅱ	127
2908	放射性物质例外货包 运输放射性物质的空包装	RADIOACTIVE MATERIAL, EXCEPTED PACKAGE–EMP–TYPACKAGING	7			290
2909	放射性物质例外货包 天然油或贫化铀或天然钍的制品	RADIOACTIVE MATERIAL, EXCEPTED PACKAGE–ARTICLESMANUFACTURED FROM NATURAL URANIUM or DEPLETED URANIUM or NATURAL THORIUM	7			290
2910	放射性物质例外货包 有限的放射性物质	RADIOACTIVE MATERIAL, EXCEPTED PACKAGE–LIMITED QUANTITY OF MATERIAL	7			290 325
2911	放射性物质例外货包 含有放射性物质的仪器或物品	RADIOACTIVE MATERIAL, EXCEPTED PACKAGE–INSTRUMENTS or ARTICLES	7			290
2912	Ⅰ类低比活度放射性物质(LSA–Ⅰ)，非易裂变的或例外的易裂变的	RADIOACTIVE MATERIAL. LOW SPECIFIC ACTIVITY (LSA–Ⅰ), non–fissile or fissile–exccpted	7			172 317 325
2913	放射性表面污染物体(SCO–Ⅰ或SCO–Ⅱ)，非易裂变的或例外的易裂变的	RADIOACTIVE MATERIAL, SURFACE CONTAMINATED OBJECTS (SCO–Ⅰ or SCO–Ⅱ), non–Fissile or fissile–excepted	7			172 317 336
2915	放射物质A型货包，非特殊形式的非易裂变的或非特殊形式的例外易裂变的	RADIOACTIVE MATERIAL. TYPE A PACKAGE, non–special form, non–fissile or fissile–exc epted	7			172 317 325

续表

联合国编号	名称和说明	英文名称	类别和项别	次要危险性	包装类别	特殊规定
2916	放射物质B（U）型货包，非易裂变的或例外的易裂变的	RADIOACTIVE MATERIAL, TYPE B(U) PACKAGE．non-fissile or fissile-excepted	7			172 317 325 337
2917	放射物质B（M）型货包，非易裂变的或例外的易裂变的	RADIOACTIVE MATERIAL, TYPE B(M) PACKAGE．non-fissile or fissile-excepted	7			172 317 325 337
2919	特殊安排下运输的放射性物质，非易裂变的或例外的易裂变的	RADIOACTIVE MATERIAL, TRANSPORTED UNDER SPECIAL ARRANGEMENT,nonfis-sile or fissile-excepted	7			172 317 325
2920	腐蚀性液体，易燃，未另列明的	CORROSIVE LIQUID, FLAMMABLE, N.O.S.	8	3	Ⅰ	274
			8	3	Ⅱ	274
2921	腐蚀性固体，易燃，未另列明的	CORROSIVE SOLID, FLAMMABLE, N.O.S.	8	4.1	Ⅰ	274
			8	4.1	Ⅱ	274
2922	腐蚀性液体，毒性，未另列明的	CORROSIVE LIQUID,TOXIC, N.O.S.	8	6.1	Ⅰ	274
			8	6.1	Ⅱ	274
			8	6.1	Ⅲ	223 274
2923	腐蚀性固体，毒性，未另列明的	CORROSIVE SOLID.TOXIC, N.O.S.	8	6.1	Ⅰ	274
			8	6.1	Ⅱ	274
			8	6.1	Ⅲ	223 274
2924	易燃液体，腐蚀性，未另列明的	FLAMMABLE LIQUID, CORROSIVE, N.O.S.	3	8	Ⅰ	274
			3	8	Ⅱ	274
			3	8	Ⅲ	223 274
2925	有机易燃固体，腐蚀性，未另列明的	FLAMMABLE SOLID, CORROSIVE．ORGANIC , N.O.S.	4.1	8	Ⅱ	274
			4.1	8	Ⅲ	223 274

续表

联合国编号	名称和说明	英文名称	类别和项别	次要危险性	包装类别	特殊规定
2926	有机易燃固体，毒性，未另列明的	FLAMMABLE SOLID.TOXIC, ORGANIC. N.O.S.	4.1	6.1	Ⅱ	274
			4.1	6.1	Ⅲ	223 274
2927	有机毒性液体，腐蚀性，未另列明的	TOXIC LIQUID,CORROSIVE, ORGANIC, N.O.S.	6.1	8	Ⅰ	274 315
			6.1	8	Ⅱ	274
2928	有机毒性固体，腐蚀性，未另列明的	TOXIC SOLID, CORROSIVE, ORGANIC, N.O.S.	6.1	8	Ⅰ	274
			6.1	8	Ⅱ	274
2929	有机毒性液体，易燃，未另列明的	TOXIC LIQUID, FLAMMABLE, ORGANIC, N.O.S.	6.1	3	Ⅰ	274 315
			6.1	3	Ⅱ	274
2930	有机毒性固体，易燃，未另列明的	TOXIC SOLID, FLAMMABLE, ORGANIC, N.O.S.	6.1	4.1	Ⅰ	274
			6.1	4.1	Ⅱ	274
2931	硫酸氧钒	VANADYL SULPHATE	6.1		Ⅱ	
2933	2-氯丙酸甲酯	METHYL 2-CHLORO-PROPIONATE	3		Ⅲ	
2934	2-氯丙酸异丙酯	ISOPROPYL 2-CHLOROPROPIONATE	3		Ⅲ	
2935	2-氯丙酸乙酯	ETHYL 2-CHLOROPROPIONATE	3		Ⅲ	
2936	硫代乳酸	THIOLACTIC. ACID	6.1		Ⅱ	
2937	α-甲基苄基醇，液态	alpha-METHYLBENZYL ALCOIIOL, LIQUID	6.1		Ⅲ	
2940	9-磷杂二环壬烷（环辛二烯膦）	9-PHOSPHABICYCLONONANES (CYCLOOCTADIENE PHOSPHINES)	4.2		Ⅱ	
2941	氟苯胺	FLUOROANILINES	6.1		Ⅲ	
2942	2-三氟甲基苯胺	2-TRIFLUOROMETHYLANILINE	6.1		Ⅲ	
2943	四氢化糠胺	TETRAIIYDROFURFURYL-AMINE	3		Ⅲ	
2945	N-甲基丁胺	N-METHYLBUTYLAMINE	3	8	Ⅱ	
2946	2-氨基-5-二乙氨基戊烷	2-AMIN0-5-DIETHYL-AMINOPENTANE	6.1		Ⅲ	
2947	氯乙酸异丙酯	ISOPROPYL CHLOROACETATE	3		Ⅲ	
2948	3-三氟甲基苯胺	3-TRIFLUOROMETHYLANILINE	6.1		Ⅱ	

续表

联合国编号	名称和说明	英文名称	类别和项别	次要危险性	包装类别	特殊规定
2949	氢硫化钠，含结晶水不低于25%	SODIUM HYDROSULPHIDE with not less than 25% water of crystallization	8		Ⅱ	
2950	颗粒状镁，涂层，粒径不小于149μm	MAGNESIUM GRANULES, COATED, particle size not less than 149 microns	4.3		Ⅲ	
2956	5-叔丁基-2,4,6-三硝基间二甲苯（二甲苯麝香）	5-tert-BUTYL-2,4,6-TRINITRO-m-XYLENE(MUSK XYLENE)	4.1		Ⅲ	132 133
2965	三氟化硼合二甲醚	BORON TRIFLUORIDE DIMETHYL ETHERATE	4.3	3 8	Ⅰ	
2966	硫甘醇	THIOGLYCOL	6.1		Ⅱ	
2967	氨基磺酸	SULPHAMIC ACID	8		Ⅲ	
2968	代森锰，稳定的，或代森锰制剂，稳定的，加防自热稳定剂	MANEB, STABILIZED or MANEB PREPARATION, STABILIZED against self-heating	4.3		Ⅲ	223
2969	蓖麻籽或蓖麻粉或蓖麻油渣或蓖麻片	CASTOR BEANS or CASTOR MEAL or CASTOR POMACE or CASTOR FLAKE	9		Ⅱ	141
2977	放射性物质六氟化铀，易裂变	RADIOACTIVE MATERIAL URANIUM HEXAFLUORIDE, FISSILE	7	8		
2978	放射性物质六氟化铀，非易裂变的或例外的易裂变的	RADIOACTIVE MATERIAL, URANIUM HEXAFLUORIDE,non-fissile or fissile-excepted	7	8		317
2983	环氧乙烷和氧化丙烯混合物，含环氧乙烷不超过30%	ETHYLENE OXIDE AND PROPYLENE OXIDE MIXTURE, not more than 30% o ethylene oxide	3	6.1	Ⅰ	
2984	过氧化氢水溶液，过氧化氢含量不低于8%，但低于20%（必要时加稳定剂）	HYDROGEN PEROXIDE, AQUEOUS SOLUTION with not less than 8% but less than 20% hydrogen peroxide(stabilized asnecessary)	5.1		Ⅲ	65
2985	氯硅烷，易燃，腐蚀性，未另列明的	CHLOROSILANES,FLAMMABLE, CORROSIVE,N. O. S.	3	8	Ⅱ	
2986	氯硅烷，腐蚀性，易燃，未另列明的	CHLOROSILANES,CORROSIVE, FLAMMABLE, N. O. S.	8	3	Ⅱ	
2987	氯硅烷，腐蚀性，未另列明的	CHLOROSILANES, CORROSIVE, N. O. S.	8		Ⅱ	
2988	氯硅烷，遇水反应，易燃，腐蚀性，未另列明的	REACTIVE, FLAMMABLE,CORROSIVE, N. O.S.	4.3	3 8	Ⅰ	
2989	亚磷酸二氢铅	LEAD PHOSPHITE, DIBASIC	4.1		Ⅱ	
2989	亚磷酸二氢铅	LEAD PHOSPHITE, DIBASIC	4.1		Ⅲ	223
2990	救生设备，自动膨胀式	LIFE-SAVING APPLIANCES,SELF-INFLATING	9			296

续表

联合国编号	名称和说明	英文名称	类别和项别	次要危险性	包装类别	特殊规定
2991	液态氨基甲酸酯农药，毒性，易燃，闪点不低于23℃	CARBAMATE PESTICIDE, LIQUID, TOXIC, FLAMMABLE, flash point not less than 23℃	6.1	3	Ⅰ	61 274
			6.1	3	Ⅱ	61 274
			6.1	3	Ⅲ	61 223 274
2992	液态氨基甲酸酯农药，毒性	CARBAMATE PESTICIDE, LIQUID, TOXIC	6.1		Ⅰ	61 274
			6.1		Ⅱ	61 274
			6.1		Ⅲ	61 223 274
2993	液态含砷农药，毒性，易燃，闪点不低于23℃	ARSENICAL PESTICIDE, LIQUID, TOXIC, FLAMMABLE, flash point not less than 23℃	6.1	3	Ⅰ	61 274
			6.1	3	Ⅱ	61 274
			6.1	3	Ⅲ	61 223 274
2994	液态含砷农药，毒性	ARSENICAL PESTICIDE, LIQUID, TOXIC	6.1		Ⅰ	61 274
			6.1		Ⅱ	61 274
			6.1		Ⅲ	61 223 274
2995	液态有机氯农药，毒性，易燃，闪点不低于23℃	ORGANOCHLORINE PESTICIDE, LIQUID, TOXIC, FLAMMABLE, flash point not less than 23℃	6.1	3	Ⅰ	61 274
			6.1	3	Ⅱ	61 274
			6.1	3	Ⅲ	61 223 274
2996	液态有机氯农药，毒性	ORGANOCHLORINE PESTICIDE, LIQUID, TOXIC	6.1		Ⅰ	61 274
			6.1		Ⅱ	61 274
			6.1		Ⅲ	61 223 274

续表

联合国编号	名称和说明	英文名称	类别和项别	次要危险性	包装类别	特殊规定
2997	液态三嗪农药，毒性，易燃，闪点不低于23℃	TRIAZINE PESTICIDE. LIQUID, TOXIC, FLAMMABLE, flash point not less than 23℃	6.1	3	I	61 274
			6.1	3	II	61 274
			6.1	3	III	61 223 274
2998	液态三嗪农药，毒性	TRIAZINE PESTICIDE. LIQUID, TOXIC	6.1		I	61 274
			6.1		II	61 274
			6.1		III	61 223 274
3005	液态硫代氨基甲酸酯农药，毒性，易燃，闪点不低于23℃	THIOCARBAMATE PESTICIDE, LIQLTID,TOXIC FLAMMABLE, flash point not less than 23℃	6.1	3	I	61 274
			6.1	3	II	61 274
			6.1	3	III	61 223 274
3006	液态硫代氨基甲酸酯农药，毒性	THIOCARBAMATE PESTICIDE, LIQLTID,TOXIC	6.1		I	61 274
			6.1		II	61 274
			6.1		III	61 223 274
3009	液态铜基农药，毒性，易燃，闪点不低于23℃	COPPER BASED PESTICIDE. LIQUID, TOXIC FLAMMABLE, flash point not less than 23℃	6.1	3	I	61 274
			6.1	3	II	61 274
			6.1	3	III	61 223 274
3010	液态铜基农药，毒性	COPPER BASED PESTICIDE. LIQUID, TOXIC	6.1		I	61 274
			6.1		II	61 274
			6.1		III	61 223 274

续表

联合国编号	名称和说明	英文名称	类别和项别	次要危险性	包装类别	特殊规定
3011	液态汞基农药，毒性，易燃，闪点不低于23℃	MERCURY BASED PESTICIDE. LIQUID. TOXIC. FLAMMABLE, flash point not less than 23℃	6.1	3	I	61 274
			6.1	3	II	61 274
			6.1	3	III	61 223 274
3012	液态汞基农药，毒性	MERCURY BASED PESTICIDE. LIQUID. TOXIC	6.1		I	61 274
			6.1		II	61 274
			6.1		III	61 223 274
3013	液态取代硝基苯酚农药，毒性，易燃，闪点不低于23℃	SUBSTITUTED NITROPHENOL PESTICIDE,LIQUID, TOXIC. FLAMMABLE, flash point not less than 23℃	6.1	3	I	61 274
			6.1	3	II	61 274
			6.1	3	III	61 223 274
3014	液态取代硝基苯酚农药，毒性	SUBSTITUTED NITROPHENOL PESTICIDE,LIQUID, TOXIC	6.1		I	61 274
			6.1		II	61 274
			6.1		III	61 223 274
3015	液态联吡啶农药，毒性，易燃，闪点不低于23℃	BIPYRIDILIUM PESTICIDE，LIQUID, TOXIC, flash point not less than 23℃	6.1	3	I	
					II	
					III	
3016	液态联吡啶农药，毒性	BIPYRIDILIUM PESTICIDE，LIQUID, TOXIC	6.1		I	61 274
			6.1		II	61 274
			6.1		III	61 223 274

续表

联合国编号	名称和说明	英文名称	类别和项别	次要危险性	包装类别	特殊规定
3017	液态有机磷农药，毒性，易燃，闪点不低于23℃	ORGANOPHOSPHORUS PESTICIDE, LIQUID,TOXIC. FLAMMABLE , flash point not less than 23℃	6.1	3	I	61 274
			6.1	3	II	61 274
			6.1	3	III	61 223 274
3018	液态有机磷农药，毒性	ORGANOPHOSPHORUS PESTICIDE, LIQUID, TOXIC	6.1		I	61 274
			6.1		II	61 274
			6.1		III	61 223 274
3019	液态有机锡农药，毒性，易燃，闪点不低于23℃	ORGANOTIN PESTICIDE, LIQUID, TOXIC, FLAMMABLE, flash point not less than 23℃	6.1	3	I	61 274
			6.1	3	II	61 274
			6.1	3	III	61 223 274
3020	液态有机锡农药，毒性	ORGANOTIN PESTICIDE, LIQUID, TOXIC	6.1		I	61 274
			6.1		II	61 274
			6.1		III	61 223 274
3021	液态农药，易燃，毒性，未另列明的，闪点不低于23℃	PESTICIDE, LIQUID , FLAMMABLE , TOXIC, N. O. S. , flash point less than 23℃	3	6.1	I	61 274
			3	6.1	II	61 274
3022	1，2-丁撑氧，稳定的	1,2–BUTYLENE OXIDE STABILIZED	3		II	
3023	2-甲基-2庚硫醇	2-METHYL-2HEPTANETHIOL	6.1	3	I	354
3024	液态香豆素衍生物农药，易燃，毒性，闪点不低于23℃	COUMARIN DERIVATIVE PESTICIDE, LIQUID, FLAMMABLE, TOXIC, flash point not less than 23℃	3	6.1	I	61 274
			3	6.1	II	61 274

附录4 《危险货物品名表》(GB 12268—2012)

续表

联合国编号	名称和说明	英文名称	类别和项别	次要危险性	包装类别	特殊规定
3025	液态香豆素衍生物农药，毒性，易燃，闪点不低于23℃	COUMARIN DERIVATIVE PESTICIDE, LIQUID, TOXIC, FLAMMABLE, flash point not less than 23℃	6.1	3	I	61 274
			6.1	3	II	61 274
			6.1	3	III	61 223 274
3026	液态香豆素衍生物农药，毒性	COUMARIN DERIVATIVE PESTICIDE, LIQUID, TOXIC	6.1		I	61 274
			6.1		II	61 274
			6.1		III	61 223 274
3027	固态香豆素衍生物农药，毒性	COUMARIN DERIVATIVE PESTICIDE, SOLID, TOXIC	6.1		I	61 274
			6.1		II	61 274
			6.1		III	61 223 274
3028	干蓄电池，含有固态氢氧化钾蓄电	BATTERIES, DRY, CONTAINING POTASSIUM HYDROXIDE SOLID, electric storage	8			295 304
3048	磷化铝农药	ALUMINIUM PHOSPHIDE PESTICIDE	6.1		I	153
3054	环己硫醇	CYCLOHEXYL MERCAPTAN	3		III	
3055	2-(2-氨基乙氧基)乙醇	2-(2-AMINOETHOXY) ETHA-NOL	8		III	
3056	正庚醛	n-HEPTALDEHYDE	3		III	
3057	三氟乙酰氯	TRIFLUOROACETYL CHLORIDE	2.3	8		
3064	硝化甘油乙醇溶液，含硝化甘油高于1%，但不超过5%	NITROGLYCERIN, SOLUTION IN ALCOHOL with more than 1% but not more than 5% nitroglycerin	3		II	
3065	乙醇饮料，按体积含乙醇高于70%	ALCOHOLIC BEVERAGES, with more than 70% alcohol by volume	3		II	146
	乙醇饮料，按体积含乙醇高于24%，但不超过70%	ALCOHOLIC BEVERAGES, with more than 24% but not more than 70% alcohol by volume	3		III	144 145 247

· 323 ·

续表

联合国编号	名称和说明	英文名称	类别和项别	次要危险性	包装类别	特殊规定
3066	涂料（包括色漆、喷漆、搪瓷、着色剂、虫胶、清漆、抛光剂、液态填料和液态喷漆基料）或涂料的相关材料（包括涂料稀释剂或冲淡剂）	PAINT (including paint, lacquer, enamel, stain. shellac. varnish. polish, liquid filler and liquid lacquer base) or PAINT RELATEDMATE-RIAL(including paintthinning or re-ducing compound)	8 8		II III	163 163 223
3070	环氧乙烷和二氯二氟甲烷混合物，含环氧乙烷不超过12.5%	ETHYLENF OXIDE AND DICHLORO-DIFLUORO-METIIANE MIXTURE with not more than 12.5% ethylene oxide	2.2			
3071	液态硫醇，毒性，易燃，未另列明的，或液态硫醇混合物，毒性，易燃，未另列明的	MERCAPTANS, LIQUID, TOXIC. FLAMMABLE, N.O.S. or MER-CAPTAN MIXTURE, LIQUID. TOXIC, FLAMMABLE, N.O.S.	6.1	3	II	274
3072	非自动膨胀式救生设备，装备中含有危险物品	LIFE-SAVING APPLIANCES NOT SELF-INFLATING containing dan-gerous goods as equipment	9			296
3073	乙烯基吡啶，稳定的	VINYLPYRIDINES, STABILIZED	6.1	3 8	II	
3077	对环境有害的固态物质，未另列明的	ENVIRONMENTALLY HAZARDOUS SUBSTANCE, N.O.S.	9		III	274 331 335
3078	铈，切屑或粗粉	CERIUM, turnings or gritty powder	4.3		II	
3079	甲基丙烯腈，稳定的	METIIACRYLONITRILE. STABILIZED	3	6.1	I	354
3080	异氰酸酯，毒性，易燃，未另列明的，或异氰酸酯溶液，毒性，易燃，未另列明的	ISOCYANATES.TOXIC, FLAMMABLE, N.O.S. or ISOCYANATE SOI_UTION, TOXIC, FLAMMABLE, N.O.S.	6.1	3	II	274
3082	对环境有害的液态物质，未另列明的	ENVIRONMENTALLY HAZARDOUS SUBSTANCE, LIQUID, N.O.S.	9		III	274 331 335
3083	氟化高氯酰（高氯酰氟）	PERCHLORYL FLUORIDE	2.3	5.1		
3084	腐蚀性固体，氧化性，未另列明的	CORROSIVE SOLID, OXIDIZING, N.O.S.	8 8	5.1 5.1	I II	274 274
3085	氧化性固体，腐蚀性，未另列明的	OXIDIZING SOLID, CORROSIVE, N.O.S.	5.1 5.1	8 8	I II III	274 274 223 274
3086	毒性固体，氧化性，未另列明的	TOXIC SOLID, OXIDIZING, N.O.S.	6.1 6.1	5.1 5.1	I II	274 274

续表

联合国编号	名称和说明	英文名称	类别和项别	次要危险性	包装类别	特殊规定
3087	氧化性固体，毒性，未另列明的	OXIDIZING SOLID, TOXIC, N.O.S.	5.1	6.1	I	274
			5.1	6.1	II	274
			5.1	6.1	III	223 274
3088	有机自热固体，未另列明的	SELF-HEATING SOLID, ORGANIC, N.O.S.	4.2		II	274
			4.2		III	223 274
3089	金属粉，易燃，未另列明的	METAL POWDER, FLAMMABLE, N.O.S.	4.1		II	
			4.1		III	223
3090	锂电池组	LITHIUM METAL BATTERIES (includinglithium alloy batteries)	9		II	188 230 310
3091	装在设备中的锂电池组或同设备包装在一起的锂电池组	LITHIUM BATTERIES CONTAINED IN EQUIPMENT or LITHIUM BATTERIES PACKED-WITH EQUIPMENT(includinglithium alloy batteries)	9		II	188 230
3092	1-甲氧基-2-丙醇	1-METHOXY-2-PROPANOL	3		III	
3093	腐蚀性液体，氧化性，未另列明的	CORROSIVE LIQUID, OXIDIZING, N.O.S.	8	5.1	I	274
			8	5.1	II	274
3094	腐蚀性液体，遇水反应，未另列明的	CORROSIVE LIQUID.WATE-RREACTIVE, N.O.S.	8	4.3	I	274
			8	4.3	II	274
3095	腐蚀性固体，自热性，未另列明的	CORROSIVE SOLID, SELF-HEATING, N.O.S.	8	4.2	I	274
			8	4.2	II	274
3096	腐蚀性固体，遇水反应，未另列明的	CORROSIVE SOLID.WATER-REACTIVE, N.O.S.	8	4.3	I	274
			8	4.3	II	274
3097	易燃固体，氧化性，未另列明的	FLAMMABLE SOLID, OXIDIZIN G.N.O.S.	4.1	5.1	II	274
			4.1	5.1	III	223 274
3098	氧化性液体，腐蚀性，未另列明的	OXIDIZING LIQUID, CORROSIVE, N.O.S.	5.1	8	I	274
			5.1	8	II	274
			5.1	8	III	223 274

续表

联合国编号	名称和说明	英文名称	类别和项别	次要危险性	包装类别	特殊规定
3099	氧化性液体，毒性，未另列明的	OXIDIZING LIQUID, TOXIC, N. O. S.	5.1	6.1	I	274
			5.1	6.1	II	274
			5.1	6.1	III	223 274
3100	氧化性固体，自热性，未另列明的	OXIDIZING SOLID.SELF–HEATING, N. O. S.	5.1	4.2	I	274
			5.1	4.2	II	274
3101	液态 B 型有机过氧化物	ORGANIC PEROXIDE TYPE B, LIQUID	5.2			122 181 195 274 323
3102	固态 B 型有机过氧化物	ORGANIC PEROXIDE TYPE B, SOLID	5.2			122 181 195 274 323
3103	液态 C 型有机过氧化物	ORGANIC PEROXIDE TYPE C, LIQUID	5.2			122 195 274 323
3104	固态 C 型有机过氧化物	ORGANIC PEROXIDE TYPE C, SOLID	5.2			122 195 274 323
3105	液态 D 型有机过氧化物	ORGANIC PEROXIDE TYPE D, LIQUID	5.2			122 274 323
3106	固态 D 型有机过氧化物	ORGANIC PEROXIDE TYPE D, SOLID	5.2			122 274 323
3107	液态 E 型有机过氧化物	ORGANIC PEROXIDE TYPE E, LIQUID	5.2			122 274 323
3108	固态 E 型有机过氧化物	ORGANIC PEROXIDE TYPE E, SOLID	5.2			122 274 323
3109	液态 F 型有机过氧化物	ORGANIC PEROXIDE TYPE F, LIQUID	5.2			122 274 323
3110	固态 F 型有机过氧化物	ORGANIC PEROXIDE TYPE F, SOLID	5.2			122 274 323

续表

联合国编号	名称和说明	英文名称	类别和项别	次要危险性	包装类别	特殊规定
3111	液态B型有机过氧化物，控制温度的	ORGANIC PEROXIDE TYPE B, LIQUID, TEMPERATURE CONTROLLED	5.2			122 181 195 274 323
3112	固态B型有机过氧化物，控制温度的	ORGANIC PEROXIDE TYPE B, SOLID, TEMPERATURE CONTROLLED	5.2			122 181 195 274 323
3113	液态C型有机过氧化物，控制温度的	ORGANIC PEROXIDE TYPE C, LIQUID, TEMPERATURE CONTROLLED	5.2			122 195 274 323
3114	固态C型有机过氧化物，控制温度的	ORGANIC PEROXIDE TYPE C, SOLID, TEMPERATURE CONTROLLED	5.2			122 195 274 323
3115	液态D型有机过氧化物，控制温度的	ORGANIC PEROXIDE TYPE D, LIQUID, TEMPERATURE CONTROLLED	5.2			122 274 323
3116	固态D型有机过氧化物，控制温度的	ORGANIC PEROXIDE TYPE D, SOLID, TEMPERATURE CONTROLLED	5.2			122 274 323
3117	液态E型有机过氧化物，控制温度的	ORGANIC PEROXIDE TYPE E, LIQUID, TEMPERATURE CONTROLLED	5.2			122 274 323
3118	固态E型有机过氧化物，控制温度的	ORGANIC PEROXIDE TYPE E, SOLID, TEMPERATURE CONTROLLED	5.2			122 274 323
3119	液态F型有机过氧化物，控制温度的	ORGANIC PEROXIDE TYPE F, LIQUID, TEMPERATURE CONTROLLED	5.2			122 274 323
3120	固态F型有机过氧化物，控制温度的	ORGANIC PEROXIDE TYPE F, SOLID, TEMPERATURE CONTROLLED	5.2			122 274 323
3121	氧化性固体，遇水反应，未另列明的	OXIDIZING SOLID, WATER-REACTIVE, N.O.S.	5.1	4.3	Ⅰ	274
			5.1	4.3	Ⅱ	274
3122	毒性固体，氧化性，未另列明的	TOXIC LIQUID, OXIDIZING, N.O.S.	6.1	5.1	Ⅰ	274 315
			6.1	5.1	Ⅱ	274

续表

联合国编号	名称和说明	英文名称	类别和项别	次要危险性	包装类别	特殊规定
3123	毒性液体，遇水反应，未另列明的	TOXIC LIQUID, WATER–REACtFIVE , N. O. S.	6.1	4.3	I	274 315
			6.1	4.3	II	274
3124	毒性固体，自热性，未另列明的	TOXIC SOI_ID , SELF–HEATING , N. O. S.	6.1	4.2	I	274
			6.1	4.2	II	274
3125	毒性固体，遇水反应，未另列明的	TOXIC SOLID, WATER –REACTIVE , N. O. S.	6.1	4.3	I	274
			6.1	4.3	II	274
3126	有机自热固体，腐蚀性，未另列明的	SELF–HEATING SOLID, CORROSIVE , ORGANIC , N. O. S.	4.2	8	II	274
			4.2	8	III	223 274
3127	自热固体，氧化性，未另列明的	SELF–HEATING SOLID. OXIDIZING, N. O. S.	4.2	5.1	II	274
			4.2	5.1	III	223 274
3128	有机自热固体，毒性，未另列明的	SELFHEATING SOLID, TOXIC, ORGANIC , N. O. S.	4.2	6.1	II	274
			4.2	6.1	III	223 274
3129	遇水反应液体，腐蚀性，未另列明的	WATER–REACTIVE LIQUID, CORROSIVE , N. O. S.	4.3	8	I	274
			4.3	8	II	274
			4.3	8	III	223 274
3130	遇水反应液体，毒性，未另列明的	WATERREACTIVE LIQUID, TOXIC , N. O. S.	4.3	6.1	I	274
			4.3	6.1	II	274
			4.3	6.1	III	223 274
3131	遇水反应固体，腐蚀性，未另列明的	WATFR–REACTIVE SOLID , CORROSIVE , N. O. S.	4.3	8	I	274
			4.3	8	II	274
			4.3	8	III	223 274

续表

联合国编号	名称和说明	英文名称	类别和项别	次要危险性	包装类别	特殊规定
3132	遇水反应固体，易燃，未另列明的	WATER-REACTIVE SOLID, FLAMMABLE, N.O.S.	4.3	4.1	Ⅰ	274
			4.3	4.1	Ⅱ	274
			4.3	4.1	Ⅲ	223 274
3133	遇水反应固体，氧化性，未另列明的	WATER-REACTIVE SOLID, OXIDIZING, N.O.S.	4.3	5.1	Ⅱ	274
			4.3	5.1	Ⅲ	223 274
3134	遇水反应固体，毒性，未另列明的	WATER-REACTIVE SOLID, TOXIC, N.O.S.	4.3	6.1	Ⅰ	274
			4.3	6.1	Ⅱ	274
			4.3	6.1	Ⅲ	223 274
3135	遇水反应固体，自热性，未另列明的	WATER-REACTIVE SOLID, SELF-HEATING, N.O.S.	4.3	4.2	Ⅰ	274
			4.3	4.2	Ⅱ	274
			4.3	4.2	Ⅲ	223 274
3136	冷冻液态三氟甲烷	TRIFLUOROMETHANE, REFRTGFR ATED LIQUID	2.2			
3137	氧化性固体，易燃，未另列明的	OXIDIZING SOLID. FLAMMABLE, N.O.S.	5.1	4.1	Ⅰ	274
3138	冷冻液态乙烯、乙炔和丙烯混合物，含乙烯至少71.5%，乙炔不超过22.5%，丙烯不超过6%	ETHYLENE, ACETYLENE AND PROPYLENE MIXTURE, REFRIGERATED LIQUID containing at least 71.5 % ethylenewith not more than 22.5% acetylene and not more than 6% pro-pylene	2.1			
3139	氧化性液体，未另列明的	OXIDIZING LIQUID, N.O.S.	5.1		Ⅰ	274
			5.1		Ⅱ	274
			5.1		Ⅲ	223 274
3140	液态生物碱，未另列明的或液态生物碱盐类，未另列明的	ALKALOIDS, LIQUID, N.O.S. or ALKALOID SALTS, LIQUID, N.O.S.	6.1		Ⅰ	43 274
			6.1		Ⅱ	43 274
			6.1		Ⅲ	43 223 274
3141	液态无机锑化合物，未另列明的	AN'I'IMUNY COMPOUND, INORGANIC, LIOUID, N.O.S.	6.1		Ⅲ	45 274

续表

联合国编号	名称和说明	英文名称	类别和项别	次要危险性	包装类别	特殊规定
3142	液态消毒剂，毒性，未另列明的	DYE, SOLID, TOXIC, N. O. S. or DYE INTERMEDIATE, SOLID, TOXIC, N. O. S.	6.1		I	274
			6.1		II	274
			6.1		III	223 274
3143	固态染料，毒性，未另列明的或固态染料中间产品，毒性，未另列明的	DISINFECTANT, LIOUID, TOXIC, N. O. S.	6.1		I	274
			6.1		II	274
			6.1		III	223 274
3144	液态烟碱化合物，未另列明的或液态烟碱制剂，未另列明的	NICOTINE COMPOUND, LIQUID, N. O. S. or NICOTINE PREPARATION, LIQUID, N. O. S.	6.1		I	43 274
			6.1		II	43 274
			6.1		III	43 223 274
3145	液态烷基苯酚，未另列明的（包括$C_2 \sim C_{12}$的同系物）	ALKYLPHENOLS, LIQUID, N. O. S. (including $C_2 \sim C_{12}$ homologues)	8		I	
			8		II	
			8		III	223
3146	固态有机锡化合物，未另列明的	ORGANOTIN COMPOUND, SOLID, N. O. S.	6.1		I	43 274
			6.1		II	43 274
			6.1		III	43 223 274
3147	固态染料，腐蚀性，未另列明的或固态染料中间产品，腐蚀性，未另列明的	DYE, SOLID, CORROSIVE, N. O. S. or DYE INTERMEDIATE, SOLID, N. O. S.	8		I	274
			8		II	274
			8		III	223 274
3148	遇水反应液体，未另列明的	CORROSIVE, WATER-REACTIVE LIQUID, N. O. S.	4.3		I	274
			4.3		II	274
			4.3		III	223 274

续表

联合国编号	名称和说明	英文名称	类别和项别	次要危险性	包装类别	特殊规定
3149	过氧化氢和过氧乙酸混合物，含酸（类）、水和不超过5%的过氧乙酸，稳定的	HYDROGEN PEROXIDE AND PEROXYACETIC ACID MIXTURE with acid (s). water and not more than 5% peroxyacetic acid, STABILIZED	5.1	8	II	196
3150	以烃类气体作能源的小型装置或小型装置的烃类气体充气罐，带有释放装置	DEVICES, SMALL, HYDROCARBON GAS POWERED or HYDROCAR-BONGAS REFILLS FOR SMALL DEVICES with release device	2.1			
3151	液态多卤联苯或液态多卤三联苯	POLYHALOGENATED BIPHENYLS, LIQUID or POLYHALOGENATED TERPHENYLS, LIQUID	9		II	203 305
3152	固态多卤联苯或固态多卤三联苯	POLYHALOGENATED BIPHENYLS, SOLID or POI_YHALOGENATED TERPHENYLS,SOLID	9		II	203 305
3153	全氟（甲基乙烯基醚）	PERFLUORO (METHYL VI-NYLETHER)	2.1			
3154	全氟（乙基乙烯基醚）	PERFLUORO (ETHYL VINYL ETHER)	2.1			
3155	五氯酚	PENTACHLOROPHENOL	6.1		II	
3156	压缩气体，氧化性，未另列明的	COMPRESSED GAS, OXIDIZING, N.O.S.	2.2	5.1		274
3157	液化气体，氧化性，未另列明的	LIQUEFIED GAS, OXIDIZING, N.O.S.	2.2	5.1		274
3158	冷冻液态气体，未另列明的	GAS, REFRIGERATED LIQUID, N.O.S.	2.2			274
3159	1,1,1,2-四氟乙烷（制冷气体R134a）	1.1,1,2-TETRAFLUOROETHANE (REFRIGERANT GAS R 134a)	2.2			
3160	液化气体，毒性，易燃，未另列明的	LIQUEFIED GAS,TOXIC, FLAMMABLE, N.O.S.	2.3	2.1		274
3161	液态气体，易燃，未另列明的	LIQUEFIED GAS,FLAMMABLE, N.O.S.	2.1			274
3162	液化气体，毒性，未另列明的	LIQUEFIED GAS,TOXIC, N.O.S.	2.3			274
3163	液化气体，未另列明的	LIQUEFIED GAS, N.O.S.	2.2			274
3164	气压或液压物品（含有非易燃气体）	ARTICLES. PRESSURI7ED, PNEUMATIC or HYDRAULIC (containing non-flammable gas)	2.2			283
3165	飞行器液压动力装置燃料箱（装有无水肼和甲肼混合液）(M86号燃料)	AIRCRAFT HYDRAULIC POWER UNIT FUEL TANK (containing amixture of anhydrous hydrazine and methylhydrazine) (M86 fuel)	3	6.1 8	I	

续表

联合国编号	名称和说明	英文名称	类别和项别	次要危险性	包装类别	特殊规定
3166	内燃发动机或易燃气体发动的车辆或易燃液体发动的车辆	ENGINE, INTERNAL COMBUSTION or VEHICLE, FLAMMABLE GAS POWERED or VEHICLE, FLAM-MABLE LIQUID POWERED, or EN-GINE, FUEL CELL. FLAMMABLEGAS POWERED or ENGINE, FUEL CELL, FLAMMABLE LIQUID POW-ERED, or VEHICLE. FUEL CELL, FLAMMABLE GAS POWERED or VEHICLE, FUEL CELL, FLAMMABLE LIQUID POWERED	9			106 312 356
3167	未压缩气体样品,易燃,未另列明的,非冷冻液体	GAS SAMPLE, NON-PRESSURIZED, FLAMMABLE, FLAMMABLE, N.O.S, not refrieerated liquid	2.1			209
3168	未压缩气体样品,毒性,易燃,未另列明的,非冷冻液体	GAS SAMPLE, NON-PRESSURIZED, OXIC, FLAMMABLE, N.O.S, not refrieerated liquid	2.3	2.1		209
3169	未压缩气体样品,毒性,未另列明的,非冷冻液体	GAS SAMPLE, NON-PRESSURIZED, TOXIC, N.O.S., not refrigerated liquid	2.3			209
3170	铝熔炼副产品或铝再熔副产品	ALUMINIUM SMELTING BY-PRODUCTS or ALUMINIUM REMELTING BY-PRODUCTS	4.3		II	244
			4.3		III	223 244
3171	电池供电车辆或电池供电设备	BATTERY-POWERED VEHICLE or BATTERY-POWERED EQUIPMENT	9			106 240
3172	液态毒素,从生物体提取,未另列明的	TOXTNS. EXTRACTED FROM LIVING SOURCES, LIQUID, LIQUID, N.O.S.	6.1		I	210 274
					II	210 274
					III	210 223 274
3174	二硫化钛	TITANIUM DISULPHIDE	4.2		III	
3175	含易燃液体的固体,未另列明的	SOLIDS CONTAINING FLAMMABLE LIQUID, N.O.S.	4.1		II	216 274
3176	有机熔融易燃固体,未另列明的	FLAMMABLE SOLID, TOXIC, ORGANIC, MOLTEN, N.O.S.	4.1		II	274
			4.1		III	223 274

续表

联合国编号	名称和说明	英文名称	类别和项别	次要危险性	包装类别	特殊规定
3178	无机易燃固体，未另列明的	FLAMMABLE SOLID, TOXIC, N.O.S.	4.1		II	274
			4.1		III	223 274
3179	无机易燃固体，毒性，未另列明的	FLAMMABLE SOLID, TOXIC, INORGANIC, N.O.S.	4.1	6.1	II	274
			4.1	6.1	III	223 274
3180	无机易燃固体，腐蚀性，未另列明的	FLAMMABLE SOLID, CORROSIVE, INORGANIC, N.O.S.	4.1	8	II	274
			4.1	8	III	223 274
3181	有机化合物的金属盐，易燃，未另列明的	METAL SALTS OF ORGANIC COMPOUNDS, FLAMMABLE, N.O.S.	4.1		II	274
			4.1		III	223 274
3182	金属氢化物，易燃，未另列明的	METAL HYDRIDES, FLAMMABLE, N.O.S.	4.1		II	274
			4.1		III	223 274
3183	有机自热液体，未另列明的	SELFHEATING LIQUID, ORGANIC．N.O.S.	4.2		II	274
			4.2		III	223 274
3184	有机自热液体，毒性，未另列明的	SELF-HEATING LIQUID, TOXIC, ORGANIC, N.O.S.	4.2	6.1	II	274
			4.2	6.1	III	223 274
3185	有机自热液体，腐蚀性，未另列明的	SELF HEATING LIQUID, CORROSIVE, ORGANIC.N.O S.	4.2	8	II	274
			4.2	8	III	223 274
3186	无机自热液体，未另列明的	SELF-HEATING LIQUID, INORGANIC．N.O.S.	4.2		II	274
			4.2		III	223 274
3187	无机自热液体，毒性，未另列明的	SELF-HEATING LIQUID, TOXIC, INORGANIC．N.O.S.	4.2	6.1	II	274
			4.2	6.1	III	223 274
3188	无机自热液体，腐蚀性，未另列明的	SELFHEATING LIQUID, CORROSIVE,INORGANIC,	4.2	8	II	274
			4.2	8	III	223 274

续表

联合国编号	名称和说明	英文名称	类别和项别	次要危险性	包装类别	特殊规定
3189	自热金属粉，未另列明的	METAL POWDER, SELF-HEATING.N. O. S.	4.2		II	274
			4.2		III	223 274
3190	无机自热固体，未另列明的	SELF-HEATING SOLID, INORGANIC . N. O. S.	4.2		II	274
			4.2		III	223 274
3191	无机自热固体，毒性，未另列明的	SELF-HEATING SOLID, TOXIC , INORGANIC, N. O. S.	4.2	6.1	II	274
			4.2	6.1	III	223 274
3192	无机自热固体，腐蚀性，未另列明的	SELF-HEATING SOLID, CORROSIVE, INORGANIC. N. O. S.	4.2	8	II	274
			4.2	8	III	223 274
3194	无机发火液体，未另列明的	PYROPHORIC LIOUID, INORGANIC , N. O. S.	4.2		I	274
3200	无机发火固体，未另列明的	PYROPHORIC SOLID, INORGANIC , N. O. S.	4.2		I	274
3205	碱土金属醇化物，未另列明的	ALKALINE EARTH METAL ALCOHOLATES , N. O. S.	4.2		II	183 274
			4.2		III	183 223 274
3206	碱土金属醇化物，自热性，腐蚀性，未另列明的	ALKALI METAL ALCOHOLATES, SELF-HEATING, CORROSIVE, N. O. S.	4.2	8	II	182 274
			4.2	8	III	182 223 274
3208	金属物质，遇水反应，未另列明的	METALLIC SUBSTANCE, WATER-REACTIVE, N. O. S.	4.3		I	274
			4.3		II	274
			4.3		III	223 274
3209	金属物质，遇水反应，自热性，未另列明的	METALLIC SUBSTANCE, WATER-REACTIVE, SELFHEATING, N. O. S.	4.3	4.2	I	274
			4.3	4.2	II	274
			4.3	4.2	III	223 274
3210	无机氯酸盐水溶液，未另列明的	CHLORATES,INORGANIC, AQUEOUS SOLUTION, N. O. S.	5.1		II	274 351
			5.1		III	223 274 351

续表

联合国编号	名称和说明	英文名称	类别和项别	次要危险性	包装类别	特殊规定
3211	无机高氯酸盐水溶液，未另列明的	PERCHLORATES, IN ORGANIC. AQUEOUS SOLUTION, N.O.S.	5.1		II	
			5.1		III	223
3212	无机次氯酸盐，未另列明的	HYPOCHLORITES, INORGANIC, N.O.S.	5.1		II	274 349
3213	无机溴酸盐水溶液，未另列明的	BROMATES, INORGANIC, AQUEOUS SOLUTION, N.O.S.	5.1		II	274 350
			5.1		III	223 274 350
3214	无机高锰酸盐水溶液，未另列明的	PERMANGANATES, INORGANIC, AQUEOUS SOLUTION, N.O.S.	5.1		II	206 274 353
3215	无机过硫酸盐，未另列明的	PERSULPHATES, INORGANIC, N.O.S.	5.1		III	
3216	无机过硫酸盐水溶液，未另列明的	PERSULPHATES, INORGANIC, AQUEOUS SOLUTION, N.O.S.	5.1		III	
3218	无机硝酸盐水溶液，未另列明的	NITRATES, INORGANIC, AQUEOUS SOLUTION, N.O.S.	5.1		II	270
			5.1		III	223 270
3219	无机亚硝酸盐水溶液，未另列明的	NITRITES, INORGANIC. AQUEOUS SOLUTION, N.O.S.	5.1		II	103 274
			5.1		III	103 223 274
3220	五氟乙烷（制冷气体R125）	PENTAFLUOROETHANE (REFRIGERANT GAS R 125)	2.2			
3221	B型自反应液体	SELF-REACTIVE LIQUID TYPE B	4.1			181 274
3222	B型自反应固体	SELF-REACTIVE SOLID TYPE B	4.1			181 274
3223	C型自反应液体	SELF-REACTIVE LIQUID TYPE C	4.1			274
3224	C型自反应固体	SELF-REACTIVE SOLID TYPE C	4.1			274
3225	D型自反应液体	SELF-REACTIVE LIQUID TYPE D	4.1			274
3226	D型自反应固体	SELF-REACTIVE SOLID TYPE D	4.1			274
3227	E型自反应液体	SELF-REACTIVE LIQUID TYPE E	4.1			274
3228	E型自反应固体	SELF-REACTIVE SOLID TYPE E	4.1			274
3229	F型自反应液体	SELF-REACTIVE LIQUID TYPE F	4.1			274
3230	F型自反应固体	SELF-REACTIVE SOLID TYPE F	4.1			274

续表

联合国编号	名称和说明	英文名称	类别和项别	次要危险性	包装类别	特殊规定
3231	B型自反应液体,控制温度的	SELF-REACTIVE LIQUID TYPE B, TEMPERATURE CONTROLLED	4.1			181 194 274
3232	B型自反应固体,控制温度的	SELF-REACTIVE SOLID TYPE B, TEMPERATURE CONTROLLED	4.1			181 194 274
3233	C型自反应液体,控制温度的	SELF-REACTIVE LIQUID TYPE C, TEMPERATURE CONTROLLED	4.1			194 274
3234	C型自反应固体,控制温度的	SELF-REACTIVE SOLID TYPE C, TEMPERATURE CONTROLLED	4.1			194 274
3235	D型自反应液体,控制温度的	SELF-REACTIVE LIQUID TYPE D, TEMPERATURE CONTROLLED	4.1			194 274
3236	D型自反应固体,控制温度的	SELF-REACTIVE SOLID TYPE D, TEMPERATURE CONTROLLED	4.1			194 274
3237	E型自反应液体,控制温度的	SELF-REACTIVE LIQUID TYPE E, TEMPERATURE CONTROLLED	4.1			194 274
3238	E型自反应固体,控制温度的	SELF-REACTIVE SOLID TYPE E, TEMPERATURE CONTROLLED	4.1			194 274
3239	F型自反应液体,控制温度的	SELF-REACTIVE LIQUID TYPE F, TEMPERATURE CONTROLLED	4.1			194 274
3240	F型自反应固体,控制温度的	SELF-REACTIVE SOLID TYPE F, TEMPERATURE CONTROLLED	4.1			194 274
3241	2-溴-2-硝基丙烷-1,3-二醇	2BROMO-2-NITROPROPANE-1.3-DIOL	4.1		Ⅲ	246
3242	偶氮甲酰胺	AZODICARBONAMIDE	4.1		Ⅱ	215
3243	含有毒性液体的固体,未另列有的	SOLIDS CONTAINING TOXIC LIQUID. N.O.S.	6.1		Ⅱ	217 274
3244	含有腐蚀性液体的固体,未另列明的	SOLIDS CONTAINING CORROSIVE LIQUID, N.O.S.	8		Ⅱ	218 274
3245	基因改变的微生物	GENETICALLY MODIFIED MICROORGANISMS or GENETICALLY MODIFIED ORGANISMS	9			219
3246	甲磺酰氯	METHANESULPHONYL CHLORIDE	6.1	8	Ⅰ	354
3247	无水过硼酸钠	SODIUM PEROXOBORATE, ANHYDROUS	5.1		Ⅱ	
3248	药物,液态,易燃,毒性,未另列明的	MEDICINE, LIQUID, FLAMMABLE, TOXIC, N.O.S.	3	6.1	Ⅱ	220 221
			3	6.1	Ⅲ	220 221 223

续表

联合国编号	名称和说明	英文名称	类别和项别	次要危险性	包装类别	特殊规定
3249	药物，固态，毒性，未另列明的	MEDICINE,SOLID,TOXIC, N. O. S.	6.1		II	221
			6.1		III	221 223
3250	熔融氯乙酸	CHLOROACETIC ACID, MOLTEN	6.1	8	II	
3251	异山梨醇-5-硝酸酯	ISOSORBIDE5MONONITRATE	4.1		III	132 226
3252	二氟甲烷（制冷气体R32）	DIFLUOROMETHANE (REFRIGERANT GAS R 32)	2.1			
3253	三氧硅酸二钠	DISODIUM TRIOXOSILICATE	8		III	
3254	三丁基膦烷	TRIBUTYLPHOSPHANE	4.2		I	
3255	次氯酸叔丁酯	tert-BUTYL HYPOCHLORITE	4.2	8	I	
3256	高温液体，易燃，未另列明的，闪点高于60.5℃，温度等于或高于其闪点	ELEVATED TEMPERATURE LIQUID, FLAMMABLE. N. O. S. with flash point above 60℃, at or above its flash point	3		III	274
3257	高温液体，未另列明的，温度等于或高于100℃，低于其闪点（包括熔融金属、熔融盐类等）	ELEVATED TEMPERATURE LIQUID,N. O. S. ,at or above 100 ℃ and below its flash point (including molten metals , molten salts , etc.)	9		III	232 274
3258	高温固体，未另列明的，温度等于或高于240℃	ELEVATED TEMPERATURE SOLID, N. O. S. , at or above 240℃	9		III	232 274
3259	固态胺，腐蚀性，未另列明的或固态聚胺，腐蚀性，未另列明的	AMINES, SOLID,CORROSIVE. N. O. S. or POLYAMINES, SOLID, CORROSIVE , N. O. S.	8		I	274
			8		II	274
			8		III	223 274
3260	无机酸性腐蚀性固体，未另列明的	CORROSIVE SOLID , ACIDIC , INORGANIC , N.O. S.	8		I	274
			8		II	274
			8		III	223 274
3261	有机酸性腐蚀性固体，未另列明的	CORROSIVE SOLID, ACIDIC. ORGANIC , N. O. S.	8		I	274
			8		II	274
			8		III	223 274
3262	无机碱性腐蚀性固体，未另列明的	CORROSIVE SOLID, BASIC. INORGANIC, N. O. S.	8		I	274
			8		II	274
			8		III	223 274

续表

联合国编号	名称和说明	英文名称	类别和项别	次要危险性	包装类别	特殊规定
3263	有机碱性腐蚀性固体，未另列明的	CORROSIVE SOLID,BASIC, ORGANIC.N. O. S.	8		I	274
			8		II	274
			8		III	223 274
3264	无机酸性腐蚀性液体，未另列明的	CORROSIVE LIQUID. ACIDIC. IN-ORGANIC , N. O. S.	8		I	274
			8		II	274
			8		III	223 274
3265	有机酸性腐蚀性液体，未另列明的	CORROSIVE LIQUID, ACIDIC, ORGANIC , N. O. S.	8		I	274
			8		II	274
			8		III	223 274
3266	无机碱性腐蚀性液体，未另列明的	CORROSIVE LIQUID, BASIC , INORGANIC, N. O. S.	8		I	274
			8		II	274
			8		III	223 274
3267	有机碱性腐蚀性液体，未另列明的	CORROSIVE LIQUID, BASIC , ORGANIC , N. O. S.	8		I	274
			8		II	274
			8		III	223 274
3268	气袋充气器，或气袋模件，或安全带预拉装置	AIR BAG INFLATORS, or AIR BAG MODULES, or SEAT-BELT PRETENSIONERS	9		III	280 289
3269	聚酯树脂器材	POLYESTER RESIN KIT	3		II	236 340
			3		III	236 340
3270	硝化纤维素滤膜，按干重含氮不超过12.6%	NITROCELLULOSE MEMBRANE-FILTERS, with not more than 12.6% nitrogeniby dry mass	4.1		II	237 286
3271	醚类，未另列明的	ETHERS, N. O. S.	3		II	274
			3		III	223 274

续表

联合国编号	名称和说明	英文名称	类别和项别	次要危险性	包装类别	特殊规定
3272	酯类，未另列明的	ESTERS, N.O.S.	3		II	274
			3		III	223 274
3273	腈类，易燃，毒性，未另列明的	NITRILES, FLAMMABLE. TOXIC, N.O.S.	3	6.1	I	274
			3	6.1	II	274
3274	醇化物溶液，未另列明的，在乙醇溶液中	ALCOHOLATES SOLUTION, N.O.S., in alcohol	3	8	II	274
3275	腈类，毒性，易燃，未另列明的	NITRILES,TOXIC, FI.AMMABLE, N.O.S.	6.1	3	I	274 315
			6.1	3	II	274
3276	腈类，毒性，液态，未另列明的	NITRILES, TOXIC, LIQUID, N.O.S.	6.1		I	274
			6.1		II	274
			6.1		III	223 274
3277	氯甲酸酯，毒性，腐蚀性，未另列明的	C.HLOROFORMATES . TOXIC, CORROSIVE, N.O.S.	6.1	8	II	274
3278	有机磷化合物，毒性，液态，未另列明的	ORGANOPHOSPHORUS COMPOUND, TOXIC, LIQUID, N.O.S.	6.1		I	274
			6.1		II	274
			6.1		III	223 274
3279	有机磷化合物，毒性，易燃，未另列明的	ORGANOPHOSPHORUS COMPOUND. TOXIC, FLAMMABLE, N.O.S.	6.1	3	I	43 274 315
			6.1	3	II	43 274
3280	有机砷化合物，液态，未另列明的	ORGANOARSENIC COMPOUND, LIQUID, N.O.S.	6.1		I	274 315
			6.1		II	274
			6.1		III	223 274
3281	羰基金属，液态，未另列明的	METAL CARBONYLS, LIQUID, N.O.S.	6.1		I	274 315
			6.1		II	274
			6.1		III	223 274

续表

联合国编号	名称和说明	英文名称	类别和项别	次要危险性	包装类别	特殊规定
3282	有机金属化合物，液态，毒性，未另列明的	ORGANOMETALLIC COMPOUND. TOXIC. LIQUID, N. O. S.	6.1		I	274
			6.1		II	274
			6.1		III	223 274
3283	硒化合物，固态，未另列明的	SELENIUM COMPOUND, SOLID, N. O. S.	6.1		I	274
			6.1		II	274
			6.1		III	223 274
3284	碲化合物，未另列明的	TELLURIUM COMPOUND, N. O. S.	6.1		I	274
			6.1		II	274
			6.1		III	223 274
3285	钒化合物，未另列明的	VANADIUM COMPOUND, N. O. S.	6.1		I	274
			6.1		II	274
			6.1		III	223 274
3286	易燃液体，毒性，腐蚀性，未另列明的	FLAMMABLE LIQUID , TOXIC. CORROSIVE , N. O. S.	3	6.1 8	I	274
			3	6.1 8	II	274
3287	无机毒性液体，未另列明的	TOXIC LIQUID,INORGANIC, N.O S.	6.1		I	274 315
			6.1		II	274
			6.1		III	223 274
3288	无机毒性固体，未另列明的	TOXIC SOLID,INORGANIC, N.O S.	6.1		I	274 315
			6.1		II	274
			6.1		III	223 274
3289	无机毒性液体，腐蚀性，未另列明的	TOXIC LIQUID, CORROSIVE, INORGANIC , N.O S.	6.1	8	I	274 315
			6.1	8	II	274
3290	无机毒性固体，腐蚀性，未另列明的	TOXIC SOLID, CORROSIVE, INORGANIC , N.O S.	6.1	8	I	274
			6.1	8	II	274

续表

联合国编号	名称和说明	英文名称	类别和项别	次要危险性	包装类别	特殊规定
3291	医院诊断废弃物，未具体说明的，未另列明的，或（生物）医学废弃物，未另列明的，或管制的医学废弃物，未另列明的	CLINICAL WASTE, UNSPECIFIED , N. O. S. or (BIO) MEDICAL WASTE,N. O. S. or REGULATED MEDICAL WASTE, N O. S.	6.2		II	
3292	含钠电池组或含钠电池	BATTERIES, CONTAINING SODIUM,or CELLS, CONTAINING SODIUM	4.3		II	239
3293	肼水溶液，按质量含肼不超过37%	HYDRAZINE, AQUEOUS SOLU–TION with not more than 37% hy–drazine, by mass	6.1		III	223
3294	氰化氢乙醇溶液，含氰化氢不超过45%	HYDROGEN CYANIDE, SOLUTION IN ALCOHOL with not more than 45% hydrogen cyanide	6.1	3	I	
3295	液态烃类，未另列明的	HYDROCARBONS, LIQUID, N. O. S.	3		I	
			3		II	
			3		III	
3296	七氟丙烷（制冷气体 R227）	HEPTAFLUOROPROPANE (REFRIGERANT GAS R 227)	2.2			
3297	环氧乙烷和四氟氯乙烷混合物，含环氧乙烷不超过8.8%	ETHYLENE OXIDE AND CHLOROTETRAFLUORO–ETHANE MIXTURE with not more than 8.8% ethylene uxide	2.2			
3298	环氧乙烷和五氟乙烷混合物，含环氧乙烷不超过7.9%	ETHYLENE OXIDE AND PENTAFLUOROETHANE MIXTURE with not more than 79% ethylene oxide	2.2			
3299	环氧乙烷和四氟乙烷混合物，含环氧乙烷不超过5.6%	ETHYLENE OXIDE AND TETRAFLUOROETHANE MIXTURE with not more than 5. 6% ethylene oxide	2.2			
3300	环氧乙烷和二氧化碳混合物，含环氧乙烷高于87%	ETHYLENE OXIDE AND CARBON DIOXIDE MIXTURE with more than 87% thylene oxide	2.3	2.1		
3301	腐蚀性液体，自热性，未另列明的	CORROSIVE LIQUID, SELF–HEATING, N. O. S.	8	4.2	I	274
			8	4.2	II	274
3302	2-丙烯酸二甲氨基乙酯	2–DIMETHYLAMINOETHYL ACRYLATE	6.1		II	
3303	压缩气体，毒性，氧化性，未另列明的	COMPRESSED GAS,TOXIC, OXIDIZING , N. O. S.	2.3	5.1		274
3304	压缩气体，毒性，腐蚀性，未另列明的	COMPRESSED GAS,TOXIC, CORROSIVE, N. O. S.	2.3	8		274
3305	压缩气体，毒性，易燃，腐蚀性，未另列明的	COMPRESSED GAS,TOXIC, FLAMMABLE,CORROSIVE, N. O. S.	2.3	2.1 8		274

续表

联合国编号	名称和说明	英文名称	类别和项别	次要危险性	包装类别	特殊规定
3306	压缩气体，毒性，氧化性，腐蚀性，未另列明的	COMPRESSED GAS,TOXIC, OXIDIZING, CORROSIVE , N. O. S.	2.3	5.1 8		274
3307	液化气体，毒性，氧化性，未另列明的	LIQUEFIED GAS, TOXIC, OXIDIZING , N. O. S.	2.3	5.1		274
3308	液化气体，毒性，腐蚀性，未另列明的	LIQUEFIED GAS,TOXIC, CORROSIVE, N. O. S.	2.3	8		274
3309	液化气体，毒性，易燃，未另列明的	LIQUEFIED GAS, TOXIC, FLAMMABLE,CORROSIVE, N. O. S.	2.3	2.1 8		274
3310	液化气体，毒性，氧化性，腐蚀性，未另列明的	LIQUEFIED GAS.TOXIC, OXIDIZING,CORROSIVE, N. O. S.	2.3	5.1 8		274
3311	冷冻液态气体，氧化性，未另列明的	GAS, REFRIGERATED LIQUID, OXIDIZING, N. O. S.	2.2	5.1		274
3312	冷冻液态气体，易燃，未另列明的	GAS, REFRIGERATED LIQUID, FLAMMABLE, N. O. S.	2.1			274
3313	有机颜料，自热性	ORGANIC PIGMENTS,SELF-HEATING	4.2		Ⅱ	
					Ⅲ	223
3314	模塑化合物，呈现揉塑团、薄片或挤压出的绳索状，会放出易燃蒸气	PLASTICS MOI.J!_DING COMPOUND in dough, sheet or extruded rope form evolving flammable vapour	9		Ⅲ	207
3315	化学样品，毒性	CHEMICAL SAMPLE, TOXIC	6.1		Ⅰ	250
3316	化学品箱或急救箱	CHEMICAL KIT or FIRST AID KIT	9			251 340
3317	2-氨基-4，6-二硝基酚，湿的，按质量含水不低于20%	2-AMIN0-4, 6-DINITROPHENOL. WETTED with not less than 20% water.by mass	4.1		Ⅰ	28
3318	氨溶液，水溶液在15℃时相对密度小于0.880，含氨量高于50%	AMMONIA SOLUTION. relative-density Less than 0. 880 at 15c in-water, with more than 50% ammoma	2.3	8		23
3319	固态硝化甘油混合物，减敏的，未另列明的，按质量含硝化甘油高于2%，但不超过10%	NITROGLYCERIN MIXTURE, DESENSITIZED,SOLID,N. O. S. with more than 2% but not more than 10% nitroglycerin, by mass	4.1		Ⅱ	272 274
3320	硼氢化钠和氢氧化钠溶液，按质量含硼氢化钠不超过12%，含氢氧化钠不超过40%	SODIUM BOROHYDRIDE AND SODIUM HYDROXIDE SOLUTION, with not more than 12% sodium borohydride and not more than 40% sodium hydroxide bv mass	8		Ⅱ	
			8		Ⅲ	223

续表

联合国编号	名称和说明	英文名称	类别和项别	次要危险性	包装类别	特殊规定
3321	II类低比活度放射性物质(LSA-II)，非易裂变的或例外易裂变的	RADIOAC.TIVF MATERIAL.LOW SPECIFIC ACTIVITY (LSA-II), nu 儿 fissile or fissile-excepted	7			172 317 325 336
3322	III类低比活度放射性物质(LSA-III)，非易裂变的或例外易裂变的	RADIOACTIVE MATERIAL, LOW SPECIFIC ACTIVITY (I_SA-III), non fissile or fissile-excepted	7			172 317 325 336
3323	放射性物质C型货包，非易裂变的或例外易裂变的	RADIOACTIVE MATERIAL, TYPE C PACKAGE, non fissile or fissile-excepted	7			172 317 325
3324	II类低比活度放射性物质(LSA-II)，易裂变的	RADIOACTIVE MATERIAL, LOW SPECIFIC ACTIVITY (LSA-II), FISSILE	7			172 326 336
3325	III类低比活度放射性物质(LSA-III)，易裂变的	RADIOACTIVE MATERIAL, LOW SPECIFIC ACTIVITY, (LSA-III),FISSILE	7			172 326 336
3326	放射性表面污染物体(SCO-I或SCO-II)，易裂变	RADIOACTIVE MATERIAL, SURFACE CONTAMINATED OBJECTS (SCO-I or sco-ri), FISSILE	7			172 326
3327	放射性物质A型货包，易裂变的，非特殊形式的	RADIOACTIVE MATERIAL, TYPE A PACKAGE, FISSILE. non-Special form	7			172 326
3328	放射性物质B（U）型货包，易裂变的	RADIOACTIVE MATERIAL, TYPE B(U) PACKAGE,FISSILE	7			172 326 337
3329	放射性物质B（M）型货包，易裂变的	RADIOACTIVE MATERIAL.TYPE B(M) PACKAGE,FISSILE	7			172 326 337
3330	放射性物质C型货包，易裂变的	RADIOACTIVE MATERIAL, TYPE C PACKAGE,FISSILE	7			172 326
3331	特殊安排下运输的放射性物质，易裂变的	RADIOACTIVE MATERIAL, TRANSPORTED UNDER SPECIAL ARRANGEMENT. FISSILE	7			172 326
3332	放射性物质A型货包，特殊形式的，非易裂变的或特殊形式的例外的易裂变的	RADIOACTIVE MATERIAL, TYPE A PACKAGE, SPECIAL-FORM,non fissile or fissile-excepted	7			172 317
3333	放射性物质A型货包，特殊形式的，易裂变的	RADIOAC.TIVE MATERIAL.TYPE A PACKAGE, SPECIAL FORM, FISSILE	7			172
3334	空运受管制的液体，未另列明的	AVIATION REGULATED LIQUID, N.O.S.	9			106 274 276

续表

联合国编号	名称和说明	英文名称	类别和项别	次要危险性	包装类别	特殊规定
3335	空运受管制的固体,未另列明的	AVIATION REGULATED SOLID, N. O. S.	9			106 274 276
3336	液态硫醇,易燃,未另列明的,或液态硫醇混合物,易燃,未另列明的	MERCAPTANS, LIQUID, FLAMMABLE, N. O. S. or MERCAPTAN MIXTURE, LIQUID,FLAMMABLE,N. O. S.	3		I	274
			3		II	274
			3		III	223 274
3337	制冷气体 R404A	REFRIGERANT GAS R 404A	2.2			
3338	制冷气体 R407A	REFRIGERANT GAS R 407A	2.2			
3339	制冷气体 R407B	REFRIGERANT GAS R 407B	2.2			
3340	制冷气体 R407C	REFRIGERANT GAS R 407C	2.2			
3341	二氧化硫脲	THIOUREA DIOXIDE	4.2		II	
			4.2		III	223
3342	黄原酸盐	XANTHATES	4.2		II	
			4.2		III	223
3343	液态硝化甘油混合物,减敏的,易燃,未另列明的,按质量含硝化甘油不超过30%	NITROGLYC.ERIN MIXTURE, DESENSITIZED, LIQUID, FLAMMABLE, N. O. S. with not more than 30% nitroglycerin, by mass	3			274 278
3344	固态季戊四醇四硝酸酯混合物,减敏的,未另列明的,按质量含季戊四硝酸酯高于10%,但不超过20%	PENTAERYTHRITE TETRANITRATE MIXTURE, DESENSITIZED,SOLID, N. O. S. with more than 10% but not more than 20% PETN,by mass	4.1		II	272 274
3345	固态苯氧基乙酸衍生物农药,毒性	PHENOXYACETIC ACID DERIVATIVE PESTICIDE, SOLID,TOXIC	6.1		I	61 274
			6.1		II	61 274
			6.1		III	61 223 274
3346	液态苯氧基乙酸衍生物农药,易燃,毒性,闪点低于23℃	PHENOXYACETIC ACID DERIVATIVE PESTICIDE. LIQUID, TOXIC.FLAMMABLE, flash point less than 23 ℃	3	6.1	I	61 274
			3	6.1	II	61 274

续表

联合国编号	名称和说明	英文名称	类别和项别	次要危险性	包装类别	特殊规定
3347	液态苯氧基乙酸衍生物农药，毒性，易燃，闪点不低于23℃	PHENOXYACETIC ACID DERIVATIVE PESTICIDE, LIQUID, TOXIC, FLAMMABLE, flash point not less than 23℃	6.1	3	I	61 274
			6.1	3	II	61 274
			6.1	3	III	61 223 274
3348	液态苯氧基乙酸衍生物农药，毒性	PHENOXYACETIC ACID DERIVATIVE PESTICIDE, LIQUID TOXIC	6.1		I	61 274
			6.1		II	61 274
			6.1		III	61 223 274
3349	固态拟除虫菊酯农药，毒性	PYRETHROID PESTICIDE, SOLID TOXIC	6.1		I	61 274
			6.1		II	61 274
			6.1		III	61 223 274
3350	液态拟除虫菊酯农药，易燃，毒性，闪点低于23℃	PYRETHROID PESTICIDE, LIQUID TOXIC, FLAMMABLE, flash point less than 23℃	3	6.1	I	61 274
			3	6.1	II	61 274
3351	液态拟除虫菊酯农药，毒性，易燃，闪点不低于23℃	PYRETHROID PESTICIDE, LIQUID TOXIC, FLAMMABLE, flash point not less than 23℃	6.1	3	I	61 274
			6.1	3	II	61 274
			6.1	3	III	61 223 274
3352	液态拟除虫菊酯农药，毒性	PYRETHROID PESTICIDE, LIQUID TOXIC	6.1		I	61 274
			6.1		II	61 274
			6.1		III	61 223 274
3354	气体杀虫剂，易燃，未另列明的	INSECTICIDE GAS, FLAMMABLE, N.O.S.	2.1			274

续表

联合国编号	名称和说明	英文名称	类别和项别	次要危险性	包装类别	特殊规定
3355	气体杀虫剂，毒性，易燃，未另列明的	INSECTICIDE GAS, TOXIC FLAMMABLE, N. O. S.	2.3	2.1		274
3356	化学氧气发生器	OXYGEN GENERATOR,CHEMICAL	5.1		Ⅱ	284
3357	液态硝化甘油混合物，减敏的，未另列明的，按质量含硝化甘油不超过30%	NITROGLYCERIN MIXTURE,DESENSITIZED, LIQUID, N. O. S. with not more than 30 % nitroglycerin, by mass	3		Ⅱ	274 288
3358	制冷机，装有易燃无毒液化气体	REFRIGERATING MACHINES containing flammable , non−toxic, liquefied gas	2.1			291
3359	熏蒸过的装置	FUMIGATED UNIT	9			302
3360	植物纤维，干的	FIBRES, VEGETABLE, DRY	4.1			29 117 299
3361	氯硅烷，毒性，腐蚀性，未另列明的	CHLOROSILANES.TOXIC, CORROSIVE, N. O. S.	6.1	8	Ⅱ	274
3362	氯硅烷，毒性，腐蚀性，易燃，未另列明的	CHLOROSILANES, TOXIC. CORROSIVE. FLAMMABLE, N. O. S.	6.1	3；8	Ⅱ	274
3363	机器中的危险货物或仪器中的危险货物	DANGEROUS GOODS IN MACHINERY or DANGEROUS GOODS IN APPARATUS	9			301
3364	三硝基苯酚（苦味酸），湿的，按质量含水不低于10%	TRINITROPHENOL (PICRIC ACID) , WETTED , with not less than 10% water by mass	4.1		Ⅰ	28
3365	三硝基氯苯（苦基氯），湿的，按质量含水不低于10%	TRINITROCHLORO−BENZENE (PICRYL CHLORIDE) , WETTED, with not less than 10% water by mass	4.1		Ⅰ	28
3366	三硝基甲苯（梯恩梯），湿的，按质量含水不低于10%	TRINITROTOLUENE (TTXJT) , WETTED, with not less than 10% water by mass	4.1		Ⅰ	28
3367	三硝基苯，湿的，按质量含水不低于10%	TRINITROBENZENE. WETTED, with not less than 10% water by mass	4.1		Ⅰ	28
3368	三硝基苯甲酸，湿的，按质量含水不低于10%	TRINITROBENZOIC ACID, WETTED. with not less than 10% water by mass	4.1		Ⅰ	28
3369	二硝基邻甲苯酚钠，湿的，按质量含水不低于10%	SODIUM DINITRO −o−CRESOLATE, WETTED, with not less than 10% water by mass	4.1		Ⅰ	28
3370	硝酸脲，湿的，按质量含水不低于10%	UREA NITRATE, WETTED, with not less than 10% water by mass	4.1		Ⅰ	28
3371	2−甲基丁醛	2−METHYLBUTANAL	3		Ⅱ	
3373	B类生物物质	BIOLOGICAL SUBSTANCE, CATEGORY B	6.2			319 341
3374	乙炔，无溶剂	ACETYLENE, SOLVENT FREE	2.1			

附录4 《危险货物品名表》(GB 12268—2012)

续表

联合国编号	名称和说明	英文名称	类别和项别	次要危险性	包装类别	特殊规定
3375	硝酸铵乳胶，或悬浮体或凝胶，爆破炸药的中间体	AMMONIUM NITRATE EMULSION or SUSPENSION or GEL,intermediate for blasting explosives	5.1		II	309
3376	4-硝基苯肼，按质量含水不低于30%	4-NITROPHENYL-HYDRAZINE, with not less than 30% water,by mass	4.1		I	28
3377	过硼酸钠-水合物	SODIUM PERBORATE MONOHYDRATE	5.1		III	
3378	过氧化碳酸钠水合物	SODIUM CARBONATE PEROXYHYDRATE	5.1		II	
			5.1		III	
3379	液态减敏爆炸物，未另列明的	DESENSITIZED EXPLOSIVE ,LIQUID, N.O.S.	3		I	274 311
3380	固态减敏爆炸物，未另列明的	DESENSITIZED EXPLOSIVE, SOLID, N.O.S.	4.1		I	274 311
3381	吸入毒性液体，未另列明的，吸入毒性低于或等于200mL/m³，且饱和蒸气浓度高于或等于500LC$_{50}$	TOXIC BY INHALATION LIQUID, N.O.S. withan inhalation toxicity lower than orequal to 200 mL/m³ and saturated vapour concentration greater than or equal to 500 LC$_{50}$	6.1		I	274
3382	吸入毒性液体，未另列明的，吸入毒性低于或等于1000mL/m³，且饱和蒸气浓度高于或等于10LC$_{50}$	TOXIC BY INHALATION LIQUID, N.O.S. withan inhalation toxicity lower than orequal to 1000 mL/m³ and saturated vapour concentration greater than or equal to 10 LC$_{50}$	6.1		I	274
3383	吸入毒性液体，易燃，未另列明的，吸入毒性低于或等于200mL/m³，且饱和蒸气浓度高于或等于500LC$_{50}$	TOXIC BY INHALATION LIQUID, FLAMMABLE. N.O.S. withan inhalation toxicity lower than orequal to 200 mL/m³ and saturated vapour concentration greater than or equal to 500 LC$_{50}$	6.1	3	I	274
3384	吸入毒性液体，易燃，未另列明的，吸入毒性低于或等于100mL/m³，且饱和蒸气浓度高于或等于10LC$_{50}$	TOXIC BY INHALATION LIQUID, FLAMMABLE. N.O.S. withan inhalation toxicity lower than orequal to 1000 mL/m³ and saturated vapour concentration greater than or equal to 10 LC$_{50}$	6.1	3	I	274
3385	吸入毒性液体，遇水反应，未另列明的，吸入毒性低于或等于200mL/m³，且饱和蒸气浓度高于或等于500LC$_{50}$	TOXIC BY INHALATION LIQUID, WATER-REACTIVE. N.O.S. withan inhalation toxicity lower than orequal to 200 mL/m³ and saturated vapour concentration greater than or equal to 500 LC$_{50}$	6.1	4.3	I	274
3386	吸入毒性液体，遇水反应，未另列明的，吸入毒性低于或等于1000mL/m³，且饱和蒸气浓度高于或等于10LC$_{50}$	TOXIC BY INHALATION LIQUID, WATER-REACTIVE. N.O.S. withan inhalation toxicity lower than orequal to 1000 mL/m³ and saturated vapour concentration greater than or equal to 10 LC$_{50}$	6.1	4.3	I	274

续表

联合国编号	名称和说明	英文名称	类别和项别	次要危险性	包装类别	特殊规定
3387	吸入毒性液体，氧化性，未另列明的，吸入毒性低于或等于200mL/m³，且饱和蒸气浓度高于或等于500LC$_{50}$	TOXIC BY INHALATION LIQUID, OXIDIZING. N. O. S. withan inhalation toxicity lower than orequal to 200 mL/m³ and saturated vapour concentration greater than or equal to 500 LC$_{50}$	6.1	5.1	I	274
3388	吸入毒性液体，氧化性，未另列明的，吸入毒性低于或等于1000mL/m³，且饱和蒸气浓度高于或等于10LC$_{50}$	TOXIC BY INHALATION LIQUID, OXIDIZING. N. O. S. withan inhalation toxicity lower than orequal to 1000 mL/m³ and saturated vapour concentration greater than or equal to 10 LC$_{50}$	6.1	5.1	I	274
3389	吸入毒性液体，腐蚀性，未另列明的，吸入毒性低于或等于200mL/m³，且饱和蒸气浓度高于或等于500LC$_{50}$	TOXIC BY INHALATION LIQUID,CORROSIVE. N. O. S. withan inhalation toxicity lower than orequal to 200 mL/m³ and saturated vapour concentration greater than or equal to 500 LC$_{50}$	6.1	8	I	274
3390	吸入毒性液体，腐蚀性，未另列明的，吸入毒性低于或等于1000ml/m³，且饱和蒸气浓度高于或等于10LC$_{50}$	TOXIC BY INHALATION LIQUID,CORROSIVE. N. O. S. withan inhalation toxicity lower than orequal to 1000 mL/m³ and saturated vapour concentration greater than or equal to 10 LC$_{50}$	6.1	8	I	274
3391	固态有机金属物质，发火	ORGANOMETALLIC SUBSTANCE, SOLID, PYROPHORIC	4.2		I	274
3392	液态有机金属物质，发火	ORGANOMETALLC SUBSTANCE.LIQUID, PYROPHORIC	4.2		I	274
3393	固态有机金属物质，发火，遇水反应	ORGANOMETALLIC SUBSTANCE, SOLID, PYROPHORIC.WATER –REACTIVF	4.2	4.3	I	274
3394	液态有机金属物质，发火，遇水反应	ORGANOMETALLIC SUBSTANCE, LIQUID, PYROPHORIC,WATER–REACTIVE	4.2	4.3	I	274
3395	固态有机金属物质，遇水反应	ORGANOMETALLIC SUBSTANCE, SOLID, WATER–REACTIVE	4.3		I	274
3395	固态有机金属物质，遇水反应	ORGANOMETALLIC SUBSTANCE, SOLID, WATER–REACTIVE	4.3		II	274
3395	固态有机金属物质，遇水反应	ORGANOMETALLIC SUBSTANCE, SOLID, WATER–REACTIVE	4.3		III	223 274
3396	固态有机金属物质，遇水反应，易燃	ORGANOMETALLIC SUBSTANCE. SOLID, WATER–REACTIVE,FLAMMABLE	4.3	4.1	I	274
3396	固态有机金属物质，遇水反应，易燃	ORGANOMETALLIC SUBSTANCE. SOLID, WATER–REACTIVE,FLAMMABLE	4.3	4.1	II	274
3396	固态有机金属物质，遇水反应，易燃	ORGANOMETALLIC SUBSTANCE. SOLID, WATER–REACTIVE,FLAMMABLE	4.3	4.1	III	223 274

附录4 《危险货物品名表》(GB 12268—2012)

续表

联合国编号	名称和说明	英文名称	类别和项别	次要危险性	包装类别	特殊规定
3397	固态有机金属物质，遇水反应，自热性	UBSTANCE, SOLID, WATER–REACTIVE, SELF–HEATING	4.3	4.2	I	274
			4.3	4.2	II	274
			4.3	4.2	III	223 274
3398	液态有机金属物质，遇水反应	ORGANOMETALLIC SUBSTANCE, LIQUID, WATER–REACTIVE	4.3		I	274
			4.3		II	274
			4.3		III	223 274
3399	液态有机金属物质，遇水反应，易燃	ORGANOMETALLIC SUBSTANCE. LIQUID,WATER–REACTIVE,FLAMMABLE	4.3	3	I	274
			4.3	3	II	274
			4.3	3	III	223 274
3400	固态有机金属物质，自热性	ORGANOMETALLIC SUBSTANCE.SOLID, SELFHEATING	4.2		II	274
			4.2		III	233 274
3401	固态碱金属汞齐	ALKALI METAL AMALGAM, SOLID	4.3		I	182
3402	固态碱土金属汞齐	ALKALINE EARTH METAL AMALGAM, SOLID	4.3		I	183
3403	固态钾金属合金	POTASSIUM METAL ALLOYS,SOLID	4.3		I	
3404	固态钾钠合金	POTASSIUM SODIUM ALLOYS, SOLID	4.3		I	
3405	氯酸钡溶液	BARIUM CHLORATE SOLUTION	5.1	6.1	II	
			5.1	6.1	III	223
3406	高氯酸钡溶液	BARIUM PERCHLORATE SOLUTION	5.1	6.1	II	
			5.1	6.1	III	223
3407	氯酸盐和氯化镁混合物溶液	CHLORATE AND MAGNESIUMCHLORIDE MIXTURESOLUTION	5.1		II	
			5.1		III	223
3408	高氯酸铅溶液	LEAD PERCHLORATE SOLUTION	5.1	6.1	II	
			5.1	6..1	III	223
3409	液态硝基氯苯	CHLORONITROBENZENES, LIQUID	6.1		II	279

续表

联合国编号	名称和说明	英文名称	类别和项别	次要危险性	包装类别	特殊规定
3410	盐酸盐对氯邻甲苯胺溶液	4-CHLORO-o-TOLUIDINE HYDROCHLORIDE SOLUTION	6.1		Ⅲ	223
3411	β-萘胺溶液	beta-NAPHTHYLAMINE SOLUTION	6.1		Ⅱ	
			6.1		Ⅲ	223
3412	甲酸，按质量含酸不低于10%，但不超过85%	FORMIC ACID with not less than 10% but not more than 85% acid by mass	8		Ⅱ	
	甲酸，按质量含酸不低于5%，但低于10%	FORMIC ACID with not less than 5% but less than 10% acid by mass	8		Ⅲ	
3413	氰化钾溶液	POTASSIUM CYANIDE SOLUTION	6.1		Ⅰ	
			6.1		Ⅱ	
			6.1		Ⅲ	223
3414	氰化钠溶液	SODIUM CYANIDE SOLUTION	6.1		Ⅰ	
			6.1		Ⅱ	
			6.1		Ⅲ	223
3415	氟化钠溶液	SODIUM FLUORIDE SOLUTION	6.1		Ⅲ	223
3416	液态氯乙酰苯	CHLOROACETOPHENONE, LIQUID	6.1		Ⅱ	
3417	固态甲苄基溴（二甲苯基溴）	XYLYL BROMIDE, SOLID	6.1		Ⅱ	
3418	2,4-甲苯二胺溶液	2,4-TOLUYLENEDIAMINE SOLUTION	6.1		Ⅲ	223
3419	固态三氟化硼合乙酸	BORON TRIFLUORIDE ACETIC ACID COMPLEX, SOLID	8		Ⅱ	
3420	固态三氟化硼合丙酸	BORON TRIFLUORIDE PROPIONIC ACID COMPLEX, SOLID	8		Ⅱ	
3421	二氟化氢钾溶液	POTASSIUM HYDROGEN DIFLUORIDE SOLUTION	8	6.1	Ⅱ	
				6.1	Ⅲ	223
3422	氟化钾溶液	POTASSIUM FLUORIDE SOLUTION	6.1		Ⅲ	223
3423	固态氢氧化四甲铵	TETRAMETHYLAMMONIUM HYDROXIDE, SOLID	8		Ⅱ	
3424	二硝基邻甲酚铵溶液	AMMONIUM DINITRO-o-CRESOLATE, SOLUTION	6.1		Ⅱ	
			6.1		Ⅲ	223
3425	固态溴乙酸	BROMOACETIC ACID, SOLID	8		Ⅱ	
3426	丙烯酰胺溶液	ACRYLAMIDE SOLUTION	6.1		Ⅲ	223
3427	固态氯苯甲基氯	CHLOROBENZYL CHLORIDES, SOLID	6.1		Ⅲ	
3428	固态异氰酸3-氯-4-甲基苯酯	3-CHLORO-4-METHYIPHFNYLI-SOCYANATE, SOLID	6.1		Ⅱ	

续表

联合国编号	名称和说明	英文名称	类别和项别	次要危险性	包装类别	特殊规定
3429	液态甲基氯苯胺	CHLOROTOLUIDINES, LIQUID	6.1		Ⅲ	
3430	液态二甲苯酚	XYLENOLS, LIQUID	6.1		Ⅱ	
3431	固态硝基三氟甲苯	MTROBENZOTRIFLUORIDES, SOLID	6.1		Ⅱ	
3432	固态多氯联苯	POLYCHLORINATED BIPHENYLS, SOLID	9		Ⅱ	305
3434	液态硝基甲苯酚	NITROCRESOLS, LIQUID	6.1		Ⅲ	
3436	固态水合六氟丙酮	HEXAFLUOROACETONE HYDRATE, SOLID	6.1		Ⅱ	
3437	固态氯甲酚	CHLOROCRESOLS, SOLTD	6.1		Ⅱ	
3438	固态 α-甲基苄基醇	alpha-METHYLBENZYL ALCOHOL, SOLID	6.1		Ⅲ	
3439	固态腈类,毒性,未另列明的	NITRILES, TOXIC, SOLID, N.O.S.	6.1		Ⅰ	274
			6.1		Ⅱ	274
			6.1		Ⅲ	223 274
3440	液态硒化合物,未另列明的	SELENIUM COMPOUND, LIQUID, N.O.S.	6.1		Ⅰ	274
			6.1		Ⅱ	274
			6.1		Ⅲ	223 274
3441	固态二硝基氯苯	CHLORODINITROBENZENES, SOLID	6.1		Ⅱ	279
3442	固态二氯苯胺	DICHLOROANILINES. SOLID	6.1		Ⅱ	279
3443	固态二硝基苯	DINITROBENZENES, SOLID	6.1		Ⅱ	
3444	固态盐酸烟碱	NICOTINE HYDROCHLORIDE,SOLID	6.1		Ⅱ	43
3445	固态硫酸烟碱	NICOTINE SULPHATE, SOLID	6.1		Ⅱ	
3446	固态硝基甲苯	NITROTOLUENES. SOLID	6.1		Ⅱ	
3447	固态硝基二甲苯	NITROXYLENES. SOLID	6.1		Ⅱ	
3448	固态催泪性毒气物质,未另作规定的	TEAR GAS SUBSTANCE, SOLID, N.O.S.	6.1		Ⅰ	274
			6.1		Ⅱ	274
3449	固态溴苄基氰	BROMOBENZYL CYANIDES, SOLID	6.1		Ⅰ	138

续表

联合国编号	名称和说明	英文名称	类别和项别	次要危险性	包装类别	特殊规定
3450	固态二苯氯胂	DIPHENYLCHLUROARSINE, SOLID	6.1		I	
3451	固态甲苯胺	TOLUIDINES, SOLID	6.1		II	279
3452	固态二甲基苯胺	XYLIDINES, SOLID	6.1		II	
3453	固态磷酸	PHOSPHORIC ACID, SOLID	8		III	
3454	固态二硝基甲苯	DINITROTOLUENES. SOLID	6.1		II	
3455	固态甲酚	CRESOLS. SOLID	6.1	8	II	
3456	固态亚硝基硫酸	NITROSYLSULPHURIC ACID.SOLID	8		II	
3457	固态硝基氯甲苯	CHLORONITROTOI_UENES, SOLID	6.1		III	
3458	固态硝基茴香醚	NITROANISOLES, SOLID	6.1		III	279
3459	固态硝基苯溴	NITROBROMOBENZENES, SOLID	6.1		III	
3460	固态N-乙苄基甲苯胺	N-ETHYLBENZYLTOLUIDINES. SOLID	6.1		III	
3462	固态毒素，从生物体提取，未另列明的	TOXINS, EXTRACTED FROM LIVING SOURCES, SOLID, N. O. S.	6.1		I	210 274
			6.1		II	210 274
			6.1		III	210 223 274
3463	丙酸，按质量含酸不低于9%	PROPIONIC ACID with not less than 90% acid by mass	8	3	II	
3464	固态有机磷化合物，未另作规定的	ORGANOARSENIC COMPOUND, SOLID, N. O. S.	6.1		I	43 274
			6.1		II	43 274
			6.1		III	43 223 274
3465	固态有机砷化合物，未另作规定的	ORGANOARSENIC COMPOUND, SOLID, N. O. S.	6.1		I	274
			6.1		II	274
			6.1		III	223 274
3466	固态羰基金属，未另作规定的	METAL CARBONYLS, SOLID, N. O. S.	6.1		I	274
			6.1		II	274
			6.1		III	223 274

附录4 《危险货物品名表》(GB 12268—2012)

续表

联合国编号	名称和说明	英文名称	类别和项别	次要危险性	包装类别	特殊规定
3467	固态有机金属化合物，毒性，未另作规定的	ORGANOMETALLIC COMPOUND, TOXIC, SOLID, N.O.S.	6.1		Ⅰ	274
			6.1		Ⅱ	274
			6.1		Ⅲ	223 274
3468	金属氢储存系统中的氢或装在设备上的金属氢储存系统所含的氢，或与设备包装在一起的金属氢储存系统所含的氢	HYDROGEN IN A METAL HYDRIDE STORAGE SYSTEM or HYDROGEN IN A METALHYDRIDE STORAGE SYSTEM CONTAINED IN EQUIPMENT or HYDROGEN IN A METALHYDRIDE STORAGE SYSTEMPACKED WITH EQUIPMENT	2.1			321 356
3469	涂料、腐蚀性、易燃（包括色漆、喷漆、搪瓷、着色剂、虫胶、清漆、抛光剂、液态填料和液态喷漆基料）或涂料的相关材料、腐蚀性、易燃（包括涂料稀释剂或冲淡剂）	PAINT, CORROSIVE, FLAMMABLE(including paint, lacquer, enamel, stain, shellac, vamish, polish, Iiquid filler andliquid lacquer base) or PAINTBELATED MATERIALCORROSIVE, FLAMMABLE (including paint thinning or reducing compound)	8	3	Ⅰ	163
			8	3	Ⅱ	163
			8	3	Ⅲ	163 223
3470	涂料、腐蚀性、易燃（包括色漆、喷漆、搪瓷、着色剂、虫胶、清漆、抛光剂、液态填料和液态喷漆基料）或涂料的相关材料、腐蚀性、易燃（包括涂料稀释剂或冲淡剂）	PAINT, CORROSIVE, FLAMMABLE(including paint, lacquer, enamel, stain, shellac, vamish, polish, Iiquid filler andliquid lacquer base) or PAINTBELATED MATERIALCORROSIVE, FLAMMABLE (including paint thinning or reducing compound)	8	3	Ⅱ	163
3471	二氟氢化物溶液，未另作规定的	HYDROGENDIFLUORIDES SOLUTION, N.O.S.	8	6.1	Ⅱ	
			8	6.1	Ⅲ	223
3472	丁烯酸，液态	CROTONIC ACID, LIQUID	8		Ⅲ	
3473	燃料电池盒或装在设备中的燃料电池盒，或与设备包装在液体	FUEL CELL CARTRIDGES or FUEL CELL CARTRIDGES CONTAINED IN EQUIPMENT or FUEL CELL CARTRIDGES PACKED WITH EQUIPMENT, containing flammable liquids	3			328
3474	1-羟基苯并三唑水合物	1-HYDROXYBENZOTRIAZOLE, ONOHYDRATE	4.1		Ⅰ	
3475	乙醇和汽油混合物，乙醇含量高于10%	ETHANOL AND GASOLINE MIXTURE or ETHANOL AND MOTOR SPIRIT MIXTURE or ETHANOL AND PETROL MIXTURE, with more than 10% ethanol	3		Ⅱ	333

续表

联合国编号	名称和说明	英文名称	类别和项别	次要危险性	包装类别	特殊规定
3476	燃料电池盒或装在设备中的燃料电池盒,或与设备包装在一起的燃料电池盒,含遇水反应物质	FUEL CELL CARTRIDGES or FUEL CELL CARTRIDGES CONTAINED IN EQUIPMENT or FUEL CELL CARTRIDGES PACKED WITH EQUIPMENT, containing water-reactive substances	4.3			328 334
3477	燃料电池盒或装在设备中的燃料电池盒,或与设备包装在一起的燃料电池盒,含腐蚀性物质	FUEL CELL CARTRIDGES or FUEL CELL CARTRIDGES CONTAINED IN EQUIPMENT or FUEL CELL CARTRIDGES PACKED WITH EQUIPMENT, containing corrosive substances	8			328 334
3478	燃料电池盒或装在设备中的燃料电池盒,或与设备包装在一起的燃料电池盒,含液化可燃气体	FUEL CELL CARTRIDGES or FUEL CELL CARTRIDGES CONTAINED IN EQUIPMENT or FUEL CELL CARTRIDGES PACKED WITH EQUIPMENT, containing liquefied flammable gas	2.1			328 338
3479	燃料电池盒或装在设备中的燃料电池盒,或与设备包装在一起的燃料电池盒,含在金属氢中贮存的氢	FUEL CELL CARTRIDGES or FUEL CELL CARTRIDGES CONTAINED IN EQUIPMENT or FUELCELL CARTRIDGES PACKED WITH EQUIPMENT, containing hydrogen in metal hydride	2.1			328 339
3480	锂离子电池组(包括聚合物锂离子电池)	LITHIUM ION BATTERIES (including lithium ion polymer batteries)	9		Ⅱ	188 230 310 348
3481	装在设备中的锂离子电池组或同设备包装在一起的锂离子电池组(包括聚合锂离子电池组)	LITHIUM ION BATTERIES CONTAINED IN EQUIPMENT or LITHIUM ION BATTERIES PACKED WITH EQUIPMENT (including lithium ion polymer batteries)	9		Ⅱ	188 230 348
3482	碱金属分散体,易燃,或碱土金属分散体,易燃	ALKALI MEAL DISPERSION, FLAMMABLE or ALKALINE EARTH METAL DISPERSION, FLAMMABLE	4.3	3	Ⅰ	182 183
3483	发动机燃料抗爆剂,易燃	MOTOR FUEL ANTI-KNOCK MIXTURE, FLAMMABLE	6.1	3	Ⅰ	
3484	肼水溶液,易燃,按质呈含肼超过37%	HYDRAZINE AQUEOUS SOLUTION. LAMMABLE with more than 37% hydrazine, by mass	8	3 6.1	Ⅰ	
3485	次氯酸钙,干的,腐蚀性,或次氯酸钙混合物,干的,腐蚀性,含有效氯高于39%(有效氧8.8%)	CALCIUM HYPOCHLORITE, DRY, CORROSIVE or CALCTUM HYPOCHLORITE MIXTURE, DRY, CORROSIVE with than 39% availble chlorine(8.8% availble oxygen)	5.1	8	Ⅱ	314
3486	次氯酸钙混合物,干的,腐蚀性,含有效氯不低于10%,但不超过39%	CALCIUM HYPOCHLORITE MIXTURE, DRY, CORROSIVE with than 10% but not more than 39% availble chlorine	5.1	8	Ⅲ	314

附录4 《危险货物品名表》(GB 12268—2012)

续表

联合国编号	名称和说明	英文名称	类别和项别	次要危险性	包装类别	特殊规定
3487	水合次氯酸钙,腐蚀性,或水合次氯酸钙混合物,腐蚀性,含水不低于5.5%,但不超过16%	CALCIUM HYPOCHLORITE, HYDRATED, CORROSIVE or CALCIUM HYPOCHLORITE, HYDRATED MIXTURE, CORROSIVE with not less than 5.5% but not more than 16% water	5.1	8	II	314 322
					III	223 314
3488	吸入毒性液体,腐蚀性,易燃,未另作规定的,吸入毒性低于或等于200 mL/m^3,且饱和蒸汽浓度大于或等于500LC$_{50}$	TOXIC BY INHALATION LIQUID, CORROSIVE, FLAMMABLE, N.O.S. with an inhalation toxicity lower than or equal to 200 mL/m^3 and saturated vapour concentrtion greater than or equal to 500LC$_{50}$	6.1	8 3	I	274
3489	吸入毒性液体,腐蚀性,易燃,未另作规定的,吸入毒性低于或等于1000 mL/m^3,且饱和蒸汽浓度大于或等于100LC$_{50}$	TOXIC BY INHALATION LIQUID, CORROSIVE, FLAMMABLE, N.O.S. with an inhalation toxicity lower than or equal to 1000 mL/m^3 and saturated vapour concentrtion greater than or equal to 100LC$_{50}$	6.1	8 3	I	274
3490	吸入毒性液体,腐蚀性,易燃,未另作规定的,吸入毒性低于或等于200 mL/m^3,且饱和蒸汽浓度大于或等于500LC$_{50}$	TOXIC BY INHALATION LIQUID, CORROSIVE, FLAMMABLE, N.O.S. with an inhalation toxicity lower than or equal to 200 mL/m^3 and saturated vapour concentrtion greater than or equal to 500LC$_{50}$	6.1	4.3 3	I	274
3491	吸入毒性液体,腐蚀性,易燃,未另作规定的,吸入毒性低于或等于1000 mL/m^3,且饱和蒸汽浓度大于或等于10LC$_{50}$	TOXIC BY INHALATION LIQUID, CORROSIVE, FLAMMABLE, N.O.S. with an inhalation toxicity lower than or equal to 1000 mL/m^3 and saturated vapour concentrtion greater than or equal to 10LC$_{50}$	6.1	4.3 3	I	274
3492	吸入毒性液体,腐蚀性,易燃,未另作规定的,吸入毒性低于或等于200 mL/m^3,且饱和蒸汽浓度大于或等于500LC$_{50}$	TOXIC BY INHALATION LIQUID, CORROSIVE, FLAMMABLE, N.O.S. with an inhalation toxicity lower than or equal to 200 mL/m^3 and saturated vapour concentrtion greater than or equal to 500LC$_{50}$	6.1	8 3	I	274
3493	吸入毒性液体,腐蚀性,易燃,未另作规定的,吸入毒性低于或等于1000 mL/m^3,且饱和蒸汽浓度大于或等于10LC$_{50}$	TOXIC BY INHALATION LIQUID, CORROSIVE, FLAMMABLE, N.O.S. with an inhalation toxicity lower than or equal to 1000 mL/m^3 and saturated vapour concentrtion greater than or equal to 10LC$_{50}$	6.1	8 3	I	274
3494	含硫原油,易燃,毒性	PETROLEUM SOUR CRUDE OIL, FLAMMABLE TOXIC	3	6.1	I	343
					II	343
					III	343
3495	碘	IODINE	8	6.1	III	279

附录 5 GB 190—2009 的包装标志

GB 190—2009 的包装标志见附表 5.1。

附表 5.1 GB 190—2009 的包装标志表

序号	标志名称	标签图形	对应的危险货物类项号
1	爆炸性物质或物品	(符号颜色：黑色，底色：橙红色)	1.1 1.2 1.3
		(符号颜色：黑色，底色：橙红色)	1.4
		(符号颜色：黑色，底色：橙红色)	1.5
		(符号颜色：黑色，底色：橙红色) ** 项号的位置——如果爆炸性是次要危险性，留空白 * 配装组字母的位置——如果爆炸性是次要危险性，留空白	1.6

续表

序号	标志名称	标签图形	对应的危险货物类项号
2	易燃气体	(符号颜色：黑色，底色：正红色) (符号颜色：白色，底色：正红色)	2.1
	非易燃无毒气体	(符号颜色：白色，底色：绿色) (符号颜色：黑色，底色：绿色)	2.2
	毒性气体	(符号：黑色，底色：白色)	2.3

续表

序号	标志名称	标签图形	对应的危险货物类项号
3	易燃液体	(符号颜色：黑色，底色：正红色) (符号颜色：白色，底色：正红色)	3
4	易燃固体	(符号颜色：黑色，底色：白色红条)	4.1
	易于自燃的物质	(符号颜色：黑色，底色：上白下红)	4.2

续表

序号	标志名称	标签图形	对应的危险货物类项号
4	遇水易放出易燃气体的物质	（符号颜色：黑色，底色：蓝色） （符号颜色：白色，底色：蓝色）	4.3
5	氧化性物质	（符号颜色：黑色，底色：柠檬黄色）	5.1

续表

序号	标志名称	标签图形	对应的危险货物类项号
5	有机过氧化物	（符号颜色：黑色，底色：红色和柠檬黄色） （符号颜色：白色，底色：红色和柠檬黄色）	5.2
6	毒性物质	（符号颜色：黑色，底色：白色）	6.1
	感染性物质	（符号颜色：黑色，底色：白色）	6.2

续表

序号	标志名称	标签图形	对应的危险货物类项号
7	一级放射性物质	(符号颜色：黑色，底色：白色，附一条红竖条) 黑色文字，在标签下半部分写上："放射性""内装物 _____"、"放射性强度 _____"，在"放射性"字样之后，应有一条红竖条	7A
	二级放射性物质	(符号颜色：黑色，底色：白色，附两条红竖条) 黑色文字，在标签下半部分写上："放射性"、"内装物 _____"、"放射性强度 _____"，在一个黑边框格内写上"运输指数"，在"放射性"字样之后，应有两条红竖条	7B
	三级放射性物质	(符号颜色：黑色，底色：白色，附三条红竖条) 黑色文字，在标签下半部分写上："放射性""内装物 _____""放射性强度 _____"在一个黑边框格内写上"运输指数"在"放射性"字样之后，应有三条红竖条	7C

续表

序号	标志名称	标签图形	对应的危险货物类项号
8	腐蚀性物质	(符号颜色：黑色，底色：上白下黑)	8
9	杂项危险物质和物品	(符号颜色：黑色，底色：白色)	9

附录6 常见危险化学品的疏散距离

常见危险化学品的疏散距离见附表6.1。

附表6.1 危险化学品的疏散距离表

UN号	中文名称	小量泄漏 初始隔离距离 m	小量泄漏 下风向防护距离 km 白天	小量泄漏 下风向防护距离 km 夜晚	大量泄漏 初始隔离距离 m	大量泄漏 下风向防护距离 km 白天	大量泄漏 下风向防护距离 km 夜晚
1005	氨,无水的	30	0.1	0.2	150	0.8	2.3
1005	无水氨	30	0.1	0.2	150	0.8	2.3
1008	三氟化硼	30	0.1	0.6	300	1.9	4.8
1008	三氟化硼,压缩气体	30	0.1	0.6	300	1.9	4.8
1016	一氧化碳	30	0.1	0.1	150	0.7	2.7
1016	一氧化碳,压缩气体	30	0.1	0.1	150	0.7	2.7
1017	氯	60	0.4	1.6	600	3.5	8.0
1023	煤气	30	0.1	0.1	60	0.3	0.4
1023	煤气,压缩气体	30	0.1	0.1	60	0.3	0.4
1026	氰	30	0.2	0.9	150	1.0	3.5
1026	氰气体	30	0.2	0.9	150	1.0	3.5
1040	环氧乙烷	30	0.1	0.2	150	0.8	2.5
1040	环氧乙烷,含氮的	30	0.1	0.2	150	0.8	2.5
1045	氟	30	0.1	0.3	150	0.8	3.1
1045	氟,压缩气体	30	0.1	0.3	150	0.8	3.1
1048	溴化氢,无水的	30	0.1	0.4	300	1.5	4.5
1050	氯化氢,无水的	30	0.1	0.4	60	0.3	1.4
1051	氰化氢	100	0.2	1.1	1000	3.8	7.2
1051	氢氰酸水溶液,含氰化氢大于20%	60	0.2	0.6	400	1.6	4.1
1051	氰化氢,无水,稳定的	60	0.2	0.6	400	1.6	4.1
1051	氰化氢,稳定的	60	0.2	0.6	400	1.6	4.1

续表

UN 号	中文名称	小量泄漏			大量泄漏		
		初始隔离距离 m	下风向防护距离 km		初始隔离距离 m	下风向防护距离 km	
			白天	夜晚		白天	夜晚
1052	氟化氢，无水的	30	0.1	0.5	300	1.7	3.6
1053	硫化氢	30	0.1	0.4	300	2.0	6.2
1053	硫化氢	30	0.1	0.4	300	2.0	6.2
1062	甲基溴	30	0.1	0.2	150	0.7	2.2
1064	甲硫醇	30	0.1	0.3	200	1.3	4.1
1067	四氧化二氮	30	0.1	0.4	400	1.1	3.0
1067	二氧化氮	30	0.1	0.4	400	1.1	3.0
1069	氯化亚硝酰	30	0.2	1.1	800	4.2	11.0+
1071	油气	30	0.1	0.1	60	0.3	0.4
1071	石油气，压缩的	30	0.1	0.1	60	0.3	0.4
1076	双光气（战争毒剂）	200	1.1	4.0	1000	7.5	11.0+
1076	双光气	30	0.2	0.2	30	0.4	0.5
1076	双光气（战争毒剂）	30	0.2	0.7	200	1.1	2.6
1076	光气	100	0.7	2.6	500	3.3	9.7
1079	二氧化硫	60	0.3	1.2	400	2.1	5.7
1079	二氧化硫	60	0.3	1.2	400	2.1	5.7
1082	三氟氯乙烯，稳定的	30	0.1	0.2	60	0.4	1.0
1092	丙烯醛，稳定的	100	1.1	3.3	1000	11.0+	11.0+
1098	烯丙醇	30	0.1	0.2	60	0.6	1.1
1135	2-氯乙醇	30	0.2	0.3	100	0.7	1.2
1143	丁烯醛	30	0.1	0.1	60	0.4	0.7
1143	丁烯醛，稳定的	30	0.1	0.1	60	0.4	0.7
1162	二甲基二氯硅烷（当泄漏到水里时）	30	0.1	0.3	60	0.6	2.0
1163	1,1-二甲肼	30	0.2	0.5	100	1.3	2.4
1163	不对称二甲肼	30	0.2	0.5	100	1.3	2.4

附录6 常见危险化学品的疏散距离

续表

UN号	中文名称	小量泄漏			大量泄漏		
		初始隔离距离 m	下风向防护距离 km		初始隔离距离 m	下风向防护距离 km	
			白天	夜晚		白天	夜晚
1182	氯甲酸乙酯	30	0.1	0.2	60	0.4	0.7
1183	乙基二氯硅烷（当泄漏到水里时）	30	0.1	0.3	60	0.7	2.2
1185	吖丙啶，稳定的	30	0.2	0.5	100	1.1	2.2
1196	乙基三氯硅烷（当泄漏到水里时）	30	0.1	0.3	300	0.8	2.7
1238	氯甲酸甲酯	30	0.2	0.6	150	1.2	2.5
1239	甲基·氯甲基醚	30	0.3	1.1	200	2.5	5.1
1242	甲基二氯硅烷（当泄漏到水里时）	30	0.1	0.3	60	0.8	2.5
1244	甲基肼	30	0.3	0.7	150	1.5	2.5
1250	甲基三氯硅烷（当泄漏到水里时）	30	0.1	0.2	60	0.6	2.0
1251	甲基·乙烯基酮，稳定的	150	1.6	3.6	1000	11.0+	11.0+
1259	羰基镍	150	1.4	4.9	1000	11.0+	11.0+
1295	三氯硅烷（当泄漏到水里时）	30	0.1	0.3	60	0.7	2.3
1298	三甲基氯硅烷（当泄漏到水里时）	30	0.1	0.1	30	0.4	1.2
1305	乙烯基三氯硅烷（当泄漏到水里时）	30	0.1	0.2	60	0.6	2.0
1305	乙烯基三氯硅烷,稳定的(当泄漏到水里时)	30	0.1	0.2	60	0.6	2.0
1340	五硫化二磷，不含黄磷和白磷（当泄漏到水里时）	30	0.1	0.2	60	0.4	1.5
1340	五硫化二磷，不含黄磷和白磷（当泄漏到水里时）	30	0.1	0.2	60	0.4	1.5
1360	磷化钙（当泄漏到水里时）	60	0.4	1.5	500	4.4	11.0+
1380	戊硼烷	60	0.7	2.3	400	4.6	8.9
1384	亚硫酸氢钠（当泄漏到水里时）	30	0.1	0.1	30	0.3	1.2
1384	亚硫酸氢钠（当泄漏到水里时）	30	0.1	0.1	30	0.3	1.2
1384	连二亚硫酸钠（当泄漏到水里时）	30	0.1	0.2	30	0.3	1.2
1397	磷化铝（当泄漏到水里时）	60	0.5	1.9	600	5.7	11.0+
1412	氨基化锂（当泄漏到水里时）	30	0.1	0.1	30	0.3	1.0
1419	磷化铝镁（当泄漏到水里时）	60	0.4	1.7	600	5.3	11.0+

续表

UN 号	中文名称	小量泄漏			大量泄漏		
		初始隔离距离 m	下风向防护距离 km		初始隔离距离 m	下风向防护距离 km	
			白天	夜晚		白天	夜晚
1432	磷化钠（当泄漏到水里时）	30	0.3	1.2	400	3.5	10.6
1510	四硝基甲烷	30	0.2	0.4	60	0.6	1.0
1541	丙酮氰醇，稳定的（当泄漏到水里时）	30	0.1	0.1	100	0.3	1.0
1556	甲基二氯胂（战争毒剂）	30	0.2	0.5	150	0.7	2.2
1556	甲基二氯胂	30	0.2	0.2	60	0.5	0.8
1556	苯基二氯胂（战争毒剂）	30	0.1	0.1	30	0.2	0.2
1560	三氯化砷	30	0.2	0.3	100	1.1	1.8
1560	五氯化砷	30	0.2	0.3	100	1.1	1.8
1569	溴丙酮	30	0.2	0.8	100	1.1	2.3
1580	三氯硝基甲烷	30	0.4	1.0	150	1.9	3.3
1581	三氯硝基甲烷和溴甲烷混合物	30	0.1	0.6	300	2.1	5.9
1581	溴甲烷和三氯硝基甲烷混合物	30	0.1	0.6	300	2.1	5.9
1582	三氯硝基甲烷和氯甲烷混合物	30	0.1	0.4	60	0.4	1.7
1582	氯甲烷和三氯硝基甲烷混合物	30	0.1	0.4	60	0.4	1.7
1583	三氯硝基甲烷混合物，未另作规定的	30	0.4	1.0	150	1.9	3.3
1589	氯化氰（战争毒剂）	60	0.4	1.5	600	4.1	8.0
1589	氯化氰，稳定的	100	0.4	1.5	400	3.1	6.8
1595	硫酸二甲酯	30	0.1	0.2	60	0.5	0.7
1595	硫酸二甲酯	30	0.1	0.2	60	0.5	0.7
1605	二溴化乙烯	30	0.1	0.1	30	0.3	0.5
1612	四磷酸六乙酯和压缩气体混合物	100	0.8	2.7	400	3.5	8.1
1613	氢氰酸水溶液，含氰化氢不大于20%	30	0.1	0.1	100	0.5	1.1
1613	氰化氢水溶液，含氰化氢不大于20%	30	0.1	0.1	100	0.5	1.1
1614	氰化氢，稳定的（被吸收的）	60	0.2	0.6	150	0.6	1.7
1647	二溴化乙烯和溴甲烷混合物，液体	30	0.1	0.2	150	0.7	2.2
1647	溴甲烷和二溴化乙烯混合物，液体	30	0.1	0.2	150	0.7	2.2

续表

UN号	中文名称	小量泄漏			大量泄漏		
		初始隔离距离 m	下风向防护距离 km		初始隔离距离 m	下风向防护距离 km	
			白天	夜晚		白天	夜晚
1660	一氧化氮，压缩的	30	0.1	0.6	100	0.6	2.2
1660	一氧化氮	30	0.1	0.6	100	0.6	2.2
1670	全氯甲硫醇	30	0.2	0.4	100	0.8	1.4
1680	氰化钾（当泄漏到水里时）	30	0.1	0.2	100	0.3	1.2
1680	氰化钾，固体（当泄漏到水里时）	30	0.1	0.2	100	0.3	1.2
1689	氰化钠（当泄漏到水里时）	30	0.1	0.2	100	0.4	1.4
1689	氰化钠，固体（当泄漏到水里时）	30	0.1	0.2	100	0.4	1.4
1694	氯丙酮（战争毒剂）	30	0.1	0.4	100	0.6	2.7
1695	氯丙酮，稳定的	30	0.1	0.3	60	0.6	1.1
1697	氯乙酰苯（战争毒剂）	30	0.1	0.2	60	0.3	1.4
1698	二苯胺氯胂（战争毒剂）	30	0.1	0.3	60	0.3	1.4
1698	二苯胺氯胂（战争毒剂）	30	0.1	0.3	60	0.3	1.4
1699	二苯氯胂（战争毒剂）	30	0.1	0.6	200	1.0	3.8
1716	乙酸溴（当泄漏到水里时）	30	0.1	0.3	60	0.6	1.7
1717	乙酸氯（当泄漏到水里时）	30	0.1	0.3	100	0.9	2.8
1722	氯甲酸烯丙酯	100	1.2	2.8	600	7.8	11.0+
1722	氯甲酸烯丙酯	100	1.2	2.8	600	7.8	11.0+
1724	烯丙基三氯硅烷，稳定的（当泄漏到水里时）	30	0.1	0.2	60	0.6	1.9
1725	溴化铝，无水的（当泄漏到水里时）	30	0.1	0.3	30	0.4	1.2
1726	氯化铝，无水的（当泄漏到水里时）	30	0.1	0.3	60	0.6	2.1
1728	戊基三氯硅烷（当泄漏到水里时）	30	0.1	0.2	60	0.6	1.9
1732	五氟化锑（当泄漏到水里时）	30	0.1	0.5	150	1.2	4.0
1741	三氯化硼（当泄漏到陆地上时）	30	0.1	0.3	100	0.6	1.5
1741	三氯化硼（当泄漏到水里时）	30	0.1	0.5	100	1.3	3.9
1744	溴	60	0.6	1.8	300	3.1	6.6
1744	溴溶液	60	0.6	1.8	300	3.1	6.6

续表

UN号	中文名称	小量泄漏 初始隔离距离 m	小量泄漏 下风向防护距离 km 白天	小量泄漏 下风向防护距离 km 夜晚	大量泄漏 初始隔离距离 m	大量泄漏 下风向防护距离 km 白天	大量泄漏 下风向防护距离 km 夜晚
1744	溴溶液（吸入危害带 A）	60	0.6	1.8	300	3.1	6.6
1744	溴溶液（吸入危害带 B）	30	0.5	1.1	150	1.9	3.4
1745	五氟化溴（当泄漏到陆地上时）	30	0.2	0.9	150	1.5	3.2
1745	五氟化溴（当泄漏到水里时）	30	0.1	0.5	150	1.3	4.2
1746	三氟化溴（当泄漏到陆地上时）	30	0.1	0.1	30	0.3	0.5
1746	三氟化溴（当泄漏到水里时）	30	0.1	0.5	100	1.1	3.9
1747	丁基三氯硅烷（当泄漏到水里时）	30	0.1	0.1	30	0.4	1.2
1749	三氟化氯	60	0.4	1.8	400	2.7	7.2
1752	氯乙酰氯（当泄漏到陆地上时）	30	0.3	0.7	150	1.4	2.3
1752	氯乙酰氯（当泄漏到水里时）	30	0.1	0.1	30	0.3	0.9
1753	氯苯基三氯硅烷（当泄漏到水里时）	30	0.1	0.1	30	0.3	1.0
1754	氯磺酸（当泄漏到陆地上时）	30	0.1	0.1	30	0.3	0.4
1754	氯磺酸（当泄漏到水里时）	30	0.1	0.5	60	1.0	2.9
1754	氯磺酸和三氧化硫混合物（当泄漏到陆地上时）	60	0.4	1.0	300	2.9	5.7
1754	氯磺酸和三氧化硫混合物（当泄漏到水里时）	30	0.1	0.5	60	1.0	2.9
1754	氯磺酸（当泄漏到陆地上时）	30	0.1	0.1	30	0.3	0.4
1754	氯磺酸（当泄漏到水里时）	30	0.1	0.5	60	1.0	2.9
1754	氯磺酸和三氧化硫混合物（当泄漏到陆地上时）	60	0.4	1.0	300	2.9	5.7
1754	氯磺酸和三氧化硫混合物（当泄漏到水里时）	30	0.1	0.5	60	1.0	2.9
1754	三氧化硫和氯磺酸混合物（当泄漏到陆地上时）	60	0.4	1.0	300	2.9	5.7
1754	三氧化硫和氯磺酸混合物（当泄漏到水里时）	30	0.1	0.5	60	1.0	2.9
1754	三氧化硫和氯磺酸混合物（当泄漏到陆地上时）	60	0.4	1.0	300	2.9	5.7
1754	三氧化硫和氯磺酸混合物（当泄漏到水里时）	30	0.1	0.5	60	1.0	2.9
1758	氯氧化铬（当泄漏到水里时）	30	0.1	0.1	30	0.2	0.8

附录6 常见危险化学品的疏散距离

续表

UN号	中文名称	小量泄漏			大量泄漏		
		初始隔离距离 m	下风向防护距离 km		初始隔离距离 m	下风向防护距离 km	
			白天	夜晚		白天	夜晚
1762	环己烯基三氯硅烷（当泄漏到水里时）	30	0.1	0.2	30	0.4	1.4
1763	环己基三氯硅烷（当泄漏到水里时）	30	0.1	0.2	30	0.4	1.4
1765	二氯乙酰氯（当泄漏到水里时）	30	0.1	0.1	30	0.3	1.0
1766	二氯苯基三氯硅烷（当泄漏到水里时）	30	0.1	0.2	60	0.7	2.2
1767	二乙基二氯硅烷（当泄漏到水里时）	30	0.1	0.1	30	0.4	1.1
1769	二苯基二氯硅烷（当泄漏到水里时）	30	0.1	0.1	30	0.2	0.6
1771	十二烷基三氯硅烷（当泄漏到水里时）	30	0.1	0.2	60	0.5	1.4
1777	氟磺酸（当泄漏到水里时）	30	0.1	0.1	30	0.2	0.8
1777	氟磺酸（当泄漏到水里时）	30	0.1	0.1	30	0.2	0.8
1781	十六烷基三氯硅烷（当泄漏到水里时）	30	0.1	0.1	30	0.2	0.7
1784	己基三氯硅烷（当泄漏到水里时）	30	0.1	0.2	60	0.5	1.5
1799	壬基三氯硅烷（当泄漏到水里时）	30	0.1	0.2	60	0.5	1.6
1800	十八烷基三氯硅烷（当泄漏到水里时）	30	0.1	0.2	30	0.4	1.4
1801	辛基三氯硅烷（当泄漏到水里时）	30	0.1	0.2	60	0.5	1.6
1804	苯基三氯硅烷（当泄漏到水里时）	30	0.1	0.2	60	0.5	1.6
1806	五氯化磷（当泄漏到水里时）	30	0.1	0.2	30	0.4	1.6
1808	三溴化磷（当泄漏到水里时）	30	0.1	0.3	60	0.6	2.0
1809	三氯化磷（当泄漏到陆地上时）	30	0.2	0.7	150	1.5	3.0
1809	三氯化磷（当泄漏到水里时）	30	0.1	0.4	60	0.8	2.8
1810	三氯氧化磷（当泄漏到陆地上时）	30	0.3	0.5	100	1.1	2.0
1810	三氯氧化磷（当泄漏到水里时）	30	0.1	0.3	60	0.7	2.3
1815	丙酰氯（当泄漏到水里时）	30	0.1	0.1	30	0.3	0.8
1816	丙基三氯硅烷（当泄漏到水里时）	30	0.1	0.2	60	0.6	2.0
1818	四氯化硅（当泄漏到水里时）	30	0.1	0.3	100	0.9	2.9
1828	氯化硫（当泄漏到陆地上时）	30	0.1	0.2	60	0.7	1.2
1828	氯化硫（当泄漏到水里时）	30	0.1	0.2	30	0.4	1.2

续表

UN号	中文名称	小量泄漏			大量泄漏		
		初始隔离距离 m	下风向防护距离 km		初始隔离距离 m	下风向防护距离 km	
			白天	夜晚		白天	夜晚
1828	氯化硫（当泄漏到陆地上时）	30	0.1	0.2	60	0.7	1.2
1828	氯化硫（当泄漏到水里时）	30	0.1	0.2	30	0.4	1.2
1829	三氧化硫，加有抑制剂	60	0.4	1.0	300	2.9	5.7
1829	三氧化硫，稳定的	60	0.4	1.0	300	2.9	5.7
1829	三氧化硫，未加抑制剂	60	0.4	1.0	300	2.9	5.7
1829	三氧化硫，加有抑制剂	60	0.4	1.0	300	2.9	5.7
1829	三氧化硫，稳定的	60	0.4	1.0	300	2.9	5.7
1829	三氧化硫，未加抑制剂	60	0.4	1.0	300	2.9	5.7
1831	硫酸，发烟的	60	0.4	1.0	300	2.9	5.7
1831	硫酸，发烟的，含游离三氧化硫不小于30%	60	0.4	1.0	300	2.9	5.7
1831	硫酸，发烟的	60	0.4	1.0	300	2.9	5.7
1831	硫酸，发烟的，含游离三氧化硫不小于30%	60	0.4	1.0	300	2.9	5.7
1834	磺酰氯（当泄漏到陆地上时）	30	0.2	0.5	100	1.0	2.1
1834	磺酰氯（当泄漏到水里时）	30	0.1	0.2	60	0.5	1.8
1834	磺酰氯（当泄漏到陆地上时）	30	0.2	0.5	100	1.0	2.1
1834	磺酰氯（当泄漏到水里时）	30	0.1	0.2	60	0.5	1.8
1836	亚硫酰氯（当泄漏到陆地上时）	30	0.3	0.7	100	0.9	1.9
1836	亚硫酰氯（当泄漏到水里时）	30	0.3	1.4	300	3.3	7.5
1838	四氯化钛（当泄漏到陆地上时）	30	0.1	0.2	60	0.5	0.8
1838	四氯化钛（当泄漏到水里时）	30	0.1	0.2	60	0.6	1.9
1859	四氟化硅	30	0.1	0.5	100	0.5	1.9
1859	四氟化硅，压缩的	30	0.1	0.5	100	0.5	1.9
1892	乙基二氯胂（战争毒剂）	30	0.1	0.3	150	0.8	1.9
1892	乙基二氯胂	30	0.2	0.3	60	0.6	0.9
1898	乙酰碘（当泄漏到水里时）	30	0.1	0.3	60	0.5	1.4
1911	乙硼烷	60	0.3	1.2	300	1.7	4.3

续表

UN号	中文名称	小量泄漏			大量泄漏		
		初始隔离距离 m	下风向防护距离 km		初始隔离距离 m	下风向防护距离 km	
			白天	夜晚		白天	夜晚
1911	乙硼烷，压缩的	60	0.3	1.2	300	1.7	4.3
1923	连二亚硫酸钙（当泄漏到水里时）	30	0.1	0.2	30	0.3	1.2
1923	亚硫酸氢钙（当泄漏到水里时）	30	0.1	0.2	30	0.3	1.2
1923	亚硫酸氢钙（当泄漏到水里时）	30	0.1	0.2	30	0.3	1.2
1929	连二亚硫酸钾（当泄漏到水里时）	30	0.1	0.2	30	0.3	1.1
1929	亚硫酸氢钾（当泄漏到水里时）	30	0.1	0.2	30	0.3	1.1
1929	亚硫酸氢钾（当泄漏到水里时）	30	0.1	0.2	30	0.3	1.1
1931	连二亚硫酸锌（当泄漏到水里时）	30	0.1	0.2	30	0.3	1.1
1931	亚硫酸氢锌（当泄漏到水里时）	30	0.1	0.2	30	0.3	1.1
1931	亚硫酸氢锌（当泄漏到水里时）	30	0.1	0.2	30	0.3	1.1
1953	压缩气体，易燃，有毒，未另作规定的（呼吸危险区A）	100	0.6	2.5	800	4.4	8.9
1953	压缩气体，易燃，有毒，未另作规定的（呼吸危险区B）	30	0.2	0.8	400	1.9	4.8
1953	压缩气体，易燃，有毒，未另作规定的（呼吸危险区C）	30	0.1	0.3	300	1.3	4.1
1953	压缩气体，易燃，有毒，未另作规定的（呼吸危险区D）	30	0.1	0.2	150	0.7	2.7
1953	压缩气体，易燃，有毒，未另作规定的（呼吸危险区A）	100	0.6	2.5	800	4.4	8.9
1953	压缩气体，易燃，有毒，未另作规定的（呼吸危险区B）	30	0.2	0.8	400	1.9	4.8
1953	压缩气体，易燃，有毒，未另作规定的（呼吸危险区C）	30	0.1	0.3	300	1.3	4.1
1953	压缩气体，易燃，有毒，未另作规定的（呼吸危险区D）	30	0.1	0.2	150	0.7	2.7
1953	压缩气体，有害，易燃，未另作规定的	100	0.6	2.5	800	4.4	8.9
1953	压缩气体，有害，易燃，未另作规定的（吸入危害A）	100	0.6	2.5	800	4.4	8.9
1953	压缩气体，有害，易燃，未另作规定的（吸入危害B）	30	0.2	0.8	400	1.9	4.8
1953	压缩气体，有害，易燃，未另作规定的（吸入危害C）	30	0.1	0.3	300	1.3	4.1

续表

UN 号	中文名称	小量泄漏 初始隔离距离 m	小量泄漏 下风向防护距离 km 白天	小量泄漏 下风向防护距离 km 夜晚	大量泄漏 初始隔离距离 m	大量泄漏 下风向防护距离 km 白天	大量泄漏 下风向防护距离 km 夜晚
1953	压缩气体，有害，易燃，未另作规定的（吸入危害 D）	30	0.1	0.2	150	0.7	2.7
1953	压缩气体，有毒，易燃，未另作规定的	100	0.6	2.5	800	4.4	8.9
1953	压缩气体，有毒，易燃，未另作规定的（吸入危害 A）	100	0.6	2.5	800	4.4	8.9
1953	压缩气体，有毒，易燃，未另作规定的（吸入危害 B）	30	0.2	0.8	400	1.9	4.8
1953	压缩气体，有毒，易燃，未另作规定的（吸入危害 C）	30	0.1	0.3	300	1.3	4.1
1953	压缩气体，有毒，易燃，未另作规定的（吸入危害 D）	30	0.1	0.2	150	0.7	2.7
1955	压缩气体，有毒，未另作规定的	100	0.5	2.1	800	4.4	8.9
1955	压缩气体，有毒，未另作规定的（呼吸危险区 A）	100	0.5	2.1	800	4.4	8.9
1955	压缩气体，有毒，未另作规定的（呼吸危险区 B）	30	0.2	0.8	400	1.9	4.8
1955	压缩气体，有毒，未另作规定的（呼吸危险区 C）	30	0.1	0.4	200	1.0	3.2
1955	压缩气体，有毒，未另作规定的（呼吸危险区 D）	30	0.1	0.2	150	0.7	2.7
1955	压缩气体，有毒，未另作规定的	100	0.5	2.1	800	4.4	8.9
1955	压缩气体，有毒，未另作规定的（呼吸危险区 A）	100	0.5	2.1	800	4.4	8.9
1955	压缩气体，有毒，未另作规定的（呼吸危险区 B）	30	0.2	0.8	400	1.9	4.8
1955	压缩气体，有毒，未另作规定的（呼吸危险区 C）	30	0.1	0.4	200	1.0	3.2
1955	压缩气体，有毒，未另作规定的（呼吸危险区 D）	30	0.1	0.2	150	0.7	2.7
1955	混有压缩气体的有机磷酸盐化合物	100	1.0	3.4	500	4.4	9.6
1955	混有压缩气体的有机磷酸盐	100	1.0	3.4	500	4.4	9.6
1955	混有压缩气体的有机磷酸盐化合物	100	1.0	3.4	500	4.4	9.6
1967	气体杀虫剂，有毒，未另作规定的	100	1.0	3.4	500	4.4	9.6
1967	气体杀虫剂，有毒，未另作规定的	100	1.0	3.4	500	4.4	9.6
1967	对硫磷和压缩气体混合物	100	1.0	3.4	500	4.4	9.6

续表

UN号	中文名称	小量泄漏			大量泄漏		
		初始隔离距离 m	下风向防护距离 km		初始隔离距离 m	下风向防护距离 km	
			白天	夜晚		白天	夜晚
1975	四氧化二氮和一氧化氮混合物	30	0.1	0.6	100	0.6	2.2
1975	一氧化氮和四氧化二氮混合物	30	0.1	0.6	100	0.6	2.2
1975	一氧化氮和二氧化氮混合物	30	0.1	0.6	100	0.6	2.2
1975	一氧化氮和四氧化二氮混合物	30	0.1	0.6	100	0.6	2.2
1975	二氧化氮和一氧化氮混合物	30	0.1	0.6	100	0.6	2.2
1975	四氧化二氮和一氧化氮混合物	30	0.1	0.6	100	0.6	2.2
1994	五羰铁	100	0.9	2.1	500	5.5	8.9
2004	二氨基镁（当泄漏到水里时）	30	0.1	0.4	60	0.6	2.3
2011	二磷化三镁（当泄漏到水里时）	60	0.4	1.6	500	4.8	11.0+
2012	磷化钾（当泄漏到水里时）	30	0.3	1.2	400	3.1	9.4
2013	磷化锶（当泄漏到水里时）	30	0.3	1.1	400	3.0	9.4
2032	硝酸，发烟的	30	0.1	0.3	150	0.6	1.1
2032	硝酸，发红烟的	30	0.1	0.3	150	0.6	1.1
2186	氯化氢，冷冻液体	30	0.1	0.4	500	2.8	10.2
2188	胂	200	1.1	4.0	1000	7.0	11.0+
2188	胂（战争毒剂）	400	2.0	5.5	1000	9.2	11.0+
2189	二氯硅烷	30	0.2	1.0	800	4.2	10.3
2190	二氟化氧	800	5.3	11.0+	1000	11.0+	11.0+
2190	二氟化氧，压缩的	800	5.3	11.0+	1000	11.0+	11.0+
2191	硫酰氟	30	0.1	0.5	300	1.7	4.9
2191	硫酰氟	30	0.1	0.5	300	1.7	4.9
2192	锗烷	30	0.2	0.8	150	0.9	2.8
2194	六氟化硒	60	0.4	1.9	500	2.9	6.4
2195	六氟化碲	200	1.2	4.3	1000	9.4	11.0+
2196	六氟化钨	30	0.2	0.8	150	1.0	2.9
2197	碘化氢，无水的	30	0.1	0.4	150	1.0	3.2

续表

UN号	中文名称	小量泄漏			大量泄漏		
		初始隔离距离 m	下风向防护距离 km		初始隔离距离 m	下风向防护距离 km	
			白天	夜晚		白天	夜晚
2198	五氟化磷	30	0.2	1.1	200	1.3	3.8
2198	五氟化磷，压缩的	30	0.2	1.1	200	1.3	3.8
2199	磷化氢	100	0.6	2.5	800	4.4	8.9
2202	硒化氢，无水的	200	1.3	4.6	1000	8.7	11.0+
2204	硫化羰	30	0.2	0.7	500	3.3	8.7
2204	硫化羰	30	0.2	0.7	500	3.3	8.7
2232	氯乙醛	30	0.2	0.4	100	0.9	1.5
2232	2-氯乙醛	30	0.2	0.4	100	0.9	1.5
2308	亚硝基硫酸（当泄漏到水里时）	30	0.1	0.4	300	0.8	2.5
2308	亚硝基硫酸，液体（当泄漏到水里时）	30	0.1	0.4	300	0.8	2.5
2308	亚硝基硫酸，固体（当泄漏到水里时）	30	0.1	0.4	300	0.8	2.5
2308	亚硝基硫酸（当泄漏到水里时）	30	0.1	0.4	300	0.8	2.5
2308	亚硝基硫酸，液体（当泄漏到水里时）	30	0.1	0.4	300	0.8	2.5
2308	亚硝基硫酸，固体（当泄漏到水里时）	30	0.1	0.4	300	0.8	2.5
2334	烯丙胺	30	0.2	0.6	150	1.7	3.0
2337	苯硫醇	30	0.1	0.1	30	0.3	0.5
2353	丁酰氯（当泄漏到水里时）	30	0.1	0.1	30	0.3	1.0
2382	1，2-二甲肼	30	0.2	0.4	100	1.0	1.7
2382	对称二甲肼	30	0.2	0.4	100	1.0	1.7
2395	异丁酰氯（当泄漏到水里时）	30	0.1	0.1	30	0.2	0.6
2407	氯甲酸异丙酯	30	0.2	0.3	60	0.7	1.4
2417	碳酰氟	30	0.2	0.8	150	0.9	3.0
2417	碳酰氟，压缩的	30	0.2	0.8	150	0.9	3.0
2418	四氟化硫	100	0.6	2.6	800	4.7	10.3
2418	四氟化硫	100	0.6	2.6	800	4.7	10.3
2420	六氟丙酮	60	0.3	1.5	1000	8.4	11.0+

续表

UN号	中文名称	小量泄漏			大量泄漏		
		初始隔离距离 m	下风向防护距离 km		初始隔离距离 m	下风向防护距离 km	
			白天	夜晚		白天	夜晚
2421	三氧化二氮	30	0.1	0.3	100	0.3	1.2
2434	二苄基二氯硅烷（当泄漏到水里时）	30	0.1	0.1	30	0.2	0.6
2435	乙基苯基二氯硅烷（当泄漏到水里时）	30	0.1	0.1	30	0.4	1.1
2437	甲基苯基二氯硅烷（当泄漏到水里时）	30	0.1	0.1	30	0.2	0.6
2438	三甲基乙酰氯	30	0.1	0.3	60	0.6	1.1
2442	三氯乙酰氯	30	0.2	0.3	60	0.7	1.3
2474	硫光气	60	0.7	2.0	300	3.1	5.3
2477	异硫氰酸甲酯	30	0.1	0.2	60	0.5	0.8
2480	异氰酸甲酯	150	1.8	5.3	1000	11.0+	11.0+
2481	异氰酸乙酯	150	1.5	3.8	1000	11.0+	11.0+
2482	异氰酸正丙酯	100	1.2	2.8	800	9.6	11.0+
2483	异氰酸异丙酯	100	1.3	3.0	1000	11.0	11.0+
2484	异氰酸叔丁酯	100	1.1	2.6	800	9.3	11.0+
2485	异氰酸正丁酯	60	0.8	1.7	400	4.8	6.9
2486	异氰酸异丁酯	60	0.8	1.8	400	4.8	7.4
2487	异氰酸苯酯	30	0.4	0.6	150	1.6	2.5
2488	异氰酸环己酯	30	0.3	0.4	100	1.0	1.4
2495	五氟化碘（当泄漏到水里时）	30	0.1	0.5	150	1.2	4.2
2521	双烯酮，稳定的	30	0.1	0.1	30	0.3	0.5
2534	甲基氯硅烷	30	0.2	0.7	300	1.6	4.3
2548	五氟化氯	60	0.3	1.4	400	2.3	6.5
2600	一氧化碳和氢混合物	30	0.1	0.1	150	0.7	2.7
2600	一氧化碳和氢混合物，压缩的	30	0.1	0.1	150	0.7	2.7
2600	氢和一氧化碳混合物	30	0.1	0.1	150	0.7	2.7
2600	氢气和一氧化碳的混合物，压缩的	30	0.1	0.1	150	0.7	2.7
2605	异氰酸甲氧基甲酯	30	0.4	0.6	150	1.6	2.5

续表

UN 号	中文名称	小量泄漏			大量泄漏		
		初始隔离距离 m	下风向防护距离 km		初始隔离距离 m	下风向防护距离 km	
			白天	夜晚		白天	夜晚
2606	原硅酸甲酯	30	0.1	0.1	30	0.3	0.5
2644	甲基碘	30	0.1	0.2	100	0.3	0.8
2646	六氯环戊二烯	30	0.1	0.1	30	0.4	0.5
2668	氯乙腈	30	0.1	0.1	30	0.3	0.5
2676	锑化氢	60	0.4	1.7	500	2.8	7.2
2691	五溴化磷（当泄漏到水里时）	30	0.1	0.4	30	0.4	1.5
2692	三溴化硼（当泄漏到陆地上时）	30	0.1	0.4	60	0.5	1.0
2692	三溴化硼（当泄漏到水里时）	30	0.1	0.6	100	1.0	3.0
2740	氯甲酸正丙酯	30	0.2	0.3	60	0.7	1.3
2742	氯甲酸仲丁酯	30	0.1	0.1	30	0.4	0.6
2742	氯甲酸异丁酯	30	0.1	0.1	30	0.3	0.5
2743	氯甲酸正丁酯	30	0.1	0.1	30	0.3	0.5
2806	氮化锂（当泄漏到水里时）	30	0.1	0.4	60	0.6	2.2
2810	二苯羟乙酸（毕兹）（战争毒剂）	30	0.1	0.1	30	0.1	0.5
2810	二苯羟乙酸（毕兹）（战争毒剂）	30	0.1	0.1	30	0.1	0.5
2810	氯苄叉丙腈（战争毒剂）	30	0.2	0.7	100	0.5	2.1
2810	二氯（2-氯乙烯）胂（战争毒剂）	30	0.1	0.6	100	0.5	2.0
2810	塔崩（战争毒剂）	30	0.2	0.2	100	0.6	0.7
2810	沙林（战争毒剂）	60	0.4	1.2	800	2.3	4.5
2810	索曼（战争毒剂）	60	0.4	0.8	400	1.7	2.4
2810	GF 毒气（战争毒剂）	60	0.2	0.3	150	0.9	1.1
2810	芥子气（战争毒剂）	30	0.1	0.1	60	0.4	0.4
2810	芥子气—路易斯气（用于冷冻）（战争毒剂）	30	0.1	0.1	60	0.4	0.4
2810	芥子气纯品（战争毒剂）	30	0.2	0.3	100	0.5	1.0
2810	氮芥，氮芥-1（战争毒剂）	30	0.1	0.1	60	0.4	0.5
2810	氮芥，氮芥-2（战争毒剂）	30	0.1	0.1	60	0.3	0.5

续表

UN号	中文名称	小量泄漏			大量泄漏		
		初始隔离距离 m	下风向防护距离 km		初始隔离距离 m	下风向防护距离 km	
			白天	夜晚		白天	夜晚
2810	氮芥，氮芥-3（战争毒剂）	30	0.1	0.1	30	0.1	0.1
2810	路易斯（毒）气（战争毒剂）	30	0.2	0.3	100	0.5	1.0
2810	路易斯（毒）气（战争毒剂）	30	0.2	0.3	100	0.5	1.0
2810	芥末（战争毒剂）	30	0.1	0.1	60	0.4	0.4
2810	芥末路易斯（毒）气（战争毒剂）	30	0.2	0.3	100	0.5	1.0
2810	有毒液体，未另作规定的	60	0.8	1.8	300	2.9	5.7
2810	有毒液体，未另作规定的（呼吸危险区A）	60	0.8	1.8	300	2.9	5.7
2810	有毒液体，未另作规定的（呼吸危险区B）	30	0.1	0.2	60	0.5	0.8
2810	有毒液体，有机物，未另作规定的	60	0.8	1.8	400	4.8	7.4
2810	有害液体，有机物，未另作规定的（吸入危害A）	60	0.8	1.8	400	4.8	7.4
2810	有害液体，有机物，未另作规定的（吸入危害B）	30	0.1	0.2	60	0.5	0.8
2810	沙林（战争毒剂）	60	0.4	1.2	800	2.3	4.5
2810	索曼（战争毒剂）	60	0.4	0.8	400	1.7	2.4
2810	二甲氨基氰磷酸乙酯（战争毒剂）	30	0.2	0.2	100	0.6	0.7
2810	塔崩（战争毒剂）	60	0.4	0.8	400	1.7	2.4
2810	有毒液体，未另作规定的	60	0.8	1.8	300	2.9	5.7
2810	有毒液体，未另作规定的（呼吸危险区A）	60	0.8	1.8	300	2.9	5.7
2810	有毒液体，未另作规定的（呼吸危险区B）	30	0.1	0.2	60	0.5	0.8
2810	有毒液体，有机物，未另作规定的	60	0.8	1.8	400	4.8	7.4
2810	有毒液体，有机物，未另作规定的（呼吸危险区A）	60	0.8	1.8	400	4.8	7.4
2810	有毒液体，有机物，未另作规定的（呼吸危险区B）	30	0.1	0.2	60	0.5	0.8
2810	维埃克斯（战争毒剂）	30	0.1	0.1	60	0.4	0.4
2811	CX（战争毒剂）	30	0.1	0.7	100	0.5	2.3
2826	氯硫代甲酸乙酯	30	0.1	0.2	60	0.5	0.7

续表

UN号	中文名称	小量泄漏			大量泄漏		
		初始隔离距离 m	下风向防护距离 km		初始隔离距离 m	下风向防护距离 km	
			白天	夜晚		白天	夜晚
2845	乙基亚磷酸二氯，无水的	30	0.3	0.8	150	1.6	2.9
2845	甲基亚磷酸二氯	30	0.4	1.2	200	2.6	4.5
2901	氯化溴	30	0.2	1.0	400	2.4	6.5
2927	乙基硫代磷酰二氯，无水的	30	0.1	0.1	30	0.2	0.2
2927	二氯磷酸乙酯	30	0.1	0.1	30	0.2	0.3
2927	有毒液体，腐蚀，未另作规定的	60	0.8	1.8	300	2.9	5.7
2927	有毒液体，腐蚀，未另作规定的（呼吸危险区A）	60	0.8	1.8	300	2.9	5.7
2927	有毒液体，腐蚀，未另作规定的（呼吸危险区B）	30	0.1	0.2	60	0.5	0.8
2927	有毒液体，腐蚀，有机物，未另作规定的	100	1.2	2.8	600	7.8	11.0+
2927	有毒液体，腐蚀，有机物，未另作规定的（呼吸危险区A）	100	1.2	2.8	600	7.8	11.0+
2927	有毒液体，腐蚀，有机物，未另作规定的（呼吸危险区B）	30	0.1	0.2	60	0.5	0.8
2927	有毒液体，腐蚀，未另作规定的	60	0.8	1.8	300	2.9	5.7
2927	有毒液体，腐蚀，未另作规定的（呼吸危险区A）	60	0.8	1.8	300	2.9	5.7
2927	有毒液体，腐蚀，未另作规定的（呼吸危险区B）	30	0.1	0.2	60	0.5	0.8
2927	有毒液体，腐蚀，有机物，未另作规定的	100	1.2	2.8	600	7.8	11.0+
2927	有毒液体，腐蚀，有机物，未另作规定的（呼吸危险区A）	100	1.2	2.8	600	7.8	11.0+
2927	有毒液体，腐蚀，有机物，未另作规定的（呼吸危险区B）	30	0.1	0.2	60	0.5	0.8
2929	有毒液体，易燃，未另作规定的	60	0.7	2.3	400	4.6	8.9
2929	有毒液体，易燃，未另作规定的（呼吸危险区A）	60	0.7	2.3	400	4.6	8.9
2929	有毒液体，易燃，未另作规定的（呼吸危险区B）	30	0.1	0.2	60	0.5	0.8
2929	有毒液体，易燃，有机物，未另作规定的	100	1.1	2.6	600	7.8	11.0+
2929	有毒液体，易燃，有机物，未另作规定的（呼吸危险区A）	100	1.1	2.6	600	7.8	11.0+

续表

UN号	中文名称	小量泄漏			大量泄漏		
		初始隔离距离 m	下风向防护距离 km		初始隔离距离 m	下风向防护距离 km	
			白天	夜晚		白天	夜晚
2929	有毒液体，易燃，有机物，未另作规定的（呼吸危险区B）	30	0.1	0.2	60	0.5	0.8
2929	有毒液体，易燃，未另作规定的	60	0.7	2.3	400	4.6	8.9
2929	有毒液体，易燃，未另作规定的（呼吸危险区A）	60	0.7	2.3	400	4.6	8.9
2929	有毒液体，易燃，未另作规定的（呼吸危险区B）	30	0.1	0.2	60	0.5	0.8
2929	有毒液体，易燃，有机物，未另作规定的	100	1.1	2.6	600	7.8	11.0+
2929	有毒液体，易燃，有机物，未另作规定的（呼吸危险区A）	100	1.1	2.6	600	7.8	11.0+
2929	有毒液体，易燃，有机物，未另作规定的（呼吸危险区B）	30	0.1	0.2	60	0.5	0.8
2977	放射性物质，六氟化铀，裂变的（当泄漏到水里时）	30	0.1	0.4	60	0.5	2.3
2977	放射性物质，六氟化铀，裂变的，含铀-235大于1%（当泄漏到水里时）	30	0.1	0.4	60	0.5	2.3
2978	放射性物质，六氟化铀（当泄漏到水里时）	30	0.1	0.4	60	0.5	2.2
2978	六氟化铀（当泄漏到水里时）	30	0.1	0.4	60	0.5	2.2
2978	六氟化铀，不裂变（当泄漏到水里时）	30	0.1	0.4	60	0.5	2.2
2985	氯硅烷，易燃，腐蚀，未另作规定的（当泄漏到水里时）	30	0.1	0.2	100	0.5	1.6
2985	氯硅烷，未另作规定的（当泄漏到水里时）	30	0.1	0.2	100	0.5	1.6
2986	氯硅烷，腐蚀，易燃，未另作规定的（当泄漏到水里时）	30	0.1	0.2	100	0.5	1.6
2986	氯硅烷，未另作规定的（当泄漏到水里时）	30	0.1	0.2	100	0.5	1.6
2987	氯硅烷，腐蚀，未另作规定的（当泄漏到水里时）	30	0.1	0.2	100	0.5	1.6
2987	氯硅烷，未另作规定的（当泄漏到水里时）	30	0.1	0.2	100	0.5	1.6
2988	氯硅烷，未另作规定的（当泄漏到水里时）	30	0.1	0.2	100	0.5	1.6
2988	氯硅烷，遇水反应，易燃，腐蚀，未另作规定的（当泄漏到水里时）	30	0.1	0.2	100	0.5	1.6
3023	2-甲基-2-庚硫醇	30	0.1	0.2	60	0.5	0.7
3023	叔辛硫醇	30	0.1	0.2	60	0.5	0.7

续表

UN号	中文名称	小量泄漏			大量泄漏		
		初始隔离距离 m	下风向防护距离 km		初始隔离距离 m	下风向防护距离 km	
			白天	夜晚		白天	夜晚
3048	磷化铝农药（当泄漏到水里时）	60	0.5	1.9	600	5.8	11.0+
3049	卤化烷基金属，未另作规定的（当泄漏到水里时）	30	0.1	0.2	60	0.4	1.3
3049	卤化烷基金属，遇水反应，未另作规定的（当泄漏到水里时）	30	0.1	0.2	60	0.4	1.3
3049	卤化芳基金属，未另作规定的（当泄漏到水里时）	30	0.1	0.2	60	0.4	1.3
3049	卤化芳基金属，遇水反应，未另作规定的（当泄漏到水里时）	30	0.1	0.2	60	0.4	1.3
3052	卤化烷基铝（当泄漏到水里时）	30	0.1	0.2	60	0.4	1.3
3052	卤化烷基铝，液体（当泄漏到水里时）	30	0.1	0.2	60	0.4	1.3
3052	卤化烷基铝，固体（当泄漏到水里时）	30	0.1	0.2	60	0.4	1.3
3057	三氟乙酰氯	30	0.2	1.0	800	4.6	11.0+
3079	甲基丙烯腈，稳定的	30	0.1	0.2	60	0.5	0.9
3083	高氯酰氟	30	0.2	0.7	500	3.1	8.4
3122	有毒液体，氧化性，未另作规定的	60	0.8	1.8	300	2.9	5.7
3122	有害液体，氧化性，未另作规定的（吸入危害 A）	60	0.8	1.8	300	2.9	5.7
3122	有害液体，氧化性，未另作规定的（吸入危害 B）	30	0.1	0.3	60	0.6	1.0
3122	有毒液体，氧化性，未另作规定的	60	0.8	1.8	300	2.9	5.7
3122	有害液体，氧化性，未另作规定的（吸入危害 A）	60	0.8	1.8	300	2.9	5.7
3122	有害液体，氧化性，未另作规定的（吸入危害 B）	30	0.1	0.3	60	0.6	1.0
3123	有毒液体，遇水反应，未另作规定的	60	0.8	1.8	300	2.9	5.7
3123	有毒液体，遇水反应，未另作规定的（呼吸危险区 A）	60	0.8	1.8	300	2.9	5.7
3123	有毒液体，遇水反应，未另作规定的（呼吸危险区 B）	30	0.1	0.2	60	0.5	0.8
3123	有毒液体，遇水反应放出易燃气体，未另作规定的	60	0.8	1.8	300	2.9	5.7
3123	有毒液体，遇水反应放出易燃气体，未另作规定的（呼吸危险区 A）	60	0.8	1.8	300	2.9	5.7

续表

UN 号	中文名称	小量泄漏			大量泄漏		
		初始隔离距离 m	下风向防护距离 km		初始隔离距离 m	下风向防护距离 km	
			白天	夜晚		白天	夜晚
3123	有毒液体，遇水反应放出易燃气体，未另作规定的（呼吸危险区 B）	30	0.1	0.2	60	0.5	0.8
3123	有毒液体，遇水反应，未另作规定的	60	0.8	1.8	300	2.9	5.7
3123	有毒液体，遇水反应，未另作规定的（呼吸危险区 A）	60	0.8	1.8	300	2.9	5.7
3123	有毒液体，遇水反应，未另作规定的（呼吸危险区 B）	30	0.1	0.2	60	0.5	0.8
3123	有毒液体，遇水反应放出易燃气体，未另作规定的	60	0.8	1.8	300	2.9	5.7
3123	有毒液体，遇水反应放出易燃气体，未另作规定的（呼吸危险区 A）	60	0.8	1.8	300	2.9	5.7
3123	有毒液体，遇水反应放出易燃气体，未另作规定的（呼吸危险区 B）	30	0.1	0.2	60	0.5	0.8
3160	液化气体，有毒，易燃，未另作规定的	100	0.6	2.5	800	4.4	8.9
3160	液化气体，有毒，易燃，未另作规定的（呼吸危险区 A）	100	0.6	2.5	800	4.4	8.9
3160	液化气体，有毒，易燃，未另作规定的（呼吸危险区 B）	30	0.2	0.8	400	1.9	4.8
3160	液化气体，有毒，易燃，未另作规定的（呼吸危险区 C）	30	0.1	0.3	300	1.3	4.1
3160	液化气体，有毒，易燃，未另作规定的（呼吸危险区 D）	30	0.1	0.2	150	0.7	2.7
3160	液化气体，有毒，易燃，未另作规定的	100	0.6	2.5	800	4.4	8.9
3160	液化气体，有毒，易燃，未另作规定的（呼吸危险区 A）	100	0.6	2.5	800	4.4	8.9
3160	液化气体，有毒，易燃，未另作规定的（呼吸危险区 B）	30	0.2	0.8	400	1.9	4.8
3160	液化气体，有毒，易燃，未另作规定的（呼吸危险区 C）	30	0.1	0.3	300	1.3	4.1
3160	液化气体，有毒，易燃，未另作规定的（呼吸危险区 D）	30	0.1	0.2	150	0.7	2.7
3162	液化气体，有毒，未另作规定的	100	0.5	2.1	800	4.4	8.9
3162	液化气体，有毒，未另作规定的（呼吸危险区 A）	100	0.5	2.1	800	4.4	8.9
3162	液化气体，有毒，未另作规定的（呼吸危险区 B）	30	0.2	0.8	400	1.9	4.8
3162	液化气体，有毒，未另作规定的（呼吸危险区 C）	30	0.1	0.4	200	1.0	3.2

续表

UN号	中文名称	小量泄漏			大量泄漏		
		初始隔离距离 m	下风向防护距离 km		初始隔离距离 m	下风向防护距离 km	
			白天	夜晚		白天	夜晚
3162	液化气体，有毒，未另作规定的（呼吸危险区D）	30	0.1	0.2	150	0.7	2.7
3162	液化气体，有毒，未另作规定的	100	0.5	2.1	800	4.4	8.9
3162	液化气体，有毒，未另作规定的（呼吸危险区A）	100	0.5	2.1	800	4.4	8.9
3162	液化气体，有毒，未另作规定的（呼吸危险区B）	30	0.2	0.8	400	1.9	4.8
3162	液化气体，有毒，未另作规定的（呼吸危险区C）	30	0.1	0.4	200	1.0	3.2
3162	液化气体，有毒，未另作规定的（呼吸危险区D）	30	0.1	0.2	150	0.7	2.7
3246	甲磺酰氯	30	0.1	0.1	30	0.2	0.2
3246	甲磺酰氯	30	0.1	0.1	30	0.2	0.2
3275	腈类，有毒，易燃，未另作规定的	30	0.1	0.2	60	0.5	0.9
3275	腈类，有毒，易燃，未另作规定的	30	0.1	0.2	60	0.5	0.9
3276	腈类，有毒，液体，未另作规定的	30	0.1	0.2	60	0.5	0.9
3276	腈类，有毒，未另作规定的	30	0.1	0.2	60	0.5	0.9
3276	腈类，有毒，液体，未另作规定的	30	0.1	0.2	60	0.5	0.9
3276	腈类，有毒，未另作规定的	30	0.1	0.2	60	0.5	0.9
3278	有机磷化合物，有毒，液体，未另作规定的	30	0.4	1.2	200	2.6	4.5
3278	有机磷化合物，有毒，未另作规定的	30	0.4	1.2	200	2.6	4.5
3278	有机磷化合物，有毒，液体，未另作规定的	30	0.4	1.2	200	2.6	4.5
3278	有机磷化合物，有毒，未另作规定的	30	0.4	1.2	200	2.6	4.5
3279	有机磷化合物，有毒，易燃，未另作规定的	30	0.4	1.2	200	2.6	4.5
3279	有机磷化合物，有毒，易燃，未另作规定的	30	0.4	1.2	200	2.6	4.5
3280	有机砷化合物，液体，未另作规定的	30	0.2	0.8	150	2.0	4.8
3280	有机砷化合物，未另作规定的	30	0.2	0.8	150	2.0	4.8
3281	羰基金属，液体，未另作规定的	150	1.4	4.9	1000	11.0+	11.0+
3281	羰基金属，未另作规定的	150	1.4	4.9	1000	11.0+	11.0+

续表

UN 号	中文名称	小量泄漏			大量泄漏		
		初始隔离距离 m	下风向防护距离 km		初始隔离距离 m	下风向防护距离 km	
			白天	夜晚		白天	夜晚
3287	有毒液体，无机物，未另作规定的	60	0.8	1.8	300	2.9	5.7
3287	有毒液体，无机物，未另作规定的（呼吸危险区 A）	60	0.8	1.8	300	2.9	5.7
3287	有毒液体，无机物，未另作规定的（呼吸危险区 B）	30	0.2	0.3	150	0.6	1.1
3287	有毒液体，无机物，未另作规定的	60	0.8	1.8	300	2.9	5.7
3287	有毒液体，无机物，未另作规定的（呼吸危险区 A）	60	0.8	1.8	300	2.9	5.7
3287	有毒液体，无机物，未另作规定的（呼吸危险区 B）	30	0.2	0.3	150	0.6	1.1
3289	有毒液体，无机物，腐蚀，未另作规定的	60	0.8	1.8	300	2.9	5.7
3289	有毒液体，无机物，腐蚀，未另作规定的（呼吸危险区 A）	60	0.8	1.8	300	2.9	5.7
3289	有毒液体，无机物，腐蚀，未另作规定的（呼吸危险区 B）	30	0.2	0.3	60	0.7	1.2
3289	有毒液体，无机物，腐蚀，未另作规定的	60	0.8	1.8	300	2.9	5.7
3289	有毒液体，无机物，腐蚀，未另作规定的（呼吸危险区 A）	60	0.8	1.8	300	2.9	5.7
3289	有毒液体，无机物，腐蚀，未另作规定的（呼吸危险区 B）	30	0.2	0.3	60	0.7	1.2
3294	氰化氢，乙醇溶液，含氰化氢不大于 45%	30	0.1	0.3	200	0.5	1.9
3300	二氧化碳和环氧乙烷混合物，含环氧乙烷不大于 87%	30	0.1	0.2	150	0.8	2.5
3300	环氧乙烷和二氧化碳混合物，含环氧乙烷不大于 87%	30	0.1	0.2	150	0.8	2.5
3303	压缩气体，有毒，氧化性，未另作规定的	100	0.5	2.1	800	4.4	8.9
3303	压缩气体，有毒，氧化性，未另作规定的（呼吸危险区 A）	100	0.5	2.1	800	4.4	8.9
3303	压缩气体，有毒，氧化性，未另作规定的（呼吸危险区 B）	60	0.2	1.0	500	2.7	7.2
3303	压缩气体，有毒，氧化性，未另作规定的（呼吸危险区 C）	30	0.1	0.3	300	1.3	4.1
3303	压缩气体，有毒，氧化性，未另作规定的（呼吸危险区 D）	30	0.1	0.2	150	0.7	2.7
3303	压缩气体，有毒，氧化性，未另作规定的	100	0.5	2.1	800	4.4	8.9

续表

UN号	中文名称	小量泄漏			大量泄漏		
		初始隔离距离 m	下风向防护距离 km		初始隔离距离 m	下风向防护距离 km	
			白天	夜晚		白天	夜晚
3303	压缩气体，有毒，氧化性，未另作规定的（呼吸危险区A）	100	0.5	2.1	800	4.4	8.9
3303	压缩气体，有毒，氧化性，未另作规定的（呼吸危险区B）	60	0.2	1.0	500	2.7	7.2
3303	压缩气体，有毒，氧化性，未另作规定的（呼吸危险区C）	30	0.1	0.3	300	1.3	4.1
3303	压缩气体，有毒，氧化性，未另作规定的（呼吸危险区D）	30	0.1	0.2	150	0.7	2.7
3304	压缩气体，有毒，腐蚀，未另作规定的	150	0.7	2.5	800	4.7	10.3
3304	压缩气体，有毒，腐蚀，未另作规定的（呼吸危险区A）	150	0.7	2.5	800	4.7	10.3
3304	压缩气体，有毒，腐蚀，未另作规定的（呼吸危险区B）	30	0.2	1.0	400	2.4	6.5
3304	压缩气体，有毒，腐蚀，未另作规定的（呼吸危险区C）	30	0.1	0.4	300	1.7	3.6
3304	压缩气体，有毒，腐蚀，未另作规定的（呼吸危险区D）	30	0.1	0.2	150	0.7	2.7
3304	压缩气体，有毒，腐蚀，未另作规定的	150	0.7	2.5	800	4.7	10.3
3304	压缩气体，有毒，腐蚀，未另作规定的（呼吸危险区A）	150	0.7	2.5	800	4.7	10.3
3304	压缩气体，有毒，腐蚀，未另作规定的（呼吸危险区B）	30	0.2	1.0	400	2.4	6.5
3304	压缩气体，有毒，腐蚀，未另作规定的（呼吸危险区C）	30	0.1	0.4	300	1.7	3.6
3304	压缩气体，有毒，腐蚀，未另作规定的（呼吸危险区D）	30	0.1	0.2	150	0.7	2.7
3305	压缩气体，有害，易燃，腐蚀，未另作规定的	100	0.7	2.5	800	4.7	10.3
3305	压缩气体，有害，易燃，腐蚀，未另作规定的（吸入危害A）	100	0.7	2.5	800	4.7	10.3
3305	压缩气体，有害，易燃，腐蚀，未另作规定的（吸入危害B）	30	0.2	1.0	800	4.2	10.3
3305	压缩气体，有害，易燃，腐蚀，未另作规定的（吸入危害C）	30	0.1	0.3	300	1.3	4.1
3305	压缩气体，有害，易燃，腐蚀，未另作规定的（吸入危害D）	30	0.1	0.2	150	0.7	2.7
3305	压缩气体，有害，易燃，腐蚀，未另作规定的	100	0.7	2.5	800	4.7	10.3

续表

UN 号	中文名称	小量泄漏			大量泄漏		
		初始隔离距离 m	下风向防护距离 km		初始隔离距离 m	下风向防护距离 km	
			白天	夜晚		白天	夜晚
3305	压缩气体，有害，易燃，腐蚀，未另作规定的（吸入危害A）	100	0.7	2.5	800	4.7	10.3
3305	压缩气体，有害，易燃，腐蚀，未另作规定的（吸入危害B）	30	0.2	1.0	800	4.2	10.3
3305	压缩气体，有害，易燃，腐蚀，未另作规定的（吸入危害C）	30	0.1	0.3	300	1.3	4.1
3305	压缩气体，有害，易燃，腐蚀，未另作规定的（吸入危害D）	30	0.1	0.2	150	0.7	2.7
3306	压缩气体，有毒，氧化性，腐蚀，未另作规定的	100	0.6	2.5	800	4.4	8.9
3306	压缩气体，有毒，氧化性，腐蚀，未另作规定的（呼吸危险区A）	100	0.6	2.5	800	4.4	8.9
3306	压缩气体，有毒，氧化性，腐蚀，未另作规定的（呼吸危险区B）	60	0.2	1.0	500	2.7	7.2
3306	压缩气体，有毒，氧化性，腐蚀，未另作规定的（呼吸危险区C）	30	0.1	0.3	300	1.3	4.1
3306	压缩气体，有毒，氧化性，腐蚀，未另作规定的（呼吸危险区D）	30	0.1	0.2	150	0.7	2.7
3306	压缩气体，有毒，氧化性，腐蚀，未另作规定的	100	0.6	2.5	800	4.4	8.9
3306	压缩气体，有毒，氧化性，腐蚀，未另作规定的（呼吸危险区A）	100	0.6	2.5	800	4.4	8.9
3306	压缩气体，有毒，氧化性，腐蚀，未另作规定的（呼吸危险区B）	60	0.2	1.0	500	2.7	7.2
3306	压缩气体，有毒，氧化性，腐蚀，未另作规定的（呼吸危险区C）	30	0.1	0.3	300	1.3	4.1
3306	压缩气体，有毒，氧化性，腐蚀，未另作规定的（呼吸危险区D）	30	0.1	0.2	150	0.7	2.7
3307	液体气体，有毒，氧化性，未另作规定的	100	0.5	2.1	800	4.4	8.9
3307	液体气体，有毒，氧化性，未另作规定的（呼吸危险区A）	100	0.5	2.1	800	4.4	8.9
3307	液体气体，有毒，氧化性，未另作规定的（呼吸危险区B）	60	0.2	1.0	500	2.7	7.2
3307	液体气体，有毒，氧化性，未另作规定的（呼吸危险区C）	30	0.1	0.3	300	1.3	4.1
3307	液体气体，有毒，氧化性，未另作规定的（呼吸危险区D）	30	0.1	0.2	150	0.7	2.7
3307	液体气体，有毒，氧化性，未另作规定的	100	0.5	2.1	800	4.4	8.9

续表

UN号	中文名称	小量泄漏			大量泄漏		
		初始隔离距离 m	下风向防护距离 km		初始隔离距离 m	下风向防护距离 km	
			白天	夜晚		白天	夜晚
3307	液体气体，有毒，氧化性，未另作规定的（呼吸危险区A）	100	0.5	2.1	800	4.4	8.9
3307	液体气体，有毒，氧化性，未另作规定的（呼吸危险区B）	60	0.2	1.0	500	2.7	7.2
3307	液体气体，有毒，氧化性，未另作规定的（呼吸危险区C）	30	0.1	0.3	300	1.3	4.1
3307	液体气体，有毒，氧化性，未另作规定的（呼吸危险区D）	30	0.1	0.2	150	0.7	2.7
3308	液体气体，有毒，腐蚀，未另作规定的	150	0.7	2.5	800	4.7	10.3
3308	液体气体，有毒，腐蚀，未另作规定的（呼吸危险区A）	150	0.7	2.5	800	4.7	10.3
3308	液体气体，有毒，腐蚀，未另作规定的（呼吸危险区B）	30	0.2	1.0	400	2.4	6.5
3308	液体气体，有毒，腐蚀，未另作规定的（呼吸危险区C）	30	0.1	0.4	300	1.7	3.6
3308	液体气体，有毒，腐蚀，未另作规定的（呼吸危险区D）	30	0.1	0.2	150	0.7	2.7
3308	液体气体，有毒，腐蚀，未另作规定的	150	0.7	2.5	800	4.7	10.3
3308	液体气体，有毒，腐蚀，未另作规定的（呼吸危险区A）	150	0.7	2.5	800	4.7	10.3
3308	液体气体，有毒，腐蚀，未另作规定的（呼吸危险区B）	30	0.2	1.0	400	2.4	6.5
3308	液体气体，有毒，腐蚀，未另作规定的（呼吸危险区C）	30	0.1	0.4	300	1.7	3.6
3308	液体气体，有毒，腐蚀，未另作规定的（呼吸危险区D）	30	0.1	0.2	150	0.7	2.7
3309	液化气体，有毒，易燃，腐蚀，未另作规定的	100	0.7	2.5	800	4.7	10.3
3309	液化气体，有毒，易燃，腐蚀，未另作规定的（呼吸危险区A）	100	0.7	2.5	800	4.7	10.3
3309	液化气体，有毒，易燃，腐蚀，未另作规定的（呼吸危险区B）	30	0.2	1.0	800	4.2	10.3
3309	液化气体，有毒，易燃，腐蚀，未另作规定的（呼吸危险区C）	30	0.1	0.3	300	1.3	4.1
3309	液化气体，有毒，易燃，腐蚀，未另作规定的（呼吸危险区D）	30	0.1	0.2	150	0.7	2.7
3309	液化气体，有毒，易燃，腐蚀，未另作规定的	100	0.7	2.5	800	4.7	10.3

续表

UN号	中文名称	小量泄漏			大量泄漏		
		初始隔离距离 m	下风向防护距离 km		初始隔离距离 m	下风向防护距离 km	
			白天	夜晚		白天	夜晚
3309	液化气体，有毒，易燃，腐蚀，未另作规定的（呼吸危险区A）	100	0.7	2.5	800	4.7	10.3
3309	液化气体，有毒，易燃，腐蚀，未另作规定的（呼吸危险区B）	30	0.2	1.0	800	4.2	10.3
3309	液化气体，有毒，易燃，腐蚀，未另作规定的（呼吸危险区C）	30	0.1	0.3	300	1.3	4.1
3309	液化气体，有毒，易燃，腐蚀，未另作规定的（呼吸危险区D）	30	0.1	0.2	150	0.7	2.7
3310	液化气体，有毒，氧化性，腐蚀，未另作规定的	100	0.6	2.5	800	4.4	8.9
3310	液化气体，有毒，氧化性，腐蚀，未另作规定的（呼吸危险区A）	100	0.6	2.5	800	4.4	8.9
3310	液化气体，有毒，氧化性，腐蚀，未另作规定的（呼吸危险区B）	60	0.2	1.0	500	2.7	7.2
3310	液化气体，有毒，氧化性，腐蚀，未另作规定的（呼吸危险区C）	30	0.1	0.3	300	1.3	4.1
3310	液化气体，有毒，氧化性，腐蚀，未另作规定的（呼吸危险区D）	30	0.1	0.2	150	0.7	2.7
3310	液化气体，有毒，氧化性，腐蚀，未另作规定的	100	0.6	2.5	800	4.4	8.9
3310	液化气体，有毒，氧化性，腐蚀，未另作规定的（呼吸危险区A）	100	0.6	2.5	800	4.4	8.9
3310	液化气体，有毒，氧化性，腐蚀，未另作规定的（呼吸危险区B）	60	0.2	1.0	500	2.7	7.2
3310	液化气体，有毒，氧化性，腐蚀，未另作规定的（呼吸危险区C）	30	0.1	0.3	300	1.3	4.1
3310	液化气体，有毒，氧化性，腐蚀，未另作规定的（呼吸危险区D）	30	0.1	0.2	150	0.7	2.7
3318	氨溶液，含氨大于50%	30	0.1	0.2	150	0.8	2.3
3355	气体杀虫剂，有毒，易燃，未另作规定的	100	0.6	2.5	800	4.4	8.9
3355	气体杀虫剂，有毒，易燃，未另作规定的（呼吸危险区A）	100	0.6	2.5	800	4.4	8.9
3355	气体杀虫剂，有毒，易燃，未另作规定的（呼吸危险区B）	30	0.2	0.8	400	1.9	4.8
3355	气体杀虫剂，有毒，易燃，未另作规定的（呼吸危险区C）	30	0.1	0.3	300	1.3	4.1
3355	气体杀虫剂，有毒，易燃，未另作规定的（呼吸危险区D）	30	0.1	0.2	150	0.7	2.7

续表

UN号	中文名称	小量泄漏			大量泄漏		
		初始隔离距离 m	下风向防护距离 km		初始隔离距离 m	下风向防护距离 km	
			白天	夜晚		白天	夜晚
3355	气体杀虫剂，有毒，易燃，未另作规定的	100	0.6	2.5	800	4.4	8.9
3355	气体杀虫剂，有毒，易燃，未另作规定的（呼吸危险区 A）	100	0.6	2.5	800	4.4	8.9
3355	气体杀虫剂，有毒，易燃，未另作规定的（呼吸危险区 B）	30	0.2	0.8	400	1.9	4.8
3355	气体杀虫剂，有毒，易燃，未另作规定的（呼吸危险区 C）	30	0.1	0.3	300	1.3	4.1
3355	气体杀虫剂，有毒，易燃，未另作规定的（呼吸危险区 D）	30	0.1	0.2	150	0.7	2.7
3361	氯硅烷，毒性，腐蚀性，未另作规定的	30	0.1	0.2	100	0.5	1.6
3361	氯硅烷，毒性，腐蚀性，未另作规定的	30	0.1	0.2	100	0.5	1.6
3362	氯硅烷，毒性，腐蚀性，易燃，未另作规定的	30	0.1	0.2	100	0.5	1.6
3362	氯硅烷，毒性，腐蚀性，易燃，未另作规定的	30	0.1	0.2	100	0.5	1.6
3381	吸入毒性液体，未另作规定的（呼吸危险区 A）	60	0.8	1.8	300	2.9	5.7
3381	吸入毒性液体，未另作规定的（呼吸危险区 A）	60	0.8	1.8	300	2.9	5.7
3382	吸入毒性液体，未另作规定的（呼吸危险区 B）	30	0.1	0.2	60	0.5	0.8
3382	吸入毒性液体，未另作规定的（呼吸危险区 B）	30	0.1	0.2	60	0.5	0.8
3383	吸入毒性液体，易燃，未另作规定的（呼吸危险区 A）	60	0.7	2.3	400	4.6	8.9
3383	吸入毒性液体，易燃，未另作规定的（呼吸危险区 A）	60	0.7	2.3	400	4.6	8.9
3384	吸入毒性液体，易燃，未另作规定的（呼吸危险区 B）	30	0.1	0.2	60	0.5	0.8
3384	吸入毒性液体，易燃，未另作规定的（呼吸危险区 B）	30	0.1	0.2	60	0.5	0.8
3385	吸入毒性液体，遇水反应，未另作规定的（呼吸危险区 A）	60	0.8	1.8	300	2.9	5.7
3385	吸入毒性液体，遇水反应，未另作规定的（呼吸危险区 A）	60	0.8	1.8	300	2.9	5.7
3386	吸入毒性液体，遇水反应，未另作规定的（呼吸危险区 B）	30	0.1	0.2	60	0.5	0.8

续表

UN号	中文名称	小量泄漏 初始隔离距离 m	小量泄漏 下风向防护距离 km 白天	小量泄漏 下风向防护距离 km 夜晚	大量泄漏 初始隔离距离 m	大量泄漏 下风向防护距离 km 白天	大量泄漏 下风向防护距离 km 夜晚
3386	吸入毒性液体，遇水反应，未另作规定的（呼吸危险区B）	30	0.1	0.2	60	0.5	0.8
3387	吸入毒性液体，氧化性，未另作规定的（呼吸危险区A）	60	0.8	1.8	300	2.9	5.7
3387	吸入毒性液体，氧化性，未另作规定的（呼吸危险区A）	60	0.8	1.8	300	2.9	5.7
3388	吸入毒性液体，氧化性，未另作规定的（呼吸危险区B）	30	0.1	0.3	60	0.6	1.0
3388	吸入毒性液体，氧化性，未另作规定的（呼吸危险区B）	30	0.1	0.3	60	0.6	1.0
3389	吸入毒性液体，腐蚀性，未另作规定的（呼吸危险区A）	60	0.8	1.8	300	2.9	5.7
3389	吸入毒性液体，腐蚀性，未另作规定的（呼吸危险区A）	60	0.8	1.8	300	2.9	5.7
3390	吸入毒性液体，腐蚀性，未另作规定的（呼吸危险区B）	30	0.1	0.2	60	0.5	0.8
3390	吸入毒性液体，腐蚀性，未另作规定的（呼吸危险区B）	30	0.1	0.2	60	0.5	0.8
3456	亚硝基硫酸，固体（当泄漏到水里时）	30	0.1	0.5	200	0.7	2.5
3456	亚硝基硫酸，固体（当泄漏到水里时）	30	0.1	0.5	200	0.7	2.5
3461	烷基铝氢化物，固体（当泄漏到水里时）	30	0.1	0.2	60	0.4	1.3
9191	二氧化氯，水合物，冷冻的（当泄漏到水里时）	30	0.1	0.1	30	0.2	0.6
9192	氟，冷冻液体（低温液体）	30	0.1	0.3	150	0.8	3.1
9202	一氧化碳，冷冻液体（低温液体）	30	0.1	0.1	150	0.7	2.7
9206	二氯化甲基磷酸	30	0.1	0.2	60	0.5	0.7
9263	氯新戊酰氯	30	0.1	0.1	30	0.3	0.4
9264	3,5-二氯-2,4,6-三氟嘧啶	30	0.1	0.1	30	0.3	0.3
9269	三甲氧基硅烷	30	0.2	0.5	150	1.0	2.0

参考文献

[1] 化学品分类和危险性公示 通则. GB 13690—2009.

[2] 化学品安全技术说明书内容和项目顺序. GB/T 16483—2008.

[3] 危险化学品从业单位安全标准化通用规范. AQ 3013—2008.

[4] 田震. 化工过程安全. 北京：国防工业出版社，2007.

[5] 梁坤，汤一文. 危险化学品安全管理与技术. 北京：化学工业出版社，2011.

[6] 危险化学品安全管理条例（国务院令第591号）. 2011.

[7] 危险化学品生产经营单位从业人员安全生产基本知识. 上海：上海科学技术出版社，2010.

[8] 危险化学品重大危险源辨识. GB 18218—2009.

[9] 危险化学品重大危险源监督管理暂行规定. 国家安全生产监督管理总局第40号.

[10] 蒋军成，虞汉华. 危险化学品安全技术与管理. 北京：化学工业出版社，2005.

[11] 中国石油天然气集团公司应急预案编制通则. 中油安〔2009〕318号.

[12] 陈海群，王凯全. 危险化学品事故处理与应急预案. 北京：中国石化出版社. 2005年.

[13] 生产安全事故应急预案管理办法. 国家安全生产监督管理总局第17号.

[14] 中国石油天然气集团公司安全环保部. 石油石化员工应急知识读本. 北京：石油工业出版社，2009.

[15] 张海峰. 常用危险化学品应急速查手册. 2版. 北京：中国石化出版社，2009.

[16] 徐钢，李雪华. 危险化学品活性危害与混储危险手册. 北京：中国石化出版社，2009.

化学事故应急救援单位联系方式

国家化学事故应急咨询 24 小时专线电话：0532-83889090；

国家中毒控制中心 24 小时专线电话：010-63131122，010-83132345；